안나 폴릿콥스카야의
최후 기록

러시안
다이어리

안나 폴릿콥스카야의 최후 기록

러시안
다이어리

러시아 민주주의의 실패와 냉소, 무기력에 관한 보고

안나 폴릿콥스카야 지음
조준래 옮김

이후

■ 일러두기

1. 한글과 외래어 표기는 〈국립국어원〉 표준국어대사전 표기 및 '외래어 표기법'을 따랐다. 단, 원칙대로 표기할 경우 현실과 지나치게 동떨어진 음이 나오면 실용적 표기를 취했다.
2. 단행본, 정기간행물에는 겹낫쇠(『 』)를, 논문이나 기고문, 법령 등에는 큰따옴표(" ")를, 단체나 정당, 기업명과 영화나 프로그램명의 경우 꺽쇠(〈 〉)를 사용했다.
3. 주석 가운데 옮긴이가 추가한 내용에는 옮긴이 표시를 붙였다.
4. 본문 중 독자들의 이해를 돕기 위해 영역자가 추가한 내용은 대괄호([ ])로 표시했다.
5. 별표(***)로 표시된 부분은 안나의 후기다.
6. 루블화의 파운드화 표기는 원화로 바꾸어 표기했다.

차례

여는 글

　안나 폴릿콥스카야의 끔찍한 최후(모스크바에 있는 자신의 아파트 계단통에서 암살범의 손에 살해당했다)를 이미 알고 있는 상태에서 『러시안 다이어리』를 읽는다면, 그녀가 결코 살아남지 못할 운명이었다는 것이 이 책에서 예견되고 있다는 인상을 받을 것이다. 이 책에서 그녀가 밝히고 있고, 또 이보다 먼저 썼던 글들에서 밝혔던 것은, 뒤이은 그녀의 피살이 말해 주듯이 러시아 블라디미르 푸틴[1] 정권에 대한 대단히 치명적이고 파괴적인 진실이었다. 안나가 그때껏 살아 있었던 것은 어찌 보면 대단한 기적이 아닐 수 없다.

　그보다 기적적인 것은 소연방 붕괴 후의 동란 속에서, 거의 단신으로, 체첸[2]의 가증스러운 비극을 포함하여 오늘날 러시아의 다른 많은 비행에 대해 세계의 이목을 집중시킨 한 언론인이 나타났다는 사실이다. 폴릿콥스카야가 폭로했

---

1) Vladimir Putin, 1991년 KGB에서 중령의 계급으로 예편한 뒤 FSB 국장(1998~1999)을 맡았고, 2000년 보리스 옐친의 뒤를 이어 러시아연방 대통령으로 취임했다. 2004년 재선에 성공한 뒤 2008년에 두 번째 임기를 마쳤다. (이후 메드베데프 정권 밑에서 총리로 재임하다가 2012년 다시 대통령직에 복귀했다. 옮긴이)
2) 북캅카스 지역 동쪽에 위치한 자치공화국으로 주민 대다수가 수니파 무슬림이다. 러시아와 두 차례의 전쟁을 겪으면서 막대한 군인과 민간인 사상자를 냈고, 경제 잠재력 역시 파괴됐다. 러시아연방 정부는 2000년 이후 복구 비용으로 체첸에 20억 달러 이상이 지출됐다고 주장하는 반면, 러시아 내 민간 경제 감시 단체는 실제 쓰인 돈은 3억 5천만 달러에 불과하다고 지적했다.

고, 또 이 책에서 폭로하고 있는 그런 비행은 참정권과 기본 인권에 대한 조직적인 말살의 거대한 실체를 보여 준다. 이 책은 2003년 12월, 부패로 얼룩진 의회 선거에서부터 2005년 말을 지나 베슬란 초등학교 봉쇄 작전 이후까지의 기간 동안 그녀가 기록했던 비망록이기 때문이다.

『러시안 다이어리』를 읽으면서 나는 도대체 러시아에 있는 각국의 재외공관은 무엇 때문에 있는 것인지 의아스러웠다. 어째서 각국 지도자들은 푸틴이 무슨 짓을 꾸미는지 알면서도 그것을 시종일관 무시해 버렸을까? 가스에 대한 절박함 때문이었을까? 소연방 붕괴 후 러시아 국유재산과 생산 동력을 대량 매각하면서 얻은 막대한 부 때문이었을까? 올리가르히[3]의 도둑질에 각국 금융기관들이 일조하면서 얻은 부 말이다. 아니면 저 빈핍한 국민들이 어떠한 희생을 치르든 말든 러시아를 '우방'으로 붙들어 두고픈 눈 먼 욕심 때문이었을까?

안나 폴릿콥스카야가 어마어마한 거리를 마다하지 않고 달려가 취재하고 대변했던 이들이 바로 저 국민들이다. 그녀가 감행했던 모험 자체도 끔찍한 것이었지만, 그녀가 그려내고 있는 현실은 그 참담함에 숨이 멎을 지경이다. 서른아홉 명의 목숨을 앗아 간 2004년 모스크바 지하철 폭탄 테러 사건 후 그녀는 몇몇 희생자 유가족들의 집을 찾아갔다. 그녀는 다수의 사망확인서 위에 적힌 '사인'이 간단히 지워져 있는 것을 발견했다. 죽음에서조차 "러시아 정부는 사기 행각을 그만두지 못한다. 테러 행위에 대해서는 한 글자의 언급도 없었다." 그녀는 그렇게 쓰고 있다.

안나는 언론 활동을 통해 정부에 의해 고통을 당한 자들을 속속 결집시켰다.

---

3) 소연방 시절에는 특권을 가진 공산당 관료를 지칭했지만 1991년 소연방 붕괴 후에는 국영기업, 산업시설의 민영화 과정에서 생긴 거대한 부를 축적하고 언론, 정계 인사들에 대한 로비를 통해 사회 전 분야에 걸쳐 막강한 권력을 행사해 온 금융 및 산업계 재벌을 가리킨다. 옮긴이

밤 11시가 지난 어느 날, 인구셰티야[4]에서 그녀 앞으로 고통에 찬 전화 한 통이 걸려 왔다.

"여기서 끔찍한 일이 일어나고 있어요! 전쟁이라고요!"

여자들은 전화기에 대고 고함을 질러 댔다.

"도와주세요! 뭐라도 해 줘요! 지금 우린 아이들과 바닥에 엎드려 있어요!"

기자로서 안나의 성장기는 공산주의의 굴레 아래서 흘러갔다. 그녀가 급진적인 사회운동에 참여했던 1991년, 소련은 보리스 옐친[5]이 통치하는 러시아연방으로 바뀌어 있었다. 구 소연방 소속의 신생국들이 자립하기 시작하자, 내전이 연달아 발발했다. 가장 심각했던 사태 중 하나가, 이슬람이 주도하는 체첸 반군이 분리 독립국가를 세우려고 했던 제1차 체첸 전쟁(1994~1996)이었다. 안나는 보도를 통해 궁극적인 평화협정을 이끌어 내고 러시아군이 철수할 만한 환경을 조성한 주역들 중 한 명이었다. 실제로 그녀는 당신의 휴전을 비교적 자유로웠던 옐친 집권기 동안 언론이 이룩한 가장 커다란 성과로 받아들였다.

블라디미르 푸틴의 크렘린 입성과 푸틴 주도하에 시작된 1999년 제2차 체첸 전쟁은 군과 언론 모두를 위태롭게 했다. 푸틴은 과거 비밀경찰로 근무했던 이력에 힘입어 언론이 체첸 내에서 일어나는 러시아군의 잔혹 행위를 보도해 곤혹스러워지는 일이 없게 확실한 조치를 취했다. 안나는 50여 차례 이상 체첸을 방문했다. 안나가 몸담았던 『노바야 가제타Novaya Gazeta』는 보도를 줄이거나 논

---

4) 국민 대다수가 여러 수피 교단에 소속된 수니파 이슬람교도로 이루어져 있다. 체첸 전쟁으로 많은 난민들이 유입됐다. 인구 50만 가운데 인구셰티야인이 77퍼센트, 체첸인이 20퍼센트, 러시아인이 1.2퍼센트를 차지한다.

5) Boris Yeltsin, 소연방 붕괴 후 출범한 러시아연방 공화국 초대 대통령(1991~1999)을 역임한 인물. 러시아 공화국 영토 내에서 〈공산당〉 일당 통치를 폐지하고 구소련을 독립국가연합으로 해체하는 데 기여했다. 그러나 자신의 권력을 유지하기 위해 군부의 지원을 받아 제1차 체첸 전쟁을 일으켰고, 2000년 대선을 앞두고 정적에게 선수를 치기 위해 1999년에 블라디미르 푸틴에게 권력을 이양했다는 주장이 있다.

조를 순화하라는 크렘린의 압력에 굴하지 않았던 몇 안 되는 신문 중 하나다.

2002년, 푸틴은 부시와 블레어의 '테러와의 전쟁'을 체첸에 대한 러시아 정부의 대규모 단속 근거로 십분 활용했다. 안나는 점점 더 고립되어 갔다. 체첸 전쟁을 진압하기 위해 러시아군이 주로 쓰는 수법은 위법적 살인과 납치, 강간, 고문, 그리고 실종이었다. 안나는 이를 보도했고, 자주 혼자서 그런 보도를 떠맡았다. 점점 더 안나는 푸틴의 정책이 원래 의도대로 테러리스트들을 타도하는 것이 아니라 오히려 그들을 적극적으로 육성하고 있다는 데 생각이 미쳤고, 그에 대해 글을 썼다. 이런 보고문들을 일관되게 꿰는 것은 대통령에 오르기까지 푸틴이 체첸 분쟁을 추구하고 그에 의지하며 그것을 구심점으로 삼았다는 안나의 확신이다. 심지어 안나는 체첸에서 파헤친 구체적인 고문 사례들 중 일부를, 과거 소련시절 KGB(국가보안위원회)와 오늘날 그 후신인 FSB(연방안전국)의 훈련 교범에서 권장돼 온 유사한 내용의 지침과 관련짓고 있기까지 하다.

2003년 푸틴의 재선에 대한 안나의 보도는 그 대담성과 폭로의 내용을 생각해 볼 때 매우 놀라운 것이었다. 푸틴에 맞섰던 후보들 중 한 명인 이반 립킨Ivan Rybkin의 실종은 사태의 심각성을 고려하지 않는다면 소설처럼 읽을 수 있을 정도다. 모스크바에서 실종됐던 립킨은 약물에 당했던 것이라면서 런던에 불쑥 나타났다. 안나가 지적하듯이, "고국을 떠나 있는 대통령 후보는 우리나라 역사상 처음이다." 하지만 그녀는 이런 사태까지 이르게 한 주범이 바로 푸틴 진영이 탄생시킨 정치 문화라고 확신한다.

대선 직후 젊은 실천주의 변호사인 스타니슬라프 마르켈로프가 모스크바 지하철역에서 다섯 명의 청년들에게 집단 구타를 당했다. 안나는 그들이 고함을 치는 장면을 이렇게 묘사한다. "넌 너무 많이 지껄였어! …… 이게 다 자업자득이야!" 이것은 닥쳐 올 일들에 대한 험악한 예언이었다는 게 판명됐다. 안나가 전하듯이, 경찰이 이 사건에 대해 기소를 거부했음은 두말할 필요도 없다.

아직도 우리는 누가 마르켈로프를 공격했는지, 또 누가 그것을 지시했는지 모른다.

2004년 9월 안나는 로스토프행 비행기 안에서 독이 든 차를 마시고 사경을 헤맸다. 베슬란 초등학교 봉쇄 작전이 펼쳐지던 현장으로 가던 중이었다. 그 뒤 고립된 그녀를 향한 '당국'의 압박은 점점 더 심해졌고, 이런 상황이 그녀를 크렘린 정치의 희생자로 간주되는 사람들에 대해 보도하는 것을 넘어 그들의 권리를 위해 싸우게 만들었다.

2002년 10월 모스크바 극장 인질극 당시에도 안나는 당국과 납치범들 사이를 중재하는 적극적인 역할을 맡았다. 안나는 베슬란에서도 그런 역할을 하고자 했다. 바로 이 지점에서 어떤 언론인들은 그녀가 루비콘 강을 건넜으며 공평무사한 통신원에서 빨치산으로 변했다고 할지도 모른다. 하지만 러시아는 혁명까지는 아니더라도, 공산주의 이후 과도기 상태에 있었다. 안나는 인권 존중을 루비콘 강으로 봤다. 푸틴 정부가 체첸 내의 총체적 인권 말살을 지지하는 태도를 보이자, 그런 정부에 맞서는 것 외에는 어떤 대안도 없다고 생각했다.

그러나 안나에 대한 평가는 안나의 글 전체를 두고 내려져야 한다. 그 가운데에는 이 놀라운 책도 포함된다. 그녀의 다른 글과 마찬가지로 여기서도 진실을 발견하려는 지칠 줄 모르는 집념이 비친다. 하지만 보도를 위해 안나가 감행했던 치명적 위험도 동시에 보인다.

최고 수준의 언론을 향한 쉼 없는 열망을 지닌 대다수 사람들에게 안나 폴릿콥스카야는 밝게 타오르는 등불, 또는 완전성, 용기, 헌신을 재는 척도로 영원히 남을 것이다. 그 세월 동안 그녀를 만났던 이들은 그녀가 명예나 명성에 연연하지 않았고, 결코 두 발을 이 땅에서 뗀 적이 없었다고 능히 증언한다. 생애 마지막까지 그녀는 겸손했고 청렴했다.

누가 안나를 죽였고, 그녀의 암살범 배후에 누가 있었는지는 여전히 미궁이다. 안나의 죽음으로 우리는 너무도 많이 더없이 생생한 정보와 소통의 원천을 빼앗겼다. 하지만 최소한 안나의 죽음은 오늘날 러시아의 심장부에 있는 어두운 세력을 폭로하는 길을 예비하는 데에 기여했다고 볼 수 있을 것이다.

나는 『러시안 다이어리』의 마지막 장을 덮으면서, 이 책을 공중에서 엄청나게 살포해 '어머니 러시아'의 사방팔방으로 퍼뜨려야 한다고 생각했음을 고백하지 않을 수 없다. 러시아의 전 국민이 읽도록 말이다.

2007년 2월

존 스노우Jon Snow

제1부

의회 민주주의의 죽음

2003년 12월에서
2004년 3월까지의 기록

푸틴은 어떻게 재선에 성공했는가?

2002년 10월 당시 인구조사에 따르면, 러시아에는 1억 4,520만 명이 살고 있다고 한다. 말하자면, 러시아는 세계에서 일곱 번째로 인구가 많은 나라다. 전체 인구 가운데 79.8퍼센트, 그러니까 대략 1억 1,600만 명의 사람들은 인종학적으로 러시아인에 속한다. 그리고 러시아에는 1억 900만 명의 유권자들이 있다.

2003년 12월 7일

두마[1] 의원을 뽑는 러시아 의회 선거일은 푸틴이 대통령으로서 재선을 위한 선기 운동을 시작한 날이기도 하다. 오전에 푸틴은 투표소에서 러시아 시민들 앞에 모습을 드러냈다. 그는 명랑했고 우쭐댔으며 약간은 예민했다. 평상시에 대체로 부루퉁한 표정이었던 것을 생각하면 이례적인 일이었다. 그는 모여 있던 시민들에게 함박웃음을 지으면서, 자기의 래브라드종 애견 코니가 지난 밤 새끼를 낳았다고 했다.

"블라디미르 블라디미로비치[2]는 아주 걱정했지요. 우리는 서둘러 집에 갔죠."

영부인 푸티나가 자기 남편의 등 뒤에서 말했다. 정치적으로 절묘한 타이밍에 그들의 애완견이 새끼를 낳아 〈통합 러시아〉[3]에 큰 선물을 안겼다는 말을 하고 싶어서 조바심이 난 푸티나였다.

---

1) Duma, 러시아 하원으로 옐친 헌법에 의해 1993년 〈소비에트 최고 회의Supreme Soviet〉를 대체한 기관. 총 450개 의석으로 이루어져 있다.
2) 푸틴의 이름과 부칭. 이름과 부칭을 함께 부르면 공적이고 격식을 차린 느낌을 준다. 옮긴이
3) United Russia, 푸틴을 지지하기 위해 2001년 크렘린에 의해 세워진 정당. 두마 의석의 다수를 차지한다.

그날 아침 북캅카스의 작은 휴양지 예센투키에서는 인근 열차 테러로 숨진 최초 희생자 열세 명이 안장됐다. 7일 아침, 통학 열차라고 알려진 그 열차 속에는 대학으로 등교하는 젊은이들이 타고 있었다.

푸틴이 투표를 마친 후 기자단으로 향했을 때, 우리는 당연히 그가 그 테러 사건의 유가족들에게 애도의 말을 전할 것이라고 생각했다. 정부가 시민들을 보호하는 데 또 다시 실패했다는 사실에 대해 사과하리라는 생각까지 했다. 그러나 그가 기자들에게 쏟아 낸 말이라곤 자신의 래브라도가 새끼를 낳아서 참으로 기쁘다는 것이었다.

친구들이 내게 전화를 걸어왔다.

"이번에는 정말 실언을 한 거야. 러시아 국민들은 이제 결코 〈통합 러시아〉에 투표하지 않을 테니까."

하지만 자정 무렵이 되자 처음에는 극동에서, 그 다음에는 시베리아와 우랄에서, 뒤이어 서부 지역 등지에서 투표 결과가 집계되기 시작했고, 많은 사람들은 충격에 빠졌다. 민주주의를 지지하는 내 친구들과 지인들은 또 한 번 서로 전화를 주고받으면서 한숨을 지었다.

"저 보도는 사실이 아니야. 우린 야블린스키[4]한테 투표했다고. 비록 그가……"

또 다른 친구들은 하카마다[5]를 찍었다고 했다.

---

4) 그리고리 야블린스키Grigorii Yavlinsky. 1990년에 2년 계획으로 러시아를 공산주의 체제에서 자유 시장경제로 전환시키는 프로그램을 입안한 인물. 이 기획은 실패했다. 1995년 〈야블로코〉를 공동으로 창당했고, 후에 옐친 대통령 탄핵을 시도했다. 푸틴이 2003년 의회 선거에서 〈야블로코〉가 두마 내 한 개 의석도 차지하지 못하도록 선거 결과를 조작했다고 주장하면서 2004년 대통령직 후보 출마를 거절했다.

5) 이리나 하카마다Irina Khakamada. 사업가로 2004년 3월 대통령 선거에 후보로 출마했으며 〈우파 연합〉의 대표를 맡았다. (1939년 소련으로 귀화한 일본인 아버지와 러시아인 어머니 사이에서 태어난 민주주의 성향의 정치인이다. 옮긴이)

아침이 되자 의심의 여지가 없었다. 러시아는 민주주의 세력의 거짓과 오만함을 거부하면서 소리 없이 푸틴에게 투항했던 것이다. 대다수의 국민이 푸틴에 대한 지지를 유일한 정강으로 삼은, 유령과 같은 〈통합 러시아〉에 몰표를 던진 것이다. 〈통합 러시아〉는 러시아의 관료들을 당의 깃발 아래 결집시켰다. 과거 〈소련공산당〉과 〈청년 공산주의 동맹Young Communist League〉 임원들이 오늘날 무수한 공직에 고용돼 막대한 자금을 공동으로 출자하여 〈통합 러시아〉의 선거 부정을 도모했던 것이다.

각 지역에서 들어오는 보고는 그 내막을 잘 보여 준다. 사라토프에 설치됐던 투표소 중 한 곳에서는 행사장 밖에서 한 부인이 '트레티아크에게 한 표를!' 이라 쓰인 깃발이 꽂힌 탁상에 앉아 공짜 보드카를 나누어 주었다고 한다. 트레티아크는 〈통합 러시아〉의 후보였고, 결국 그가 당선됐다. 선거 직전 당적을 옮긴 소수를 제외하면 사라토프 주 전체의 두마 의석은 〈통합 러시아〉 후보가 싹쓸이한 셈이다. 사라토프 주의 선거운동은 폭력으로 얼룩졌다. 〈통합 러시아〉의 공인을 받지 못한 후보들은 '신원 불명의 깡패들'에 의해 구타당했고, 출사표를 철회해야 했다. 한 유명한 〈통합 러시아〉 후보에 맞서 선거 유세를 계속하던 어떤 후보는 끔찍하게도 두 번씩이나 자택 창문으로 신체 일부가 담긴 비닐봉지를 받았다. 봉지 안에는 누군가에게서 도려낸 귀와 심장이 있었다. 사라토프 주의 선거관리위원회는 선거운동 및 투표 과정에서 벌어지는 불법 행위 신고를 접수하기 위해 비상용 핫라인을 개설해 놓았지만, 걸려 온 전화의 80퍼센트는 그 지역의 공기업을 협박하는 내용이었다. 주민들은 물이 새는 자기 집 수도관이나 고장 난 히터를 고쳐 주지 않으면 투표하지 않겠다고 으름장을 놓았다. 이런 협박은 더 없이 잘 먹혔다. 자보트와 레닌 지구의 주민들은 난방기와 주요 배관 시설을 수리받았다. 여러 해 동안 전기와 전화선이 복구되길 기다렸던 앗카르 지구의 여러 마을들도 마침내 혜택을 입었다. 주민들의 마음이 움직였다.

도시 전체 유권자들 중 60퍼센트 이상이, 또 사라토프 주 전체로는 53퍼센트가 부표에 참여한 것으로 나타났다. 투표가 유효가 되고도 남을 숫자였다.

아르카타크 투표소의 민주주의 계열 참관인들은 한 번은 기표소에서, 또 한 번은 그 지역 선거관리위원회 의장의 지시에 따라 기표하는 식으로 투표가 두 번 이루어지는 광경을 목격하고는, 핫라인에 신고하러 달려갔다가 머리채를 붙잡혀 전화박스에서 강제로 끌려 나왔다고 진술했다.

발라코프 지역에 출마했던 〈통합 러시아〉 핵심 인사들 중 한 명인 뱌체슬라프 볼로딘Vyacheslav Volodin은 82.9퍼센트를 득표함으로써 압도적으로 승리했다. 텔레비전에서 푸틴에 대한 두서없는 지지 연설을 했을 뿐, 정치적 카리스마라곤 전혀 없는 정치인에게 이것은 사상 유례없는 승리였다. 더욱이 그는 지역 주민들의 이익 증진과 관련된 어떤 뚜렷한 정책도 발표한 적이 없었다. 사라토프 주 전체에서 〈통합 러시아〉는 선거공약을 발표하거나 설명하지 않고도 48.2퍼센트를 득표했다. 〈공산당Russian Communist Party〉은 15.7퍼센트, 〈자유 민주당〉[6](블라디미르 지리놉스키[7]가 이끄는 당)은 8.9퍼센트, 민족주의 계열의 〈로디나당〉[8]은 5.7퍼센트를 확보했다. 유일하게 당혹스러운 점이라면, 10퍼센트 이상의 표가 "위의 누구도 해당 없음"[9]에 던져졌다는 사실이다. 즉, 투표자들의 10

---

6) Russian Liberal Democratic Party. 1989년 〈공산당〉 독재가 종식된 후 최초로 등록된 야당. 블라디미르 지리놉스키가 이끄는 요란한 민족주의 성향의 정당으로 그 명칭에서 혼란을 일으켜 왔다. 일각에서는 〈공산당〉으로부터 지지를 얻어낼 목적으로, 옐친이 이 당에 정치 자금을 댔다는 주장이 있다.

7) Vladimir Zhirinovsky. 노골적인 포퓰리스트이자 극단적인 민족주의 성향의 정치인으로, 〈러시아 자유 민주당〉의 당수이다. 2006년 런던에서 전직 KGB 요원 알렉산데르 리트비넨코가 독살된 사건에 대해서, "모든 수단을 총동원해서라도 반역자는 처단해야 한다"고 논평해 소동을 일으키기도 했다.

8) Rodina Party(조국당Motherland Party). 2003년 창당한 민족주의 및 범사회주의 성향의 정당. 드미트리 로고진이 이끌고 있다. 일각에서는 정치에 실망한 〈공산당〉 지지자들의 표를 흡수하기 위해 크렘린이 설치한 유령 단체라는 주장이 있다. 2003년 선거에서 두마 의석 중 37석을 획득했으며, "푸틴은 지지하지만, 정부는 반대한다!"라는 슬로건을 외쳐 왔다.

분의 1은 투표소에 가서 보드카를 얻어 마신 다음 출마자들에게 엿이나 먹으라고 했던 것이다.

중앙선거관리위원회의 집계에 따르면, 등록된 유권자 수보다 10퍼센트가 더 많은 투표용지가 체첸에서 나왔다고 한다. 체첸은 전적으로 군 당국의 통제를 받고 있는 지역이다.

이번 선거에서 상트페테르부르크는 러시아에서 가장 진보적이고 민주적인 도시라는 명성을 지켜 냈다. 하지만 그곳에서조차 〈통합 러시아〉는 총 31퍼센트의 득표율을 보였고, 〈로디나당〉은 14퍼센트를 얻었다. 민주주의 계열의 〈우파 연합〉[10]과 〈야블로코〉[11]는 각각 9퍼센트를 얻는 데 그쳤고, 〈공산당〉은 8.5퍼센트, 〈자유 민주당〉은 8퍼센트를 얻었다. 이리나 하카마다, 알렉산데르 골로프, 이고르 아르테미예프Igor Artemiev, 그리고리 톰친Grigorii Tomchin 등 러시아에서 내로라하는 민주주의자들, 자유주의자들은 불명예스러운 참패를 당했다.

어째서인가? 정부 측 관료들은 너무 기뻐 두 손을 비비면서, 국민들과의 끈을 잃어버린 것에 대해 "민주주의자들 자신 외에는 아무도 탓할 수 없지!" 하며 혀를 차며 조롱한다. 다른 한편으로 정부 관료들은 이제 국민들이 자기네 편이 됐다고 착각하고 있다.

"우리 가족은 이번 선거를 어떻게 보는가?" "새 두마 의원을 뽑는 선거가 대

---

9) None of the above(NOTA), 유권자가 거부권을 행사할 수 있도록 투표용지에 기재된 항목으로 '위의 모든 사람에 대한 반대'를 가리킨다. 옮긴이

10) Union of Right Forces, 러시아에 자유 시장경제 개혁 조치를 도입하기 위해 애쓴 다수의 군소 정당들이 연합하여 1999년에 창설한 자유주의 정당. 푸틴에 의한 민주주의 자유의 위축을 날카롭게 비판했다. 2003년 의회 선거 당시 공식 득표율이 4퍼센트에 불과해 최소 5퍼센트를 득표해야 가능한 국회 입성이 무산됐고, 이로 인해 크렘린 정부가 선거 부정에 개입한 것 아니냐는 의혹을 촉발시키기도 했다.

11) Yabloko, 민주주의 진영의 내분을 가라앉히기 위해 1995년에 설립된 자유주의 정당. 언론의 자유 및 민주 정치 제도의 침해를 공개적으로 비판하며, 궁극적으로 러시아의 〈유럽연합〉 가입을 지지. 체첸 전쟁에 반대해 왔다. 또한 '헌법적 수단'을 통한 푸틴 정권의 종식을 주창해 왔다.

통령의 국정 운영에 도움이 될 것이라고 보는가?"라는 주제에 대해 상트페테르부르크 고등학교 학생들이 쓴 에세이 중 일부를 여기 소개한다.

우리 집 식구들은 투표를 포기했어요. 우리는 더 이상 선거의 진정성을 믿지 않아요. 선거는 대통령에게 아무 도움도 안 될 거예요. 정치인들은 누구나 더 나은 삶을 약속하지만, 불행하게도……. 내가 바라는 것은 그런 것이 아니라 좀 더 정직한 거예요…….

선거는 쓰레기다. 변하는 것은 없기 때문에 누가 두마 의원이 되든 상관없다. 우리나라를 더 낫게 만들 사람이 아니라 도적이 뽑히기 때문이다. 이번 선거는 대통령이든, 평범한 시민이든 그 누구에게도 도움이 되지 않을 것이다.

우리 정부는 우스꽝스럽기 짝이 없다. 나는 국민들이 돈에 미치지 않기를, 우리 정부가 최소한 어떤 도덕적 원칙의 일부라도 보여 주기를, 또 정부가 국민들을 등치는 일이 최소화되기를 바란다. 정부는 국민을 섬기는 종이다. 우리가 그들을 뽑는 것이지, 그 반대는 아니잖은가? 사실, 나는 왜 내가 이런 에세이를 써야 하는지 모르겠다. 수업에 방해만 될 뿐이다. 어쨌든 정부는 이 글 따위는 읽지 않을 테니까.

우리 집 식구들이 이번 선거를 어떻게 바라보느냐 하는 것은 '그들'의 관심사가 아니다. 두마가 채택한 법안은 무의미하며, 국민들에게 전혀 쓸모가 없다. 이 모든 게 국민을 위해 존재하는 것이 아니라면, 도대체 누구를 위한 것인가?

선거가 과연 도움이 될까? 아주 흥미로운 물음이다. 두고 봐야 할 듯하다. 대체로 선거는 조금도 도움이 되지 못할 것이다. 나는 정치가가 아닐 뿐더러, 마땅한 정보도 없다. 하지만 중요한 점은 우리가 부패와 싸워야 한다는 점이다. 우리나라 공공기관에 폭력배가 존재하는 이상 삶은 나아지지 않을 것이다. 지금 군대에서 무슨 일이 벌어지고 있는지 아는가? 약자에 대한 끊임없는 괴롭힘뿐이다. 그 옛날, 군대가 소년을 어른으로 만든다고 말했다면, 지금 군대는 불구자를 만든다고 해야 할 정도다. 우리 아버지는 그 따위 군대라면 당신 아들을 보내지 않겠다고 말씀하신다. "이 나라 권력을 거머쥐려는 작자를 위해, 무엇 때문에 싸우는지도 모르면서, 내 아들이 군대 때문에 불구자가 되거나, 아니면 더 나쁜 경우로, 체첸의 어느 도랑에서 시체로 뒹굴도록 수수방관하란 말인가?" 현 정부가 정권을 쥐고 있는 한, 나는 현재 상황이 나아지리라고 조금도 생각할 수 없다. 내 불행한 유년 시절에 대해 정부에 감사할 것은 없다.

이 글들은 '새로운 러시아' 를 짊어질 미래의 시민들이 아니라 노회한 국민들이 쓴 것만 같다. 이 속에는 정치적 냉소주의의 진정한 대가가 드러나 있다. 바로 청년 세대들의 서부나.

12월 8일

아침이 되자 결국 판가름이 났다. 좌파는 겨우 명맥을 유지했고, 자유주의와 민주주의 계열의 '우파' 는 대패했다. 〈야블로코〉와 그 당수인 그리고리 야블린스키 본인은 두마에 입성하는 데 실패했다. 보리스 넴초프Boris Nemtsov와 이리나 하카마다가 이끄는 〈우파 연합〉도, 또 다른 무소속 후보도 성공하지 못했다. 민주주의 이상을 위해 압력을 행사하고, 크렘린에 건설적이고 지성적인 반기를 들 수 있는 인물이 러시아 의회 내에는 사실상 이제 한 명도 없게 됐다.

그러나 그 중에서 최악은 〈통합 러시아〉의 승리가 아니다. 그 하루가 끝날 무렵, 투표 집계가 거의 마무리된 후, 소연방 붕괴 후 처음으로 러시아가 극단적 민족주의자들을 선택했다는 사실이 분명해졌다. 이들은 유권자들을 향해 "러시아의 적들" 모두를 목매달겠다고 공언했던 작자들이다.

물론 이건 끔찍한 일이지만, 인구의 40퍼센트가 극심한 빈곤선 이하로 살고 있는 나라에서라면 충분히 예상할 수 있는 일이다. 민주주의자들은 이런 부류의 국민들과 접촉할 의향이 없는 게 분명하다. 그들은 사유재산과 새로운 자산가들의 이익을 옹호하면서 부유층이나 신흥 중산층과 소통하는 데 집중하길 더 좋아한다. 빈자는 자산가가 아니며, 따라서 민주주의자들은 그들을 무시했다. 반면에 민족주의자들은 그렇지 않았다.

전체 유권자 중에서 이 가난한 사람들은 어김없이 민주주의자들에게서 등을 돌렸다. 놀라울 것도 없다. 다른 한편으로, 야블린스키, 넴초프, 하카마다가 크렘린에 대한 영향력을 잃어 가는 듯 보이자 새로운 자산가들이 〈야블로코〉와 〈우파 연합〉에서 〈통합 러시아〉로 배를 갈아탄 것 또한 전혀 놀랍지 않다. 부자들은 관료들이 운집한 곳으로 서둘러 떠났던 것이다. 스스로 부패했을 뿐더러 관계官界의 부패를 떠받치고 먹여 살리는 러시아 재계는 관료들을 없이는 번창할 수 없다.

이번 선거 직전 〈통합 러시아〉의 고위 당직자는 아예 대놓고 말했다. "우린 돈이 아주 많다! 우리가 그 돈을 전부 어떻게 써야 할지 모를 만큼 재계가 어마어마한 액수를 기부했다!" 그들은 뽐내는 것이 아니었다. 이 돈은 "선거 후에 나를 잊지 마, 그럴 거지?"라는 뜻의 뇌물이었다. 부패한 나라의 재계는 적어도 부패가 견딜 만한 수준으로 줄어든, 사회적으로 부패를 용납하지 않는 나라들보다 훨씬 더 부도덕하다.

그러니 야블린스키 또는 〈우파 연합〉에 대해 재계가 아쉬울 게 뭐가 있겠는가? 우리나라 신흥 졸부들에게 자유란 정당과 하등 무관하다. 자유란 멋진 휴가를 보낼 수 있는 자유를 말한다. 부유하면 부유할수록 그들은 더 자주 해외로 나갈 수 있다. 터키의 안탈리아가 아니라 타히티나 아카풀코로 말이다. 그들 대다수에게 자유는 사치품을 소유할 권한이나 마찬가지다. 이제 그들은 대부분 태생적으로 타락한 친 크렘린계 정당이나 단체에 로비하며 자신들의 이익을 도모하는 편이 훨씬 더 편리하다고 생각한다. 그런 정당에게는 모든 현안마다 가격표가 붙어 있다. "돈을 내시오, 그러면 당신에게 필요한 법을 마련해 줄 테니." 그게 아니면 두마 의원이 대검찰청에 압력을 행사하기도 한다. 심지어 국민들은 '국회의원들의 압력 행사'에 대해 수군거리기 시작했다. 오늘날 이런 해결 방식은 경쟁자를 시장에서 축출할 수 있는, 비용 대비 효과가 높은 방법으로 자리 잡아 가고 있다.

부패는 지리놉스키가 이끄는 쇼비니즘적인 〈자유 민주당〉의 성장 동력이기도 하다. 이 당은 포퓰리즘적 '야당'이다. 즉, 야당이 전혀 아니란 뜻이다. 온갖 쟁점에 대해 신경질적으로 감정을 분출하면서도 정작 매번 크렘린의 지침을 따르기 때문이다. 이들은 크렘린을 비롯해 대검찰청, 내무부, FSB, 법무부와 법원 등 관련 부서를 드나들며 사적인 이해관계로 로비를 벌임으로써 더 없이 냉소적이고 정치에 무관심한 중소기업들로부터 상당한 헌금을 받는다. 이들은 국회의원 특유의 '공개 비난'을 무기로 사용한다.

이것이 바로 지리놉스키가 지난번과 이번 선거 모두 두마 입성에 성공하게 된 배경이다. 지금 그는 다들 부러워해 마지않는 38개 의석을 갖고 있다.

〈로디나당〉은 또 다른 쇼비니즘 단체다. 드미트리 로고진[12]이 이끄는 이 당은 크렘린의 기획자들이 특별히 이번 선거를 위해 창설한 것이다. 이 당의 목표는 온건한 민족주의 성향의 투표자들을 좀 더 극단적인 〈민족 볼셰비키당

---

12) Dmitry Rogozin. 2006년 초까지 러시아 민족의 권익 보호를 대대적으로 옹호하는 〈로디나당〉의 당수였지만 크렘린의 압력에 못 이겨 사퇴한 것으로 보인다. 분명 그가 이끄는 〈로디나당〉은 여당인 〈통합 러시아〉에게 점점 더 위협적인 존재가 되어 가고 있었다.

National Bolshevik Party〉으로부터 떼어놓는 것이다. 〈로디나당〉은 성공했다. 37
석을 얻었으니 말이다.

***

사상적 측면에서 새 두마는 서유럽보다는 러시아의 전통주의 쪽으로 향해 있
다. 친푸틴계 후보들 전원은 가차 없이 이 노선을 밀어붙였다. 〈통합 러시아〉는
노골적으로 반서구적이고 반자본주의적인 정치 선전을 동원해서 러시아 국민
이 서유럽 국가들에게 수모를 당해 왔다는 피해 의식을 부추겼다. 선거 전의 세
뇌 공작에서는 경멸조의 문맥에서 쓰이는 경우를 제외하면, '노동hard work',
'경쟁competition', '창의성initiative'에 대한 언급이 전혀 없다. 반면에, "고유한
러시아 전통"에 대해서는 수도 없이 거론됐다.

유권자들에겐 모두의 입맛에 맞도록 가공된 온갖 형태의 애국주의가 제공됐
다. 〈로디나당〉은 영웅적 애국주의를, 〈통합 러시아〉는 온건한 애국주의를, 〈자
유 민주당〉은 노골적인 쇼비니즘을 각각 제공했다. 친푸틴 성향의 후보들은 TV
카메라가 눈에 띌 때마다 십자가와 정교회 신부의 손에 입을 맞추면서 기도를
하고 성호를 긋는 등 대단한 쇼를 연출했다.

이것은 우습기 짝이 없는 짓이지만, 국민들은 분별없이 그 꾀에 속아 넘어간
다. 이제 국회 안에는 친푸틴 성향의 정당들이 절대 다수를 차지하고 있다. 크
렘린에 의해 창설된 〈통합 러시아〉는 212석을 확보했다. 또 다른 65석의 '무소
속' 의원들도 사실상 크렘린 지지파들이다. 그 결과로서 나타난 것이 1.5당제
다. 거대 여당 더하기 유사한 신념을 지닌 작은 '따개비들'만 존재하는 것이다.

민주주의자들은 러시아 내 진정한 다당제 확립의 중요성에 대해 쉴 새 없이
주장해 왔다. 이 문제는 옐친이 개인적으로 관심을 가졌으나, 지금은 완전히 논
의에서 사라져 버렸다. 두마의 재편은 중대한 이견의 가능성을 차단해 버렸다.

선거 직후 푸틴은 의회가 토론의 장소가 아니라 입법적 마무리를 위한 장소라고 발언하기까지 했다. 그는 새 두마가 토론 따위에 빠지지 않을 것이라며 기뻐했다.

〈공산당〉은 당 차원에서 41석을 확보했고, 여기에 무소속으로 출마한 개별 공산당원들을 통해 12석을 더 확보했다. 4대 두마에서 가장 중용적이며 분별 있는 목소리를 내는 쪽이 〈공산당〉 소속 의원들이라고 말해야 하는 현실이 내겐 고통스럽다. 불과 열두 해 전에 타도의 대상이었던 그들은, 2003년 말 러시아 민주주의자들의 거대한 백색 희망으로 탈바꿈했다.

그 후 몇 달 동안 의원들이 이 당에서 저 당으로 철새처럼 이동하는 바람에 두마 내의 셈법이 약간 달라졌다. 대통령행정실에서 나온 거의 모든 요구가 다수결에 의해 통과됐다. 비록 2003년 12월 〈통합 러시아〉가 헌법 개정에 필요한 다수 의석을 확보하지는 못했지만(여기에는 301개의 표가 필요하다), 문제될 것은 없었다. 실질적인 측면에서 크렘린은 원내 다수를 '조작'했다.

나는 의도적으로 '조작'이란 단어를 썼다. 선거는 세밀히 설계되고 실행됐다. 그 과정에서 무수한 선거법 위반이 있었고, 동시에 선거 조작이 이뤄졌다. 관료들이 이미 사법부를 장악했기 때문에 선거의 어떤 측면에 대해서도 법적 이의를 제기할 수 없었다. 아무리 증거가 확실하다고 해도 대법원 이하 어떤 사법기관도 결과와 반대되는 판결을 내릴 수 없었다. 그 '새빨간 거짓말'에 대한 법률적 승인은 "국내 정세가 불안해지는 것을 막기 위해서"라고 정당화됐다.

소비에트 시절과 다를 바 없이 이번 선거에도 정부의 행정 자원이 투입됐다. 이는 또한 1996년과 2000년 선거에서 노쇠한 데다 병중이었음에도 옐친이 선출되도록 하기 위해 사용했던 방식과 똑같다. 하지만 이번에는 대통령행정실을 저지할 수 없었다. 과거 소련 시절 관공 부서가 〈소련공산당〉과 열광적으로 연합했듯이, 이번에도 관료 집단이 〈통합 러시아〉와 한 몸이 된 것이다. 푸틴은 과거 고르바셰프[13]도, 옐친도 하지 못했던 소비에트 체제 부활을 달성했다. 그의 유일한 치석은, 새로운 〈소련공산당〉의 일원이 된 것이 너무 기뻐서 어쩔 줄 모르는 관리들의 환호성을 들으며 〈통합 러시아〉를 창설한 일이었다. 관리들은 자기들을 항상 챙겨 줬던 '빅 브라더'를 노골적으로 그리워해 왔다.

그러나 러시아의 일반 유권자들 역시 '빅 브라더'를 그리워한다. 민주주의자들로부터 아무런 위로의 말도 듣지 못했기 때문이다. 오죽하면 시위 한 번 없었다. 〈통합 러시아〉의 선거 구호는 공산주의자들에게서 훔쳐 온 것으로, 우리 러시아의 국부를 훔치고 우리 국민을 넝마 속에 방치한 부유한 흡혈귀에 관한 내용으로 도배가 돼 있다. 그 슬로건들은 지금 그것을 선전하는 주체가 공산주의자들이 아니기 때문에 큰 인기를 누린다.

2003년, 〈통합 러시아〉의 노력 덕분에 러시아 시민들 다수가 〈유코스Yukos〉 정유 회사 대표인 올리가르히, 미하일 호도르콥스키[14]의 구금을 진심으로 지지했다는 점을 밝히지 않을 수 없다. 마찬가지로 정치적 목적을 위해 국가의 행정 자원을 도용하는 것이 틀림없는 권력 남용임에도 불구하고, 정치인들은 대중의 지지를 얻었다. 이 모든 일은 행정부 소관으로 뭐든지 나서서 참견하길 좋아하는 행정부 때문이다.

---

13) 미하일 고르바셰프Mikhail Gorbachev, 〈소련공산당〉의 마지막 서기장(1984~1990)과 초대 소련 대통령 (1990~1991)을 역임한 인물. 공산 정권을 민주화하려는 그의 시도는 체제 자체의 붕괴로 이어졌다.

14) Mikhail Khodorkovsky, 〈메나텝 은행〉과 〈유코스〉 정유 회사의 설립자로서 투옥되기 전에는 러시아에서 최고로 부유한 올리가르히였다. 민주주의 성향의 야당을 후원했으며 투명한 서구식 비즈니스 관행의 도입을 주장했다. 푸틴 정부와 갈등을 빚은 후 2003년 세금 탈루 혐의로 체포되어 9년의 징역형을 선고받았다. (2013년 12월 19일 푸틴의 사면령을 받아 사면됐다. 옮긴이)

12월 8일

이른 아침, 정치 평론가들이 속속 들어오는 결과들을 논의하기 위해 〈자유 연설〉 프로그램에서 만났다. 그들은 신경과민 상태였다. 이고르 부닌Igor Bunin은 러시아 자유주의의 위기에 대해, 어떻게 선거 유세가 한창일 때 터진 〈유코스〉 사태가 올리가르히에 대한 사회적 반감의 물결을 일으켰는지에 대해 얘기했다. 그들은 많은 사람들, "특히 지리놉스키를 차마 지지할 수 없었던 품위 있는 사람들"의 가슴에 쌓인 증오에 대해서 논했다. 또한 절충적인 〈통합 러시아〉가 가장 자유주의적인 인사부터 가장 반동적인 인사에 이르기까지 모든 계층을 두루 아우를 수 있었던 것에 대해 논했다. 부닌은 대통령이 이제 지배 계층 중에서도 자유주의자를 대변할 것이라고 예측했다.

같은 프로그램에서 몰로토프[15]의 손자 뱌체슬라프 니코노프Vyacheslav Nikonov는 젊은이들이 투표장에 나오지 않았으며, 이것이 민주주의 계열 정치인들에게 패배를 안겨 준 가장 큰 원인이라고 밝혔다.

"러시아 국민의 입맛에는 이반 뇌제와 스탈린이 더 맞지요."

그날 저녁까지 방송이 계속 이어졌다. 폭풍우가 곧 들이닥칠 것 같은 음울한 분위기의 프로그램이었다. 스튜디오 안의 출연자들은 싸우기보다는 대피할 곳을 찾는 것 같았다. 옐친 대통령의 고문을 지낸 게오르기 사타로프Georgii Satarov는 선거 결과를 결정지은 것이 소련 시절을 그리워한 이들의 "노스탤지어 투표"였다고 주장했다. 민주주의 정치인들이 격렬한 비난의 표적이 됐다. 작가 바실리 악쇼노프Vasilii Aksyonov는 자유주의 정치인들이 〈유코스〉 사태의 불미스러

---

15) 뱌체슬라프 몰로토프Vyacheslav Molotov, 소련 초기인 1920년대에 스탈린의 충복으로서 외교를 담당했던 인물. 옮긴이

움을 유리하게 이용하는 데에 실패했다고 투덜거렸다. 악쇼노프의 견해는 매우 옳다. 민주주의 정치인들은 호도르콥스키 사태를 쟁점화시켜 어떤 식으로든 물고 늘어지는 데 실패했다.

***

〈자유 연설〉 프로그램은 조만간 그 모회사인 NTV에 의해 폐지될 운명이었다. NTV측에 푸틴이 "정치 패배자들을 위한 토크쇼가 누구한테 필요하단 말인가?" 하고 일침을 가했던 것이다. 두말할 필요도 없이 푸틴은 야블린스키, 넴초프, 그리고 다른 패배한 자유주의 및 민주주의 계열 정치인들을 겨냥한 것이다.

몇 달 뒤 뱌체슬라프 니코노프는 열성적인 푸틴 지지자로 변모하게 된다. 정치 평론가들 중에서 그런 전향자가 수두룩하게 나올 참이었다.

그렇다면 우리는 여기서 어디로 갈 것인가? 우리의 자유는 위에서부터 우리에게 부여됐고, 민주주의자들은 사실상 자유주의를 규제할 수 있는 국가의 권리를 인정하면서, 자신들이 버림받지 않을 것이라는 확약을 받기 위해 크렘린으로 줄기차게 달려가고 있었다. 그들은 타협을 계속했고, 지금은 달아날 곳조차 남아 있지 않다.

선거가 있기 13일 전인 11월 25일, 우리 기자들 가운데 몇 명은 다섯 시간 남짓 〈야블로코〉의 그리고리 야블린스키와 대담을 가졌다. 야블린스키는 매우 차분했고, 향후 두마에 입성할 것이라고 오만하리만치 확신에 차 있었다. 우리는 그가 대통령행정실과 모종의 거래가 있었던 것은 아닐까 하고 의심했다. 선거 운동 기간 중 몇몇 쟁점을 '묻어 버리는' 대가로 행정 자원을 〈야블로코〉에 지원하기로 하는 것 따위 말이다. 〈야블로코〉에 지지표를 던져 왔던 나와 다른 기자들에게는 소름끼치는 일이었다.

야블린스키는 〈야블로코〉와 민주주의 계열인 〈우파 연합〉의 제휴 안에 대해 못마땅해했다.

"나는 체첸 전쟁을 일으키는 데 〈우파 연합〉이 큰 역할을 했다고 생각하고 있습니다. 어쨌든 민주주의 성향에 시민사회를 지지하는 유일한 정당으로 간주되지만, 〈우파 연합〉은 러시아군이 체첸에서 다시 태어나고 있고, 그와 다르게 생각하는 사람들은 누구든지 러시아 군대의 뒤통수를 치는 배반자라고 말했죠."

"그렇다면 〈야블로코〉는 지금 체첸 전쟁을 반대하는 누구와 연합할 수 있을까요?"

"지금 말입니까? 모르겠군요. 만일 〈우파 연합〉이 자신들의 과오를 인정한다면, 그들과의 동맹 가능성을 타진할 수 있을 겁니다. 하지만 넴초프가 평화의 비둘기라도 되는 양 행세하고, 추바이스[16]가 자유주의적 이상에 대해 떠벌리고 있는 한은, 이런 말을 용서하세요. 저는 그런 가능성을 고려할 용의가 전혀 없습니다. 우리가 다른 누구와 연합할 수 있을지, 난 모르겠어요."

"그렇지만 2차 체첸 전쟁을 일으킨 건 〈우파 연합〉이 아니잖아요."

"그렇죠. 푸틴이 일으켰죠. 하지만 〈우파 연합〉이 푸틴을 대통령 후보로 추대했고, 뿐만 아니라, 지식인들과 중산층 모두의 눈앞에서 그를 전쟁의 지도자로 정당화했습니다."

"〈우파 연합〉과 당장 멱살잡이라도 할 태세로군요. 당신은 그들과의 동맹을 원치 않는군요. 하지만 당신은 선거 활동에 일정한 행정 지원을 얻기 위해 대통령은 물론 행정실과 이미 여러 번 타협하지 않았던가요? 제가 기억하기로

---

16) 아나톨리 추바이스Anatoly Chubais, 1994년부터 1996년까지 옐친 정부의 부총리를 지내면서, 자유 시장 경제 개혁과 관련한 소위 "충격 요법"과 사유화 프로그램을 추진했던 인물이다. 옐친 내각에서 올리가르히가 득세하도록 도왔다는 평가도 있다. 후에 〈우파 연합〉의 공동 당수를 맡았다.

는, 또 들리는 소문에 의하면, 체첸 전쟁이 바로 문제의 타협이지요. 당신은 체첸 문제로 큰 잡음을 내지 않기로 합의했고, 그 대가로 두마 입성에 필요한 만큼의 표를 보장받지 않았던가요?"

"유언비어를 믿지 마세요. 완전히 잘못된 접근입니다. 당신네 신문과 관련된 소문도 있죠. 다른 어떤 신문도 체첸에 대해 쓸 수 없지만, 당신네들은 그런 기사를 내고도 아직 문을 닫지 않았으니까. 소문인즉슨, 그들이 스트라스부르로 날아가서 당신네 신문을 흔들면서 『노바야 가제타』가 체첸에 대해 뭐라고 말하는지 보시오!' 하면서 우리나라에 언론의 자유가 있다는 것을 과시할 그런 여지를 준 것이 아닐까 하는 겁니다. 물론 그런 소문이 사실이 아닐 거라고 생각하지만……."

"아무튼 솔직하게 답해 주시지요."

"나는 그런 협상을 벌이거나 그런 타협에 응한 적이 없습니다. 그것은 말도 안 되는 억측이에요."

"하지만 당신은 행정실과 면담을 했잖아요?"

"아니오. 절대로 아니올시다. 1999년 9월 당시 내게 돈을 되돌려 준 것에 대해 얘기한 거예요."

"그 자금의 출처는 어디죠?"

"우린 그런 세세한 것까지 얘기하지는 않았어요. 왜냐하면 내가 그것을 수용할 수 없다고 말했으니까. 나는 푸틴에 반대하지 않는다고 말했어요. 그 당시 나는 그를 처음 보았죠. 하지만 푸틴이 여섯 달 뒤에 벌일 모든 일을 내가 지지할 것이라고 말한다는 것은 불가능한 일 아닙니까? 나는 이런 말을 들었죠. '그렇다면 우리 또한 당신과 합의를 볼 수는 없소'라고. 후에, 선거가 끝난 뒤, 각 당 당수들이 크렘린으로 초대되었을 때 득표수에 따라 자리를 배정받았는데, 그 곳에서 가장 지위가 높은 관리 중 한 명이 이렇게 말하더군요.

'당신도 이 자리에 앉을 수 있었을 텐데……' 나는 이렇게 대답했지요. '글쎄올시다. 원래 그런 거지요 뭐.' 그들은 이번에는 내게 제안조차 하지 않았어요."

"푸틴과 마지막으로 대화했던 게 언젠가요?"

"7월 11일입니다. 호도르콥스키 사건과 〈유코스〉 수색에 관해서 얘기했죠."

"당신이 요청한 건가요?"

"그렇습니다. 경제 프로그램 등의 논의 때문에 국무위원 전원과 정당 지도자들이 크렘린에 소집되었죠. 그날 회의는 밤 10시 반에야 끝났고, 나는 푸틴에게 긴히 이야기하고 싶은 게 있다고 말했지요. 11시 반에 푸틴의 자택에서 만났고, 여러 문제를 논했는데, 주된 화제는 호도르콥스키였어요."

"호도르콥스키가 투옥되리라는 걸 알고 있었습니까?"

"그걸 미리 안다는 건 불가능하죠. 하지만 상황이 심각하게 돌아가고 있는 건 분명했습니다. 난 런던의 『파이낸셜 타임스*Financial Times*』가 이례적으로 대문짝만하게 헤드라인을 뽑아 그 밑에 호도르콥스키, 미하일 프리드만[17], 로만 아브라모비치Roman Abramovich의 사진이 실린 큼지막한 기사를 게재했을 때, 그에게 좋지 않은 일이 일어날 것이라고 예감했어요. 그 내용인즉슨, 이들 올리가르히들이 자기들의 재산을 서방으로 옮기고 있고, 러시아에 있는 모든 것을 전부 팔아치우려 한다는 것이었습니다. 러시아에서 현대적인 사업을 일구는 것은 불가능하며, 자기들이야말로 최고의 경영자이지만 부패의 한복판에서 제대로 된 기업을 세우는 것은 불가능하다는 프리드만의 주장을 인용하고 있었죠."

---

17) Mikhail Fridman, 오늘날 러시아 최대 민간 은행을 소유하고 있고 석유, 유통, 통신 사업에 두루 관여하고 있는 〈알파 그룹〉을 1988년 공동 설립한 인물.

"푸틴이 재임에 성공하리라고 이미 인정하고 있는 건가요?"

"내가 인정하지 않더라도, 푸틴은 뜻을 기필코 이룰 겁니다."

"현실적으로 스스로의 승산에 대해 어떻게 생각하고 있습니까?"

"내가 어떻게 알겠습니까? 우리 측 자체 조사 결과는 8~9퍼센트를 말합디다만, 표가 여기서 보태지고 저기서 보태지는 게 바로 우리나라의 선거죠. 그게 바로 '관리형 민주주의' 라는 거고요. 국민은 그야말로 포기한 상태입니다."

"나는 당신 역시 포기한 상태 같다는 느낌을 받습니다. 결국 조지아 국민은 날조된 선거 결과를 거부하고 상황을 호전시키기 위해 국회 외부의 수단을 동원했지요.[18) 어쩌면 당신도 그렇게 해야 하지 않을까요? 아니, 우리 국민 모두도 그들처럼 해야 하지 않을까요? 원외 수단을 동원할 용의가 있나요?"

"아니요. 나는 그 길을 가지 않을 겁니다. 러시아에서는 유혈 사태로 끝나게 돼 있어요. 그 길은 내 길도 아닙니다."

"〈공산당〉에 대해선 어떻게 생각하나요? 그들이 가두시위에 나설까요?"

"〈공산당〉이 12~13퍼센트 정도만을 얻을 거라는 소문이 힘을 얻고 있어요. 그 소문은 이미 통념처럼 돼 버렸죠. 나는 가두시위 가능성도 배제하지 않고 있습니다. 푸틴이 정략적으로 아주 훌륭하게 공산주의자들의 옷을 훔쳐가 버렸기 때문이죠. 〈통합 러시아〉는 가두시위에 나서지 않을 것이고요. 왜냐하면 이미 38퍼센트는 아니래도 35퍼센트를 얻었고, 그것 말고 다른 대중정당은 없으니깐. 그와 맞먹는 대중정당은 그야말로 없잖습니까? 1996년 이후로 러시아에서 야당을 구성하는 것은 현실적으로 불가능해졌습니다. 첫째, 우리에겐 독립된 사법부가 없어요. 야당은 독립된 사법 체계에 기댈 수 있어야 합

---

18) 조지아에서 2003년 말에서 2004년 초까지 일어난 '장미 혁명' 을 말한다. 옮긴이

니다. 둘째, 우리에겐 독립된 국영 언론이 없죠. 물론 무엇보다 〈채널 원 Channel One〉, 〈채널 투Channel Two〉 같은 TV 방송국을 말하는 겁니다. 셋째, 실속 있는 무엇을 이룰 만한 독립된 재원이 없습니다. 이 세 가지 핵심 요소가 없다면 러시아에서 생존력 있는 야당을 만들어 내기란 불가능하죠.

야당 없는 민주정치는 불가능하기 때문에 지금 러시아에 민주정치는 없습니다. 1996년 옐친이 공산주의자들을 이겼을 때 야당의 존립을 위한 전제 조건은 모조리 파괴되어 버렸어요. 또한 상당 부분 우리 스스로도 그런 조건들이 파괴되도록 방조했고요. 오늘날 러시아 어디에서든 10만 명에 달하는 시위 인파는 이론적으로도 불가능합니다.

현 정권의 특징은 전체주의 시대와는 달리, 반대파를 단순히 야만적으로 진압하지는 않는다는 거죠. 과거에 전체주의 체제가 민주정치 기관을 단순히 파괴해 버렸다면, 오늘날 시민 기관과 공공기관의 모든 태도는 당국에 의해 나름의 목적을 가지고 개조돼 가고 있다는 겁니다. 만일 저항을 시도하는 이가 있다면, 그는 간단히 교체될 겁니다. 만일 그가 교체되기를 거부한다면, 그때부터는 신변을 조심해야 할 거고요. 모든 현안의 95퍼센트가 이런 순응화 또는 교체의 기술을 통해 해결되고 있어요. 만일 〈언론인 연합〉이 마음에 안 들면, 〈메디아소유즈Mediasoyuz〉를 창설하면 되고, 만일 NTV의 사장이 마음에 안 들면 다른 사장이 운영하는 NTV를 만들면 그만이라는 식이죠.

만일 그들이 당신네 신문에 대해 달갑지 않은 관심을 가지기 시작했다면, 무슨 일이 일어날지 잘 알고 있습니다. 당신들의 동료들을 매수해서 내분을 일으킬 테죠. 당신들은 훌륭한 팀을 이루고 있으니까 당장 그런 일이 닥치진 않겠지만, 서서히, 돈과 다른 수단을 쓰고 사람들을 권력으로 회유하면서, 조이고 달래면서, 모든 것이 허물어지도록 만들 거예요. 바로 이것이 NTV를 다루었던 방식이었죠. 그들이 여론 정치를 말살했다고 글레프 파블롭스키Gleb

Pavlovsky가 숨김없이 말했잖습니까? 그것은 온전한 진실입니다. 정부는 또한 계획적으로 모두가 다른 누군가의 그림자가 되도록 짝패를 만들어 내죠. 〈로디나당〉은 〈공산당〉을 맡고, 〈우파 연합〉은 〈야블로코〉를 맡고, 〈인민당People's Party〉은 〈통합 러시아〉를 맡도록 말입니다."

"하지만 이런 속임수까지 쓸 때, 그들이 두려워하는 건 뭘까요?"

"변화죠. 관료들은 자신들의 집단적 이익에 따라서 움직입니다. 그들은 권력을 잃는 것을 원치 않죠. 권력을 잃으면 매우 위험한 상황에 몰릴 테니까. 그들도 그 점을 알죠."

야블린스키는 두마에 입성하지 못할 운명이었다.

푸틴 시대, 러시아 의회 민주주의의 위기를 목도하고 있는 것일까? 아니다. 우리는 그 사망을 목도하고 있다. 첫째, 우리나라 제일의 정치 평론가인 릴리야 셰프초바가 정확히 지적했듯이 정권의 입법부와 행정부는 하나로 통합됐고, 이 것은 소련 체제의 부활을 뜻했다. 그 결과 두마는 그야말로 허수아비 장식 또는 푸틴의 결정을 추인하는 도장 날인의 장場으로 변했다.

둘째로, 러시아 국민은 이에 동의했다. 바로 이것이야 말로 어째서 위기가 아니라 종말인가를 말해 준다. 궐기하는 사람은 아무도 없었다. 시위대도, 집단 항의도, 시민불복종 행위도 없었다. 유권자들은 가만히 앉아서 당했고, 야블린스키뿐 아니라 민주정치까지도 잃어버린 채 사는 것에 동의했다. 유권자들은 바보 취급을 당하는 것에 동의했다. 공식 여론조사에 의하면, 러시아인들의 12 퍼센트는 〈통합 러시아〉 대표들이 선거 전 TV 토론회에서 자신의 정견을 가장 잘 설명했다고 평가했다. 〈통합 러시아〉 대표들은 그 어떠한 TV토론에도 참여한 적이 없는데도 말이다. 이 당의 대표들은 행동으로 말하겠다는 것 외에는 말할 수 있는 것이 하나도 없다. 악쇼노프가 지적했듯이, "대부분의 유권자들은 '그냥 되는 대로 내버려 두자'고 말했다."

달리 말하면, 소련 시절로 돌아가자는 것이다. 다만, 이제는 관료적 자본주의를 가미해서 국가 관료가 어떤 사유재산가나 자본가보다 더 부유한 거물급 올리가르히로 존재하는, 약간은 손보고 가꾼, 세련된 소련으로. 그러나 훌륭한 옛 소련으로 돌아가자는 것이다.

하지만 만일 우리가 소련 시절로 돌아간다면, 2004년 3월 푸틴의 승리는 당연한 것이었다. 그건 이미 예정된 결론이었다. 대통령행정실 역시 온갖 수치심도 잊은 채 선거에 동원됐다. 2004년 3월 14일, 푸틴이 정말로 당선되기까지 몇 달 동안 정부 내부에서 견제와 균형은 모두 사라져 버렸다. 자제되었던 것은 오로지 대통령의 양심이었다. 슬프게도, 푸틴의 본성과 그의 과거 경력이 말해주는 것은 그것이 서막에 불과하다는 것이다.

12월 9일

오전 10시 53분. 한 여성이 모스크바 내셔널 호텔 앞에서 자살 폭탄 테러를 저질렀다. 광장 하나를 건너면 두마가 있고 크렘린에서는 145미터밖에 떨어져 있지 않은 곳이었다. "두마가 어디죠?" 폭탄을 터뜨리기 전 그녀가 한 행인에게 물었다고 한다. 현장에는 폭탄 테러범 옆에 있었던 한 중국인 여행객의 몸통 없는 머리가 아스팔트 위에 오랫동안 방치돼 있었다. 사람들은 소리를 지르고 구조를 요청했다. 현장의 경찰력은 결코 부족하지 않았지만, 경찰은 또 다른 폭발을 염려하여 20분 동안 사고 현장에 접근하지 않았다. 사고 후 반시간이 지나서야 구급차가 도착했고 경찰에 의해 통행이 차단됐다.

12월 10일

이번 테러 사건에 대해서나 왜 그런 테러가 일어났는지에 대한 논평이 없다.

러시아 상원 의회인 연방회의는 푸틴의 재신임 투표 일자를 발표했다. 그 즉시 푸틴은 모든 기념일과 명절을 총동원하면서 그 축일의 주인공이 누구이든 자신이 러시아 내 최고 전문가라는 점을 조국과 세계를 향해 과시하며 잔뜩 속력을 내기 시작했다. 방목의 날에는 러시아에서 가장 걸출한 목축 전문가가 됐다가 건축자의 날에는 가장 뛰어난 벽돌공이 된다. 참으로 기이한 행각이다. 하지만 과거 스탈린 역시 똑같은 장난을 벌이지 않았던가?

다행히도 오늘은 국제 인권의 날이다. 그래서 푸틴은 우리나라에서 가장 유명한 (물론 그가 골라 뽑은) 인권 운동가들을 크렘린의 〈대통령 인권 위원회〉 회의에 불러들였다. 회의는 오후 6시에 시작됐고, 옐친 시절 민주주의자였던 옐라 팜필로바[19]가 행사를 주관했다.

소아과 의사인 레오니트 로샬 박사는 자기가 얼마나 대통령을 좋아하는지에 대해 일분동안 떠벌렸다. 〈모스크바 헬싱키 그룹Moscow Helsinki Group〉 소속 류드밀라 알렉세예바Lyudmila Alexeyeva는 선거 기간 동안 국유 재산의 부적절한 사용에 대해 5분 동안 발언했다.(이런 지적에 대해 푸틴은 부인하지 않았다.) 〈군인 어머니회League of Committees of Soldier's Mothers〉의 이다 쿠클리나는 사병들을 노예 노동으로 착취하는 것을 포함하여 군대 내에서 벌어지는 온갖 끔찍한 사건들에 대해 3분 동안 보고했다. 〈형사 사법제도 개혁 센터〉의 발레리 아브람킨은 형무소에서 벌어지는 일들에 대해 5분 동안 발언했다.(대통령은 다른 발표자들보

---

19) Ella Pamfilova. 1990년대에 두마 의원으로 활동했고, 2000년에 대통령 후보로 출마한 여성 정치인. 2004년부터 2010년까지 〈시민사회와 인권 증진을 위한 대통령 위원회〉 의장을 맡았다.

다 그의 발언을 더 인정하는 듯 보였다.) 옐라 팜필로바는 인권 운동가와 사법 당국 간의 불편한 관계에 대해 장황하게 설명했다. 〈인권 기념 센터Memorial Human Rights Centre〉의 스베틀라나 간누시키나Svetlana Gannushikina는 새 법이 시민권에 끼칠 영향력에 대해 3분 동안 설명했다. 헌법재판소의 고문 타마라 모르시차코바는 7분 동안 정부 당국의 공적 책임에 대해 제언했다. 알렉세이 시모노프는 3분 동안 언론의 자유와 기자들의 곤경에 대해서 언급했다. 〈소비자 연맹〉의 세르게이 보리소프와 알렉산데르 아우잔은 중소기업 보호의 필요성을 피력했다.

이들 반대편에는 먼저 대통령행정실 실장과 부실장을 포함하여 검찰총장 블라디미르 우스티노프Vladimir Ustinov, 내무부 장관 보리스 그리즐로프Boris Gryzlov, 그밖에 법무부 장관, 언론부 장관, 헌법재판소 소장 겸 상공 중재 법원장이 있었다. FSB 국장 니콜라이 파트루셰프Nikolai Patrushev 역시 있었지만 곧 자리를 떴다.

인권 운동가 전원은 우스티노프 검찰총장을 돌아가면서 공격했다. 공격 사이사이에 푸틴 또한 부당한 결정을 내린 데 대한 책망과 비난을 가했다. 타마라 모르시차코바는 이를테면 미성년자의 취조 및 법정 출석 시에는 사회복지사가 동행해야 한다고 주장하는 등, 자신이 지적한 사항에 대해 법적 논평을 계속했다. 크렘린만 아주 새로운 것인 양 들을 뿐 이미 많은 나라에서 이것은 표준적인 절차라는 주장이었다. 우스티노프가 그런 주장은 러시아 법과 배치된다며 슬쩍 비난을 피하려고 하자 모르시차코바는 러시아에 그런 법은 존재하지 않는다고 지적하면서 말을 잘랐다. 달리 말하면 검찰총장은, 말이 안 되는 소리지만, 그 법조문에 대해 인지하지 못했거나 아니면 고의적으로 청중에게 거짓말을 했거나 둘 중 하나라는 뜻이다. 그러나 후자의 가능성 역시 대통령이 있는 자리에서 용납될 수 없음은 물론이다. 그렇다고 전자의 경우는 검찰총장의 지위를 생각할 때 용납될 수 없다.

스베틀라나 간누시키나가 내게 말했다.

"우리기 뭔가를 얻어 내려면 그들의 직접적인 경험과 연결시켜야만 해요. 대통령이 부시 미 대통령과 통화하는 동안 나는 대통령행정실 부실장이자 이주법 제정을 위한 특별위원회 위원장인 빅토르 이바노프Viktor Ivanov에게 건너가 있었지요. 그 자리에서 뜻하지 않게 우리가 거주 등록제에 대해 부정적인 견해를 공유하고 있다는 것을 확인했어요. 최근 이바노프의 아내는 자기네와 함께 모스크바에서 지낼 친구들의 임시 거주 등록증을 받기 위해 무려 다섯 시간이나 줄을 서서 기다려야 했고, 그 일로 몹시 화가 났다더군요."

이 일로 인해 이바노프는 거주 등록제 부활의 맹점을 인지하게 됐고, 그래서 그런 정책을 반대하기로 했다. 그 후 FSB 소속 장군 하나가 그 법을 개정하기 위해 공동 조사 위원회를 꾸리자는 제안을 간누시키나에 해 왔다. 그는 "내게 전화하세요. 이 일에 필요한 명단을 꾸려 봐요. 같이 일해 봅시다" 하고 말했다.

관료주의적 타성에 맞서 개인적인 경험이 승리를 거둔 또 다른 예가 있다. 재소자 인권 운동가인 발레리 아브람킨은 부당하게 유죄판결을 받은 두 미성년 소녀의 끔찍한 사연을 푸틴에게 보고했다. 두 소녀가 아직 청소년 신분이라는 것에 대해 법원과 교도소 당국 모두가 간과했고, 삼엄한 감시 아래 소녀들이 수감 장소로 이송된 뒤에야 그 사실을 인지했던 것이다. 교도소에 도착해서야 두 소녀는 풀려났다. 뜻밖에도 푸틴은 이 사건에 매우 격한 반응을 보였다. 인간적인 무엇이 그의 눈동자에서 번뜩였다. 알고 보니, 그의 가족이 이 경우처럼 법이 무시해 고통을 겪은 어린 소녀 두 명을 만난 적이 있었던 것이다. 푸틴의 아내는 그 소녀들을 지금도 후원한다고 했다. 실로 어떤 개인적 체험이야말로 불의의 희생자에 대해 정부가 관심을 갖게 만드는 전제 조건이라는 생각이 든다.

스베틀라나 간누시키나의 반응은 이랬다.

"어떤 사안에 대해서만큼은 대통령이 가진 정보가 아주 빈약하고 피상적이라는 것을 알 수 있어요. 그래서 대통령은 어떻게 해야 할지 모르는 거지요."

대체로 푸틴은 이야기를 귀담아 들었고, 말할 때마다 상대편의 입장에 서 있는 것처럼 행동했다. 그는 인권 운동가를 흉내 냈다. 분명히, 민주주의자들이 침묵을 강요당한 지금, 그는 국민을 위해 〈야블로코〉와 〈우파 연합〉을 대변할 것이다. 의회 선거 전야에 나온 정치 평론가들의 예측이 적중한 셈이다.

필시 인권 운동가들을 만난 푸틴의 주목적도 거기에 있을 것이다. 인권 운동가들의 염려가 바로 자기의 염려라는 것을 보여 주려는 것이다. 푸틴은 모방에 탁월한 재주를 지녔다. 필요할 때면 그는 당신의 편이 된다. 필요치 않을 때 그는 당신의 적이다. 그는 다른 사람의 옷을 입는 데에 능하며, 많은 사람들이 이런 술수에 넘어갔다. 인권 운동가 집단 역시 그들을 흉내 내는 푸틴의 얼굴에 눈 녹듯 녹아들었다. 현실에 대해 근본적으로 다른 태도를 취하면서도 푸틴에게 마음을 내줬다.

실제로 한번은 어떤 이의 입에서 인권 운동가들은 보안국보다 푸틴이 자기 말을 더 잘 들어준다고 생각한다는 이야기가 나왔다. 그 즉시 푸틴은 얼굴 한 번 붉히지 않고 응수했다.

"그것이 바로 내가 뼛속까지 민주주의자인 이유죠."

두말할 필요도 없이, 이 말이 끝난 후 모든 이들의 탄성은 점점 더 커졌다. 로샬 박사는 "잠시만" 말하게 해 달라고 요청했다.

"블라디미르 블라디미로비치, 저는 각하를 너무나 좋아합니다."

그는 전에도 이 말을 한 적이 있다. 블라디미르 블라디미로비치는 테이블을 내려다보았다. 박사는 계속 말을 이었다.

"또한 저는 호도르콥스키가 싫습니다."

블라디미르 블라디미로비치의 얼굴이 돌연 굳어졌다. 이 소아과 의사가 어디로 튈지는 하늘만 알았다. 아니나 다를까, 그가 탄 배는 암초를 향해 돌진하고 있었다.

"비록 제가 긱하를 좋아하고 호도르콥스키를 싫어하지만 저는 호도르콥스키가 수감되는 것을 볼 준비가 되어 있지 않습니다. 어쨌든, 그가 살인범은 아니잖습니까. 그가 도망칠 곳이 어디 있겠습니까?"

대통령의 안면 근육이 씰룩거렸고, 그곳에 있던 사람들은 혀를 깨물었다. 그 후로 누구도 호도르콥스키를 두 번 다시 언급하지 않았다. 마치 푸틴이 죽어 가는 아버지이고, 호도르콥스키가 그의 방탕한 아들인 것처럼. 예상과는 달리 인권 운동가들은 공격을 밀어붙이는 대신에 다리 사이에 꼬리를 얌전히 말아 넣었다. 하늘이 캄캄해졌고, 〈유코스〉 사태에 대한 그 말실수 뒤에 오직 한 명만이, 감히 또 다른 화제를 끄집어 들었다. 대통령 수행단이 혹시라도 대통령이 자제력을 잃을까 염려해 언급을 자제해 주길 요청하는 바로 그 주제였다. 스베틀라나 간누시키나가 체첸 문제를 꺼냈다.

간누시키나는 정부가 통과시킨 이주민 문제에 대해 간단히 언급한 후, 자기는 대통령이 체첸에 대해 답변해 줄 거라고 기대하지 않는다고 말했고, 따라서 그 대신 〈인권 기념 센터〉에서 막 펴낸 책, 『이곳에 사는 사람들: 체첸, 폭력의 역사People Live Here: Chechnya, A Chronicle of Violence』를 대통령에게 선물하고 싶다고 말했다.

전혀 예상치 못한 일이었다. 경호원들이 끼어들 틈이 없었다. 푸틴은 책을 받아 들었고, 또한 예상 밖으로, 책에 관심을 보였다. 그는 오후 10시 30분까지 회의 나머지 시간 내내 책장을 넘기다가 마침내 체첸에 대해 입을 열었다.

간누시키나가 회상하길 첫째, 그는 테러 진압 작전으로 인권이 짓밟히는 게 전적으로 문제가 없다고 확신했다. 법에 어긋나는 행위가 정당화될 만한 타당한 이유가 있고, 법을 무시할 만한 상황이 있다는 것이다. 둘째로 푸틴은 책을 뒤적이더니 이렇게 지적했다고 한다. "이 책의 내용은 형편없어요. 만일 국민이 이해할 수 있도록 당신이 책을 쓴다면, 국민은 당신을 따를 것이며, 그때 당신은 정부에 진짜 영향력을 행사할 수 있을 겁니다. 하지만 이런 식의 이야기로는 어림도 없죠"라고 말했던 것이다.

물론, 푸틴이 염두에 두고 있었던 것은 체첸이 아니라 〈야블로코〉와 〈우파 연합〉의 선거 패배였다. 간누시키나는 "푸틴의 지적이 옳다"고 본다. 그녀는 오랫동안 〈야블로코〉 당원이었고, 〈야블로코〉 의원들을 지원하며 두마에서 일했다.

"우리는 우리가 이편이나 저편 어느 쪽도 아니며 인권을 변호할 뿐이라고 국민을 설득하지 못합니다."

그 다음, 대화는 자연스럽게 이라크 문제로 넘어갔다. 인권 운동가들은 비교할 대상이 틀렸다고 주장했다. 이라크인들과 달리 체첸인들은 러시아 시민이라는 것이었다. 푸틴은 미국이 이라크에서 전범들을 기소했던 것보다 훨씬 더 자주 체첸에서 범죄를 저지른 군 관계자들을 기소했기 때문에 러시아가 미국보다 더 좋은 인상을 심어 주었다고 말하면서 이런 지적을 슬쩍 피했다.

검찰총장이 여기에 "6백 건 이상"이라고 맞장구 쳤다. 인권 운동가들은 그 순간을 놓치지 않았다. 그 가운데서 실형을 살고 있는 사람이 얼마란 말인가? 물음은 대답을 얻지 못한 채 허공에 매달렸다.

크렘린 정부가 인권 단체를 대표하는 상징적 지위로까지 추앙해 온 러시아 인권 운동가들의 비공식 원로이자 〈모스크바 헬싱키 그룹〉의 수장 류드밀라 알렉세예바가 대통령과 체첸 문제를 논의하기 위해 위의 참석자들과 원탁회의를 제안했다. 푸틴은 작별 인사를 건네면서 그 문제는 좀 생각해 봐야 할 것 같다고 중얼거렸다고 한다. "그건 가당치도 않은 소리!"라는 뜻이다.

***

실제로 푸틴과 인권 운동가들 사이에서 체첸에 관한 논의는 성사되지 못했지만, 그 12월의 모임 후에 그들 중 일부는 몇몇 민주주의자들과 함께, 패배한 야블린스키와 넴초프를 떠나 새롭게 민주주의자로 부상한 푸틴에게 충성하기로 결정했다. 푸틴이 오히려 더 낫겠다고 판단했음이 분명하다.

적지 않은 수의 유명 기자들에게 닥친 운명도 똑같았다. 우리들의 눈앞에서 그들의 명성이 무너져 내린 것이다. 우리는 유명한 TV 및 라디오 진행자이자 기자들 사이에서 가장 용기 있고 박식하며 가장 민주적인 인사였던 블라디미르 솔로비요프Vladimir Soloviov가 돌연, 공개적으로, 푸틴과 러시아 정부에 자신의 열광 어린 지지를 선언하는 광경을 보았다. 얼마 전만 해도 그는 '노르트-오스트' 참사(뮤지컬을 보고 있던 912명의 관객들이 체첸 반군에게 인질로 잡혔던 사건)때 화학 공격을 감행한 정부의 사악함을 폭로했던 사람이었다.[20]

이런 갑작스러운 전향은 그가 크렘린에 밀착해 단맛을 본 뒤 일어났다. 그는 변했다. 이것은 되풀이되는 '러시아식 문제'다. 크렘린과 가까워질수록 사람들은 "아니오"라고 말하길 주저하고 분별력 또한 급격히 떨어진다. 크렘린은 이점을 너무나 잘 알고 있다. 그렇게 크렘린이 숨통을 쥐고 있는 사람들이 얼마나 많은가? 제일 먼저 그들은 당국의 가슴에 부드럽게 안긴다. 러시아에서 제아무리 고집불통인 사람이라도 굴복시킬 수 있는 최상의 방법은 돈이 아니라, 추운 데 있던 그를 안으로 데려오는 것이다. 처음에는 약간의 거리를 둔 채로 말이다. 반항적인 자는 얼마 지나지 않아 고분고분해진다. 우리는 솔로비요프, 로샬 박사를 통해 그 점을 확인했고, 지금은 사하로프[21]와 엘레나 보네르[22]의 추종자들까지도 푸틴에게서 희망의 싹을 볼 수 있다면서 그의 카리스마에 대해 떠

---

20) 2002년 12월 23일 연방군 철수와 체첸 독립을 요구하며 체첸 반군이 '노르트-오스트'가 공연되던 두브롭카 극장에 난입한 사건이다. 인질극은 사흘 동안 계속됐고, 안나 폴릿콥스카야는 반군 측의 요구에 따라 협상가로 나섰다. 사태는 수면가스를 살포하는 등 경찰과 특수부대를 동원한 무차비한 진압으로 인질 170여 명의 목숨을 앗아가면서 마무리되었다. 옮긴이

들어 대기 시작했다.

　물론 인권 운동가들이나 권력층 인사들, 혹은 민주주의자들과 정권이 맺고 있는 이런 유착을 우리 국민이 목격한 것은 최근 역사만 봐도 이번이 처음이 아니다. 하지만 이번 일이 과거 반체제 인사들에게는 대단히 충격적인 최초의 사건인 것만은 분명하다. 만일 야당의 일부가 강제적으로 사라지고 그 나머지 전부가 차후 이용당하기 위해 남겨져 있다면, 과연 러시아 국민에게 무슨 희망이 있을까?

12월 11일

　오늘 아침 솔로비요프처럼 크렘린의 포용에 체면을 빼앗긴 사건이 더 많이 일어났다. 안드레이 마카레비치Andrey Makarevich는 소련 시절 열정적으로 노래했던 언더그라운드 록 음악가이자 반체제 인사이며, KGB와 싸웠던 투사다. '이리저리 변하는 세상 앞에 네 머리를 숙이지 말라. 언젠가는 세상이 우리에게 머리를 조아리리라!' 이 노래는 옐친 집권 이후 민주 정권이 수립된 첫 해에 국가처럼 불렸던 노래다. 오늘 국영 TV인 〈채널 원〉에서 그가 국가 공로 메달을 받고 있는 장면이 생중계됐다.

　마카레비치는 〈통합 러시아〉를 지지하고 나섰고, 선거 전 〈통합 러시아〉에서 소집한 모임에 참석했다. 실제로 그는 푸틴과 그의 〈통합 러시아〉에 머리를 조

---

21) 안드레이 사하로프Andrey Sakharov, 소련 수소폭탄의 아버지로 유명한 사하로프는 소련 체제에 대해 가장 용기 있게 비판한 인사 중 한 명이다. 소련 정부의 부패와 합법성 상실에 대한 그의 비판은 당시 지배 엘리트들에게까지 큰 영향을 끼쳤다. 소연방 붕괴를 두 해 남긴 1989년에 사망했다.
22) Yelena Bonner, 불굴의 인권 운동가로, 안드레이 사하로프의 미망인이다.

아렸다. 그는 블라디미르 블라디미로비치가 참으로 훌륭한 사람이라고 사람들 앞에서 아부를 떠는가 하면, 이제는 공식적인 식사 대접까지 받는다. 과거의 반체제 인사는 크렘린 궁 파티에 참석하는 일을 거북해하지 않는다.

푸틴은 3차 두마의 마지막 날인 오늘, 두마 정당 지도자들에게 환영회를 베풀었다. 그는 정부 내 여러 분과 간의 긍정적인 관계 발전에 대해 얘기했다. 야블린스키가 쓴 웃음을 지었다.

곧, 크렘린 궁의 도로 건너편에서, 저물어 가는 두마의 마지막 회의가 의사당 건물 안에서 열렸다. 거의 모든 사람들이 그곳에 있었다. 〈통합 러시아〉는 축제 분위기였고, 그 사실을 애써 숨기려 하지 않았다. 어째서일까? 새로 선출된 다른 당 소속 의원들이 매일같이 그들에게로 철새 이동을 하고, 푸틴에게 밀착한다. 〈통합 러시아〉는 열기구처럼 팽창하고 있다.

늘 그렇듯이 야블린스키는 모두로부터 떨어져 혼자 있다. 그는 시무룩하고 뚱했다. 박수칠 구석이 뭐가 있겠는가? 옐친 재임기에 두마가 개원한 뒤 그 10주년 기념일에 이미 러시아 의회 민주정치는 파괴됐다. 또한 내일 12월 12일은 러시아의 새로운 '옐친' 헌법 제정 10주년 기념일이다.

넴초프는 국민이 그나마 그에게 관심을 갖고 있을 때에 가능한 한 많은 인터뷰를 하려고 노력한다. 그는 "러시아 〈우파 연합〉과 〈야블로코〉는 12월 7일 전까지만 해도 허무맹랑한 이야기처럼 보였던, 불가능한 일을 벌이고 있다. 우리는 연합하고자 한다"고 말한다.

국민은 그를 완전히 신뢰하지는 않는다. 민주주의를 지지하는 유권자 모두는 선거에 영향을 미칠 수 있도록 12월 7일 전까지 두 당이 연합해 주기를 학수고대하고 있었다. 하지만 정작 당사자들은 이 일에 관심이 없었던 것이다.

두마 의장인 겐나디 셀레즈뇨프Gennady Seleznyov는 아무도 귀담아 듣지 않는 고별 연설을 한다. 그는 의장으로서의 생명이 이제 끝났음을 안다. 향후 의장은 두마가 선출하는 것이 아니라 크렘린이 지목할 것이기 때문이다. 또한 모두는 미래의 의장이 누가 될지도 알고 있다. 푸틴의 친구이자 그의 가장 충성스런 심복이며 〈통합 러시아〉 당수 겸 내무부 장관인 보리스 그리즐로프다. 그것은 틀림없이 역사적인 분기점이 될 것이다. 우리가 3차 두마를 떠나보낼 때, 우리는 한 정치적 시대와 작별하고 있는 것이다. 우리의 '따지기 좋아하는' 두마는 푸틴에 의해 으스러졌다.

크렘린이 긴급한 정치적 사안 때문에 돈 문제를 소홀히 한 적은 없다. 〈유코스〉에 대한 공격은 계속되고 있다. 그러는 사이, 재계 관계자들은 아직 손에 쥘 거리가 남아 있을 때 그 부스러기나마 차지하려고 여념이 없다. 야쿠티아 중재 법원은, 2002년 3월 석유와 가스 채굴권 경매에서 차후 〈유코스〉의 자회사가 되는 〈사하네프테가즈Sakhaneftegaz〉에게 밀려난 전적이 있는 〈수르구트네프테가즈Surgutneftegaz〉의 손을 들어 줬다. 판결에 따라 〈유코스〉는 1억 2천만 톤의 석유와 6백억 세제곱미터의 가스가 매장된 탈라칸 유정을 빼앗겼고, 〈유코스〉의 경쟁사는 해당 유정의 핵심 지대를 영구 개발할 수 있는 특권을 넘겨받았다.

중앙은행은 금과 외환 보유액 증가와 관련된 기록을 또 다시 보고했다. 12월 5일 현재 상황으로는 706억 달러였다. 하지만 이것이 과연 승리의 결과일까? 기업들이 외환 이익을 시장에 쏟아 놓는 가장 큰 이유들 중의 하나는 〈유코스〉에게 닥친 곤경 때문이다. 정부는 〈유코스〉가 탈세를 목적으로 수익을 은폐했다고 주장한다. 다른 기업들은 정부의 노여움을 사지 않기 위해 모은 수익을 루블화로 바꾸고 있다. 〈유코스〉에 대한 잡음 때문에 정부 측이 해를 입는 부분은 전혀 없다. 오히려 정부는 외채를 갚을 수 있다. 러시아 국민은 사태가 어떻게 돌아가는지 전혀 모른 채 환호성을 터뜨린다.

오늘은 최근까지 이어졌던 체첸 반군과 러시아 사이의 교전이 시작된 지 만 9년째 되는 날이다. 1994년 12월 11일 처음으로 전차가 그로즈니에 들어갔고,

우리는 전투에 제일 먼저 투입됐던 사병들과 장교들이 그 전차 속에서 산 채로 불에 타 죽어 있는 모습을 봤다. 오늘 어떤 TV 방송에서도 이에 관한 언급은 하나도 찾을 수 없다. 이 날은 러시아의 달력에서 삭제됐으리라.

TV 방송국의 단합은 우연의 일치일 수 없으며, 대통령행정실의 지침이 반영된 것이 분명하다. 이에 미뤄 볼 때, 푸틴의 대선 공약에서 체첸에 대한 언급은 모조리 제외될 것이라고 확신할 수 있다. 이것이 푸틴의 행동 방침이다. 즉, 그는 체첸을 어찌해야 할지 모르기 때문에 체첸은 의제가 되지 못한다.

골수 민주주의자인 발레리야 노보드보르스카야Valeriya Novodvorskaya와 블라디미르 지리놉스키 간의 TV 토론이 저녁에 방송됐다. 노보드보르스카야는 체첸에서 벌어지고 있는 전쟁, 유혈 사태와 집단 학살에 대한 소름끼치는 무책임성을 지적했다. 지리놉스키의 답변은 히스테리적으로 소리를 지르는 것이 전부다. "이 나라에서 떠나라! 우리는 저들에게 굴복하지 않을 거다!" 이 프로그램이 끝날 무렵 실시된 시청자 투표에서 시청자들은 지리놉스키에게 4만 표를, 노보드보르스카야에게 1만 6천 표를 던졌다.

12월 12일

오늘은 헌법 기념일, 즉 공휴일이다. 모스크바는 사복 경찰, 제복 경찰로 넘쳐나고 있다. 폭발물을 찾느라고 경비견들이 여기저기 돌아다닌다. 푸틴은 정치 엘리트와 거물 올리가르히를 위한 성대한 환영회를 열고는, 인권이 러시아에서 승리했다는 것을 기정사실화하며 인권에 대해 연설했다. 옐친도 거기에 있었다. 과거보다 건강하고 젊어 보였지만, 얼굴 곳곳에는 정신적 장애의 흔적이 역력히 묻어났다. 옐친이 참석한 것은 지금의 헌법이 그의 재임기에 채택된 것이기 때문이다. 통상적으로 그는 푸틴의 크렘린 궁에 초대되지 않는다.

한 조사 결과에 의하면 헌법의 실제 내용에 대해 잘 알고 있는 러시아 국민은 2퍼센트밖에 되지 않는다. 45퍼센트의 국민은 헌법이 보장하는 가장 중요한 권리가 '일할 수 있는 권리'라고 생각하며, 불과 6퍼센트만이 언론의 자유가 자기 생활에서 필수적인 것이라고 언급했다.

12월 18일

텔레비전 전화 대담. 푸틴이 국민과 만나는 큰 행사다. 백만 개 이상의 질문이 접수됐다고 한다. 대통령과 함께하는 국민과의 대화의 사회는 〈로시아Rossiya〉 채널의 세르게이 브릴레프Sergey Brilev와 〈채널 원〉의 예카테리나 안드레예바가 맡았다. 모두 푸틴이 좋아하는 진행자다.

안드레예바: 각하께서 이처럼 직접 방송에 출연하신지도 이번이 벌써 세 번째입니다. 저 또한 그렇고요. 긴장되시나요?

푸틴: 아니요. 지키지 못할 약속을 하지 않고 거짓말을 하지 않으면, 두려울 것이 아무것도 없죠.

브릴레프: (매우 기뻐서 목 메인 소리로) 저희 업무와 매우 비슷하군요…….

푸틴: 러시아가 이룩한 모든 것은 고된 노동을 통해 얻은 것입니다. 많은 난관과 좌절이 있었지만 러시아는 굳건히 자립하며 빠르게 성장하는 나라의 모습을 갖추고 있습니다. 여기 통계 자료를 몇 개 가져 왔습니다. 2002년 우리나라의 성장률은 4.3퍼센트였습니다. 올해 목표치는 5퍼센트 성장이지만, 우리는 6.6퍼센트, 심지어는 6.9퍼센트 성장을 이룰 겁니다. 외채 지불액도 감

소해 왔습니다. 이미 170억 달러를 갚았지만, 우리나라는 꿈쩍도 하지 않았습니다. 2000년 당시 금과 외환 보유량은 110억 달러였다가 2003년에는 200억 달러로 뛰었고, 현재는 /00억 달러까지 왔습니다. 공허한 통계치가 아닙니다. 많은 요인들이 여기에 관련되어 있습니다. 만일 우리가 현재의 경제 정책을 계속 펴 나간다면, 통화 부족 사태는 더 이상 일어나지 않을 겁니다. 한편으로, 2003년 초에는 수입이 최저생활비를 밑도는 국민들이 3,700만 명이었던 반면에, 2003년 3분기에는 3,100만 명으로 줄어들었습니다. 하지만 여전히 부끄러운 수준이죠. 한 달 평균 소득이 2,121루블인데, 이것도 아주 낮은 액수죠. 그런데 3,100만 명이 그 이하의 소득으로 살고 있는 겁니다.

하바롭스크 지역의 콤소몰스크-나-아무르에서 전화가 걸려왔다.

키릴 보로둘린: 저희 고장은 러시아 극동에서 세 번째로 큰 도시이며, 거대한 산업 중심지이자, 젊은이들의 도시지만, 모스크바에서 한참이나 떨어져 있지요. 저는 키릴 보로둘린이라고 합니다. 아무르 조선소에서 일하고 있고요. 지금 저희 회사는 수출 선적 주문만을 받고 있습니다. 저희가 러시아 방위산업체로부터 언제 주문을 받을 수 있을까요? 저희는 러시아의 부름을 받고 싶습니다.(이 질문은 자발적인 느낌이 들지 않고, 답안이 미리 준비된 듯한 인상을 주었다. 이 질문이 '생방송'으로 주어졌음에도 불구하고 푸틴은 자신의 수첩에 적혀 있는 통계표를 읽는다. 그가 자기 마음에 드는 질문에만 대답할 것임이 분명해지는 대목이다.)
푸틴: 수출 일에 종사하고 있다는 사실은 전적으로 긍정적입니다. 무기 시장을 점유하기 위한 쟁탈전이 벌어지고 있는 가운데 러시아는 선전하고 있습니다. 우리는 2010년까지의 무기 조달 계획을 세워 놨고, 현재 완전한 재정 지원을 하고 있습니다. 물론, 여러 문제도 있죠. 우리 군에 더 많은 재정을 할당

해야 할 겁니다. 무기 조달에 우선순위를 결정하는 것은 국방부가 하고 있는데, 오늘날의 전쟁이 항공전으로 흐르는데도 신형 항공기를 우선 획득 물품 목록의 여덟 번째 자리에다 올려놓았단 말이죠. 당신의 봉사가 반드시 필요할 것이라고 굳게 믿어도 좋습니다.

카탸 우스티멘코(대학생): 저는 태어나서 처음으로 투표했어요. 새 두마에 기대할 수 있는 게 무엇인가요?

푸틴: 문명화된 국가 어디도 입법기관 없이는 살 수 없죠. 두마의 어깨가 무겁습니다. 효과적이고 체계적인 활동을 기대하고 있습니다.

알렉산데르 니콜라예비치: 저는 툴라에서 아버지가 물려주신 집에서 살고 있어요. 그런데 건물의 지반이 무너져 갑니다. 우리 집은 채굴 지역 안에 있지요. 왜 정부는 많은 말만 할 뿐 무너져 가는 집 문제를 해결해 주지 않는 건가요?

푸틴: 저도 툴라에 가 봤습니다. 그곳의 주택 상태를 보고는 놀랐죠. 수단과 방법이 있을 겁니다. 그게 뭐겠습니까? 불과 몇 년 전만 해도 국가는 사실상 어떤 자금도 할당해 주지 못했습니다. 2003년 처음으로 가용 기금을 조성했죠. 연방 예산 중 13억 루블이죠. 똑같은 액수가 지방정부 예산에서 추가될 겁니다. 해결 방법은 융자 제도를 키우는 것이죠. 만일 융자 제도가 도입됐더라면 당신도 그 혜택을 누릴 수 있었겠죠. 한 달 월급이 얼마나 됩니까? 자격 요건이 있습니다.

니콜라예비치: 1만 2천 루블입니다.

푸틴: 그렇다면 융자를 얻을 자격이 충분합니다. 다만 차후 일부 법 조항의 개정이 필요하겠습니다.

유리 시도로프(쿠즈바스): 광부는 위험한 직업입니다. 어째서 광부의 연금이 법으로 정한 요율에 따라 오히려 줄어든 겁니까? 그건 어떤 형태의 연금이란 말입니까?

푸틴: 국민 전체 평균임금이 5,700루블인데 비해 광부의 한 달 평균임금은 1만 2천 루블입니다. 연금법 개정의 기본 취지는 임금에서 나가는 분담금을 직접 반영하는 것이죠. 당신이 받는 연금은 당신의 사정을 고려한 것으로, 평균과는 차이가 날 겁니다. 그러니까 더 높을 거예요. 이런 변화가 이미 도입됐고 국민연금 기금은, 작업장마다 상담 센터 망을 구축할 계획입니다. 그들에게 가서 상담해 보세요.

발렌티나 알렉세예브나(크라스노다르): 아직까지 대통령께선 대통령 선거에 출마할 것인지 여부를 밝히지 않으셨습니다. 각하의 계획은 무엇인지요?

푸틴: 그래요. 나는 출마할 생각이 있습니다. 조만간 공식 발표를 할 겁니다.

알렉세이 빅토로비치(무르만스크 주, 해군 수리소 기술자): 작년 8월 이후 우린 봉급도, 휴일 근무 수당도 전혀 받지 못했습니다. 언제 체불된 급여를 받을 수 있겠습니까?

푸틴: 예산에 관한 한 문제가 될 게 없습니다. 이틀 넘게 급여가 지불되지 않는 경우는 없을 겁니다. 하지만 산업계 전반의 문제라면 수많은 변수들이 있죠. 현재 국영기업들 중에서 국가 예산을 투입해야 할 기업으로 다시 분류되는 기업들도 있습니다. 많은 기업들의 재정 상태가 아주 위태롭습니다. 그 외에도 소유주와 경영자에게 문제가 있는 경우도 있죠.

브릴레프: 정부 청사들에 걸린 각하의 초상화에 대해서는 어떻게 생각하시는지요?

푸틴: 대통령은 국가의 상징이고, 따라서 그 문제에 있어서는 문제될 것이 없습니다. 모든 것이 알맞게 잘돼 있죠. 도가 지나칠 때나 문제가 생기는 법이죠.

세르게이 세르게예비치(하사관, 키르기스스탄 칸트의 러시아 군사기지): 미국인들은 사담 후세인을 생포했지만 이라크는 제2의 베트남이 될 판국입니다. 국민 모두가 떠날 태세입니다. 그곳의 혼돈이 전 세계에 영향을 주지 않을까요?

푸틴: 세르게이 세르게예비치 씨, 국제 테러 행위에 맞서 미국이 패배하는 모습을 보는 것이 우리의 국익이 아닙니다. 이라크는 별개의 문제예요. 사담 후세인 정권하에서는 그 어떤 국제 테러리스트들도 없었죠. 조심스럽지만, 유엔 안보리의 승인이 없는 한, 그런 침략은 합법적인 것으로 간주될 수 없죠. 하지만 매 시대마다 대제국은 자국의 막강함에 대해 언제나 오판을 했어요. 자신의 위엄과 절대성에 대해서 말이죠. 이런 망상은 변함없이 그들에게 커다란 고통을 안겨 줬고요. 저는 이런 상황이 우리의 동반국 미국에 일어나지 않기를 희망합니다.

비탈리 포타포프(전기기사, 노브고로드 주 브로비치): 두마 선거가 있기 직전 각하가 키우시는 애완견이 새끼를 낳았습니다. 강아지들은 잘 크고 있는지요?

푸틴: 잘 지내고 있습니다. 아주 활발하지만, 아직 눈도 뜨지 못했죠. 녀석들을 입양하길 원하는 사람들로부터 연락이 많이 옵니다. 저와 아이들, 아내는 입양을 고려하고 있습니다. 강아지들이 꼭 좋은 가정에 갈 수 있게 할 겁니다. 먼저 입양 의사가 있는 사람들이 어떤 사람들인지부터 알아야 되겠죠.

발카로프(날치크의 카바르디아 주민): 저는 러시아 극장에서 일합니다. 〔조지아 분쟁 지역의〕 압하지야인들은 〔러시아 시민인〕 카바르디노 주민들과 혈연관계에 있습니다. 어쩌면 압하지야를 러시아연방에 편입시켜 새로운 전쟁을 피할 수 있지 않을까요?

푸틴: 아주 민감한 질문이군요. 러시아 전체, 특히나 우리나라 남부와 관련해서 말이죠. 국가의 영토적 완전성을 유지하는 것은 우리나라의 가장 중요한 현안이자 우선적 고려 사항입니다. 대체로 그 과제는 잘 마무리됐습니다. 이런 원칙을 우리의 이웃 국가들에도 적용하는 것이 당연합니다. 유엔 회원국으로서 우리에게 주어진 국제적 의무를 완수할 것입니다. 산악 지역 주민들이 서로 유구한 혈연적 유대를 공유하는 특별한 공동체라는 사실에서 작용되

는 특수성들이 있습니다. 우리는 이들 주민들의 운명에 대해 결코 무관심하지 않습니다. 소련 붕괴 후 남오세티아, 카라바흐, 압하지야 등에서 많은 분쟁이 일어났죠. 그런 분쟁들이 전부 러시아의 손으로 해결될 수 있을 거라고 생각하는 건 오산입니다. 제 뜻은, 일단 당신들끼리 해결하라, 그러면 우리가 정직한 보증인으로 나설 것이다, 이겁니다. 우리는 압하지야 문제를 주시하겠지만, 또한 조지아의 영토적 주권을 존중할 겁니다.

아흐마드 사자예프(발카리아에 사는 작가): 민족 간 분쟁을 조장하는 일은 법에 의해 금지돼 있습니다. 하지만 선거 유세 기간 중 일부 정당은 "러시아는 러시아 민족의 것!"이라는 슬로건을 내세웠습니다. 어째서 이런 정당들이 TV를 통해 그런 민족 감정을 퍼뜨리는 것이 허용되는 건가요?

푸틴: "러시아는 러시아 민족의 것!"이라고 말하는 사람이 있다면 바보 아니면 말썽쟁이일 겁니다. 러시아의 분할을 원하는 건가요? 대체로 이런 자들은 자기가 얼마나 급진적인지 보여 주면서 쉬운 이득을 쫓는 이간질쟁이들이죠. 선거 활동에 관한 한, 저는 TV에서 그런 걸 본 적이 없습니다. 만일 그런 일이 일어난다면, 제가 직접 검찰총장에게 고발하겠습니다. 조치를 취하겠습니다.

나탈리아 코텐코바(크라스노야르스크): 이제부터는 민영화를 중지하고 다시 국유화를 해야 하지 않을까요?

푸틴: 새삼스러운 질문이 아니군요. 저는 그 문제에 대한 나름의 복안을 가지고 있습니다. 우리나라가 사유화를 시작했을 때는 새 자산가들이 좀 더 효율성을 보여 줄 거라 예상했지요. 상당 부분은 옳았어요. 하지만 선진국들은 안정된 행정 체계를 갖추고 있어요. 민영기업으로부터 세수를 걷어서 국가는 시민들을 위해 사회적 문제를 해결할 수 있는 것이죠. 우리는 예상 밖의 난관에 부딪쳤답니다. 행정 기구는 제대로 자리 잡지 못했고, 필수 자원은 국고로 들어오지 않았어요. 저는 민영화를 그만두자는 것이 아니라, 국가기관과 법체계

를 강화하고 행정 제도를 강화시키는 것이 급선무라고 전적으로 확신합니다.

드미트리 예고로프(25세): 저는 헤비 록을 즐겨 듣습니다. 각하께선 어떤 음악을 좋아하시는지요?

푸틴: 가벼운 고전 음악과 러시아 재즈 음악을 듣지요.

알렉세이(스베르들롭스크 주): 딸을 키우실 때 엄격하셨나요?

푸틴: 아니오, 불행히도. 어쩌면 다행인지도 모르겠습니다. 제 딸들은 스스로 자존감을 갖고서 독립적인 성격으로 자랐지요. 그게 좋다고 생각합니다.

이리나 모자이스카야(교사): 지난 3년 동안 12건의 테러 행위가 스타로폴리예에서 일어났습니다. 45명의 사람들이 예센투키에서 죽었습니다. 어떻게 해야 이런 불행을 막을 수 있을까요?

푸틴: 문제의 근원이 어디 있겠습니까? 체첸만의 문제가 아닙니다. 전 세계에는 이슬람 신도의 세계관에 영향력을 끼칠 권리가 있다고 생각하는 사람들이 있습니다. 무슬림이 밀집한 지역을 자기가 지배할 권리가 있다고 생각하고 있죠. 이것은 우리나라와도 더없이 밀접한 문제입니다. 이들에게 우리가 붙인 이름이 "국제 테러리스트들"이고요. 이들 테러리스트는 소련 붕괴가 낳은 문제들을 악용했습니다. 체첸 사태 역시 소련 붕괴와 관련이 있지만 테러리스트들에게는 또 다른 목적이 있습니다. 체첸의 독립만이 아니라, 이슬람 인구가 밀집한 모든 지역의 분리 독립을 원하는 겁니다. 만일 러시아의 문제가 발칸 사태처럼 번지기 시작한다면, 그 결과는 끔찍할 겁니다. 우리는 그런 사태를 방지해야 합니다. 그 위협은 외부로부터 오고 있어요. 다게스탄[23] 내 이슬람 극단주의 단체의 구성원 중 절반은 외국인입니다. 유일한 방법은 그

---

23) 북캅카스 산맥에 위치한 자치공화국으로 러시아 최남단에 속한다. 인종적으로 매우 다양한 주민이 분포하고 있다.

들의 압력에, 엄포에 굴복하지 않는 겁니다. 우리는 단호하고 조직적으로 행동해야 합니다. 법 집행 기관은 기동 방식을 개선할 필요가 있겠습니다.

아나볼리 니키틴(무르만스크 주): 내무부와 교통경찰은 사기들이 이윤을 내는 사업을 하고 있다고 생각하는 것 같습니다. 각하께서는 이 기관들이 저지르고 있는 비행에 대해 충분히 알고 계신지요?

푸틴: 올해 1만 9천 건 이상의 비리가 내무부 관할 지역에서 적발됐고, 이 중 2,600건 이상이 명백한 위법 행위였습니다. 많은 공무원들이 형사 기소를 당했고, 보안기관들은 앞으로 더 강화될 겁니다. 솔직하게 답하면, 맞아요. 저는 법과 질서를 집행하는 기관들의 실태를 잘 알고 있습니다.

세르게이 타타렌코: 극동 지역으로 유입되는 중국인들을 막을 정부 차원의 계획이 있나요?

푸틴: 막기보다는 규제할 생각입니다. 우리는 어디에, 얼마만큼, 어떤 유의 이주자들이 우리에게 필요한지 잘 숙지하고 우리가 원하는 인력을 유치할 수 있는 방법을 고안해야 합니다. 이 분야에서의 부패가 특히 심각하니까 말이죠.

리디야 이바노브나(모스크바 주, 힘키): 검찰과 법원의 부패를 방지할 수 있는 장치가 마련될 수 있을까요? 또 정부 행정기관의 부패까지도요.

푸틴: 이 문제를 냉정히 다루는 것 외에도, 근본적인 변화를 도입해야 합니다. 우리는 본격적인 행정 개혁을 시작해야 합니다. 의사 결정 과정에 공무원이 개입할 여지가 줄어들수록 그 만큼 개선될 겁니다. 법원 조직은 독립적이어야 하지만 사회에 대해 책임질 수 있는 투명성을 갖추어야 하겠죠. 법관들은 이미 내부적으로 규제책을 마련해 놓고 있습니다. 저는 그것이 효과를 보여 주기를 기대하고 있고요.

이베타(대학생, 니즈니 노브고로드 교원 대학): 사람들은 각하가 민주 운동의 창시자인 아나톨리 숍차크Anatoly Sobchak의 정치 문하생이라고 알고 있습니다.

우파 정치 진영의 패배를 어떻게 생각하시는지 듣고 싶습니다.

푸틴: 솝차크는 대학 시절 은사죠. 우파의 패배에 대해 기쁘지 않습니다. 국회 안에서는 우리나라의 모든 정치적 목소리가 들려야 하죠. 우파의 공백은 커다란 손실이지만, 다른 한편으로 그들의 정책이 낳은 결과이기도 합니다. 우파는 정치 선전에 있어 전략과 전술 모두 실패했습니다. 이를테면 러시아 전역의 전력 시스템을 관할하고 있었던 추바이스처럼 그들은 행정 자원을 장악하고 있었죠. 국민이 정당에게 원하는 것이 뭔지만 모르고 있었을 뿐, 모든 것을 다 가지고 있었습니다. 우파 진영의 잡다한 세력들은 또한 공동의 행동 방침을 따르려는 정치적 의지를 결여하고 있었고요. 저는 그들의 패배가 정치 지도에서 그들이 사라지는 결과를 초래하지 않기를 바랍니다. 저희 역시 그들을 도울 것이고요. 저희는 〈우파 연합〉, 〈야블로코〉와 대화할 것이며, 그들의 인적 자원을 활용하려고 노력할 겁니다.

블라디미르 비콥스키(추바시): 각하께서도 감정에 치우칠 때가 있으신가요?

푸틴: 불행하게도, 그렇습니다.

도브로슬라바 다치코바(연금 생활자, 비보르크): 저는 노약자와 장애인을 위한 〈희망 센터〉에서 근무하고 있습니다. 그곳 쉼터 생활자들과 많은 대화를 나눕니다. 많은 이들이 발트해 연안 국가에 가족과 친구를 두고 있지요. 어째서 러시아는 발트해 연안 국가들에 거주하는 러시아인들을 보호하기 위해 좀 더 적극적인 조치를 취하지 않는 건가요?

푸틴: 최근 몇 년 동안 우리나라 외무부는 이 문제에 많은 관심을 기울여 왔습니다. 그곳에서 벌어지는 많은 사건들이 우리의 관심을 끌고 있죠. 그곳 주민들이 자신의 기본권과 자유를 완전히 누리고 있다고 말할 수는 없을 겁니다. 우리는 외교적으로, 또 여러 사법적 조치를 동원해서 그들을 도우려 노력합니다. 하지만 다른 분쟁 지역에 적용되는 일부 서유럽 국가의 기준을 발트

해 연안 국가들에도 마찬가지로 적용해야 합니다. 가령 마케도니아에 상주하는 〈유럽과 유럽 공동체의 안보 및 협력을 위한 기구〉가 마케도니아 남부에 사는 알바니아인들의 권익을 대변해야 한다고 생각한다면, 러시아인이 인구의 25퍼센트를 차지하는 리가에도 이 원칙이 적용되지 말라는 법이 있겠습니까? 다른 기준을 적용할 이유가 어디 있죠? 우리의 동포에게 이익보다 해를 더 많이 주지 않기 위해서라도 우리는 이 문제를 신중하게 다루어야 합니다.

안나 노비코바(대학 교수): 마약을 판매자들에게는 종신형을 내려야 합니다!

푸틴: 저는 좀 더 엄격한 처벌이 이뤄지도록 법을 개정하자고 제안했습니다. 3차 두마는 그 개정안을 통과시켰고, 연방회의는 여기에 동의했지요. 일주일 전에 저는 이 개정안의 실행에 서명했고, 상당히 엄격해졌어요. 어떤 경우에는 최고 20년의 징역을 선고할 수도 있어요. 중요한 진일보라고 생각합니다.

그 다음 푸틴은 전자메일로 온 질문 중에서 한 문항을 직접 골라 읽었다. "대통령 임기 연장에 대한 각하의 견해는 어떠한가요?"

"저는 임기 연장에 반대합니다."

국민과의 이런 대담 직후 푸틴은 기자단에게 말했다.

"우리의 국가 조직은 아직 완전히 자리 잡히지 않았습니다. 러시아에서 모든 것은 여전히 진화하는 중에 있어요. 시민들과의 직접적인 소통은 대단히 유용하지요."

푸틴은 그렇게 이 행사를 마무리했다. 어째서 그가 다른 무엇보다 전화 참여 프로그램에 출연했는지를 설명해 주는 대목이다.

"민주정치의 강화는 러시아에서 실질적으로 중요합니다. 강력한 우파가 중심에 있고, 사회민주주의가 좌측에 있으며, 그 양쪽에 각각의 동맹 세력들, 그리고 군소 집단 및 정당의 대표가 함께하는, 우리만의 독특한 다당제를 만들 수 있는 여건이 호전됐어요. 지금 이것은 성취 가능한 목표가 됐습니다."

이건 현실을 제대로 반영하지 못하는 궤변이다.

만일 대선을 염두에 두고 이 전화 대담을 생각해 본다면, 12월 18일자 푸틴 공약의 주요 골자는 이렇게 요약된다. 빈곤 퇴치, 헌법 수호, 다당제 창설, 부패 방지, 테러 행위 근절, 융자 제도 증진.

우리의 '전화 대통령'이 이런 공약들을 얼마나 이행할 것인가?

12월 20일

오늘은 비밀경찰의 날이다. 체카에서 OGPU로, NKVD를 거쳐 KGB로, 또 지금의 FSB로 바뀌어 가며 지난 86년간 지겨울 정도로 너무 많이 들었던 이름들이다. TV 뉴스에서 이 이름들은 매번 톱뉴스였다. 이 얼마나 끔찍한 일인가! 마치 수백만 명의 목숨이 이 피투성이의 기관에게 희생당한 적 없었다는 듯이 보도문의 말투는 대단히 차분하다. 그 지도자가 심지어 대통령직을 수행하는 동안에도 기업의 사외 이사직을 유지하고 있음을 공개적으로 인정하는 그런 나라에서 우리가 무엇을 기대할 수 있단 말인가?

의회 선거의 최종적인 공식 결과가 집계됐다. 〈통합 러시아〉 37.55퍼센트 (120석), 〈공산당〉 12.6퍼센트(40석), 〈자유 민주당〉 11.45퍼센트(36석). 〈로디나 당〉은 29석을 얻었다. 스베르들롭스크 주, 울리아놉스크 주, 그리고 상트페테르부르크, 이 세 선거구에서는 3월 14일에 보궐선거가 열릴 예정이다. 여기서는 '모두에 대한 반대'가 최종 승리 후보로 결정됐기 때문이다. 내일부터 정당은 각자의 대통령 후보를 추천할 수 있다.

두마 의원들은 〈통합 러시아〉에 입당하려고 종종걸음을 친다. 무소속 후보로

당선됐지만 과거 유권자들에게 자유주의 정치가이자 〈우파 연합〉 인사로 각인
됐던 파벨 크라셴니니코프Pavel Krashenninikov의 탈당이 더 없이 뼈아프다. 두마
는 점점 일당 쇼로 타락하고 있다.

12월 21일

야블린스키가 〈야블로코〉 대선 후보로 출마하는 것을 고사했다. 또한 그는
"거대 민주주의 정당"을 창설할 것이라고 선언했지만, 모든 유권자들의 지지표
를 털어 낼 만한 오만한 표정을 지으면서 발언을 마무리했다. 이것은 우리에게
새로운 얼굴과 새로운 지도자가 필요하다는 증거라면 증거다. 오늘날 야당은
민주 세력을 결집할 능력이 없다.

하카마다 역시 〈우파 연합〉은 후보를 내지 않겠다고 선언했다. 설득력 있는
이유다. "국민들의 투표 방식으로 미뤄볼 때, 국민들은 우리가 이 나라를 이끌
기를 바라지 않는다는 것을 분명히 알 수 있다." 〈공산당〉 역시 선거에 불참 의
사를 밝혔다.

대통령 선거에 대한 좌우파 야당의 보이콧, 이것이 12월 선거 이후 국내 정
치판에서 그들이 내밀 수 있는 마지막 카드란 말인가?

12월 22일

오늘 푸틴은 그의 후보 등록을 위한 서명 모집을 개시하길 원하는 일단의 유
권자들이 발의한 청원서를 중앙선거관리위원회에 제출했다. 크렘린 측의 여론

조사에 의하면 만일 오늘 투표가 실시된다면 전체 유권자의 72퍼센트가 푸틴을 찍을 것이라고 한다.

누가 푸틴의 맞수가 될 것인가? 현재로서는, 푸틴에 대한 유일한 대안은 게르만 스테를리고프Gherman Sterligov뿐이다. 그는 관을 짜는 장의사다. 그에겐 배후에서 지원받는 어떤 당도 없고, 막대한 돈과 '러시아의 이상'만이 있을 뿐이다. 정치에서는 아웃사이더다. 잠재적인 또 다른 주자로는 블라디미르 지리놉스키가 있다. 그는 〈자유 민주당〉에서 후보를 낼 것이라고 공언했다. 하지만 그 역시 아웃사이더이며, 크렘린의 내부자가 되기 위해 힘을 쏟아 왔다. 이런 패거리들 속에서 푸틴은 우스워 보인다. 짐작컨대, 다음 몇 주 안에 대통령행정실은 푸틴이 이겨 먹기에 좀 더 그럴 듯한 후보를 골라 구색을 맞출 것이다.

여전히 그 누구도 호도르콥스키가 유죄라고 생각하지 않는다. 대다수 국민은 이것이 크렘린의 술책, 푸틴이 재선에 성공한 다음에는 내던질 그런 술책에 불과하다고 생각한다. 12월 30일이면 호도르콥스키를 구금할 수 있는 기간은 만료된다. 하지만 그를 계속 억류하기 위한 청문회가 모스크바 바스만니 법원에서 이미 준비돼 있다.

오늘 저녁, 대검찰청이 3월 25일까지 호도르콥스키를 억류할 것을 청원한다는 소식이 전해졌다. 말하자면, 호도르콥스키는 감옥에서 푸틴의 재선을 지켜볼 것이다. 그는 오후 4시쯤 법정으로 호송됐다. 오후 6시가 조금 지나서, 다른 사건의 판사, 직원, 증인, 원고, 피고 모두가 떠난 뒤에 바스만니 법원의 문이 닫히고 호도르콥스키에 대한 청문회가 시작됐다.

그들이 그렇게 두려워하는 것은 무엇인가? 호도르콥스키가 실제로 러시아에서 가장 위험한 인물인가? 테러법조차 이런 대우를 받지는 않는다. 하물며 호도르콥스키는 일곱 건의 금융 위법 혐의를 받고 있을 뿐이다. 밤 10시쯤 그는 마트로스카야 티시나 감옥으로 되돌아 갔다. 대검찰청의 청원서가 승인됐다.

지난 일요일 지방 주지사 선거의 결과는 이렇다. 트베리 주에서 전체 유권자의 9퍼센트가 '모두에 대한 반대'를 찍었다. 키로프 주에서 그런 유권자는 전체의 10퍼센트였다.

'모두에 대한 반대'를 찍은 시민들이야말로 오늘날 러시아의 진정한 민주주의자다. 그들은 투표장에 출석함으로써 시민으로서의 임무를 다했다. 대체로 지금의 위정자들 모두에게 염증을 느끼는 생각이 깊은 국민이다.

12월 23일

모스크바에서는 의례적 살인이 벌어지고 있다. 잘려진 두 번째 머리가 지난 24시간 사이, 이번에는 모스크바 동부 골랴노보 지역에서 발견됐다. 그 유해는 알타이스카야 가의 한 쓰레기 수거함 속에 들어 있었다. 비닐봉지 속에 든 머리 한 구가 크라스노야르스카야 가 3단지 아파트 바깥뜰의 테이블 위에 놓여 있는 것이 발견된 것이 어제 저녁이었다. 두 남자는 발견되기 24시간 전에 죽은 것으로 밝혀졌다. 두 사건의 정황은 거의 일치한다. 즉, 두 희생자 모두 캅카스 출신에 서른 살에서 마흔 살 가량의 남자로 머리칼이 검었다. 신원은 밝혀지지 않았다. 이 두 머리는 일 킬로미터 거리를 두고 발견되었다.

두마 선거 유세전에서 벌어진 인종주의적 정치 선전의 결과는 바로 그렇다. 우리 러시아 국민은 파시즘적 정치 선전에 매우 쉽게 영향을 받고 반응도 즉각적이다. 모스크바에서 드미트리 로고진이 이끄는 〈로디나당〉은 이번 달 초 선거에서 15퍼센트를 득표했다.

〈우파 연합〉과 〈야블로코〉는 새로운 공동 프로젝트를 발표했다. 각 당이 여섯 명씩 위원을 추천하여 정당 간 연합체인 〈통일 민주 협의회〉를 발족하는 것이다. 그 내용을 발표하는 발표장에서는 당 실무자들조차 그 연합이 유지될 것이라고 크게 기대하지 않는 것 같았다. 일반 여론은 〈야블로코〉의 지도자들이나 야블린스키, 넴초프의 행보에 완전히 무관심하다.

푸틴은 재계 지도층과 회동했다. 정확히 말하면, 대통령이 참석한 〈상공회의소Chamber of Commerce and Industry〉 임원단 회의가 있었다.

푸틴은 올리가르히의 노동조합이라 일컬어지는 〈러시아 산업·기업인 연합Russian Union of Industrialists and Entrepreneurs〉 보다 〈상공회의소〉를 더 좋아한다. 호도르콥스키가 체포된 직후 아나톨리 추바이스가 그에 대한 변호성 발언을 했던 것도 바로 이 〈산업·기업인 연합〉이었다. 추바이스는 "러시아 재계에 대한 정부와 사법기관의 영향력 강화"를 언급하면서 적당히 넘어가지 않았다. 정부에 대한 재계의 신뢰는 무너졌다고 경고했다. "러시아 재계는 현 사법제도나 그것을 운용하는 인물을 신뢰하지 않는다." 이것은 푸틴 휘하의 세력들이 사회를 위태롭게 하고 있다고 올리가르히들의 노동조합이 발의한 직접적인 고발이었다. 추바이스는 "깨끗하고 분명한 입장"을 취하라고 푸틴에게 종용했다. 정부를 향한 재계의 전례 없이 혹독한 성토였다.

이에 대한 반응으로 푸틴은 "히스테리 환자들을 제거하라"고 공개적으로 지시했고, 행정부에게 "이런 말싸움에 끌려 들어가지 말라"고 충고했다. 그는 올리가르히들의 항의의 본질을 무시했고, 법 집행 기관에 대한 자신의 완전한 신뢰를 표명했다. 올해 1월에 보리스 그리즐로프가 두마 의장으로 선임됐고, 푸틴은 가장 혐오스러운 경찰 간부 중 한 명인 라시트 누르갈리예프Rashid Nurgaliev를 내무부 장관으로 승진시켰다. 이런 인사 조치 역시 그 당시 푸틴이 지도자로서 허약해 보인다는 소문에 대한 응답이었을 것이다. 즉, 정권의 강력한 투지를 과시하기 위한 시도였을 가능성이 크다.

이에 반해, 〈상공회의소〉와 푸틴의 회의는 훨씬 차분했다. 그는 〈상공회의소〉

가 〈산업·기업인 연합〉과는 근본적으로 다르다고 본다. 〈상공회의소〉 회장인 그 노회한 소비에트의 여우 예브게니 프리마코프Yevgeny Primakov는 "블라디미르 블라디미로비치가 올바르게 지적했듯이"라는 말로 운을 뗀 다음 기조연설을 하는 중에 무려 다섯 차례나 푸틴의 말을 인용했다. 프리마코프는 푸틴에게 "올리가르히와 일류 기업가는 전연 별개의 일"이라고 확언했다. "여기서 올리가르히라는 낱말은 경멸의 뉘앙스를 풍긴다. 과연 올리가르히가 누구란 말인가? 무엇보다 세금 계산서에 대한 부정직한 조작을 통해 부자가 된 자, 자신의 사업 동료를 등치거나 관료, 당, 의원을 타락시키면서 정치에 개입하려는 불온한 시도를 벌이는 자다" 등등이다. 프리마코프의 화법 전체는 소련식 노예근성을 여실히 보여 주며, 푸틴은 그런 화법을 더 없이 좋아한다.

그 다음 질문이 이어졌다. 당연히, 〈상공회의소〉 측은 민영화의 결과를 정부가 다시 검토할 것인지 물었다. 그들이 비록 '올리가르히의 노동조합'은 아니지만, 모두들 〈유코스〉 사태를 염두에 두고 있었다.

푸틴은 시장 상인처럼, 혹은 교도소 간수처럼 버럭 호통을 쳤다.

"민영화에 대한 재검토는 없을 겁니다! 법은 뒤죽박죽 엉망이었지만 법을 지키는 데는 전혀 문제가 없었어요! 법을 지키는 데 있어 불가능한 것은 없었어요. 지키려고 한 사람은 어쨌든 지켰단 말이오! 설사 다섯 명이나 열 명이 법을 지키지 못했다고 해서, 모든 이가 실패했다는 말은 아니잖소! 설사 아주 부자가 되지는 못했더라도, 법을 지킨 사람은 지금 단잠을 자고 있단 말이오! 법을 어긴 사람들을 지킨 사람들과 똑같이 대우해선 안 된단 말입니다."

"지금 단잠을 자고 있다"라는 표현은 무덤 속에 누워 있다는 뜻의 러시아식 완곡어법이다.

푸틴이 호통을 친 이후, 행사는 순조롭게 진행됐다. 재계 인사들은 푸틴에게 각자 보고했고, 소련 시절과 똑같이 여러 목표량을 채우겠다는 '사회주의식 선서'를 했다. 프리마코프는 말 그대로 국가 지도자의 구두를 핥고, 그 지도자의 말보다 더 중요한 말은 있을 수 없다고 맹세하면서, 고르바셰프의 출현 이후 아무도 감행하지 못한 일을 해낸 것이다.

(2003년 12월 이런 사실이 전해지자 많은 이들은 프리마코프의 처사에 경악했다. 그가 바람이 부는 방향을 제대로 파악한 최초의 인물이라는 사실이 나중에야 드러났다. 얼마 지나지 않아 푸틴의 면전에서 발언하는 모든 이들은, 브레즈네프Leonid Brezhnev 집권기의 관행처럼, 푸틴의 말을 도배하다시피 인용했고, 그에게 난처한 질문은 꺼내지 않았다.)

〈민주 연합당Democratic Union Party〉의 당수인 발레리야 노보드보르스카야는 "인권 보호 및 러시아 민주정치 강화에 대한 공헌"으로 상트페테르부르크에서 스타로보이토바 상을 수상했다. 〈민주 러시아당〉 지도자인 갈리나 스타로보이토바Galina Starovoytova의 이름을 따서 만들었다. 그녀는 자택 현관에서 GRU[24] 소속 특수부대원에 의해 살해됐다. 수상식에서 노보드보르스카야가 말했다.

"현 정부에 대해 우리는 저항이 아니라 적대하고 있습니다. 우리는 곧 있을 선거에 참가하지 않을 것입니다. 우리는 선거를 보이콧할 것입니다. 이런다고 아무것도 바뀌지 않겠지만요."

러시아에서 야당이라 함은 다른 무엇보다도 '말'을 가리킨다. 그러나 노보드보르스카야는 그 '말'을 대단히 조리 있게 사용하며, 정부에 대해 그 무기를 처음으로 사용했다.

모스크바 지방법원은 '노르트-오스트' 사건의 미망인 중 한 명인 알라 알랴키나에게 지급해 온 보상금을 2코페이카[25] 증액했다. 사업가였던 알라의 남편

---

24) 총참모부 정보총국. 러시아 국방부 소속 대외 첩보기관이다. 옮긴이
25) 코페이카는 1루블의 100분의 1에 해당하는 금액의 주화로, 2코페이카는 한화로 1원이 채 되지 않는다. 옮긴이

은 2002년 10월 26일 극장 봉쇄 작전으로 사망했다.

12월 24일

〈야블로코〉와 〈우파 연합〉으로 이루어진 〈통일 민주 협의회〉 1차 회의가 열렸다. 공동의 정치적 생존을 위한 전망이 주요 쟁점으로 논의됐다. 그러나 통합 민주 진영을 대표하는 대통령 후보 제안은 안건에서 빠져 있다. 그리고리 야블린스키와의 대화 내용을 옮겨 본다.

"〈야블로코〉가 대통령 선거 참여를 거부하는 이유는 무엇입니까?"

"선거는 심지어 상대적인 의미에서조차 민주적이지 않기 때문이죠."

"그렇다면 어째서 당신은 총선에 참여한 겁니까?"

"정치가 지금 이런 식으로 계속 돼선 안 된다는 것을 총선의 결과가 확실히 보여 준 겁니다. 지난 선거들마다 정부의 승인 없이는 재계의 정치 참여는 무산됐지요. 크렘린의 허가 없이는 어떤 사업가도 정치적 목적의 기부를 할 수 없게 됐어요."

"〈야블로코〉의 미래를 어떻게 보시나요?"

"러시아 사회의 미래와 동일합니다. '그들'은 허수아비와 같은 가짜 민주주의 정당을 세우거나, 아니면 전멸할 때까지 우리와 싸울 겁니다. 나는 우리가 다음 선거를 느긋하게 준비할 수 있을 거라고는 한시도 생각하지 않습니다."

"일당이 지배하는 두마 말인가요? 하지만 〈공산당〉이 여전히 버티고 있잖아요?"

"형식적으로는 그렇죠. 하지만 나머지 당에서 다섯 명을 추려서 각기 다른 방에 집어넣고 핵심적인 질문을 던져 보세요. '체첸에서는 무엇을 해야 합니까? 군 개혁은 어떻게 해야 합니까? 교육과 보건에 대해선 무엇을 해야 합니까? 유럽, 미국과의 관계는 어떻게 해야 합니까? 그러면 그들은 모두 똑같은 대답을 할 겁니다. 러시아 국회는 허울뿐인 다당제, 자유와 공정을 가장한 가짜 선거, 공정을 가장한 사법부, 허울뿐인 독립 언론을 거느리고 있습니다. 두마의 전체 조직이 포템킨 빌리지[26], 엉터리에 다름 아닌 거지요."

"이런 상태가 오래 계속될 거라고 보시나요?"

"상황은 급변하고 있기 때문에 이런 엉터리 중 어느 하나라도 오래 가리라고 생각하는 사람은 잘못 생각하고 있는 겁니다. 어쩌면 당신이나 나에게는 아주 길게 느껴질지 모르지만요."

내가 흥미롭게 생각하는 부분은 야블린스키가 거의 타성적으로 말하곤 하는 것, 그것이다. 다른 기자들은 완전히 무관심하다.

모스크바에서는 승리한 〈통합 러시아〉가 전당대회를 열고 있다. 신임 두마 의장인 보리스 그리즐로프는 주장한다. "러시아 시민의 37퍼센트 이상인 2,200만 명 이상이 우리를 찍었다. 우리는 두마에서 다수가 됐다. 이것은 우리한테 커다란 책임을 안기며, 이런 책임을 회피하는 것이 옳다고 생각하지도 않는다. 나는 푸틴에게 청원서를 제출했고, 그는 내가 두마로 이적하도록 조치했다. 나는 블라디미르 블라디미로비치 푸틴 대통령에게 각별한 감사를 표현하고 싶다. 승리가 보장됐던 것은 그의 방침을 따랐기 때문이다. 앞으로의 선거에서 우리가 세울 후보는 이미 잘 알려져 있다. 대통령인 블라디미르 블라디미로비치 푸틴이다. 우리의 임무는 그의 확실한 승리를 보장하는 것이다."

전당대회 후 〈통합 러시아〉의 첫 회의가 열렸다. 그리즐로프는 두마의 정치

---

26) 18세기 제정 러시아 시대의 계몽 군주 예카테리나 여제의 총신인 포템킨이 외국사절에게 후진적인 농노사회인 러시아의 모습을 감추려고 유람선이 다니는 강변에 가짜로 세웠던 마을에서 유래된 표현. 옮긴이

적 역할에 대한 자신의 견해를 피력했다. 정치 토론은 수다에 불과하며, 따라서 배제돼야 마땅하다는 주장이었다. 그리즐로프는 토론 없는 두마야말로 진일보한 모습이라고 생각한다.

중앙선거관리위원회는 푸틴의 후보 출마를 제안하는 원외 유권자 단체를 등록했다. 오늘부터 그들은 공식적으로 선거 유세를 벌일 수 있다. 마치 지금까지는 하지 않은 것 마냥 그렇게.

12월 26일

〈자유 민주당〉이라는, 그 명칭에서부터 오해하기 십상인 정당의 15차 전당대회가 "러시아 국민은 기다리는 데 지쳤다!"라는 구호 아래 모스크바에서 열렸다. 지리놉스키는 대선 후보로 출마하지 않을 것이다. "우리는 완전한 신인을 내세울 것이다. 하지만 대선 기간에는 내가 직접 당을 이끌 것이다."

이번 전당대회에서는 올레크 말리시킨Oleg Malyshkin이 후보로 지명됐다. 레슬링 코치인 그는 지리놉스키의 경호원을 지냈고 완전히 저능아다. 대통령 후보로서 소감을 묻는 첫 TV 인터뷰에서 그는 자기가 좋아하는 책의 이름조차 기억하지 못해 쩔쩔 맸다.

푸틴은 단순히 맞붙어 싸울 경쟁 상대가 부족한 것이 아니다. 짜이고 있는 선거판은 온통 지적 사막이다. 여기에는 어떤 논리도, 이성도, 진정하고 진지한 사유의 반짝임도 없다. 후보들은 아무 공약도 없으며, 그들이 정치적 토론을 벌일 수 있을 것이라고 생각하는 사람은 아무도 없다.

무엇을 할 수 있을까? 민주주의 사회는 국민이 자신의 미래를 결정하는 일에 일부분 참여할 수 있도록, 후보들에게 조언과 지침을 주도록 선거 활동과 유세를 고안해 냈다.

하지만 우리는 그저 입을 다물라는 말만 듣는다. 1번 후보는 만인이 원하는 것을 가장 잘 알며, 따라서 그 누구한테서 어떤 조언도 구하지 않는다. 그의 오만함을 절제시킬 사람은 아무도 없다. 러시아는 굴욕을 당했다.

12월 27일

장의사인 스테를리고프가 중앙선거관리위원회에 의해 입후보 자격을 잃었다. 곧바로 〈러시아 노동자당Worker's Russian Party〉 출신의 광대 빅토르 안필로프Viktor Anpilov가 입후보했다. 고추냉이가 서양무보다 더 단 것은 아니다.

12월 28일

드디어 그들은 푸틴에게 적당한 적수를 고르는 데 성공했다. 러시아 연방회의 상원 의장인 세르게이 미로노프[27]다. 그는 〈러시아 생활당Party of Life〉이 후보로 세운 인물이다.(이 당은 대통령행정실 실장 블라디슬라프 수르코프[28]가 창설한 군

---

27) Sergey Mironov, 연방회의 상원 의장(2001~2011)을 역임했으며, 2003년 이후 〈러시아 생활당〉을 이끌고 있다. 〈러시아 생활당〉은 2006년 〈로디나당〉과 〈러시아 연금 생활자당〉과 합병되어 〈러시아 정의당〉으로 태어났으며 그가 당을 이끌고 있다. 친푸틴계다.

28) Vladislav Surkov, 크렘린의 수석 참모이자 정치 홍보 전문가. 1990년대에 〈메나텝〉과 〈알파 은행〉에서 고위직을 맡았고, 러시아 국영방송국인 ORT 방송국 홍보국장을 지냈으며(1998~1999), 푸틴 정권에서 대통령행정실 부실장으로 활동했다. 반쯤 체첸인의 피가 섞인 그는 람잔 카디로프 정권과 체첸 전쟁의 체첸화 정책에 대한 핵심 지지자로 알려져 있다.

소 정당 가운데 또 하나다.) 그는 즉시 밝혔다. "나는 푸틴을 지지한다."

〈공산당〉 전당대회가 열리고 있다. 공산당원들은 니콜라이 하리토노프Nikolai Kharitonov를 후보로 내세웠다. 그는 한때 KGB 장교였던 수다스러운 괴짜배기다. 이 얼마나 놀라운가!

이반 립킨 또한 출마 의사를 밝혔다. 푸틴의 주적으로 지금은 외국에 망명을 가 있는 보리스 베레좁스키[29]의 작품이다. 립킨은 한때 두마 의장이자 〈러시아 연방 보안 위원회〉 의장을 맡았다. 오늘날 그는 어떤 인물인가? 시간이 답해줄 것이다.

한편, 모스크바는 침체 상태에 있다. 부자들은 세상 일에 전혀 신경 쓰지 않는다. 그들은 휴일마다 해외에 나가 있다. 모스크바는 매우 부유하다. 모든 식당, 최고급 식당까지 기업인들의 파티로 붐비거나 그들을 위해 닫혀 있다. 테이블마다 러시아 대다수 국민이 상상조차 못할 진미가 가득 올려져 있다. 하루 저녁에 수천 달러가 버려진다. 이것을 21세기 판 신경제정책의 마지막 방종으로 해석해야 할까?

12월 29일

새 두마의 첫 회기. 푸틴은 국회가 "권력은 국민에게서 나온다는 점을 기억해야 한다"고 밝혔다.

---

29) Boris Berezovsky, 옐친 집권기에 올리가르히가 된 인물로, 미디어 제국을 세워 옐친의 재선을 도왔으나, 체첸 전쟁에 반대하고 러시아 내의 자유 민주주의 운동을 지지함으로써 푸틴과 소원해졌다. 2006년 푸틴이 알렉산데르 리트비넨코를 살해한 책임이 있다고 비판했다. (런던에 망명했으나 2013년 3월 23일 의문사했다. 옮긴이)

"우리의 우선적 관심은 우리 시민의 삶의 질에 영향을 끼치는 현안에 집중하는 겁니다. …… 정치적 대립으로부터 건설적인 일로 국회의 관심을 옮기는 데에는 상당한 시간과 노력이 들었습니다. …… 모든 분야에서 돌파구를 찾는 것이 중요합니다. …… 작금의 시대를 러시아에서 의회 민주주의가 강화되고 있는 시간이라고 부를 수 있는 모든 권리가 우리에게 있습니다. …… 모든 토론은 쓸모없습니다……."

이 자리에는 대통령행정실 소속 블라디슬라프 수르코프 또한 와 있었다. 그는 〈통합 러시아〉가 원내 다수를 이루는 데 일등 공신의 역할을 한 정당의 설계자로 약삭빠르고 위험한 인물이다.

알타이 지역 무소속 후보 블라디미르 리시코프[30]는 두마의 구성에 대해 법정에서 이의를 제기할 계획임을 밝혔다. "유권자들이 원내 다수의 구성 권한을 〈통합 러시아〉에 주지 않았다"는 것이다. 사실인가? 글쎄, 이에 대해 우리 국민은 무엇을 할 계획인가? 공직자들이 전혀 부끄러움을 모르는 시대에 살고 있다.

비상사태부 장관이자 〈통합 러시아〉 핵심 인사이며, 그들 중에서 그나마 덜 어리석은 편인 세르게이 쇼이구Sergey Shoygu가 "〈통합 러시아〉는 대통령의 결정을 이행함에 있어 공적 책임을 지는 당이 되어야 한다"고 돌발 제안했다.

이리나 하카마다는 결국 대통령 후보로 출마할 것이다. 모든 민주주의자들과 자유주의자들은 푸틴이 최소한 한 명의 똑똑한 맞수라도 물리치는 것을 보여주기 위해 대통령행정실이 일종의 거래를 제안한 것이라면서 하카마다를 앞서 비난하기 시작했다. 과거 중앙은행 총재이며 지금은 〈로디나당〉 소속 의원인 빅토르 게라셴코Viktor Gerashchenko 또한 후보 출마를 결정했다.

---

30) Vladimir Ryzhkov, 1993년부터 2007년까지 두마 의원 역임. 〈러시아 공화당〉 공동 의장.

12월 30일

이리나 하카마다는 대통령 후보 출마를 공언했다. 출마를 지지하는 로비 집단의 제안을 받은 후 스물네 시간 동안 숙고한 결과였다. 혹시 그 지지자들을 크렘린 쪽에서 보냈던 것은 아닐까?

이제 그녀는 1월 28일까지 2백만 명의 지지자 서명을 모아야 한다. 〈로디나당〉은 원내 의석을 확보해 놓은 상태이기 때문에 게라셴코는 서명을 모으러 다니지 않아도 된다. 〈로디나당〉은 블라디슬라프 수르코프의 작품이며, 여러 올리가르히들한테 자금 지원을 받는다. 역시 〈로디나당〉 출신인 세르게이 글라지예프Sergey Glaziev 역시 무소속으로 출마할 것이다.

푸틴은 경쟁자가 필요했고, 그래서 그들을 신년 선물로 받은 것이다. 새 후보들은 중요한 것은 이기는 게 아니라 참여하는 것이라고 앞 다투어 이구동성으로 말했다.

12월 31일

2003년과의 슬픈 작별이다. 의회 선거는 푸틴 절대주의의 위대한 승리였다. 하지만 얼마나 오랫동안 푸틴은 제국의 건설을 계속할 수 있을까? 제국은 탄압으로, 결국에는 침체로 이를 것이며, 그것이 우리가 향하고 있는 목적지다. 러시아 국민은 그 동안의 정치적, 경제적 실험에 만신창이가 됐다. 우리는 더 나은 삶을 살기를 너무나 간절히 원하지만, 나은 삶을 쟁취하기 위해 싸우려 들지는 않는다. 모든 것이 위에서부터 아래로 내려와 우리들 앞에 굴러 떨어지기를 바란다. 따라서 설령 위에서 내려오는 것이 탄압이라고 해도, 그것을 운명으로 받아들이는 것이다. 인터넷에서 아주 유행하는 농담이 있다. "러시아의 밤. 난쟁이들이 어마어마한 그림자를 드리우는 시간."

NTV의 프로그램 〈자유 연설〉의 시청자들이 올해의 러시아인을 뽑았다. 물망에 오른 후보들 중에는 블라디슬라프 수르코프(〈통합 러시아〉의 압도적 승리에 대한 공로를 인정받아서), 아카데미 회원 비탈리 긴즈부르크Vitalii Ginzburg(양자물리학으로 2003년 노벨상을 수상했기 때문에), 노보시비르스크 출신 영화감독 안드레이 즈뱌긴체프Andrey Zvyagintsev(처녀작 〈귀향〉으로 베니스 영화제 황금사자상을 수상해서), 게오르기 야르체프Georgii Yartsev(웨일스와의 시합에서 러시아 축구팀을 승리로 이끌어서), 그리고 미하일 호도르콥스키(러시아에서 가장 정직하고 투명한 기업을 설립했고, 러시아에서 가장 부자가 됐다가 교도소에 수감되었기 때문에)가 끼어 있었다.

시청자들은 긴즈부르크를 선택했고, 수르코프가 꼴찌를 했다.

말미에는 프로그램의 진행자인 사비크 슈스테르가 〈로미르Romir〉 여론조사 기관에 의뢰한 여론조사에서 후보들의 지지율을 공개했다. 이번에도 긴즈부르크가 일등을 했고, 수르코프가 꼴찌를 했다. 푸틴 정부의 이상과 현실 간의 격차를 방증하는 것이다.

공영방송국에서 보여 주는 가상 세계는 앞의 경우와는 전연 딴판이다. 러시아의 간판 뉴스 프로그램인 〈브레먀〉 역시 2003년 한 해의 인물에 대한 인기투표를 실시했다. 푸틴이 1등이었고, 2등이 쇼이구, 3등이 그리즐로프였다. 자, 이제 그런 짓은 그만하자!

지금, 크렘린의 종이 자정을 알릴 때가 가까운 이 시각에, 한 해를 뒤로하는 마지막 상념이 찾아든다. 왜 이토록 많은 국민이 국외로 이주하는 걸까? 지난해 서유럽 국가로 이주를 신청한 시민의 수는 56퍼센트 증가했다. 피난민을 위한 〈유엔난민기구UNHCR〉에 의하면 러시아는 이주를 희망하는 국민의 수가 세계에서 가장 많다.

2004년 1월 4일

〈러시아 생활당〉 전당대회에서 세르게이 미로노프가 대통령 후보로 낙점됐다. 그는 푸틴이 승리하기를 바란다는 말만 되풀이하고 있다.

미로노프는 푸틴의 후보 등록을 지지하는 여러 후원자들 중 한 명이다. 이번 선거의 가장 큰 특징은 무엇 하나 그대로 놔두는 법이 없다는 것이다. 그런데도 그들은 왜 그렇게 걱정하는가?

체첸 마을 베르카트-유르트에서, 체첸 경찰 밑에서 일하는 하산 찰라예프가 러시아 군인들에 의해 납치됐다. 그의 행방은 오리무중이다.

1월 5일

푸틴이 국무회의를 열었다. 그가 줄기차게 강조하는 것은 "두마 의원들에게 행정부의 우선권을 역설할 필요가 있다"는 것이다. 그는 기분이 썩 좋지 않다. 조지아에서 장미 혁명[31]이 성공했고, 사아카시빌리Mikhail Saakashvili가 승리를 자축하고 있다. 잠정적으로 그가 85퍼센트를 득표한 것으로 알려졌다. 독립국가연합[32] 내 다른 국가들의 지도자들에게 경종을 울리는 사건이다. 푸틴과 나

---

31) 2003년 11월 의회 선거에 대한 대규모 조작에 항의하여, 2004년 초까지 조지아에서 연속적으로 일어난 시위를 가리킨다. 당시 대통령이었던 에두아르드 셰바르드나제는 분리주의 운동과 만연된 부패 문제를 제대로 해결하지 못해 결국에는 선거에서 미하일 사아카시빌리에게 패하고 말았다. 셰바르드나제는 결과에 불복했으나, 사아카시빌리 지지자들이 비폭력의 상징인 장미를 든 채 의사당을 점거하고, 군 정예부대 역시 시위자들의 편에 서자 패배를 인정하지 않을 수 없었다. 2004년 1월에 다시 치러진 대선에서 사아카시빌리가 압승을 거뒀다.

란히 탁자에 둘러앉은 모든 이들은 이 점을 잘 알고 있다. 국민을 무한정 짓밟는 데에 한계가 나타났다. 국민이 진정으로 변화를 바랄 때 그걸 막을 수 있는 것은 아무것도 없다. 그들이 두려워하는 것이 바로 이것이 아닐까?

1월 6일

대통령 후보 서류 제출 마감일이다. 원내 각 당은 하리토노프, 말리시킨, 게라센코와 미로노프의 서류를 제출했다. 이제 여섯 명의 독립 후보가 있다.(푸틴, 하카마다, 글라지예프, 립킨, 악센티예프, 브린달로프) 하카마다는 그녀의 우파 정치인 동료들과 갈등을 겪고 있다. 〈우파 연합〉이든 〈야블로코〉든 그녀를 지지하고 지원하기 위해 서명 목록 뭉치를 들고 나설 기미가 안 보인다. 그녀는 외톨이가 돼 가고 있는데, 이것이 오히려 러시아 국민들로 하여금 그녀에게 투표하도록 자극을 줄 것이다. 러시아 국민은 사회적 외톨이를 좋아한다. 하지만 또한 승자를 좋아한다. 다른 사람들을 속여 먹는 능력 때문에 국민들은 푸틴을 존경한다. 어중간한 사람만이 지게 돼 있다.

러시아정교회 성탄절 전야의 풍경은 이렇다.[33] 전통적으로 사람들은 이날 (드러내지는 않더라도) 선물을 주고 선행을 베푼다. 푸틴은 헬기를 타고 수즈달로 날아갔다. 푸틴은 선거에서 이길 운명이며, 그의 개인적 목숨은 공공의 재산이다. 푸틴은 수즈달에서 고색창연한 교회 건물을 둘러보고, 어느 수녀원에서 들

---

32) Commonwealth of Independent State(CIS), 1991년 창설된 구소련 구성 공화국들의 느슨한 동맹 혹은 연합체. 여기서 조지아를 비롯해 발트해 인접 국가들인 에스토니아, 라트비아, 리투아니아는 제외되어 있다.
33) 그레고리력 대신 율리우스력을 사용하고 있기 때문에 러시아정교회의 성탄절은 1월 7일이다. 옮긴이

려오는 견습 수녀의 노래를 경청하고, 성탄 예배가 시작될 무렵 TV 카메라와 (물론) 기자단 앞에서 포즈를 취한다. 머리에 스카프를 두른 아이들과 소박한 그 지역 여성 신자 무리와 푸틴이 단출하게 함께한 모습이 잡히도록 TV 카메라가 배치됐다. 경호원은 보이지 않았다. 푸틴은 성호를 그었다. 하느님께 감사. 세상은 번영하고 있다. 요즘 들어 성호를 긋는 솜씨가 많이 늘었다.

러시아의 성탄절 전야에 벌어지는 또 다른 풍속은 사회의 최상층과 최하층이 서로 위치를 바꿔 보는 것이다. 하지만 성탄절 주간에 푸틴을 서민들 사이에 세워 사진이나 찍는다고 해서 그네들의 인생이 달라지는 건 아니다. 나는 우리나라 지도급 인사들 가운데 누구도 발을 들여놓길 꺼리는 곳에 사는 가장 소외받은 계층을 만나러 떠났다. 바로 모스크바 외곽에 있는 25호 신경 정신 질환자 고아원이다.

모스크바의 외곽은 요사이 믿을 수 없을 정도로 호화롭고 부유하게 변한 도심과 사뭇 다르다. 변두리는 한적하고 배고프다. 장난감, 선물, 책, 일회용 기저귀를 든 후원자가 한 명도 찾아오지 않는 곳이 바로 여기다. 심지어 성탄절에도 그렇다.

"아이들을 보러 가지요."

아주 어린 아이들을 수용하고 있는 이 고아원의 원장 리디아 슬레바크 여사가 입을 뗐다. 마치 나의 질문에 대한 대답이 여기에 모두 들어 있다고 말하는 듯한 목소리였다.

보모의 어른 팔에 안겨 있는 조그만 체구의 다닐라가 촛불처럼 눈에 확 들어온다. 아이는 내게 팔을 감고 나와 함께 있음을 표시하지만, 동시에 아이는 나에게서 멀리 떨어져 고독하게 존재한다. 세상은 아이를 비켜 갔고 아이는 혼자다. 아이는 요가 수행자처럼 가냘픈 허리를 곧추세운다. 부스스 헝클어진 곱슬곱슬한 금발은 촛불과 비슷하다. 복도의 문틈에서 불어오는 가녀린 산들바람에 아이의 보드라운 머리칼이 물결친다. 성탄절의 기적, 천사다.

한 가지 질문뿐이다. 이 천사를 책임질 사람은 누구인가? 러시아의 바보 같은 법 때문에 아무도 이 아이를 입양하지 못한다. 다닐라의 공식적인 지위로는 어떤 해결책도 구할 수 없다는 것이 문제다. 아이를 버리고 도망가기 전에 생모는 아이에 대한 모성 권리를 공식적으로 포기하지 않은 것이다. 생모의 행방을 추적한다지만, 경찰에게는 더 중요하고 골치 아픈 일들이 많다. 다시 말해, 다닐라는 그토록 경이로운 존재이지만 입양은 불가능하다. 입양이 빨리 될수록 아이는 인생에서 더 좋은 기회를 얻게 될 것이고, 그만큼 더 빨리 자기가 겪었던 일을 잊고 상처에서 회복할 것이다. 그러나 정부 역시 마찬가지로 산적한 문제들로 골치를 썩고 있다.

이곳 환경은 훌륭한 놀이방처럼 안온하고 깨끗하다. 문 위에는 다닐라와 열한 명의 다른 남녀 아이들이 속한 "아기 찌르레기들"이라는 반 명패가 있다. 이 유아들의 보모들은 상냥하지만 매우 지쳐 있으며, 일에 찌든 여성들이다. 아기들이 울지 않는다는 점만 빼고는 나무랄 데 없는 곳이다. 아기들은 침묵하거나 신음 소리를 내지르거나 둘 중 하나다. 웃음소리 역시 들리지 않는다. 만 15개월이 지난 다닐라는 이를 가는 것 외에는 조용하다. 아이는 낯선 새 손님을 유심히 바라본다. 그 눈빛은 갓 열다섯 달을 넘긴 아이에게서 볼 수 있는 눈빛이 아니다. 마치 FSB의 조사관처럼 내 눈을 똑바로 쏘아본다. 따뜻한 인간미의 경험이 비극적이리만치 제한되어 있는 탓이다.

오늘은 엘레츠카야 가의 고아원이 맞는 성탄절 전야다. 지금 막 성탄 선물이 나눠졌다. 이 사내아이의 이름은 드미트리 드미트리예비치이며, 간과 신장에 중증 부전을 앓고 있다. 드미트리는 2002년 12월에 태어났고, 2003년 5월 엄마가 연립주택의 출입문에 그를 '버려두고' 갔다. 매우 놀랍게도 경찰은 아기 엄마를 찾았고, 입양에 필요한 문구를 받았다. "본인은 어머니로서 친권 포기를 확약합니다."

드미트리 드미트리예비치는 병원에서 고아원으로 데려온 아기다. 아기는 집중적인 간호를 받으며 생의 절반을 살았고, 지금 뒤통수에는 머리카락이 하나도 남아 있지 않다. 항상 등 쪽으로 누워 있기 때문에 문질러져 벗겨진 것이다. 이 반에 새로 들어온 드미트리 드미트리예비치는 특수 보행기에 앉아서 낯선 곳을 익히고 있다. 앞에 딸랑이와 장난감이 놓여 있지만, 사람한테 더 관심이 많은 것 같다. 아이는 상담사를 찬찬히 뜯어본다. 아이는 그녀를 요목조목 뜯어보고 싶어한다. 그러나 자신의 조그만 다리를 어떻게 가눠야 할지 몰라 끙끙댄다. 한참동안 앓아누워 있었기 때문에 리디야 콘스탄티노브나의 정면으로 두 다리가 보행기를 제대로 돌리지 못한다. 리디야는 끼어들지 않는다. 그녀는 아기가 자신이 원하는 것을 얻는 방법을 스스로 터득해 내도록 할 참이다. 그녀가 말한다.

"자, 드미트리 드미트리예비치. 좀 더 분발해! 반격하라고!"

리디야의 도움을 받지 못하자, 드미트리 드미트리예비치는 진짜로 '반격한다.' 몇 분 뒤 그는 마침내 승리했으며, 리디야 콘스탄티노브나를 마주본다.

"당신은 여기서 무슨 역할을 하고 있다고 생각하나요? 테레사 수녀처럼, 혹은 우리 사회를 청소해야 한다는 사명감에서 하는 일인가요? 아니면 이 아이들이 그저 보기 딱해서 하는 일인가요?"

"아이들에게 필요한 건 동정이 아닙니다. 내가 배운 가장 중요한 교훈이지요. 저들에게 필요한 건 도움입니다. 우린 저 아이들이 살아나가도록 돕고 있어요. 우리가 이 일을 함으로써 저들은 양부모와 만날 수 있는 희망을 얻게 되는 거죠. 나와 내 직원들은 절대로 저 아이들 앞에서 이곳을 고아원이라고 부르지 않습니다. 우리는 여기를 '유아원'이라고 부릅니다. 나중에, 저들이 입양된 후, 전혀 다른 환경에서 살면서, 자기들이 한때 고아원에서 지냈다는 기억을 잠재의식에서조차 떠올리지 않도록 하기 위해서죠."

"당신의 보살핌을 받고 자라는 저 아이들이 잘 입양될 수 있도록 일한다는 뜻입니까?"

"맞아요. 물론이고 말고요. 그것이 내가 아이들에게 해 줄 수 있는 가장 중요한 일이지요."

"외국인 양부모한테 입양되는 것은 어떻게 생각하나요? 우리나라의 애국적인 정치인들은 외국 입양을 그만둬야 한다고 주장하고 있는데요."

"나는 외국인 가정으로 입양되는 것이 아주 좋은 일이라고 생각해요. 다만 언급되지 않을 뿐이지 러시아인 입양 가족에 관해서도 끔찍한 이야기가 있어요. 그렇지 않아도 우리 원생을 러시아인 양부모한테서 다시 데려와야 할 일이 생겼습니다. 아이는 우리한테 다시 올 겁니다. 또 다른 문제는 러시아인 양부모는 한 가정에서 낳은 아이들을 함께 데려가지 않으려 한다는 거예요. 하지만 외국인들은 기꺼이 그렇게 합니다. 다시 말해 형제와 자매가 서로 떨어지지 않는다는 거지요. 그 점이 아주 중요합니다. 우린 여섯 남매를 미국에 입양한 적이 있어요. 여섯 명 중 막내인 나타샤는 벽지 쪼가리에 싸인 채 우리에게 왔지요. 그 애의 네 살짜리 오빠가 동생이 얼어 죽지 않도록 그것이라도 몸에 둘러 준 것이지요. 집안에 쓸 만한 다른 것이 없었으니까요. 그 여섯 아이 모두가 지금 미국에서 잘 살고 있는 것이 뭐가 잘못이란 말인가요? 그곳에서 보내 준 사진을 볼 때마다 나는 너무나 행복합니다. 그 아이들이 여기서 살았던 상황에 대해 아무도 믿지 않을 겁니다. 우리만이 그걸 기억할 뿐이죠. 지난 해, 우리 고아원에서 입양 보낸 스물여섯 명의 아동 가운데 열다섯 명이 해외로 입양된 경우입니다. 주로 미국과 스페인의 양부모들에게 갔지요. 형제와 자매 각각 세 쌍씩이요. 러시아인들 같았으면 입양하려 하지 않았을 겁니다."

"그렇게 하기 원치 않아서요. 아니면 부양할 능력이 안 돼서요?"

"원치 않아서죠. 그리고 일반적으로, 러시아의 부자들은 아이들을 절대로 입양하지 않아요."

아이들은 자라서 어떤 사람이 될 것인가? 지금 우리나라의 모습처럼 될 것인가?

러시아에서 자선 기부의 물결은 푸틴 행정부가 자선 행위에 대한 세금 혜택을 폐지한 2002년에 멈췄다. 2002년 전까지 우리 고아원의 아이들은 새해 선물을 비롯해서 온갖 선물을 넘치도록 받았다. 이제 부자들은 저 아이들에게 더 이상 선물을 주지 않는다. 연금 생활자들이 케케묵어 누덕누덕 해진 숄을 가져다 줄 뿐이다.

〈세계은행World Bank〉은 "일할 수 있는 기회"라고 명명된 특별 프로그램을 만들었다. 불우 아동에게 직업을 경험하게 하고 유용한 직업 기술을 배울 기회를 주는 것이다. 만일 러시아 사회에서 누가 그런 일을 한다면, 틀림없이 의심의 눈초리를 받게 될 것이다. "저 선행의 본심은 무엇일까?" 이웃들은 고개를 갸우뚱할 것이다.

동정심을 보이는 것은 오히려 고아들이다. 나댜는 계속 남아 있기에는 너무 나이가 많아 고아원을 떠났고, 법에 따라 지방 정부가 제공한 방 한 칸에서 살았다. 얼마 안 있어 소녀는 네 명의 다른 고아들을 자기 방으로 들였다. 세상 물정에 완전히 어두웠던 아이들은 각자에게 할당된 방을 핸드폰과 맞바꿨고, 거리에 나앉았던 것이다.

이제 나댜가 그 아이들을 먹여 살린다. 하지만 소녀는 무일푼이다. 아이들 중 누구도 일자리를 얻지 못한다. 이것이야말로 진정한 자선이다. 이 소녀가 은행과 다른 금융기관의 문을 두드리는 데에는 아무 사심도 없다. 하지만 소녀는 경비를 뚫고 들어가지 못할 것이다.

그러는 사이, 이번 성탄절에 우리의 신흥 졸부들은 쿠르셰벨에서 스키를 즐기고 있다. 한 달에 50만 루블 이상을 벌어들이는 2천 명 이상의 러시아인들이 스위스 알프스에서 "러시아 시즌saison russe"을 만끽하기 위해 모여든다. 식사로는 여덟 가지 종류의 굴이 나오고, 와인 목록에는 병당 1,500파운드짜리 술이 섞여 있다. 모든 신흥 졸부들의 모임마다 정부 관료들이 눈에 띈다. 이 엄청난 금액을 특혜를 입은 그 2천 명에게 바치는 정부 관료들이야말로 진짜 러시아의 올리가르히다. TV로 방송되는 쿠르셰벨발 성탄절 소식에서는 이 재산을 모으는 데 쏟은 고된 노동에 대해서는 한마디도 없다. 온통 성공에 대한 이야기, 앞뒤가 딱 맞아떨어지는 이야기, 꼬리 깃털로 붙잡은 행복의 불새 이야기, 정부 관료에게 신탁을 요청받은 이야기, 온통 그런 것들뿐이다. 관료 집단의 '자선', 다른 말로는 '부패'라고 알려져 있는 그것이야말로 쿠르셰벨로 가는 가장 빠른 길이다. 바보 이반(그는 자신의 형들이 아무리 속여 먹어도 결코 가난해지지 않는다)의 현대판이다. 그 교훈은 이렇다.

"크렘린에 돈을 바쳐라, 그러면 부와 권력이 너의 손에 굴러 들어오리라."

1월 8일

중앙선거관리위원회는 2004년 러시아 대통령 선거 첫 후보자로 지리놉스키의 경호원을 등록했다. 만세! 지리놉스키가 말리시킨을 대리인으로 내세운 것이다.

크라스노야르스크 지역에서 농민들은 임금 대신 병든 송아지를 받고 일한다. 이 지역을 관할하는 유력 인사는 푸틴과 절친한 올리가르히, 실로 푸틴의 대리인인 블라디미르 포타닌Vladimir Potanin이다. 우스튜크의 낙농가는 삼 년이 넘도록 임금을 현금으로 받은 적이 한 번도 없다. 농민들은 대신에 송아지를 받았다. 농기구는 죄다 빚을 갚느라 팔았다. 수의사는 해고된 지 오래이고, 그 때문에 병든 새끼 송아지를 돌봐줄 사람이 아무도 없다.

1월 9일

사상 초유의 사태다. 이바노보에 위치한 국제 고아원 원생들이 단식 농성을 시작했다. 이 고아원은 1933년에 세워져 "반동 혹은 파시즘 정부 국가"의 감옥에 수감된 부모를 둔 다양한 나라 출신 아이들을 돌보고 있다.

아동들은 국제 고아원을 가만히 내버려 둘 것을, 해체하거나 민영화하거나 건물을 매각하지 말 것을 요구하고 있다. (그리고 그들의 시위는 성공했다.)

1월 10일

체첸 마을 아프투리에서 정체불명의 군인들이 인권 운동가인 아슬란 다블레투카예프를 그의 자택에서 납치했다. 납치범들은 세 대의 장갑차와 두 대의 무장한 우아즈 지프 차량을 몰았다고 한다.

1월 13일

오늘은 러시아 언론의 날이다. 〈로미르〉 여론조사 기관은 국민들에게 물었다. "당신이 가장 신뢰하는 사회 기관은 어디입니까?" 응답자의 9퍼센트는 언론을 신뢰한다고 답했다. 정당을 신뢰한다는 대답은 1퍼센트였고, 푸틴을 신뢰한다는 대답은 50퍼센트나 됐다. 아무도 믿지 않는다는 응답은 28퍼센트였고, 14퍼센트의 사람들은 러시아정교회를 신임했다. 정부와 군대는 각각 9퍼센트였다. 지방정부와 노동조합은 3퍼센트, 사법기관은 5퍼센트를 기록했다. 응답자는 물론 복수의 기관을 고를 수 있었고, 몇몇은 그렇게 중복으로 답했다.

최근 몇 년 동안 일어난 테러 사건의 희생자 유가족들이 대통령 후보 전원에게 공개서한을 보내왔다.

대통령 선거는 지나간 세월을 되돌아보고 떠나는 정권이 임기 동안 했던 일에 대해 보고하는 시간입니다. 이 기간 동안 러시아에서 우리보다 더 큰 고통을 겪었던 사람은 아마 없을 겁니다. 1999년의 아파트 폭파사건[34], 2002년 테러범들에 의한 두브롭카 극장 인질극으로 우리는 소중한 가족을 잃었습니다. 우리는 이 테러 사건에 대한 수사를 여러분들의 선거 공약에 포함시켜 주기를 촉구합니다. …… 우리는 당신들이 당선된 이후에 무슨 일을 할 것인지 알고 싶습니다. 독립적이고 공정한 진짜 수사를 시작할 겁니까, 아니면 우리 가족들의 죽음을 둘러싼 무언의 음모가 계속되도록 방관할 겁니까? 우리는 당국으로부터 신뢰할 만한 해명을 듣고자 헛된 노력을 계속해 왔습니다. 현 러시아연방 대통령은 그 직위뿐 아니라 양심의 차원에서도 이 문제에 대해 답변할 의무가 있습니다. 결국 우리 가족들의 죽음은 그의 정치적 이력, 그리고 그가 내린 결정과 직접적으로 관련돼 있으니까요. 아파트 폭파 사건은 지난 번 대선에서 러시아 국민이 체첸에 대한 대

---

34) 1999년 9월, 수일의 간격을 두고 부이낙스크, 모스크바, 볼고돈스크에 있는 아파트 건물 네 동이 폭파되면서 300여 명의 사망자와 천여 명에 달하는 부상자가 발생한 사건. 푸틴은 이 사건 2주 후 체첸에 보복성 공격을 가해 제2차 체첸전쟁을 일으켰다.

통령의 강경 노선을 지지하도록 설득했고, 두브롭카 극장 테러 사건에서는 대통령이 가스를 사용하라고 직접 지시했기 때문입니다.

그 다음, 이 편지에 서명한 유가족들은 과거에 푸틴에게 보냈지만 답변을 듣지 못했던 질문 목록을 후보들에게 제시하고 있다. 첫 번째는 아파트 폭파 사건에 관한 것이다.

1. FSB 요원들이 아파트 폭파를 준비하고 있는 모습이 현장에서 포착됐음에도 불구하고, 당국은 왜 랴잔 사건[35] 조사를 방해한 것인가?
2. 볼고돈스크에서 사건이 벌어지기 사흘 전에 두마 의장이 아파트 폭파 사건에 대한 성명서를 발표했던 것은 무슨 영문인가?
3. 1999년 가을, 랴잔의 군부대에서 "설탕"이라고 이름이 붙은 자루 안에 고성능 폭약, 헥소겐이 발견됐던 것에 대해 아무 조사도 이뤄지지 않았던 이유는 무엇인가?
4. 문제의 헥소겐이 로스콘베르스브즈리프첸트르 연구소를 통해 군부대 저장소에서 가상의 회사로 옮겨진 사실에 대한 조사가 FSB의 압력에 의해 종결된 까닭은 무엇인가?
5. 구랴노프 가의 아파트에 폭발물을 설치하기 위한 장소를 빌린 FSB 요원의 신원을 밝혀낸 직후 미하일 트레파시킨 변호사가 해임된 이유는 무엇인가?

둘째로, 두브롭카 극장 봉쇄 작전에 관한 질문이다.

1. 인질 석방을 위한 협상 기회가 가시화됐음에도 가스 공격을 시도하기로 결정한 이유

---

35) 아파트 테러 사건 이후 22일 랴잔에서는 그와 유사한 폭탄 테러가 조기에 발각되었는데, FSB 소행일 거라는 의견이 지배적이다. 그러나 FSB 관계자는 테러 진압 훈련 중이었다고 해명한 바 있다. 옮긴이

는 무엇인가?

2. 당국이 테러범들에게 폭발 장치를 작동시킬 시간적 여지를 줄 수 있음에도 완효성 가스를 사용하기로 결정했다는 사실은 테러범들이 실제 폭탄을 갖고 있지 않다는 것을 정부 관계자들이 이미 알고 있었음을 방증하는 것은 아닌가?

3. 테러범을 생포하여 취조에 응하게 할 수 있었음에도, 무력화된 자들을 포함해서 현장에 있던 테러범 전원을 죽인 까닭은 무엇인가?

4. 이름이 밝혀진 뒤에 자동차 충돌 사고로 죽었던 한파샤 테르키바예프가 극장 봉쇄 작전에 가담한 FSB 요원이라는 사실을 당국은 왜 숨겼나?

5. 공격을 계획하면서 인질에 대한 현장 의료 지원 계획이 전혀 없었고, 그런 소홀한 대처로 인해 130명의 목숨을 잃게 한 이유는 무엇인가?

답변을 준 것은 이리나 하카마다와 이반 립킨뿐이었다. 하카마다는 처음부터 '노르트-오스트' 희생자 유가족을 지원해 왔다. 대체로 하카마다는 출마자들 가운데서 가장 정상적인 사람으로 보인다. 여태껏 그녀가 해 왔던 발언을 귀담아 들을 필요가 있다. 하카마다는 푸틴이 다스리는 한 이 나라는 발전을 기대할 수 없다고 주장해 왔다. 이리나 하카마다의 답변을 들어 보자.

"저는 모스크바와 볼고돈스크의 폭발 사건에 대해서는 조사하지 못했습니다. 따라서 두브롭카 사건에 대해서만 답하겠습니다.

봉쇄 사흘 째 되는 날, 공격 개시 결정이 내려졌지요. 첫날 저는 건물 안에 있었고, 그때 상황에 근거해서 말씀드리지요. 이미 사태가 벌어진 첫날에 협상을 통해서 인질을 석방할 수 있었으리라는 게 제 인상입니다. 저는 테러범을 진압하는 목적이 힘의 과시에 있을 뿐 인명을 구하는 것은 우선적 고려 사항이 아니었다고 확신합니다.

건물과 객석 곳곳에 흩어져 있던 테러범 전원을 사살하는 것이 어떻게 가능했을까, 가스 공격 후 테러범들과 같이 있던 이들 중 일부는 죽고 일부는 살았는데 어떻게 테러범들만 전원 사망했을까 하는 점이 여전히 수수께끼로 남아 있습니다. 저는 테러범들이 의도적으로 제거됐을 거라고 추측합니다. 왜냐하면 만약 증인으로 살아있을 경우, 공개 법정에서 당시에 인질들을 풀어줄 계획이었다고 증언할 테니까요. 무죄 추정의 원칙이라는 게 있기 때문에 저는 이것이 어디까지나 추측이라는 점을 강조하겠습니다.

저희 〈우파 연합〉 의원들은 자체 조사를 실시했고, 그 결론으로 당국이 인질을 구조하려고 노력할 의사가 전혀 없었다는 것이 밝혀졌습니다. 처음부터 끝까지 무계획적이었고, 그래서 온통 난장판의 결과가 빚어진 것이지요. 이 작전에서는 군사적 측면만 최우선적으로 고려됐고 시민 보호를 맡을 어떤 책임자도 배치되지 않았지요.

제 나름의 견해를 덧붙인다면, 푸틴은 두브롭카 참극 이후 전 세계를 기만했습니다. 『워싱턴 포스트*Washington Post*』 기자의 질문에 이렇게 답했죠. '이들은 가스 때문에 죽은 게 아니다. 무해한 가스였기 때문이다. 가스는 무해했기 때문에, 작전 과정에서 (가스로 인해) 부상당한 인질은 단 한 명도 없었다고 단언할 수 있다.'

크렘린 궁에서 푸틴 대통령과 그 지지자들이 자신의 시민들을 염려하는 대신에 권력을 잃을까 두려워 덜덜 떨고 있을 동안, 인질들을 구해 볼 요량으로 자진해서 테러범의 소굴로 들어간 대단한 용기를 가진 시민들이 많이 있었지요. 최소한 아이들이라도 구출할 생각으로 말입니다. 두 자녀의 어머니로서 제가 용기를 내어 건물 안으로 들어가 테러범들과 협상을 벌이겠다고 결심할 수 있었던 것에 대해 하느님에게 감사를 드립니다.

지금까지 저는 두브롭카 극장에서 제가 보았던 것에 대해서, 특히 대통령과 그의 행정실 직원들이 인명을 구하려는 제 노력에 대해 어떻게 반응했는가에 대해서 여론에 많이 공개하지 않았습니다. 저는 푸틴 대통령이 궁극적으로 진상을 밝히는 것을 도와줄 것이며, 독가스를 사용하라고 지시한 것에 대해 사죄할 것이라고 오판하고 있었지요. 하지만 푸틴은 침묵으로 일관하면서 더 없이 소중한 가족을 잃어버린 사람들에 대해서 아무 대답도 하지 않았습니다. 푸틴은 진실을 은폐하기로 나름의 선택과 결정을 내린 겁니다. 저 또한 진실을 말하기로 결정을 내렸습니다. 2002년 10월 23일 극장 안에서 테러범들과 가졌던 협상과 그 후의 추이를 지켜본 결과 저는 테러범들이 극장 건물을 폭파할 의도가 전혀 없었고, 당국이 인질 모두를 구하는 일에 눈곱만큼도 관심이 없었다고 결론을 내렸습니다.

진짜 사건은 제가 테러범들과의 협상을 끝내고 돌아온 뒤에 일어났지요. 대통령행정실 실장 알렉산데르 볼로신Alexander Voloshin은 저를 협박하면서 더 이상 관여하지 말라고 하더군요.

저는 제가 당한 일을 곰곰이 짚어 보면서 이 테러 행위가 체첸에 대한 반감 어린 히스테리를 심화하고, 체첸 전쟁을 연장하고, 대통령의 지지율을 높게 유지시킬 것이라는 피할 수 없는 결론에 이르렀지요. 저는 진실을 은폐하려는 푸틴의 행위가 국가에 대한 반역이라고 확신합니다. 제가 대통령이 되면 러시아의 시민들에게 아파트 폭파와 극장 봉쇄 작전의 비극, 당국이 자행한 다른 수많은 범죄에 대해 진실을 알릴 것을 약속합니다. 얼마 전까지 많은 친구들은 대선에 출마하지 말라고 저를 수도 없이 설득했습니다. 그들은 제가 선거 보이콧을 요구하는 민주주의자들의 권익을 저버리고 있다고 공개적으로 말하지만, 사석에서는 만일 제가 진실을 밝힐 경우 죽게 될 거라고 경고를 합니다. 저는 테러범과 다를 바 없는 이 정부가 전혀 두렵지 않습니다. 저는 그들 따위에 겁먹지 말라고 모든 사람들에게 호소하는 바입니다. 우리 아이들은 자유로운 인간으로 자라야 합니다."

이반 립킨 또한 이렇게 답했다.

"아파트 폭파와 두브롭카 사건 모두는 '테러 진압 작전', 더 정확하게는, 북 캅카스에서 벌어지고 있는 제2차 체첸 전쟁의 결과입니다. 푸틴 대통령은 질서 회복을 약속하면서 전쟁의 물살을 타고 크렘린 궁으로 입성했지요. 푸틴은 질서를 회복하기에 무력한 것으로 드러났습니다. 도처에서 벌어지는 잔학무도한 테러 행위 속에서 사람들이 죽어 가고 있어요. 한숨 돌릴 틈도 없이 전쟁은 계속되고 있고, 여기에는 일부분 푸틴과 그의 최측근들의 책임이 있습니다. 오늘까지 이 모든 비극에는 아주 석연치 않고 설명할 수 없는 것들이 많이 보입니다."

립킨은 아파트 폭파 사건에 관해서는 이렇게 답했다.

"그 범죄는 보안국에서 벌인 짓이라고 확신합니다. 설령 우리가 랴잔에서 (폭발물을 설치하고 있는 모습이 발각된 FSB 요원들이) '훈련'에 임하고 있었다는 주장을 수긍한다 할지라도, 모든 공식적인 규칙과 지침은 무시됐습니다. 두마 의장인 셀레즈뇨프는 어떻게 알았을까요? 단순히 기이한 정도가 아니라, 오싹하기까지 합니다. 이미 그렇게 말했으니 형사 조사를 받아야 마땅하며, 그 정보를 어디서 얻었는지 밝혀야 합니다. 실제로 누가 명령했고 실제로 누가 이 잔혹 행위를 벌였는가를 똑똑히 알 수 있도록 말입니다……. 체첸전에서 보안군이 받았던 수법과 훈련은 러시아 전체에 다시 적용되고 있습니다. 그들은 더없이 뻔뻔스러우며, 결과만이 중요하다고 생각합니다. 극도로 위험한 발상을 하고 있습니다."

두브롭카 사건에 관해서는 이렇게 말한다.

"정부 당국의 그간 행적을 보건데 인질 석방의 실질적 가능성이 농후해졌을 때 공격을 개시하기로 결정했다는 걸 알 수 있습니다. 모스크바에 사는 사람들은 물론 러시아 전역에서도 이 공격이 실제 사건의 진상을 은폐하기 위해 감행됐을 거라고 말합니다.

국민이 모르는 것을 정부는 알고 있었을까요? 이 질문에 답하기가 저로서는 참으로 곤란합니다. 부됴놉스크에서 사건이 벌어지는 동안 이뤄진 극비리 회담에서 보안기관은 정부가 주장해 온 모든 내용을 반박했기 때문입니다. 저는 테러범들에게 폭탄을 터뜨릴 틈을 줄 수 있기 때문에 이런 가스나 다른 화학무기가 인질이 탄 버스에 사용될 수는 없다는 이야기를 들었습니다. 테러범들은 의식을 잃어 갔기 때문에 총을 마구 난사할 가능성도 있었습니다. 가스가 사용됐다는 이야기는 정부가 폭탄이 터지지 않을 것이라는 사실을 분명히 알고 있었다는 겁니다.

테러범들은 의식을 잃은 상태에서 총을 맞았습니다. 왜냐하면 그들은 개별 심문 과정에서 털어놓을 수 있는 대단히 흥미로운 정보를 갖고 있었을 테니까요. 러시아 국민 전체가 어째서 의식이 없는 사람에게 총을 쐈는가 하고 묻고 있습니다. 신원 확인을 하고 다가가, 머리에 정조준을 하고 총을 쏜 이유 말입니다.

당국은 대중의 시선으로부터 [FSB 요원인] 테르키바예프를 숨기는 데에 실패했지요. 그게 바로 그가 죽은 이유입니다. 사람들은 테르키바예프가 대통령 행정실로부터 승인을 받고 임무를 수행했다는 것을 알고 있습니다. 국민들이 얼마나 화가 났을지 상상이 됩니다. 테르키바예프는 스스로 자기가 [테러범의 수장인] 바라예프의 공격 목표를 두마에서 두브롭카로 트는 데 성공했다는 사실을 떠벌리고 다녔죠.

공격 작전이 이루어지는 동안 고통을 당했던 사람들에게 지원이 없었다는 것은 야만적일 뿐더러, 최종적으로 책임을 져야 할 사람들의 양심과 전적으로 관련된 문제입니다. 적절한 의료 지원이 없었던 것에 대한 공분을 모스크바 시장에게 돌리려는 시도가 있습니다만, 테러 진압에 책임져야 할 사람은 시장이 아니지요. 그건 FSB입니다.

애초에 바라예프 부대가 난입하도록 한 것에 대해 처벌받아 마땅한 보안국 관계자들의 가슴과 견장에 무수한 메달과 별을 폭포수처럼 달아 준 처사는 그것을 단 사람이나 그것을 달아 준 사람 모두에게 결코 영광이 아닙니다. 다시 한 번 말하지만, 우리는 독자적인 수사를 벌여야 합니다.

저는 문서고가 활짝 열리고 우리 앞에 진실이 발견될 때가 오리라는 것을 믿는 그런 사람이 아닙니다. 그날은 오지 않을 것입니다. 우리에겐 지금 수사가 필요합니다. 그런 잔혹 행위가 결코 되풀이되지 않도록, 우리 시민에 대한 이 끔찍한 학대가 다시 반복되지 않도록 말이지요."

한편, 탈당한 의원들에 힘입어 〈통합 러시아〉는 헌법 개정에 충분한 다수석을 두마에서 확보했다. 겐나디 라이코프Gennadii Raikov가 오늘 〈통합 러시아〉에 합류했고, 이로써 두마 내 푸틴 지지자의 수는 301명이 됐다.

대중의 무관심이 훨씬 더 역력해졌다. 어떤 좋은 일도 기대할 수 없다고 확신하고 있다. TV에서는 대통령 선거에 대해 이러쿵저러쿵 얘기가 많아도, 그 외에는 누구든 선거에 대해 입을 다물고 있다. 대통령 선거가 어떻게 끝날지 사람들은 이미 알고 있기 때문이다. 그러니 갑론을박도 없고 흥분도 없다.

모스크바에서 가장 유명한 러시아 인권 운동가들은 오늘 저녁 〔러시아정교회식〕 새해를 자기네들 방식으로 축하했다. 그들은 (블라디미르 리시코프의 제안처럼) 범민주주의 전선 또는 민주주의 클럽을 결성하려고 안드레이 사하로프 박물관과 사회 센터에 집결했다. 〈우파 연합〉과 〈야블로코〉 같은 종래의 민주주의 단체와는 별도로 국회 외부에 적을 두겠다는 취지였다. 가장 효율적인 제안은 예브게니 야신에게서 나왔다.

"만일 우리가 진짜 광범위한 연대를 바란다면, 매우 한정된 내용의 강령이 필요합니다. 최대한 많은 사람들을 가담시키기 위해서는 극소수의 요구 사항만을 정해야 합니다. 우리의 단 하나의 목표는 러시아 민주정치의 성과를 지키고 독재적인 경찰국가 체제에 맞서는 겁니다."

여러 시간 동안 계속된 열띤 토론이 끝나갈 무렵, 교도소에서 사하로프 센터로 소식 하나가 날아들었다. 카리나 모스칼렌코가 마트로스카야 티시나 교도소에서 자신의 의뢰인인 미하일 호도르콥스키와의 면담을 마치고 곧장 센터에 와 있었다. 호도르콥스키가 인권 운동가들 모두에게 보내는 새해 인사와 함께 새 소식이 전해졌다.

"오늘 그를 열광하게 하는 유일한 이상은 인권 수호입니다. 호도르콥스키는 출소하면 이 사회를 개선하는 일을 위해 헌신하겠다고 다짐했습니다."

한 명의 올리가르히에게 시민 의식을 일깨우는 데 성공한 것이다. 활동가들은 성탄절 파티에서 아이들처럼 손뼉을 치며 즐거워했다.

1월 14일

지금까지 그랬듯 여전히 크렘린의 손아귀에 붙들려 있는 모스크바의 바스만니 법원은 '선택적 정의'의 기술을 계속 연마하고 있다. 즉, 중요한 것은 법이 아니라 그것이 적용되는 인간 개인이라는 것이다. 만일 그 개인이 푸틴의 적이라면, 바스만니 법원 판사들은 지나칠 만큼 까다롭게 군다. 만일 그 개인이 푸틴의 총애를 받는 인물이라면, 법 조항을 세세히 따지고 들지도 않을 것이며, 공판에 출석하라는 요청조차 하지 않을 것이다.

오늘 스타니슬라프 보즈네센스키 판사는 제2차 체첸 전쟁에서 사망한 군인 알렉산데르 슬레사렌코의 어머니인, 랴잔 주에 사는 나데즈다 부시마노바의 소송을 검토했다. 당시 알렉산데르는 내무부 산하 아르마비르 특수작전부대에 소속돼 싸우고 있었다. 1999년 9월, 제2차 체첸 전쟁이 막 시작됐을 때 이 부대는 당시 북캅카스 군관구 사령관이었던 빅토르 카잔체프Viktor Kazantsev가 지휘하는 특수작전부대에 포함되어 있었다. 카잔체프는 실수를 했고, 하고많은 사람들 중에서 알렉산데르가 희생됐다. 사건의 전모는 다음과 같다.

모든 일은 9월 5일 시작되었다. 푸틴이 '반테러 작전'을 개시하는 법령을 발표한, 공식적으로 체첸 전쟁이 발발한 첫째 날이었다. 다게스탄의 마을에서는 교전이 벌어지고 있었다. 무려 1,700시간 동안 체첸 국경 지대에 있는 다게스탄의 노보락스코예 마을을 무장 세력이 점거했고, 리페츠크 경찰 특수작전부대는 현지 경찰서에 대피해 있었다. 구조가 필요했다. 9월 5일 밤, 제15특수작전부대에 소속된 120명의 요원들이 행동을 개시했다. 그 무리 가운데 알렉산데르 슬레사렌코가 끼어 있었다. 9월 6일 이 부대는 북오세티아에 있는 모즈도크 육군 기지에 있었고, 다시 9월 7일 이들은 다게스탄의 바타시유르트 마을로, 또 9월 8일에는 노보락스코예 마을로 배치됐다. 이 당시 아르마비르 부대원들은 카잔체프의 명령을 받고 있었다. 카잔체프는 다게스탄에서 노보락스코예와 하사뷰르트를 초토화하는 작전을 총괄해 왔고, 부대의 모든 사안을 관할했다.

9월 8일, 카잔체프는 내무부 소속 부대 지휘를 맡고 있는 그의 부관, 니콜라이 체르카셴코에게 자신의 전체적인 지휘 방침에 맞춰 인접 지역에 고지를 설치하는 계획을 세우라고 지시했다. 9월 9일 카잔체프는 그 계획을 승인했고, 같은 날 오후 9시 30분, 아르마비르 부대 지휘관인 유리 야신 소장은 노보락스코예 마을로 화력이 모두 집중되도록, 증원 병력이 오기 전까지 그 고지를 공격하고 점령, 사수하라는 명령을 받았다.

아르마비르 부대원들은 지시받은 대로 따랐고, 전속력으로 움직였다. 부대 내에서 자기네들끼리 흔히 하는 말로, 그들은 장님에다 벌거숭이였다. 즉, 충전할 짬이 없어서 방전되다시피 한 배터리가 든, 공개된 주파수의 무선 송수신기만이 있을 뿐, 든든한 연락 장비 하나 없었다. 아르마비르 부대원들은 자신들이 얼마나 오랫동안 버텨야 하는지 지시받지 못했기 때문에 얼마만큼의 탄약이 필요한지도 계산해 놓지 못한 상태였다. 그들은 소모품에 불과했다. 어쨌거나 그들은 카잔체프의 정규군에 포함되지 않았기 때문이다.

칶카스 전쟁은 매우 기이하다. 연방군끼리 똘똘 뭉쳤을 거라고 상상하기 쉽지만, 현실은 판연히 다르다. 국방부 소속 병사들은 FSB와 사이가 좋지 않았고, 내무부 소속 부대는 자신을 관할하는 내무부와 육군 양쪽 모두와 불화했다. 장교들이 "우리 쪽 피해는 없다"고 말할 때 군대 내에서 통용되는 의미는 전사자가 내무부 소속 경찰이거나 부대원이라는 뜻이다. 북칶카스의 자원과 병력에 대한 합동사령부를 누가 이끌 것이냐를 놓고 여러 해 동안 갑론을박을 했던 것도 이런 이유에서다. 만일 육군 소속 인사가 지휘를 맡는다면, 육군이 아닌 요원들이 필요한 만큼의 탄약과 무선 송수신기를 확보할 수 있는 길은 요원하다.

이번 사태도 이렇게 해서 벌어진 것이다. 육군 소속인 카잔체프는 비육군 요원들을 지휘하고 있었다. 9월 10일 새벽 1시, 육군 소속이 아닌 제94특수작전부대가 인명 손실 없이 고지를 점령했다. 오전 6시, 체르카셴코 소장은 야신 소장에게서 비밀 보고를 받은 다음, 그 정보를 카잔체프에게 전했으며, 카잔체프 자신은 고지 탈환에 대해 안심하면서 즉시 진지를 떠났고, 아침 8시 40분까지 돌아오지 않았다. 그런데 오전 6시 20분, 야신은 별안간 교전이 임박했음을 알게 됐다. 아침 7시 30분, 체첸 전사들이 특수작전부대를 포위하기 시작했던 것이다. 야신은 무선으로 지원을 요청했지만 지휘소에서 카잔체프의 권한대행으로 남아 있었던 체르카셴코는 섣불리 도와줄 수 없었다. 체르카셴코는 그리고리 테렌티예프 소장이 지휘하는 또 다른 내무부 소속 군대가 야신의 부대와 접촉하기 위해 돌파를 시도했지만 강한 저항에 부딪혔다는 사실을 알고 있었다.

열네 명의 요원이 죽었고, 테렌티예프를 비롯하여 많은 이들이 부상을 당했다. 고지의 비탈 위에는 다섯 대의 장갑 수송차가 화염에 불타고 있었다.

테렌티예프 부대 말고 다른 어떤 부대도 야신을 도우러 달려가지 않았다. 왜냐하면 그들은 육군 소속이었고, 또 카잔체프는 잠에 빠져 있었기 때문이다. 아침 8시 30분, 야신은 체르카센코에게 부대원들에겐 한 벌의 탄약통밖에 남아 있지 않고 퇴각하는 일만 남았다고 소리쳤다. 체르카센코 역시 철수에 동의했다. 아침 8시 40분, 카잔체프는 잠자리에서 일어나 지휘소로 뛰어들어 왔다. 그는 어째서 야신이 철군하는 건지 이해하지 못했고, 그래서 그는 무슨 일이 있더라도 현장을 사수하라고 지시했다.

야신과의 모든 연락이 두절된 것은 바로 이때였다. 무선 송수신기 배터리가 모두 소진됐던 것이다. 야신 소장은 '귀머거리'가 됐고, 완전한 고립무원 상태에 빠졌다. 야신은 부대를 여러 그룹으로 나눈 다음 그 중 한 무리를 자신이 직접 맡고 또 한 무리는 가두시킨 중령에게 맡겼다. 약 오전 11시, 그들은 전력을 정비한 다음 비탈 아래로 내려오기 시작했다. 부대가 살아남길 바란다면 이 방법밖에 없었다. 지휘소로 다시 돌아온 카잔체프는 바깥의 동태를 유심히 살핀 다음 그 비탈에 폭격 명령을 내렸다. 무엇 때문이었을까? 그는 이미 무장 세력이 언덕에 있는 때를 노려 그들을 제거할 폭격 계획을 세워 놓았고, '상부'에 최종 시한을 보고까지 해 놓은 상태였다.

오후 3시, 저공비행을 하는 SU-25 폭격기가 야신 부대원들의 머리 위 상공에 나타났고, 포위에서 막 빠져나오고 있던 내무부 소속 부대원들을 향해 조준 사격을 가했다. 카잔체프의 특별 명령에 따라 사격을 맡은 이는 제4공군기지 및 방공부대 사령관인 발레리 고르벤코 중장이었다. 폭격이 가해지는 동안, 이 두 영웅, 카잔체프와 고르벤코는 현장 관찰대 앞에 서서, 야신의 부대원들이 폭격하지 말라고 신호용 조명탄을 쏘는 광경을 두 눈으로 똑똑히 지켜보았다.

9월 10일, 어째서 아르마비르 특수작전부대는 이런 식으로 호된 처벌을 당한 걸까? 처음부터 이미 그것은 계획돼 있었기 때문이다. 그들은 카잔체프와 바보 같은 계획을 관철시키기 위해 희생됐던 것이다. 그들은 적군의 포위망에서 탈출한 잠재적 증인이 아니라 영웅으로 죽도록 미리 결정돼 있었던 것이다. 하지만 그들은 그런 낌새를 알아채지 못했다. 우리 군부 지휘관들은 체첸과 그 밖의 지역에서 이런 수법을 수차례 사용해 왔다. '노르트-오스트' 사건은 바로 이런 군부의 행태를 더 없이 분명하게 보여 준 사례였다. 푸틴에 의해 반복적으로 용인되어 온 방법이기도 하다. 만약 그럼에도 목숨을 부지한다면, 중상모략과 처벌을 무릅써야 한다.

러시아의 괴물 같은 사법제도 아래서 북캅카스 군관구 소속 군검찰부는 승진이나 주택, 특혜를 배당받는 문제 때문에 이번의 카잔체프처럼 자신이 근무하는 관할 지역 상관의 눈치를 보지 않을 수 없다. 군검찰부는 아르마비르 부대원들의 죽음에 대해 그 유가족들이 제기한 형사소송을 검토했다. 법원은 모든 혐의에 대해 카잔체프의 무죄를 선고했다. 뿐만 아니라, 그를 겁쟁이들에게 에워싸인 영웅으로 미화하기까지 했다. 법원 기록문 가운데 일부를 인용해 본다.

실제로 내무부 소속 부대원들은 우왕좌왕하며 후퇴하고 있었다. 극히 위태로운 상황이었다. 카잔체프는 직접 무리의 선봉에 서기로 결정했다. 무질서하게 달아나고 있던 내무부 소속 분견대 앞에 친히 나서서 그들을 진정시킨 뒤, 내무부 소속 나머지 부대원들을 배치해 적군 전사들을 물리칠 계획으로 그들 각각에게 새 임무를 지시했다.

카잔체프는 군의 영웅이고, 내무부 소속 부대원들은 겁쟁이다. 법원의 판결은 바로 이것이다.

물론 군인들이 도망쳤다는 것은 사실이다. 하지만 그들은 죽음의 덫에 사로

잡혀 있었다. 그들은 있는 힘껏 폭격을 피해 목숨을 건지려고 발버둥 쳤다. 얼간이들의 명령을 받아 그들에게 쏟아지는 그런 폭격을 피하려고 말이다. 그들은 부상당한 동료를 부축했고, 죽은 전우의 시신을 되찾기 위해 지원 병력을 요청했다. 카잔체프는 이 모든 것을 똑똑히 보고 있었다.

오후 3시, SU-25기 두 대가 단 한 번 위험한 폭격을 감행한 결과, 사망자 여덟 명에 부상자 스물세 명이 발생했다. 체첸 반군과의 직접적인 교전에서 사망한 러시아 군인은 단 한 명뿐이다.

9월 9일과 10일 사이 카잔체프의 작전 수행 중 내무부 소속 군인들이 입은 인명 손실의 합계는 조사 결과, "80명 이상"이나 됐다. 더 이상의 정보는 입수할 수 없었다. 야신 소장이 이끄는 분견대의 군인들은 그 후 며칠이 지나서야 본진으로 돌아올 수 있었다. 알렉산데르 슬레사렌코의 시신은 2주 후 밀봉된 관에 담긴 채 랴잔에 있는 집으로 돌아왔다. 전사자들의 무덤은 러시아의 묘지에 안장됐고, 정부는 그 아래 묻힌 사람들에게 모욕을 주려는 듯 그들의 봉분 앞에 개중에서 제일 값싼 기념비를 세워 두었다.

알렉산데르의 모친은 슬픔을 억누르면서 국방부 관할 법원인 바스만니 법원에 소를 제기했다. 보즈네센스키 판사는 재무부가 그녀에게 25만 루블을 보상금으로 지급하라고 명령했다. 그 돈이 당시 대통령의 총애를 받아 북캅카스 지역에서 푸틴의 대리인 역할을 하던 카잔체프의 호주머니에서 나오지 않았음은 두말할 필요도 없다. 카잔체프는 소위 테러 진압 작전에 기여한 공로로, 또 대통령이 바라는 상태로 체첸을 이끈 공로로 훈장과 메달과 칭호 세례를 받았다.

보즈네센스키 판사는 유능하고 세련된 젊은 인사다. 재판 과정에 행정부가 개입하는 것에 대해 수수방관하지 않는다. 그는 말하는 사람의 핵심을 정확히 짚어 낸다. 나는 보즈네센스키 판사를 잘 안다. 학업성적이 우수했고, 라틴어 표현을 섞어서 대화하며, 러시아 판사들에게 찾아보기 힘든 어떤 박식함을 갖춘 사람이었다. 그렇지만 보즈네센스키 또한 슬레사렌코 병사의 사인을 깊이 조사하지 않았다. 또한 "러시아의 영웅" 칭호를 받은 빅토르 카잔체프 장군을 법정에 세우지도 않았다.

그렇게 다시 한 번, 러시아의 납세자들은 제2차 체첸 전쟁과 장군들의 저능아 같은 짓거리로 생긴 손실에 더불어 북캅카스에서 연속적으로 자행된 무모한 군사행동에 대한 비용을 불평 없이 떠안는다.

이런 일이 얼마나 더 계속될 것인가? 2차 체첸전의 참극은 현 대통령의 전우들처럼 거기에 관련된 이들 모두의 눈부신 이력을 위한 발판으로 이용돼 왔다. 더 많은 피가 흐를수록, 그들의 지위는 더 높아질 것이다. 그렇다면 누가 책임을 질 것인가? 카잔체프가 얼마나 많은 인명을 사지로 몰아넣을 것인가는 중요한 문제가 아니다. 만취한 카잔체프가 얼마나 자주 기자들이나 다른 사람들의 품안으로 곯아떨어질 것인가도 중요하지 않다. 그것은 새발의 피다. 오늘날 러시아에서 유일하게 중요한 문제는 푸틴에 대한 충성이다. 인생 전체의 성공과 실패를 떠나 개인적 헌신은 미리서부터 면죄부와 사면을 얻어 낸다. 능력이나 전문성에 대해서 크렘린은 신경 쓰지 않는다. 푸틴 치하에서 진화해 온 정치 체제는 일반 조직이나 군 조직을 막론하고 모든 관리들을 완전히 타락시켰다.

알렉산데르의 어머니는 내게 말한다.

"한 장군의 야심 때문에 내 아들 사샤가 희생됐다는 사실을 나는 결코 받아들이지 못할 거예요. 결코."

1월 15일

모스크바에서는 새로운 역사 교과서 한 권을 놓고 온통 야단법석이다. 〈통합 러시아〉 당원들이 푸틴에게 1939년의 러시아-핀란드 전쟁과 스탈린의 농업 집단화 같은 "사건들에 대한 긍지"가 교과서에 반영되도록 하라고 촉구하고 있기 때문이다. 〈통합 러시아〉 당원들은 우리의 자녀들이 2차 세계대전에 대한 소련의 대처와 스탈린이 맡았던 일정 부분 긍정적인 역할을 다시 한 번 배워야 한다고 강조한다. 푸틴은 이런 견해에 동조한다. '호모 소비에티쿠스'가 우리의 목을 짓누르며 감시하고 있다. 또 다른 교과서는 학술원 회원인 야노프의 논평, 즉 러시아가 핵무기를 보유한 국가사회주의 체제로 후퇴할 위험성을 안고 있다는 취지의 발언을 실었다는 이유로 한동안 출간이 금지됐다.

'노르트-오스트' 사건 희생자 유가족은 모스크바 소재 검찰청사에서 중범죄 수사관인 블라디미르 칼추크Vladimir Kalchuk와 회동했다. 칼추크는 극장 인질극 사건에 대한 조사를 진행해 왔다. 유가족 측은 칼추크가 자신들을 기만하거나 모욕을 줄 가능성을 최소화하기 위해 나에게 동행해 줄 것을 요청해 왔다. 제삼자가 없는 자리마다 칼추크는 죽은 이들의 유가족을 심심찮게 모욕하곤 했는데, 지금까지 그가 이 일로 문책을 당한 적은 한 번도 없다. 칼추크는 푸틴에게서 수사 결과를 조작하고 사용된 가스에 대한 정보를 확실히 은폐하도록 개인적인 지시를 받는다.

"신분증을 테이블 위에 올려놔요!"

칼추크가 회의의 시작을 알리면서 윽박지른다.

"〈노르트-오스트 협회〉라고요? 대체 그게 뭐요? 이 단체를 인가해 준 사람이 누구요?"

"문명인처럼 대화할 수는 없을까요?"

타탸나 카르포바가 요청한다. 그녀는 죽은 인질 중 한 명인 알렉산데르 카르포프의 어머니이며, 〈노르트-오스트 협회〉의 회장을 맡고 있다.

"죽은 테러범들의 수는 얼마인가요? 어떻게든 탈출에 성공한 테러범들의 숫자는 또 얼마나 되나요?"

"우리가 확보한 자료를 보면, 그 건물 안에 있었던 테러범들은 모두 사살됐어요. 하지만 백퍼센트 확답할 수는 없습니다."

"어째서 테러범들이 전부 죽은 겁니까?"

"글쎄요. 그들이 그 현장에 있었으니까요. 그게 전부입니다. 이런 사안은 보안기관에서 결정합니다. 보안기관 사람들은 건물 안으로 진입할 때 목숨을 걸고 들어가요. 그런 그들에게 누구를 죽이고 누구를 죽이지 말라고 지시하는 것이 내가 할 일은 아닙니다. 나는 자연인으로서 내 고유의 견해를 갖고 있고, 또 변호사로서도 마찬가지입니다."

"공개된 총격 장면이 담긴 비디오에서처럼 인질 중 누구라도 이런 식으로 살해될 수 있었을 거라고 생각해 본 적은 없나요?"

(타탸나는 2002년 10월 26일 오전, 극장 건물 입구에 대한 공격 직후에 찍은 영상에 대해 말하고 있다. 여기에는 위장 군복을 입은 정체불명의 한 여성이, 손이 등 뒤로 묶여 있는 한 신원 미상의 남자를 향해 총을 겨누고 있고 심지어 쏘는 듯한 장면이 나온다.)

"그 동영상에서는 누구도 누구를 '죽이지' 않아요. 기자들은 그걸 두고 살해 장면으로 둔갑시키려 하지요. 우리도 동영상을 분석해 놓았습니다. 거기 찍힌 건 이쪽 구석에서 저쪽 구석으로 시체를 끌고 다니는 장면과, 그 시체를 어디에 놓아야 하는가 하고 그 여자가 가리키는 장면뿐입니다. 우린 그게 누구의 시체인지도 알고 있어요."

"그게 누굽니까?"

"내가 말한다 해도, 당신은 그것 역시 거짓말이라고 할 테지요."

"블라흐의 시신인가요?"

(겐나디 블라흐는 자기 아들을 구하겠다며 점거된 건물 안으로 자발적으로 들어갔던 모스크바 시민이다.)

"맞아요. 부검 결과가 입증할 겁니다."

칼추크는 블라흐의 아들과 그의 전부인이 이 비디오테이프를 유심히 살펴봤고, 질질 끌려다니는 시체가 겐나디가 아니라고 완강히 부인한 사실을 너무나 잘 알고 있다. 체구나 머리칼, 옷 등 그 무엇도 블라흐와 일치하지 않는다는 것이었다. 타탸나는 계속 말을 이었다.

"습격 후 극장의 홀에서 약탈 행위가 벌어졌다는 것을 인정하시나요?"

"그래요. 구조 대원들, 보안 요원들이 거기에 있었고, 만일 그들이 굴러다니는 지갑 하나를 보았다면, 자기 주머니에 쿡 찔러 넣었을 수도 있겠지요. 그들도 결국 사람이니까요. 우리가 살고 있는 나라가 바로 그런 나라올시다. 그들의 봉급은 형편없이 낮으니까요."

"약탈 건에 대해 조사하고 있나요?"

"아아, 여보세요……. 물론, 하고 있지 않아요."

"우리는 우리 가족이 어떻게 죽어 갔는지 진실을 알기를 간절히 원합니다. 사고 여파를 수습하기 위해 의료 지원을 하기로 한 것이 지켜지지 않은 데 대해 관리를 문책할 계획을 갖고 있나요?"

"서방국가에서처럼 당신들이 모두 백만 달러를 받는다면, 당신들은 당장 입을 다물 것이오. 조금 질질 짜다가 그 다음에는 꼭 다물고 말테니까."

오페라 공연에 참여했다가 죽은 열세 살짜리 아역 배우의 아버지인 블라디미르 쿠르바토프는 이렇게 말한다.

"나는 침묵하지 않겠소. 내 딸이 언제, 어디서 죽었는지 나는 진실을 캐낼 거요. 지금으로서는 아무도 모르니까."

이 모임에 참석한 변호사 류드밀라 트루노바는 이렇게 말했다.

"사망한 인질들 가운데 한 명인 그리고리 부르반의 시신이 어떻게 레닌 대로에서 발견된 겁니까?"

"누구라고요? 잘 모르겠는데요."

타탸나 카르포바가 말했다.

"어째서 테러범의 일원인 것처럼 겐나디 블라흐의 시신을 화장한 겁니까?"

"당신네들이 알 바 아니요. 당신네 바깥양반한테나 물어보지 그러쇼?"

"테르키바예프에 대해 질문이 있어요."

"테르키바예프는 거기 없었소. 폴릿콥스카야는 협조하지 않았소.(나는 신문지 상에 그 포위 공격 작전에서 FSB 관리 테르키바예프가 한 역할에 대해 쓴 적이 있다.) 그 여자는 테르키바예프에 대한 정보를 우리에게 주길 거부했지. 자기는 아무것도 모른다는 말만 했지."

"이 사건과 관련해서 누가 기소된 적이 있나요?"

"아니, 없소."

칼추크는 푸틴의 시대를 사는 사법부 및 보안기관 관리들의 전형을 보여 준다. 정부는 국민을 고압적으로 대하라고 적극적으로 관리들을 부추긴다.

한편 마가단에서는 대규모의 신병들이 자대로 배치되는 중에 병에 걸리는 사고가 일어났다. 푸틴은 이것을 "국민을 대하는 범죄적 방식"이라고 부르면서 즉각적으로 반응했다. 신병들은 항공기 이착륙장에 가벼운 옷가지 하나만 걸친 채 몇 시간 동안 일렬로 세워져 있었던 것이다. 그 중 80명 이상이 결국은 폐렴 증세로 입원했다. 신병 중 한 명인 모스크바 주 출신 볼로댜 베료진은 12월 3일 저체온증으로 숨을 거두었다. 베료진은 대통령 경호부대에 배속될 예정인 튼튼하고 건강한 청년이었다. 모두가 그렇듯이 볼로댜의 아버지 역시 대통령에게 어떻게 이런 일이 일어날 수 있는지 해명을 요구하고 있다.

오늘이 벌써 1월 15일이다. 볼로댜 베료진이 안장된 지 벌써 아흐레가 지났다. 하지만 러시아는 푸틴이 분노를 표한 뒤에서야 분노하기 시작했다. 사병들은 장교의 부츠 아래 붙은 먼지에 불과하다. 그게 바로 이곳 실정이다. 어떤 전형의 체현물로서의 푸틴 또한 그 점을 인정하고 있다. 그의 분노는 선거를 의식해 보여 주는 곡예다. 그 이상은 아무것도 아니다.

1월 16일

1월 10일, 집으로 가는 길에 납치된 아슬란 다블레투카예프의 시신에서 고문 흔적이 발견됐다. 아슬란은 뒤통수에 총을 맞았다. 시신은 구데르메스 시 외곽에서 발견됐다. 아슬란은 유명한 체첸 인권 운동가였다. (국제단체들의 중재가 있었지만, 이 살인 사건에 대한 수사는 아무 성과가 없었다.)

우리의 차르에게 영광을! 동상에 걸린 군인들에 대한 조사가 진행 중이다. 그들이 당한 비인간적인 처우는 모스크바 주 치칼로프 군 비행장에서 시작됐다. 날씨는 따뜻한 것과는 거리가 멀었고, 신병들은 난방이 안 되는 무기 창고에 24시간 동안 차곡차곡 쟁여진 채 갇혀 있었다. 심지어 무기 상자 위나 차가운 바닥에서 잠이 든 이들도 있었다. 그때든지, 이후의 여행에서든지, 군인들은 먹을 것을 전혀 지급받지 못했다. 그들은 통나무 취급을 받으며 섭씨 영하 30도의 날씨에 화물 수송기로 이송됐고, 뼛속까지 꽁꽁 얼었다. 노보시비르스크에 도착한 다음에는 비행기 이착륙장으로 나가 거기서 두 시간 동안 영하 19도의 살을 에는 듯한 바람을 맞으며 서 있어야 했다. 콤소몰스크-나-아무르 이착륙장에서는 영하 25도의 날씨에 가벼운 옷가지만을 걸친 채 네 시간을 버텼다. 페트로파블롭스크-캄차츠키에서는 일부 신병들의 증상이 심각하다는 것이 드러났지만, 호송을 맡은 장교들은 애써 이 사실을 외면했다. 신병들이 비행 후 수용됐던 바라크의 실내 온도는 영상 12도였다. 이제 백 명에 달하는 신병들이 앓아누웠다. 병자들을 치료할 수 있는 시설조차 없었다. 군의관이 갖고 있었던 것은 1990년

대 중반에 유효기간이 끝나 버린 항생제뿐이었고, 1회용 피하주사 바늘은 단한 개도 없었다. 의사가 줄 수 있었던 것은 감기약뿐이었다.

군검찰부 수장은 군인들이 동상에 걸린 사건과 관련해서 국방부 산하 중앙병참국 국장인 바실리 스미르노프 연대장을 조만간 취조할 것이라고 밝혔다. 상부의 허가를 받은 경우에나 가능한 전례 없는 재량권이었다. 스물두 명의 장군들이 이미 취조를 받았다. 더욱이 신병들에게 가해진 조치를 가지고 장군들이 취조를 당한 것은 역사상 처음 있는 일이다. 러시아의 대통령이 으뜸가는 인권운동가로 행동하는 것을 보는 일은 유쾌하다. 하지만 그가 대선 후에도 변함없이 같은 가면을 쓰고 있을 것인가?

우리의 민주정치는 계속 기울어가고 있다. 러시아에서는 아무것도 국민에 의존하지 않는다. 모든 것이 푸틴의 손에 달려 있다. 권력의 중심화, 관료 집단의 주도력 상실은 점점 더 커져 가고 있다. 푸틴은 러시아의 케케묵은 상투적 틀을 되살려 내고 있다. "우리 주인 '바린'[36]이 돌아올 때까지 기다리자. 모든 일을 어떻게 처리해야 할지는 그가 다 설명해 줄 테니까." 이것이야말로 러시아인들이 좋아하는 방식이라고 할 수 있다. 다시 말하면, 조만간 푸틴은 인권 운동가의 가면을 벗어던질 것이다. 그 가면이 더 이상 필요치 않을 테니 말이다.

민주주의자들은 모두 어디로 가 버린 걸까? 과거 민주계 인사였다가 지금은 〈통합 러시아〉의 일원이 된 알렉산데르 주코프Alexander Zhukov는 이렇게 본다.

"의회 내에 지배당이 있을 때가 좋습니다. 유권자는 모든 일을 도맡아서 하는 자가 누구인지 뚜렷이 분별할 수 있을 겁니다. 지난 세 차례의 두마는 상황이 달랐죠. 세 부담 경감, 자유 사업 진흥, 정부 역할의 축소, 독점 구조의 개혁,

---

36) '지주', '주인', '나라' 등을 뜻하는 러시아어. 옮긴이

러시아의 세계 경제 진출, 현재 만족스럽게 기능하고 있지 않은 사회복지 체체의 개혁 등에 기반하여 〈통합 러시아〉는 시장경제를 한층 더 촉진시킬 겁니다. 이번 두마에 대해서는 걱정할 거리가 하나도 없습니다. 앞선 사례들에서보다 민주적 절차가 더욱 잘 지켜지고 있으니 말이죠."

(얼마 안 있어 주코프는 부총리로 임명됐다.)

1월 17일

정치적 분열과 변절은 계속 이어지고 있다. 겐나디 셀레즈뇨프가 이끄는 〈부활 러시아당Russian Revival Party〉은 또 다른 군소 정당이다. 이번 선거에서는 지난 번 두마 선거 당시 동맹을 맺었던 〈러시아 생활당〉의 당수이자 연방회의 상원 의장인 세르게이 미로노프를 버리고 푸틴을 지지하기로 결정했다. 선거에서 당의 실적을 분석한 뒤에 결정이 취해졌다. 이 두 지도자들이 이끄는 당은 합쳐서 1.88퍼센트만을 득표했을 뿐이다. TV에서는 푸틴의 말을 반복해서 내보낸다. "따지기 좋아하는 두마가 우리한테는 필요하지 않습니다." 〈통합 러시아〉 당원들은 자신들의 국회 장악이 유권자들에게 "좀 더 정직한" 처사라고 장담한다. 엄격한 군사적 규율이 〈통합 러시아〉 내부를 지배하고 있다는 것이 점점 더 분명해지고 있다. 의원들 중 누구도 기자들의 인터뷰 요청을 수락하거나 양심에 따라 투표할 수 없다. 당은 이제 310개의 의석을 확보했다. 의원들의 단합은 여전하고, 충성을 맹세하고 있다.

대통령 선거운동은 정말이지 매우 괴상하다. 영리한 정치 홍보 전문가가 사실상 필요 없다. 모든 이들이, 심지어 반대하는 사람들까지도 푸틴을 좋아한다. 천치 같은 경호원 말리시킨도 그것만큼은 인정한다. 로스토프 주에서 수도 시설조차 없는 집에 살고 있는 말리시킨의 모친이 텔레비전에 나왔다. 그녀는 푸틴을 몹시 좋아하기 때문에 푸틴을 찍겠다고 말한다. 미로노프는 경탄하면서 이렇게 묻기까지 했다. "어째서 우리가 출사표를 던져야 한단 말인가? 어떻게 우리가 '그'와 어깨를 맞대고 나란히 설 수 있단 말인가!"

또 다른 허수아비 후보인 세르게이 글라지예프는 국민들을 향해 선언한다. "나는 푸틴이 좋다. 나와 그는 닮은 점이 많다. 다만 그가 자신의 결정을 실천에 옮기는 방식이 맘에 들지 않을 뿐이다."

공동 후보를 선출해 내지 못하는 민주주의, 자유주의 인사들의 실패는 점점 더 정치적 자살 행위로 변해 가고 있다.

그로즈니에서는 대낮에 러시아 부대원들이 페트로파블롭스카야 마을로 뻗은 도로에서 마흔일곱 살의 택시 운전사 할리드 에델하예프를 납치했다. 그의 행방은 묘연한 상태다.

1월 18일

중앙선거관리위원회는 무소속 후보들에 대한 지지자 서명을 접수하기 시작했다. 하지만 실제로 푸틴에 맞설 누가 남았을까? 이리나 하카마다뿐이다.

〈공산당〉 내부에서는 쥬가노프와 세미긴 등 지도부 사이에 내분이 일고 있다. 푸틴에 맞서 열성적으로 정치 싸움을 벌일 시간도 없다. 〈로디나당〉의 로고진이 푸틴에 대한 지지 의사를 밝혔다. 글라지예프는 여전히 망설이고 있다.

지지자 서명 제출 마감일은 1월 28일이다. 선거 전까지는 55일 남았다.

1월 19일

공정 선거를 위한 홍보 조직인 〈2008 위원회〉[37]는 2008년에야 공정 선거를 기대할 수 있다고 하면서, 오늘날 러시아에서 사는 것은 "불쾌하다"고 말하는 성명서를 발표했다. 우리는 알면서도 모르는 척하고 있다! 이 위원회 의장은 가리 카스파로프[38]다. 총명하고 독립적인 인물로 시작이 좋다.

1월 20일

지난 밤, 체첸 마을 코타르-유르트에서 복면을 쓰고 총을 든 괴한이 번호판 없는 흰색 지굴리를 타고 나타나(이건 카디로프[39] 군사임을 상징한다) 자택에 있던 밀라나 코드조예바를 납치했다. 밀라나는 체첸 반군의 미망인이다. 슬하에 두 아이가 있다. 그녀의 행방은 알 길이 없다.

---

37) Committee 2008, 러시아 민주주의 야권 진영이 푸틴 대통령의 권위주의에 맞서기 위해 2004년 1월에 결성한 상부 단체다. 가리 카스파로프가 초대 회장을 맡았던 이 위원회의 목표는 2008년 대선에서 투표의 자유와 공정성을 확보하고 크렘린의 입김이 개입하는 것을 방지하는 것이었다. 옮긴이

38) Garry Kasparov. 1985년 역대 최연소의 나이(당시 22세)로 세계 체스 챔피언에 올랐던 천재. 2005년 체스를 그만두고 러시아 정계에 입문했다.

39) 람잔 카디로프Ramzan Kadyrov. 제1차 체첸 전쟁(1994~1996)에서 러시아에 대항해 싸웠다가 제2차 체첸 전쟁(1999~2009) 기간 동안에는 러시아를 지지하는 쪽으로 급선회한 인물. 부친 아흐메트 카디로프가 암살된 후 총리로 임명됐으며, 무장 군사 집단을 이끌고 있다. (2007년부터 알루 알하노프를 대신해 대통령직을 수행하고 있다. 옮긴이)

1월 21일

이리나 하카마다는 기금 마련을 위해 러시아 재계 인사들을 향해 공개적으로 호소했다. 호도르콥스키의 친구인 레오니트 네브즐린Leonid Nevzlin은 하카마다를 지지하자고 제안했지만, 추바이스는 거절했다.

레닌그라드 봉쇄의 참극을 이겨낸 생존자들은 봉쇄 해제 60주년 기념일을 경축하는 메달과 금일봉을 받았다. 금일봉의 액수는 450루블에서 900루블 사이(약 1만 4천 원~2만 9천 원)다. 생존자들은 가난하기에, 상트페테르부르크에서 그 돈을 받으려고 며칠 동안이나 줄을 서서 기다렸다. 도합 30만 명의 주민들이 이 부스러기나마 받을 자격이 되지만, 그 중에서 실제로 수령한 사람은 1만 5천 명 뿐이었다. 생존자들은 "봉쇄된 레닌그라드의 주민", "레닌그라드 방어를 위하여"라고 쓰인 이 새 메달을 진저리 치도록 싫어한다. 메달에는 표트르와 바울 요새가 기상천외한 각도로 그려져 있고, 있지도 않았던 전차 장벽이 제방 위에 그려져 있다. 온통 소비에트 스타일이다. 좋아하지 않을 거면 그냥 받아들여라.

1월 24일

위장 군복을 입고 우아즈 지프를 모는 정체불명의 괴한들이 이포드롬 버스 정류장에서 스물세 살의 투르팔 발테비예프를 납치했다. 그의 행방은 묘연한 상태다.

1월 27일

푸틴은 상트페테르부르크에 머무르고 있다. 레닌그라드 봉쇄 해제 60주년을 배경에 깔고 선거운동이 계속 진행되고 있다. 푸틴은 키롭스크의 전설적인 네바 교두보로 날아갔는데, 그곳은 그의 부친 블라디미르 스피리도노비치 푸틴이 참전 중 큰 부상을 당한 곳이었다. 그리고 이 네바 교두보에서부터 1943년 1월 18일, 레닌그라드 봉쇄가 풀렸다. 봉쇄 당시 푸틴의 손위 형은 아사했고, 어머니는 간신히 살아남았다. 20만 명에서 40만 명의 군인들이 이 교두보를 확보하다가 목숨을 잃었다. 희생자들의 대다수가 자원 입대자로 정규 군인으로 등록되기 전에 사망했기 때문에 정확한 사망자 수와 명단은 아직까지도 밝혀지지 않고 있다. 교두보의 길이는 1.5킬로미터이고, 그 폭은 수백 미터에 달한다. 오늘까지도 그곳에서는 나무 한 그루 자라지 않는다. 푸틴은 진홍색 장미 다발을 위령탑에 헌화했다.

푸틴의 방문을 축하하기 위해 국무회의 상임간부회가 열렸다. 푸틴이 러시아 지방 주지사들을 위로하기 위해 만들어 놓은 순수 자문 성격의, 그러나 대단히 의례적인 회의 기구다.

오늘 회의는 러시아 내에 3천만 명이 넘는 연금 생활자 문제에 할애돼 있다. 20명가량의 사람들이 낡은 정장과 추레한 카디건을 걸친 채 푸틴과의 회담장으로 몰려갔다. 레닌그라드 주에서 온 그들은 지독하리만큼 열악한 생활수준에 대해 푸념했다. 푸틴은 누구의 말도 끊지 않고 이야기를 전부 귀담아 들은 다음 입을 열었다.

"중요한 것은, 어떻게 하면 정부가 노년을 위한 품위 있는 삶을 제공할 수 있는가 하는 것입니다. 이것이 정부가 안고 있는 가장 중요한 과제지요."

"중요한 과제"라는 말은 심심찮게 들린다. 그러나 듣는 사람의 입장에서 중요한 핵심은 농민의 복지 또는 공공 의료 서비스다. 그의 말은 우리에게 친숙한 KGB 요원의 말투와 비슷하지만, 사람들은 모른 체하고 넘어간다. 이번에 푸틴은 2004년에는 연금액을 두 배 증액할 것이라고 약속했다. 매달 추가로 받게 될 평균 액수는 240루블(약 7,700원)이며, 이 돈으로 양질의 고기 500그램을 살 수 있을 것이다.

하카마다가 성명을 발표했다.

지난 4년간 정부는 모든 정치적 야권 세력을 탄압하고 독립적인 언론 매체를 파괴해 왔다. 두마 내 여당은 무공약, 무발상으로 일관하고 있다.

지금부터 4년 뒤, 그러니까 2008년에 민주정치 지지 세력의 목소리가 들리지 않는다면, 러시아는 돌이킬 수 없이 권위주의로 퇴보할 것이다.

나는 푸틴에게 토론을 제의한다. 다름 아니라 그가 건설하고 싶다는 러시아가 정확히 어떤 모습인지 듣고 싶기 때문이다.

나는 내 출마를 지지하는 4백만 명의 서명을 모았다. 나는 러시아 시민들의 의지와 재능을 가둬 놓고 있는 마개를 열 병따개가 될 각오가 되어 있다.

훌륭하고, 호소력 있는 글이다. 하지만 그런 성토에도 푸틴은 눈썹 하나 까딱하지 않을 것이다. 아예 처음부터 그런 이야기가 없었던 것처럼. 푸틴이 무슨 대꾸라도 해 올 것이라고 생각하는 사람은 아무도 없다. 우리 사회는 병들어 있다. 대다수 국민은 온정주의의 질병을 앓고 있다. 그것이야말로 푸틴이 매사를 잘 넘기고 러시아에서 승승장구할 수 있는 이유다.

1월 28일

오전 6시. 중앙선거관리위원회는 대통령 후보들에 대한 지지자 서명 접수를 종료했다. 푸틴, 미로노프, 립킨은 접수를 마쳤고, 하카마다는 오후 3시가 되어서야 끝냈다. 기업가인 안조리 악센티예프는 출마 철회 서한을 제출했다.

이번 선거에는 선택지가 여러 개다. 서구화를 표방하는 하카마다, 공산주의를 지지하는 하리토노프, 정치적 과격주의자와 불한당들을 지지하는 말리시킨, 러시아의 새로운 초강국적 지위를 신봉하는 세력의 대변자 글라지예프.

1월 29일

블라디미르 포타닌은 끊임없이 스스로를 '선한' 올리가르히로 내세우려고 한다. 말하자면, 호도르콥스키와는 질적으로 다르다는 것이다. 포타닌은 올리가르히의 노동조합 개혁을 제안하고 있다.

"비즈니스는 건설적 힘입니다. 우리는 정부와 새롭고 유의미한 대화가 필요합니다. 비즈니스는 사회의 수요를 고려해야 하며, 우리가 누구인지를 설명해야 합니다."

뿐만 아니라 그는 올리가르히의 야망을 절제시켜야 하며, 큰 비즈니스에는 국가 주요 의결 기관의 의사를 타진할 필요가 없다고 말한다.

텔레비전은 이 모든 것을 이야기하도록 포타닌에게 황금 시간대를 허락했다. 모든 시청자들은 그가 푸틴의 축복을 자청했다는 뜻으로 해석하고 있다.

2월 2일

TV에서 푸틴은 곡물 수출을 금지하는 옛 소련 시대의 수법을 통해서 빵 가격을 인하하려 한다. 그렇다면 그 동안은 나라 전체가 굶주리면서까지 곡물을 수출했다는 말인가? 야권 인사들은 언론 매체에 접근할 기회가 없기 때문에 누구도 이런 질문을 던지지 못한다. 푸틴은 지난 달 러시아 내 많은 지역에서 빵 값이 두 배 이상 올랐다는 보고를 듣고는, 이렇게 마구 오르는 물가를 즉시 잡으라고 지시했다.

TV에서 그는 제2차 세계대전 중 유년기에 장애를 당한 국민들에 연금 지불을 검토해 보겠다고 약속한다. [보건사회복지부 장관인] 주라보프Mkhail Zurabov는 필요한 법안이 두마에서 아주 빠른 속도로 심의를 통과할 것으로 확신한다고 대통령에게 보고했다. 마치 두마가 다른 법안은 모두 제쳐 두기나 한듯 말이다. 중요한 것은 대통령이 선거 유세 때 필요한 것이 무엇이냐 하는 것이고, 돈을 조금씩 나눠 줌으로써 그 목표가 이뤄지는 듯 보인다.

동시에 주라보프는 성직자에 대한 연금 지급에 대해서도 푸틴에게 보고한다. 푸틴이 사제의 복지에 대해 큰 관심을 가진다니! 주라보프는 소련이 무너지기 전에 사제들은 연금 수령의 권리가 전혀 없었다고 대통령에게 주지시킨다.

선거전에서의 진지한 토론 대신, 우리는 또 하나의 정치 신파극을 목격한다. 〈로디나당〉이 주연을 맡았다. 로고진과 글라지예프 사이에서 쏟아져 나오는 불 같은 말싸움이 나라의 장래에 대한 논의를 대신한다. 로고진은 글라지예프를 비난하고, 글라지예프는 무수한 신소리로 응수한다. 푸틴이 두 번째 임기 중에 처리해야 할 국가적 대계에 대한 언급은 둘 중 누구의 입에서도 나오지 않는다. 푸틴과 격돌할 후보 중 그 누구도 전혀 아무런 의견을 가지고 있지 않다.

모스크바에서 옐레나 트레구보바Yelena Tregubova가 자신의 아파트 밖에 설치된 소형 폭탄으로 생명을 잃을 뻔했다. 단순한 훌리거니즘hooliganism으로 봐야할까? 최근 그녀는 푸틴에 반대하는 책 『크렘린의 두더지에 관한 이야기Tales of Kremlin Digger』를 출간했다. 트레구보바는 크렘린 출입 기자단에 속해 있었다. 크렘린을 출입하며 마침내 진실을 깨달은 옐레나는 크렘린의 내부 생태를 고발하는 책의 집필을 시작했다. 이 책은 푸틴을 대단히 비호의적으로 묘사하고 있다. 〔트레구보바는 조만간 러시아를 뜨기로 되어 있었다.〕

2월 3일

오후 다섯 시 무렵, 블라디캅카스에서 테러가 발생했다. 사관 후보생들을 태운 트럭 한 대가 지굴리 자동차를 지나가는 순간 차가 폭발한 것이다. 여성 한 명이 숨지고 열 명이 부상을 입었다. 사관 후보생 한 명은 중태다.

2월 4일

복면을 쓰고 위장복을 입은 신원 미상의 무장 괴한들이 그로즈니의 아비아치온나야 가의 한 인가에서 스물세 살의 사치타 카마예바를 납치했다. 그녀는 행방이 묘연한 상태다.

한편 모스크바에는 푸틴의 선거운동 본부가 설치됐다는 소식이 들려온다. 하지만 선거운동 본부란 푸틴 본인만큼이나 가상적인 존재다. 본부의 주소는 붉은광장 5번지로 돼 있지만, 아무도 들어갈 수 없다. 푸틴은 대통령행정실 소속으로 입법 및 행정 개혁 분야를 담당하고 있는 부실장 드미트리 코자크Dmitry

Kozak를 자신의 선거운동 캠프 지도자로 임명했다. 물론, 행정실 내부에서 코자크는 푸틴 다음으로 가장 총명한 인물로 알려져 있다. 그는 푸틴과 마찬가지로 레닌그라드 대학 법학부를 졸업했다. 이후 검찰청과 상트페테르부르크 시청에서 근무했으며, 1989년부터 1999년까지 상트페테르부르크 주지사 대리로 일했다. 말하자면, 코자크는 푸틴의 '페테르부르크 동아리'의 일원인 것이다.

〈군인 어머니회〉는 정당 설립을 추진하고 있다. 러시아에서 창당을 하는 이유는 크게 세 가지다. 첫째, 돈이 많이 남아돌아서. 둘째, 그것 말고는 더 이상 할 일이 없어서. 셋째, 자포자기의 상태에 내몰려서. 〈군인 어머니회〉는 온전히 12월 7일 총선의 산물이다. 〈군인 어머니회〉는 모든 민주 세력이 숙청된 러시아 정치판의 황무지에서 탄생했다. 조직위원장을 맡은 발렌티나 멜니코바Valentina Melnikova는 이렇게 말한다.

"창당을 할 만큼 우리는 충분히 성숙해 있습니다. 우리 조직 내부에서 오랫동안 창당 논의가 있었지요. 과거에는 징병제 폐지와 법안 발의 등 군을 개혁하고 군인들을 돕는 활동을 해 나가면서 〈우파 연합〉과 〈야블로코〉의 지지를 촉구했지요. 야블린스키와 넴초프는 아직도 현역으로 활동하고 있지만, 지금 모든 것이 엉망이 돼 버렸습니다. 우리는 정치적 히로시마 한가운데에 서 있지만, 여전히 손봐야 할 문제가 산적해 있어요. 우리에겐 의지할 만한 사람도, 기대를 걸 만한 사람도 전혀 없어요. 오늘날 활동하고 있는 정당 모두는 모양만 다를 뿐 크렘린 정부의 연장선일 뿐입니다. 매일 아침 두마 의원들이 레닌 묘소에서 지시를 받으려고 종종걸음으로 붉은광장으로 달려가고, 명령받은 것을 그대로 실행하기 위해 돌아오는 모습을 상상해 보세요. 바로 이런 이유 때문에 우리가 독자적으로 창당을 결심한 것입니다."

그러니까 〈군인 어머니당Party of Soldiers' Mothers〉은 지난 4년간의 우울한 세월의 결산으로 완전한 정치적 절망에서 태어난 체념의 당이다. 모든 일이 크렘린의 통제 아래 놓여 있는 시대에 〈군인 어머니당〉은 '행정 자원'의 지원 없이 독자적으로 나타난 민초의 직접적인 발의다. 때문에 신출귀몰한 정치 모사꾼인 블라디슬라프 수르코프도 여기에 발을 들여놓지 못했다.

창당 결정을 내리게 된 과정은 아주 단순했다. 미아스, 니즈니 노브로고드, 소치, 그리고 니즈니 타길에 사는 여성들이 두마 선거가 끝난 후 〈군인 어머니회〉의 모스크바 지국에 전화를 걸어왔다. 새 정당 창설의 과정에서 막후 추진력을 발휘했던 것은 바로 이들 도시에 흩어져 있는 위원회였다.

〈야블로코〉와 〈우파 연합〉의 잔당은 보기 딱할 만큼 초라하다. 하지만 그 대신에 거대한 반체제적 집단으로 발전할 가능성이 있는 매우 헌신적인 사람들로부터 대중 주도의 장이 열렸다. 푸틴은 모든 것의 싹을 자르고 싶어한다. 하지만 반대 세력을 쳐내는 과정에서 무언가 긍정적인 싹이 트고 있다. 새로운 주도력이 발휘되는 때가 다가오고 있다. 대대적인 정치판의 붕괴는 옛 소련 시절의 상투어를 답습하며 살기를 거부하고 싸우고자 하는 사람들에게 용기를 주고 있다. 아무도 자기를 위해 싸워 주려 하지 않을 때, 적진에서 살아남으려면, 굳게 마음먹고 자신을 지키기 위한 싸움을 시작하는 수밖에 없다. 〈군인 어머니회〉의 어법을 빌리면, 군인들을 집어삼키는 괴물 같은 군인 징집 기계에 대항하여 군인들의 생명을 구하기 위해 싸워야 하는 것이다.

〈군인 어머니회〉의 마지막 남은 지푸라기는 이다 쿠클리나Ida Kuklina와 푸틴이 관련된 사건이었다. 이다는 모스크바 지부에서 10년째 일해 오고 있고, 지금은 〈대통령 인권 위원회〉 회원을 겸하고 있다. 이다는 1급 장애 판정을 받은 징집병들의 연금을 인상하고자 애써 왔다.(현재 이들이 받는 한 달 연금 액수는 1,400루블이며, 이는 약 4만 5천 원이다.) 수족이 절단되거나 척추 외상으로 거동이 불가능하거나 휠체어를 상용해야 하는 경우만 1급 장애로 인정된다.

이다 쿠클리나는 대통령이 주재한 국무회의에서 개인적으로 대통령에게 청원서를 제출했다. 푸틴은 매우 구체적이지는 않더라도 대체로 호의적인 추천사를 써 준 다음("문제 제기가 올바름. 푸틴."), 그것을 정부와 연금과에 전달했다.

사회복지부 차관인 갈리나 카렐로바는 만약 이제 막 장애자가 된 신병들의 연금 수준을 2차 대전과 아프간 전쟁 및 다른 지역의 전투에서 장애를 입은 퇴역 상이군인 수준으로 올리려 한다면, 장애인들이 폭동을 벌일 것이라고 일침을 가했다. 카렐로바는 그런 조치가 비윤리적이라고 주장했다.

이다는 다시 푸틴에게 접근했고, 긍정적인 답변을 다시 받았으며, 관리들에게 다시 한 번 퇴짜를 맞았다. 이런 일이 세 번 연거푸 일어났다. 〈군인 어머니회〉 회원들이 유일한 해결책은 스스로 입법자가 되는 것이라고 결론을 내렸던 것은 바로 이 순간이다. 2007년 총선에서 의석을 차지하는 것이 〈군인 어머니당〉의 목표였다.

"새 당 지도자를 누가 맡을 건가요? 어떤 노련한 정치인을 초빙할 계획인가요?"

"우리 회원들 중 한 명이 맡을 겁니다."

발렌티나 멜니코바가 딱 잘라 말했다.

앞일에 대해 〈군인 어머니회〉 회원들과 이야기를 나누면서 최근 군대 내에서 벌어지고 있는 잔혹 행위를 전해 들을 수 있었다. 알렉산데르 소바카예프라는 이름의 사병이 내무부 소속 부대의 제르진스키 특수작전과에서 심한 고문을 당했다는 것이다. 가족들이 전화기를 통해 알렉산데르의 쾌활한 목소리를 마지막으로 들은 것은 1월 3일 늦은 밤이었다. 채 스무 살도 되지 않은 알렉산데르는 일병으로 2년 째 복무하면서, 공병대의 군견 조련을 맡고 있었다. 그는 가족들에게 모든 것이 다 순조롭다고 전했다. 가족들은 그를 부대로 떠나보냈던 날을 떠올리면서 곧 그의 제대를 축하할 것이라는 생각에 웃음 지었다. 알렉산데르의 시신이 들어 있던 함석판으로 된 관에 붙은 문서 기록에 의하면, 바로 그날 밤, 1월 4일 새벽에 알렉산데르는 자기 허리띠를 사용하여 스스로 목을 맸고, "의심스런 정황은 전혀 없었다." 1월 11일 그의 시신은 페름에서 290킬로미터 떨어진 벨보바자라는 작은 숲속 마을의 본가로 보내졌다. 알렉산데르의 관을 보낸 소속 부대 상관들은 부모에게 "그것은 자살이었다"고 설명했다. 검시관의 확인서는 없었다. 부모는 이 말을 믿지 않고 관을 열 것을 요구했다. 제일 먼저 두려움에 뒷걸음질 친 것은 같은 부대 동료였다. 알렉산데르의 몸은 온통 멍과 면도칼 자국으로 뒤덮여 있었을 뿐 아니라, 팔목의 살갗과 근육은 힘줄과 뼈가 드러날 정도로 깊이 베여 있었다. 인근 병원에서 불러 온 의사는 지역 경찰관과 촬영기사, 범죄수사과 소속 사진사와 인근 부대 소속 장교들이 자리한 가운데 이 창상이 생긴 것은 알렉산데르가 아직 살아있을 때였다고 기록했다.

부모는 수사를 요구하면서 매장을 거부했다. 어머니는 집에 남았지만, 아버지는 그 길로 모스크바 제르진스키 특수작전과와 모스크바 소재 유수 일간지를 찾아갔다. 이런 과정을 거쳐 그 잔학 행위가 세상에 알려지게 된 것이다.

푸틴은 이 사건에 아무 반응도 보이지 않았다. 사실, 군대에서 벌어지는 온갖 잔학 행위에 대해 매번 반응해야 했다면, 푸틴은 하루도 빠짐없이 그래야 했을 것이며, 유권자들은 어째서 이런 일이 그렇게 빈번하게 일어나며, 통수권자인 푸틴이 사전에 그런 일에 대해 아무 조치도 하지 않았던 것일까 하고 의심하기 시작할 것이었다.

그런 까닭에 알렉산데르의 살인범을 찾아내려는 시도는 전혀 없었다. 군검찰부는 권한을 총동원해 진실이 계속 은폐되도록 최선을 다했다. 알렉산데르는 볼로댜 베료진의 경우보다 상황이 더 나빴다. 추위와 굶주림으로 죽은 베료진을 두고 소속 부대 장교들은 법정에 섰던 것이다. 그것은 물론 선거운동이 막 시작된 데다가 푸틴이 그 이야기를 접한 최초의 인물이었기에 가능했다.

알렉산데르의 죽음에 대한 수사는 조금의 절박함도 없이 이루어진다. 알렉산데르의 부모는 독립적인 수사가 이루어져 아들의 죽음에 대한 진실이 공개될 때까지 시신 매장을 거부하겠다고 했지만, 이마저 좌절되었다. 유가족은 쿠딤카르 인근 영안실에 아들의 시신을 보관하는 데 드는 비용을 댈 수 없게 됐고, 알렉산데르는 결국 자살자로 묻혔다. 위대한 기적이 일어나서 이 군대의 뿌리부터 가지까지 개혁되는 것을 시민들이 두 눈으로 보려면, 우리 아들들이 얼마나 더 많이 희생돼야 한단 말인가? 풀리지 않는 물음이다.

체첸에서 인종 청소가 휩쓸고 지나간 뒤 그곳 주민들이 매우 조용히, 매우 조심스럽게 자기 집의 지하실과 피신처에서 슬금슬금 기어 나왔던 것처럼, 바로 그렇게 러시아의 부엌에서 살금살금 피어나기 시작한 시민사회, 그런 사회 분위기의 변화가 진정 눈에 보이는가?

아직은 아니다. '반테러 작전'을 겪은 뒤에 체첸 주민들이 깨닫게 된 진리를 이제야 많은 사람들도 깨닫기 시작했지만 말이다. 그 진리란 바로 이것이다. "살고 싶으면 네 자신을 믿어라!" "다른 누구도 널 지켜줄 수 없으니 네 몸은 스스로 지켜라!" 〈통합 러시아〉의 승리 후 관료 집단의 광기는 과거 어느 때보다 더 통제 불능의 지경에 와 있고, 대중 주도의 정치는 너무나 요원하다.

투표일이 다가올수록 텔레비전의 뉴스 특보는 점점 더 푸틴의 업적에 대한 아부성 보도로 판친다. 뉴스의 대부분은 카메라 정면에서 푸틴에게 업무 보고를 하는 관료들의 모습으로 채워질 뿐, 독자적인 논평 같은 것은 눈을 씻고도 찾아볼 수 없다. 오늘은 중앙은행 총재인 세르게이 이그나티예프가 금과 현금 보유량의 믿기지 않는 증가폭에 대해 푸틴에게 보고하는 모습이 나왔다.

국민 복지를 두고 무수한 정치 수다가 벌어지는 가운데 제4차 두마는 로비스트가 내민 법안을 3차 두마 때보다 더 노골적으로 통과시키고 있다. 이를테면, 부동산 중개인을 위해 부가가치세를 대폭 삭감해 주자는 안이 있다. 웃기고 팔짝 뛸 노릇이다. 러시아에서 부동산 중개인들은 죄다 백만장자다. 모두 다 그런 사실을 알면서 소곤거리기만 할 뿐, 정작 언론 매체에서는 거론조차 하지 않는다. 기자들은 철저한 자기 검열을 실천하고 있다. 기자들은 데스크에서 삭제당할 것을 너무나 잘 아는 나머지 소속 신문사나 방송국에 그 문제를 기사화하자고 건의조차 하지 않는다.

'제8차 러시아 국민 세계 대회'가 끝이 났다. 2월의 큰 행사로 홍보됐던 대회는 주요 정부 관료들이 참석한 가운데 〈통합 러시아〉 전당대회와 거의 다를 바 없이 진행됐다. 아주 이상하게도, '제7차 러시아 국민 세계 대회'가 언제 열렸는지를 기억하는 사람은 아무도 없다.

이번 행사에서 대통령의 올리가르히 은행가인 세르게이 푸가체프Sergey Pugachev는 러시아정교회 총주교의 오른편에 앉아 있었다. 푸가체프는 옐친이 거느린 올리가르히를 대체했던 푸틴의 올리가르히 중 한 명으로, 정부에서는 그를 "러시아정교 은행가"라고 칭할 정도다. 푸가체프의 발의로 이번 대회에서는 "사업 실행의 도덕규범과 원칙의 법전"이라는 명칭이 붙여진, 사업가들을 위한 기이한 십계명이 채택됐다.

이 법전은 부와 빈곤, 국유화, 탈세, 광고와 수익 등의 문제를 거만한 투로 언급한다. 그 십계명 중 하나는 이렇게 말한다.

부는 목적 자체가 될 수 없다. 부는 개인과 인민의 좋은 삶을 창조하는 데 사용돼야 한다.

다른 계명은 또 이렇게 경고한다.

남의 재산을 유용하거나 공동의 재산을 존중하지 않고, 노동자에게 노동의 대가를 정당하게 보상하지 않는 행위, 또 사업 동료를 기만하는 행위는 도덕규범을 어기고 사회와 자신에게 위해를 가하는 일이다.

뿐만 아니라, 계명은 탈세에 대해 언급하면서 국민으로서 납세 의무를 다하지 않는 것은 "고아, 노인, 장애자 및 자기 보호 능력이 없는 자들을 갈취하는 행위"와 다르지 않다고 강조한다.

납세를 통해 개인 수입의 일부를 옮겨 사회의 요구에 부응하는 태도는 마지못해 해야 할, 또 때로는 결코 충족시킬 수 없는 부담스러운 의무가 아니라 사회로부터 감사를 받을 만한 명예로운 일이라는 의식의 전환이 요청된다.

또 빈곤층에 대한 언급은 어떠한가?

가난한 사람들 역시 빈곤 상태에서 벗어나기 위해 품위 있게 처신하며, 능률적으로 일하려 애쓰며, 전문 기술을 갈고 닦을 의무를 지닌다.

또 "부의 숭배는 도덕적 청렴과 양립할 수 없다"고 하는 대목도 나온다. 호도르콥스키, 베레좁스키, 구신스키에 대한 암시 역시 포함돼 있다.

정치권력과 경제 권력은 분리돼야 마땅하다. 재계 인사의 정치 참여와 여론에 대한 그의 영향력은 항상 투명하고 공개되어 있지 않으면 안 된다. 정당, 공공단체, 그리고 언론에 대한 재계 인사들의 온갖 물질적 지원은 여론에 공개돼야 하고 또 지속적으로 관찰돼야 한다. 이런 유의 은밀한 지원은 비도덕적인 행위로 공개적인 비난을 받아 마땅하다.

그렇다면, 〈통합 러시아〉의 선거운동 전체가 부도덕한 것임은 자명하다. 푸틴의 올리가르히가 상원 의원이니 말이다.

이 모든 것의 의도는, 푸틴의 호주머니 속에서 '훌륭한' 사업가가 되는 것이 올바르고도 명예로운 일이며, 그로부터 벗어나려 하는 자가 있다면 그 사악한 자는 파멸당하는 것이 마땅하다는 생각을 강화하는 것이다. 이 법전은 〈유코스〉에 대한 반대 의사를 노골적으로 표명하고 있다. 이 법전은 오늘날 러시아의 모든 일이 그렇듯이 자발적인 것처럼 포장되어 있지만, 사실은 '강제적으로 자발적'이다. 〈통합 러시아〉에 가입할 의무는 없다. 하지만 가입하지 않는다면 공직자로서 경력의 발전은 기대할 수 없을 것이다. 빠른 속도로 건강이 악화되면서 병석을 지키고 있는 총주교의 후계자로 지목되고 있는 키릴 대주교가 그 법전에 대한 토의가 벌어졌던 회의를 주재했다. 그가 대단히 노골적으로 말하듯이, "우리는 모든 이들을 찾아가서 서명을 권유해야 한다. 만일 서명을 거부하는 사람이 있다면, 그 이름이 공개되도록 해야 한다." 이 얼마나 위대한 성직자인가!

아무튼, 이런 도덕을 우리에게 설교하는 자는 누구인가? 체첸 전쟁과 무기 거래, 북캅카스의 동족 살해범을 축복했던 바로 그 러시아정교회가 아닌가! 사업가들을 대상으로 한 이런 도덕 법전은, 국내외 정책에 관여함으로써 국교로서의 지위를 잃어버린 러시아정교회의 특별 요청으로 채택된 것이다. 〈러시아 산업 · 기업인 연합〉 측에서는 "정교회부터 개혁돼야 한다. 정교회가 그렇게 괴상한 공상을 쏟아내는 이유는 내부 침체 때문이다"고 논평했다.

빅토르 벡셀베르크Viktor Vekselberg는 푸틴이 투옥시킬 다음 번 주자라는 소문이 파다하다. 그는 러시아의 마지막 황제 니콜라이 2세 가문의 것인 파베르제의 달걀 컬렉션을 사들일 예정이라고 돌연 발표했다. 벡셀베르크가 '러시아 편이다'라고 천명함으로써 곤경을 빠져나올 속셈이라는 것을 의심하는 사람은 아무도 없다. 대통령행정실 측은 그가 '러시아 편'이라는 내용을 '블라디미르 블라디미로비치 편'이라는 숨은 의미로 해석할 것이다. 벡셀베르크는 이렇게 주장한다. "이런 보물들을 러시아로 반환하는 것은 내 개인적인 일이다. 나는 내 가정, 내 아들과 딸이 인생에서 각자의 위치를 다르게 바라봤으면 하는 바람이다. 나는 공적인 사업에 대기업의 현명한 참여를 바란다. 나는 누구에게 무엇을 갖다 바치거나 불미스러운 일을 표백함으로써 어떤 이익을 좇지 않는다."

이 올리가르히는 반대 목소리를 너무 많이 냈다. 내 생각은 그렇다.

2월 5일

이르쿠츠크 주 체렘호보에 있는 공동주택 사무국 1분과에서 일하는 인부 열일곱 명이 단식 농성을 계속하고 있다. 벌써 여섯 달째 밀린 급여의 지불을 요구하고 있다. 총 2백만 루블(약 6,400만 원) 정도다. 앞서, 봉급을 받으려고 사흘 동안 작업장에서 단식 농성을 벌였던 다른 부서의 동료들이 본보기가 됐다.

모스크바에서는 정치 평론가들이 참석한 가운데 공개 토론회가 열렸다. 모두 거물급은 아니지만, 총선과 지역 선거를 막론하고 정치 고문으로 참여해 온 평판이 좋은 사람들이다. 그들은 입을 모아 한 가지 중요한 문제를 지적했다. 푸틴 임기 4년 동안 권력 강화라는 한 개인의 목표 때문에 러시아의 현대화가 뒷전으로 밀려났다는 얘기였다. 그 "한 개인"과 연합했던 이들은 특정 계층이나 정당이 아니라, 단지 '푸틴과 보조를 맞추었던' 사람들이었다. 정치 평론가들은 관리형 민주주의 모델이 성공적이지 못하다는 데에 동의했다.

2월 6일

오전 8시 32분. 내셔널 호텔 밖에서 테러 공격이 벌어진 지 석 달이 지난 오늘, 모스크바 지하철에서 폭발 사고가 있었다. 파벨레츠카야 역과 압토자보츠카야 역을 통과하는 자모스크보레츠카야 노선에서 벌어진 사고였다. 두 번째 객차의 첫 번째 문 옆에서 폭탄이 터진 것은 열차가 혼잡 시간대에 도심으로 진입하고 있을 때였다. 폭발 장치는 자루에 담긴 채 바닥에서 15센티미터 떨어진 곳에 설치돼 있었다. 폭발이 일어나자 폭약은 기차의 가속도를 등에 업고 3백 미터를 더 날아갔고, 맹렬한 화염을 뿜었다. 현장에서 서른 명이 즉사했고, 또 다른 아홉 명은 이후 화상으로 사망했다. 부상자는 140명에 달했다. 신원을 확인할 수 없는 신체의 일부가 수십 조각으로 흩어져 있었다. 700여 명의 시민들이 어떤 구호도 받지 못한 채 자력으로 터널을 빠져나와 대피했다. 거리는 아비규환이었고, 긴급 구조대의 사이렌 소리가 울리고 수백만 명의 시민들이 공포에 사로잡혔다.

오전 10시 44분. 폭발 후 두 시간이 지났을 때에 범인을 체포하기 위한 "5호 화산Volcano-5"이라는 긴급 작전이 발효됐다. 과연 누구를 잡을 계획이었을까? 설사 공범자가 있다고 해도 이미 도주한 지 한참은 지났을 것이다. 12시 12분, 경찰은 '캅카스인의 용모를 한' 서른 살에서 서른다섯 살 가량의 남자를 쫓기 시작했다. 아주 유익한 처사다. 오후 1시 30분, 루시코프Yuri Luzhkov 모스크바 시장의 방미 기간 동안 시장 대행을 맡고 있던 발레리 샨체프Valerii Shantsev는 희생자 유가족이 10만 루블〔약 320만 원〕의 위로금을 받게 될 것이며, 부상자들에게는 그 액수의 절반이 지불될 것이라고 밝혔다.

FSB와 경찰에게 전권이 부여됐음에도 폭탄을 든 테러범들은 아무 제지도 받지 않고 모스크바 시내를 활보한다. 시민들 역시 여전히 푸틴을 지지한다. 지난해 자살 폭탄 테러를 포함한 열 건의 테러가 발생했지만 체첸에 대한 정책 변화를 건의하는 사람은 아무도 없다. 붉은광장은 이제 영원히 방문객들에게 폐쇄되어 있다. 체첸의 팔레스타인화는 불을 보듯 뻔하다. 폭발이 있고 한 시간이 지나자 보안군에서 조직한 〈불법 이주 반대 운동〉이라는 단체가 성명서를 냈다.

단체의 지도자인 알렉산데르 벨로프는 선언한다.

우리의 첫 번째 요구는 체첸인들이 체첸 밖으로 나오지 못하게 하라는 것이다. 지금까지도 미국과 캐나다에는 처치 곤란한 자들을 위해 마련한 특별 보호구역이 따로 있다. 문명인으로 살기를 거부하는 민족 집단이 있다면 그들을 장벽 뒤에 살게 하자. 그곳을 보호구역이라고 하든 울타리라고 하든 마음대로 부르라. 어쨌든 우리는 스스로를 지켜야 한다. 우리는 더 이상 체첸 주민들을 추바시야나 부랴티아, 카렐리야 아니면 다른 러시아 사람들과 대등한 의미에서 시민이라고 치부할 수 없다. 체첸 주민들 대다수는 어떤 식으로든 반군들과 연결되어 있기 때문이다. 그들 때문에 전쟁이 계속되고 있는 것이다. 그들은 복수를 계획하고 있다. 체첸인 사업가를 포함하여 러시아 내 체첸인들의 디아스포라는 테러 행위의 온상이다. 러시아인의 80퍼센트가 나와 똑같은 생각을 갖고 있다고 자신할 수 있다.

그의 말은 옳다. 대다수 국민들은 바로 그렇게 생각한다. 러시아 사회는 파시즘을 향해 가고 있다.

심지어 그나마 생각이 있는 관료들은 극소수이다. 모스크바 주지사이자 소련 시절 아프가니스탄에서 복무한 전쟁 영웅인 보리스 그로모프Boris Gromov 장군은 이렇게 말했다.

"지하철 테러 소식을 들었을 때 첫 번째로 든 생각은 과거 아프가니스탄 전쟁으로 다시 돌아가는구나 하는 거였죠. 나중에 러시아 통치자들이 체첸 파병을 결정한 것만큼이나 소련 지도자들이 아프가니스탄 파병을 결정한 것은 더 없이 무책임한 짓이었습니다. 이번 테러 사건은 그 잘못된 결정의 결과입니다. 그들은 깡패들을 뒤쫓고 있다고 말하지만, 그 결과 지금 고통에 신음하는 이들은 아무 죄 없는 민간인들입니다. 앞으로도 오랫동안 이런 상황이 계속될 겁니다."

국영 텔레비전 채널에서는 테러 행위가 자유 민주주의의 질병이라고 국민들에게 계속 주입시킨다. "민주주의를 원하는가? 그렇다면 테러를 감내해야 할 것이다." 아무튼 그들은 지난 4년 동안 푸틴이 권좌에 올라 있었다는 사실을 간과하고 있다.

폭발 사건에도 아랑곳없이 푸틴은 모스크바를 방문 중인 아제르바이잔 대통령 일함 알리예프Ilkham Aliev와 담소하고 있다. 푸틴은 폭발 사건을 지나가는 말로 간단히 언급했을 뿐이다.

"설사 이번 사건이 현 정부 수반에게 압력을 행사하는 수단으로 선거 직전에 악용된다고 해도 놀랄 일이 아닙니다. 체첸 내 평화 유지안이 또 다시 러시아 외부로부터 강요되고 있다는 사실과 이번 폭탄 테러 사이에는 뚜렷한 합치점이 있지요. 우리는 테러범과의 어떤 종류의 협상도 거부합니다……."

협상이라니? 자살 폭탄 테러범은 그야말로 자폭했다. 푸틴은 불안해했다. 그의 눈은 다음에 무엇을 해야 할지 모르는 히스테리 환자처럼 사뭇 깜박거렸다.

그 후 며칠 동안 무소속 대선 후보의 서명 목록에 대한 세밀한 검토가 이어졌다. 전 〈러시아연방 보안 위원회〉 의장 이반 립킨, 〈로디나당〉 당수 세르게이 글라지예프. 그리고 이리나 하카마다. 당국의 움직임을 통해 이 세 명 가운데 가장 골칫덩어리인 인물로 립킨을 지목하고 있다는 속내가 보인다.(비록 여론조사 결과 립킨의 지지율은 제로에 가깝지만.) 중앙선거관리위원회 위원장인 알렉산데르 베시냐코프Alexander Veshnyakov는 립킨의 서명 목록을 미리 훑어만 보더라도 서명 중의 26퍼센트는 무효라는 것을 알 수 있다고, 조사가 시작되기도 전에 언급했다. 27퍼센트나 24.9퍼센트가 아니라 정확히 26퍼센트인 까닭은, 무효 서명이 25퍼센트를 넘으면 후보 등록을 취소할 수 있기 때문이다. 사람들은 코웃음치고 있으며, 최소한 무효 서명은 25.1퍼센트를 넘지 않는다고 덧붙인다.

선거운동은 실제로 어디에서 벌어지고 있는가? 지금까진 아무것도 눈에 띄지 않는다. 미래의 후보들은 출마를 서두르지 않는다. 또 그들 중 대다수는 승리에 연연하지 않는다. 후보나 지지자 그 누구도 신경 쓰지 않는다. 아무도 1번 후보와 싸우거나 논쟁하거나 이기려고 하지 않는다. 이리나 하카마다는 크렘린이 이런 결탁을 분쇄하지 못할 것이라고 모두를 설득하는 데 성공했다고 본다.

"공개된 투쟁이란 불가능합니다. 또 그런 투쟁이 도움이 될 거라고 믿는 사람도 없고요."

〈로디나당〉은 내부 구성원들 사이의 불화가 끊이지 않고 있다. 그들은 선거의 승리 또한 바라지 않는다. 하원 의장을 겸하고 있는 드미트리 로고진은 글라지예프와 〈로디나당〉 공동 의장을 맡고 있으면서도 자신은 이번 선거에서 푸틴을 지지할 것이라고 공언하기까지 했다. 로고진과 글라지예프는 서로 어울리지 않는 짝으로 보인다. 과연 그들은 자기 당의 지지자들에 대해 한 번이라도 생각했을까? 그들은 유권자들이 무슨 생각을 하는지는 전혀 관심이 없고, 유권자들의 조언을 구하지도 않고 모든 일을 결정하기로 마음먹은 듯하다. 심지어 로고진은 테러 사건을 기해 대통령 선거를 취소하고 비상사태를 선포하라고 요구하기까지 한다.

2월 7일

모스크바에서 혈액 기증 센터 다섯 군데가 개원했다. 병원에 있는 128명의 폭탄 희생자들에게는 모든 혈액형의 피가 절실히 필요하다.

폭발물 탐지기는 과연 지하철 어디에 있단 말인가? 경찰은 또 어디에 있는가? 우리 러시아인들은 선천적으로 무책임하다. 언제나 우리를 향해 있는 음모만을 볼 뿐이다. 우리는 무엇 하나 제대로 끝내 보려고 애쓰지는 않으면서 최상의 것만을 바란다. 경찰이 지하철에서 신분증을 검사하지만, 테러범들이 신분증을 완벽하게 꾸몄음은 불 보듯 뻔하다. 경찰은 고향에서 일자리를 얻지 못해 우리 러시아인들은 원하지 않는, 러시아의 얼어붙은 땅을 파기 위해 온 어떤 굶주린 타지크인을 연행한다. 경찰은 마지막으로 남은 1백 루블마저도 탈탈 털어낸 다음에 그를 풀어 줄 것이다. 테러 공격이 성공했다는 사실에 책임을 느껴야 할 보안기관은 다 어디에 있단 말인가? 보안 요원들은 죄다 어디에 가 있는 걸까? 모스크바 경비 업무를 맡게 된 이들은 내무부에 소속된, 아사 직전에 놓인 수천 명의 신병들이다. 그것도 괜찮다. 적어도 급여를 받고 음식을 먹을 수는 있을 테니 말이다. 적어도 병영 생활을 하지 않아도 되니 말이다.

하지만 이와 같은 '조치'는 아무런 효과도 없는 단순한 대응에 불과하다. 시민들이 이 악몽을 잊기 시작할 때, 모든 일은 과거로 돌아갈 것이다. 작가 겸 기자인 알렉산데르 카바코프는 이렇게 논평한다.

"테러를 지시한 사람들보다 테러를 실행에 옮길 사람들이 적기 때문에, 오직 그런 이유 때문에 우리가 아직도 살아있는 겁니다. 하지만 테러 행위를 사주한 자들이 어째서 버젓이 살아있는가 하는 것은 또 다른 문제입니다."

푸틴은 FSB 국장인 파트루셰프를 경질하지 않았다. 푸틴은 사적으로 그와 친구 사이다. 푸틴이 자기 친구가 업무에 적합하지 않다는 것을 깨달으려면 얼마나 더 많은 테러가 성공해야 할 것인가?

〈인권 기념 센터〉는 다음과 같은 성명서를 발표했다.

이번 사고로 세상을 떠난 이들을 애도하며, 부상당한 분들에게 심심한 위로의 말씀을 전합니다. 이런 범죄를 계획하고 실행한 이들은 어떤 이유로도 용서받을 수 없습니다. 대통령과 사법기관은 어떤 증거도 아직 밝혀진 바 없지만, 이번 사건이 체첸인들의 소행이라고 확신하고 있습니다. 사법기관의 추측이 옳은 것으로 드러난다면, 작금의 비극은 불행하게도 너무나 예측 가능한 것이 됩니다. 한 나라의 지도자가 분쟁에 대한 실질적인 정치적 해결책을 내놓지 않고 사탕발림만 함으로써 극단주의자들의 입지만 강화됐습니다. 이들은 타협을 가능하게 하는 밑거름인 합리적인 정치적 목표를 전혀 제시하지 못합니다. 최근 몇 년 간 인권 단체들을 비롯하여 무수한 공적, 정치적 대표자들은 체첸 내 연방군의 잔혹한 행위가 러시아 국민들 모두의 생명을 위태롭게 한다고 누차 경고해 왔습니다. 수십만 명의 주민들이 치명적인 환경 속에서 살아온 지가 벌써 하루 이틀이 아닙니다. 그들은 문명 생활의 바깥으로 추방당했고 내처졌습니다. 모욕을 경험한 숱한 사람들, 살해나 납치에 희생되고 신체적으로나 심리적으로 불구가 된 혈육이나 친구를 둔 그 사람들은 테러 집단의 냉소적이고 비양심적인 지도자들에게 환영받는 추종자, 자살 폭파범, 잔혹한 테러범들의 훌륭한 원천이 됩니다. 러시아 시민들에게 평화와 안정을 돌려줄 수 있는 길은 오직 단호한 정책 변화뿐입니다.

이반 립킨은 종적을 감췄다. 마침내 선거전에서 일말의 긴장이 조성됐다. 후보들 중 한 명이 실종된 것이다. 립킨의 아내는 미치기 직전이다. 2월 2일, 립킨은 푸틴을 맹비난했고, 그의 아내는 남편이 실종된 것이 그 때문이라고 생각한다. 2월 5일, 립킨을 대통령 후보로 추천했던 지지 단체의 실장인 크세니야 포노마료바는 립킨에 대한 "거대한 파괴 공작"이 마련되고 있다고 경고했다. 립킨의 선거 본부는 일주일 내내 여러 지역으로부터 립킨의 지지자들을 상대로 불법 심문이 자행되고 있다는 보고를 받았다. 추천인 서명을 모은 지지자들의 집에 경찰이 들이닥쳐 그들을 취조하고 진술서를 받아 냈다고 한다. 경찰이 무엇때문에 립킨을 지지하는지 알아 내고자 했다는 것이다. 카바르디노-발카리아에서는 추천인 서명을 받고 있는 대학생들에게 경찰이 접근해 협박하길, 대학 행정부에 통보해 학업을 계속할 수 있는지 여부를 검토하게 하겠다고 했다.

2월 9일

지하철에 사용됐던 폭탄의 형태나 구성 성분에 대해서는 아직 구체적으로 밝혀진 바가 없다. '노르트-오스트' 사건 뒤에 그랬던 것처럼 푸틴은 러시아 내의 누구도 책임이 없다는 말만 되풀이하고 있다. 모든 일은 러시아 외부로부터 계획됐다는 것이다.

숨진 희생자들에 대한 애도의 날이 선포됐다. 그러나 TV 방송국은 추모 분위기에 좀처럼 빠져들지 않는다. 떠들썩한 팝 음악과 도드라지게 쾌활한 TV 광고가 보는 이를 부끄럽게 한다. 아직 105명의 부상자가 입원해 있다. 숨진 사람들 중 두 명은 오늘 안장될 예정이다. 그 중 한 명은 알렉산데르 이순킨이라는 칼루가 주에서 태어난 스물다섯 살의 중위다. 중위는 고향에 안장될 예정이다. 그는 바우만 대학을 졸업한 후 장교로 복무 중이었고 2월 6일에 자신의 부대가 있는 나로-포민스크로 복귀할 예정이었다. 알렉산데르 중위가 모스크바에 온 이유는 차량의 예비 부품을 구하고, 대학 동창들 몇몇을 만날 생각이었기 때문이다. 그날 아침 그는 파벨레츠카야에서 환승해 키예프 역까지 가려고 지하철에 올랐다. 알렉산데르가 돌아오지 않자, 어머니는 단순히 그가 열차를 놓쳤을 거라고만 생각했다. 지하철을 타기 직전에 알렉산데르가 11시에 돌아올 거라고 전화를 했기 때문이다. 영안실에서 시신을 확인한 것은 그의 숙부인 미하일이었다. 숙부는 그 사실을 받아들일 수 없었다. 일곱 해 전에 알렉산데르의 부친이 살해당한 이후 알렉산데르는 아주 믿음직스러운 가장이었기 때문이다. 알렉산데르의 어머니는 흐느꼈다.

"마치 나에게서 영혼이 떠나가는 것 같았어요. 아들은 내게 손자들을 안겨 주겠다고 약속했죠."

러시아 정부는 알렉산데르의 사망 확인서를 발급하는 순간조차 사기 행각을 멈추지 못했다. "사인"란에 줄이 그어져 있었던 것이다. 테러에 대해서는 한 글자의 언급도 없었다.

오늘 안장되는 또 다른 한 명은 이제 갓 열일곱 살이 된 모스크바 출신의 바냐 알라딘이다. 바냐의 가족들과 급우들의 장례 행렬은 묘지의 절반에 걸쳐 뻗어 있다. 이웃들이 "허리케인 바냐"라고 별명을 붙일 만큼 생기 넘치고 명랑하고 붙임성 있는 아이였다. 사흘 전에 배달 일을 시작한 바냐는 2월 6일에도 일터로 가던 중이었다. 2월 16일은 바냐의 열여덟 번째 생일이었다.

립킨은 여전히 오리무중이다. 〈두마 보안 위원회〉 부의장 겸 퇴역한 FSB 대령인 겐나디 굿코프는 립킨이 무사하다는 정보를 흘렸다. 하지만 과연 어디에 있단 말인가? 대통령 후보의 신변에 대해서 정부는 아무 책임도 없는 걸까?

립킨의 아내 알비나 니콜라예브나는 남편이 납치됐다고 주장한다. 프레스냐 관할 검찰청이 105항, "예고된 살인"에 무게를 두고 불시에 범죄 수사를 개시했으나, 내무부 심의회는 립킨이 살아있다고 추정할 만한 상당한 이유가 있다고 주장하기 시작했다. 한 시간 뒤 프레스냐 검찰청은 대검찰청의 지시에 따라, 립킨의 살해 의혹에 대한 애초의 수사 계획을 취소했다. 도대체 무슨 일이 벌어지고 있는 걸까?

정치 평론가들은 대선이 완전한 코미디로 전락하는 것을 간신히 모면했고 경합의 외관은 갖추게 됐다고 이구동성으로 말한다. 사실 푸틴의 유일한 경쟁자가 장의사와 보디가드뿐이었으니 그런 우려가 나올 법도 하다. 그렇다. 코미디가 될 위험성은 없다. 하지만 대단히 당혹스러워하는 것도 사실이다. 결국 모든 후보자의 등록을 승인한 것, 틀림없이 그 전날 자기들 입으로 21퍼센트가 아니라 26퍼센트가 무효라고 말했음에도 불구하고 립킨이 받은 지지 서명 중 불과 21퍼센트만 무효라고 판정한 것도 그런 이유에서다. 유일한 걸림돌은 립킨이 증발해 버렸다는 점이다.

자유주의자 및 민주주의자들이 제안하는 선거 보이콧 안은 흐지부지돼 버렸다. 그들은 그다지 노력하지 않았다.

2월 10일

지하철 폭발 사고로 인한 추가 사망자 열세 명이 안장됐다. 스물아홉 명은 위독한 상태다. 사망자 수는 이제 마흔 명으로 훌쩍 뛰었다. 지난 24시간 동안 또 한 명이 숨졌다.

드디어 립킨이 발견됐다. 매우 기괴한 이야기다. 한낮에 무선 침묵을 깨고 자신이 키예프에 있다고 전해 온 것이다. 휴일에 친구들과 키예프에 갔었고, 어쨌든 자기도 인간이니만큼 사생활의 권리는 있지 않겠느냐면서 말이다. 즉시 크세니야 포노마료바는 선거운동 총책임자 자리를 반납했다. 립킨의 아내는 충격을 받았고, 그와 대화를 거부했다. 저녁 늦게 립킨은 키예프에서 모스크바로 날아왔다. 그는 산송장 같았다. 휴일에 즐거운 시간을 보낸 사람이라고는 믿기 어려운 몰골이었다. 립킨은 자기가 겪은 일이 체첸 반군과 협상하는 것보다 훨씬 더 힘든 일이었다고 말했다. 그는 여성용 선글라스를 끼고 있었고, 건장한 경호원을 대동하고 있었다.

"당신을 감금한 사람이 누굽니까?"

질문이 쏟아졌지만, 립킨은 아무 대답도 하지 않았다. 또한 자기의 행방을 추적해 온 검찰청 수사관과의 대화도 거부했다. 비행기를 타고 귀가하는 동안, 그의 아내는 〈인테르팍스Interfax〉 통신과의 인터뷰에서 그런 사람을 지도자로 둔 이 나라가 불쌍하다고 말했다. 자기 남편을 두고 한 말이었다.

그 뒤 립킨이 후보직을 사퇴할 것이라는 소문이 들려 왔다.

그리고리 야블린스키의 새 책『주변적 자본주의*Peripheral Capitalism*』가 모스크바에서 판매되기 시작했다. 이 책은 러시아어로 출간됐지만, 서구의 자본이 투입됐다. 책의 내용은 야블린스키 자신이 실현 불가능하다고 생각하는 "권위주의적 모델의 근대화"에 관한 것이다. 야블린스키는 이런 책을 냈음에도 불구하고 푸틴에 대한 투쟁을 사실상 접었다.

상트페테르부르크에서는 아홉 살 난 여자아이 후르셰다 술타노바가 자기 가족이 사는 아파트 마당에서 칼에 찔려 죽는 사건이 발생했다. 아이의 아버지 서른다섯 살의 유수프 술타노프는 타지크인으로 수년 째 상트페테르부르크에서 일해 왔다. 그날 저녁 유수프는 아이를 유수포프 공원의 얼음 비탈에서 데려오던 중이었다. 그런데 갑자기 호전적인 청년들 몇이 부녀를 쫓기 시작했다. 집으로 이어지는 어두침침한 안뜰에서 청년들이 부녀를 공격했다. 후르셰다는 열한 군데를 찔렸고, 그 자리에서 죽었다. 유수프의 열한 살 난 조카 알라비르는 주차된 차 아래 숨었다가 어둠을 틈타 도망쳤다. 알라비르는 스킨헤드가 후르셰다가 죽었다는 것을 확인할 때까지 계속 찔렀다고 말한다. 스킨헤드들은 이렇게 외쳤다고 했다. "러시아인들에게 러시아를 돌려주자!"

술타노프 일가는 불법 이민자들이 아니었다. 상트페테르부르크 시민으로 정식 등록돼 있다. 하지만 파시스트는 신분증 따위에는 관심이 없다. 러시아 정치 지도자들이 이민자와 이주 노동자에 대해 단호한 조치를 취해야 한다고 하면서 대중들에게 잘 먹히는 어구를 고르느라 부심해 있는 동안 이와 같은 비극을 방조한 것이다. 사건 직후 열다섯 명의 용의자가 구금됐으나, 곧 풀려났다. 그들 중 다수가 상트페테르부르크 사법기관에 근무하는 직원들의 자식들인 것으로 밝혀졌다. 오늘날, 2만 명의 상트페테르부르크 청년들은 비공식적인 파시스트 또는 민족주의 단체에 소속돼 있다. 상트페테르부르크 스킨헤드는 러시아에서 가장 활동적인 부류에 속하며, 끊임없이 아제르바이잔인, 중국인, 아프리카인을 공격하고 있다. 아무도 처벌받지 않는 이유는 사법기관 자체가 인종차별주의에 물들어 있기 때문이다. 오디오 축음기를 끄고 경찰의 목소리에 귀 기울여 보라. 그들은 스킨헤드의 심정을 이해한다고 말할 것이다. 또 저 흑인들로 말할 것 같으면 어쩌고저쩌고……. 파시즘이 유행하고 있다.

2월 11일

립킨 후보의 신파극은 끝나지 않았다. 립킨은 지난번보다 더 깜짝 놀랄 내용의 발언을 쏟아 냈다. 이를테면 "그날들 동안 2차 체첸전을 경험했다"는 식이다. 그의 말을 아무도 믿지 않는다. 재담꾼들은 그에게 이렇게 묻는다.

"키예프에서 이틀 동안 사생활을 즐기는 것이 인권입니까?"

이 일이 있기 전에, 립킨은 광포한 생활에 휩쓸리지 않는, 책임감이 상당히 강하고 꼼꼼한 사람으로 정평이 나 있었다. 과음을 하는 법도 없었고, 심지어 약간 따분한 느낌마저 있었다. '키예프에서의 이틀'은 그런 성격과 전혀 어울리지 않는다. 도대체 우크라이나에서 무슨 일이 벌어졌던 것일까? 아니, 사건이 거기서 터진 것이 맞을까? 립킨은 자신이 사라진 후 모스크바 주 대통령행정실의 영빈관인 '숲속 별장'에서 상당히 많은 시간을 보냈다고 털어놓았다. 거기서 끌려 나와 자기가 다시 어디에 있다고 특정할 수 있게 됐을 때는 키예프에 와 있었다고 말한다. 또 자기를 조종했던 무리가 키예프에서 모스크바로 전화를 걸어 사생활을 누릴 권리 운운하며 명랑한 목소리로 얘기하도록 지시했던 거라고 덧붙였다.

***

그러니까 무슨 일이 벌어지고 있었던 걸까? 그 동기는 무엇일까? 립킨 사건에 대해 전혀 조사가 이루어지지 않았기 때문에 나는 이런 식으로 추측해 본다.

주지하다시피, 푸틴은 대중이 이미 누구에게 투표할 것인지 정했다고 하면서 공개 토론에 참여하는 것을 꺼린다. 이것은 분명한 핑계가 된다. 사실 푸틴은 대화에 서툴다. 특히 자기에게 불편한 주제일수록 그렇다. 대통령행정실이 기자들에게 재갈을 물릴 수 없는 해외 순방 때 여실히 드러난다. 기자들은 대통령이 난처해하는 일을 질문하기 일쑤고, 그러면 그는 자제심을 잃고 버럭 화를 낸다. 푸틴이 좋아하는 장르는 독백이다. 유도 질문이 미리 짜여져 있는 독백.

러시아 시민들은 정치 환경이 변하는 것을 내버려 뒀고, 오늘날처럼 유일한 영도자가 마음껏 활개 칠 수 있게 만들었다. 푸틴은 흠결 하나 없는 완벽한 존재이며, 인기는 하늘을 찌를 것만 같다. 푸틴 자신과 그의 어두운 과거만을 제외하면 어떤 것도 아성을 허물 수 없을 것 같다.

그런데 바로 그때, 크렘린이 허수아비로 내세운 후보들 가운데서, 2월 5일 앞 주에, 립킨이 군계일학처럼 솟아올라 이 '유일한 영도자'와 그의 걸출한 과거를 갉아먹는 낯 뜨거운 자료들을 조금씩 꺼내 놓을 조짐을 보였다. 립킨은 자기가 가진 정보들 가운데 일부를 폭로하겠다고 공공연하게 암시했다. 그것도 모자라 대담하게도 푸틴을 "올리가르히"라고 표현했다. 우리의 '유일한 영도자'의 선거운동 전략이 '우리 편이 아닌' 올리가르히가 얼마나 나쁜 존재들인가를 국민에게 폭로하는 일에 기초해 있기 때문에 그 한마디는 상례에서 완전히 벗어난 것이었다.

립킨이 우리나라의 1번 대통령 후보에게 심각한 걱정거리가 되기 시작한 것이다. 뿐만 아니라 립킨 뒤에는 보리스 베레좁스키라는 숨은 그림자가 있었다. 립킨은 정말 뭔가를 쥐고 있었을지도 모른다.

립킨은 납치되기 전 주만 해도 크렘린에 심각한 상해를 입힐지도 모를 문건을 든 끈 풀린 미사일처럼 보였다.

하지만 그 문건들의 행방은 어떻게 된 걸까? 그런 이유 때문에 '그들'은 향정신성의약품을 써야 했던 것이다. 오늘날 이 약품들은 투약자가 자기가 아는 모든 것을 털어놓지 않고는 못 배길 정도로 아주 정교하다. 정보의 주요 원천은 주변의 어느 누구도, 수하의 사람들도 아니라, 립킨 자신이며 그의 뇌이다. 그런 이유로 '그들'은 그의 뇌를 뒤적거리면서 '스위치를 끈' 것이다. 따라서 립킨 자신이 그 며칠 동안 자기가 그들에게 어떤 말을 했는지, 누구에게 말을 했는지 전혀 알지 못할 가능성도 있다.

편의상 외부인에게 차단된 외딴 곳인 '숲속 별장'과 키예프가 여기에 이용됐고, 립킨이 다시 모습을 드러내자 그에 대한 노골적인 격하가 이어졌다. 공식 통신사와 전화 인터뷰를 했던 분노한 립킨의 아내 역시 여기에 이용됐다.

이 작전의 세부 사항, 실제 면면을 살펴보자. 립킨이 '숲속 별장'의 영빈관으로 끌려갔다는 사실은, FSB는 물론이고 대통령행정실이 그의 납치에 관여했다는 것을 증명하는 대목이다. 대통령비서실은 오래전부터 FSB 지부로 불려 왔다. 이 두 기관은 러시아 전체를 좌지우지하는 큰손이며, 손발이 척척 맞는 정도가 아니라 한 몸처럼 움직인다. 뿐만 아니라, 립킨이 '숲속 별장'에서 발견됐고 그가 다시 거기로 옮겨질 것이라는 사실이 굿코프의 입에서 나왔다. 굿코프는 옛 정보원들에게서 정보를 캐냈거나 아니면 무심코 흘린 정보를 주웠던 듯하다. 굿코프가 입을 놀린 직후 영빈관 실무진은 립킨이 거기 있었다는 소문을 일축했다.

그리고 실제로 립킨은 더 이상 거기에 없었다. 그들은 키예프를 거쳐서 그의 귀환을 준비하고 있었다. 간과해서는 안 되는 사실은 대통령 후보 립킨이 러시아에서 우크라이나로 은밀하게 밀반출됐다는 사실이다.(그가 국경을 넘었다는 여권 기록이나 통관 기록은 전혀 없다.) 이것은 기술적으로 완벽히 가능한 일이다. 국경에는 구멍들이 있다. 자동차가 드나들 만큼 큰 이 구멍으로, 우크라이나 출신 이주 노동자들이 러시아로 들어온다. 뇌물을 바쳐야 할 관리들과 필요 없이 마주치는 일을 피하려고 말이다.

하지만 립킨의 경우에 흥미로운 점은 그가 국경 너머로 어떻게 옮겨졌을까 하는 기술적인 부분이 아니라, 그가 오늘날 러시아연방 대통령의 행정실 비서과가 관리하는 영빈관에서 현 우크라이나 대통령행정실이 관리하는 키예프의 귀빈 아파트로 순식간에 옮겨졌다는 사실 자체다. 레오니트 쿠치마[40]는 러시아 대통령행정실과 절친한 사이다. 그도 그럴 것이 쿠치마는 정치적 범죄의 공모자이기 때문이다. 따라서 만일 우크라이나 대통령이 도움이 필요한 상황이 되면, 우리는 그를 마찬가지의 방법으로 돕는 것이 마땅할 것이다. 정부가 독립국가연합을 원조하는 것, 그러면서도 그 국경선을 지나치게 완벽하게 설정하지 않는 것도 같은 이유에서다. 소련 시절 KGB의 전직 동료들이 특수 연합 작전을 이쪽저쪽에서 자유롭게 수행할 수 있도록 하기 위해서다.

다음으로는 인물들의 면면을 보자. 우선 립킨의 의식의 스위치를 끈 다음, 정보를 털어 내라고 지시한 사람은 누굴까? 쿠이 보노Cui bono?[41] 두말할 것도 없이 바로 우리의 '유일한 영도자'다.

우리가 여기서 명령에 대해 논하고 있는 게 아니라는 것은 두말할 필요도 없다. 러시아에서는 노예가 곧장 달려가 자신의 소망을 피력하더라도, 권력자들은 고매한 자신의 불쾌감을 암시하는 제스처로 눈썹을 추켜올리기만 하면 된다. 우리의 정치적 '원더랜드'에서 이런 눈썹의 씰룩거림은 나름의 이름도 갖고

---

40) Leonid Kuchma, 우크라이나 제2대 대통령(1994~2005). 2000년 당시 조지아 출신의 우크라이나 언론인 게오르기 곤가제의 납치 및 살인 사건에 연루된 혐의로 2005년 공식 기소됐다.
41) '누구의 이익을 위함인가?'라는 뜻의 라틴어. 옮긴이

있다. "파샤 그라셰프 효과"라고 불리는 이것은 기자 드미트리 홀로도프가 어두운 비밀을 파헤친 일 때문에 전임 국방장관 파벨 그라셰프가 혼쭐이 났던 사건에서 왔다. 그 당시 국방장관은 자신의 군대 친구들에게 홀로도프가 자신을 너무도 열 받게 한다고 푸념했다고 한다. 그런 다음 그 기자는 박살이 났다.

의심의 여지없이 그라셰프 효과는 이번 경우에도 발휘되고 있었다. 신께 감사하게도, 립킨은 살해되지 않았다. 하지만 단지 선거에 죽음의 천사를 그토록 노골적으로 개입시키는 것은 1번 후보한테 불리하게 작용할 것이 뻔했기 때문이지 그 이상의 의미는 없다.

현직 대통령이기도 한 후보가 선거 전 토론회를 치르거나 대화할 능력이 없고, 야권 세력을 비정상적으로 두려워하며, 나아가 자신의 메시아주의를 신봉하게 된 상황에서 벌어진, 향정신성의약품까지 동원된 이 사건은 범죄와 다를 바 없다. 립킨이 자기 아내가 싫어 도망쳤다는 주장을 믿을 만큼 우리는 바보가 아니다.

필시 립킨은 그리 대단치 않은 음해성 정보를 쥐고 있었을 것이다. 이 신파극은 더 이상 계속되지 않았다. 푸틴을 포함하여 모두가 그를 잊어버렸다. 대안이 없는 사회로서는 치명적인 결론이지만, 립킨은 집권 정부에 대해 공개적으로 반기를 드는 데 실패했다.

1월 한 달 내내, 체첸에서는 납치 사건이 줄을 이었다. 이후에 발견된 것은 시신들뿐이다. 납치된 사람들의 수는 2월 6일 모스크바 지하철 테러 사망자 수와 맞먹는다. 체첸에서는 만인이 만인과 교전 중이다. 소위 "체첸 보안군"으로 불리는 무장한 사내들이 도처에 있다. 침울함이야말로 주민들의 얼굴에 떠오른 가장 흔한 감정이다. 충격을 받고 반쯤 정신이 나간 어른들이 태반이다. 몸만 아이인 아이들이 등교하고 있다. 장갑차들이 거드름을 피우며 지나가고, 그 안에서 군인들이 변함없이 경멸적인 몸짓과 함께 자동소총을 겨눈다. 총을 겨눈

군인들이 무시하는 자들 역시 그에 질세라 무자비한 눈으로 그들을 올려다본다. 밤중에는 총격전이 벌어진다. 야산에서는 대포 포격, 교전, 폭격 등 적에 대한 '무력화 작업'이 한창이다. 아침이면 새로 생긴 포탄 자국이 즐비하다. 전쟁은 교착 상태에 빠졌다. 우리는 이 상황이 끝나기를 원하는가, 아니면 실제로 이런 사태에 대해 아무런 관심도 없는 것일까?

대선 선거운동 기간 내내 체첸에서는 눈에 띄는 반전 시위가 한 건도 없었다. 러시아 국민들의 경탄할 만한 인내심은 푸틴이라는 끔찍한 공포를 지속시키는 원천이다. 달리 어떻게 설명하겠는가?

2월 6일 지하철 폭탄 테러에 대한 책임을 '인정' 하겠다고 나서는 사람이 아무도 없는 것은 왜인가? 두 가지 설명이 가능하다. 첫째는, 다른 누구의 손을 빌렸건 폭발 사건 배후에 정보부대가 있었다는 가정이다. 책임을 요구하거나 책임을 시인하는 일이 없는 이유도 그 때문이다. 둘째는, 테러범들의 단독 범행으로 살해당한 자기 가족 또는 짓밟힌 자신의 명예와 조국에 대한 개인적 복수심이 원인이 되어 일을 벌였을 가능성이다. 이것은 정보기관의 공모설만큼이나 창피하고 우울하다.

2월 12일

푸틴은 '반테러 작전 지역 근무자들'의 급여를 250퍼센트 올릴 계획이다. 어쩌면 이것은 체첸 내의 약탈을 줄이는 데 기여할 지도 모른다.

립킨은 여전히 날개를 퍼덕거리고 있다. 그는 베레좁스키와 협의차 런던으로 날아갔다. 모든 대중이 지켜보고 있는 가운데 자멸하는 자신의 정치 생명을 마무리 짓기로 결심한 듯하다. 어째서 러시아에서는 민주주의 야권 세력을 무력화시키는 일이 이렇게 쉬울까? 야권 자체에도 원인이 있다. 그들이 싸우는 상대가 지나치게 강해서가 아니다. 물론 그것도 한 요인이긴 하지만. 그보다 근본적인 원인은, 야권 내에 위축되지 않는 저항적 결의가 없다는 점이다. 베레좁스키는 투사가 아니라 도박사에 불과하다. 그와 손을 잡는 사람 또한 투사가 아니다. 넴초프는 단순히 도박을 벌이고 있다. 야블린스키는 항상 무언가에 기분이 상한 듯한 표정을 짓고 다닌다.

런던에 있는 알렉산데르 리트비넨코Alexander Litvinenko와 워싱턴에 있는 올레크 칼루긴Oleg Kalugin은 SP117로 불리는 환각 물질이 립킨에게 사용됐을지 모른다고 밝혔다. 이들은 서구에서 정치적 망명을 허락받은 전직 KGB와 FSB 장교들이다. FSB의 방첩과와 대테러과에서 사용되던 약품으로 '중요한 목표물'에만 예외적으로 사용한다고 했다. SP117은 뇌의 특정 부위를 건드려 개인이 자기 마음을 완전히 통제할 수 없게 만드는 자백약이다. 복용하는 사람은 자기가 아는 모든 것을 불게 될 것이다. 리트비넨코에 의하면 "누구든지 SP117의 지배하에 놓이게 만들면, 원하는 대로 그를 부릴 수 있다. 정작 그는 무슨 일이 일어났는지, 자신이 누구를 만났고, 또 무슨 말을 했는지 자세히 기억하거나 조리 있게 설명하지 못한다. SP117은 약물과 해독제 두 부분으로 이루어져 있다. 맨 처음 '그들'은 약물을 주사한다. 아무 음료에다 두 방울만 섞으면, 그것을 마신 사람은 15분쯤 뒤에 완전히 의식을 잃고, 그 상태가 수 시간 동안 지속된다. 약물을 추가로 주입할 경우 그 효과는 더 지속된다. 필요한 정보를 빼낸 다음에는 투약자에게 해독제(차나 커피 등 액체에 녹인 알약 두 정)를 투여한다. 10분쯤 후에 그는 다시 정상으로 돌아온다. 기억은 통째로 없어진다. 투약자는 엄청난 피로를 느낀다. 며칠 동안 계속해서 약을 투여할 경우, 투약자는 공황과 쇼크를 겪을 수 있다. 자기 삶의 한 부분이 기억에서 통째로 지워진 데다가, 자신에게 무슨 일이 일어났는지 알아낼 수 없기 때문이다."

이와 같은 리트비넨코와 칼루긴의 진술마저도 립킨의 정치 생명을 살려 내지는 못할 것이다. 푸틴은 1990년대 말에는 절친한 친구였지만 지금은 그의 철천지원수가 된 베레좁스키와의 이번 싸움에서 승리했다.

립킨을 대선 경쟁에서 결정적으로 탈락시킨 뒤, 또 토론회에 립킨이 불참 의사를 밝힌 뒤 정확히 하루가 지난 오늘부터 대선 운동이 공식적으로 시작됐다. 각 후보에게는 국영 TV 채널에 네 시간 반 동안 출연할 수 있는 자유 유세 시간이 주어지며, 생방송의 형태로 방영된다. 푸틴에 대한 음해성 문건을 갖고 있었던 유일한 인물인 립킨은 생방송 출연의 기회를 자진해서 포기했다. 그게 바로 크렘린이 원했던 것이다.

오후 2시, 푸틴은 3백 명 이상의 지지자들을 모스크바 대학에서 만났다. 그는 첫 취임 때에 자신이 했던 사업에 대해 설명했다. 방송기자와 모든 언론인이 그 자리에 초청됐지만, 행사를 보도하면서 주요 국영방송사들이 강조했던 것처럼, "푸틴은 한 개인으로서 발언했다." 푸틴은 TV 공개 토론에 참여하기를 거절했고, 이번 발언은 그 옛날 〈공산당〉 전당대회에서 당서기가 했던 연설만큼이나 밋밋했다. 모스크바 대학에 모인 청중들은 그가 마무리 발언을 하자 자리에서 일어나서 미친 사람들처럼 손뼉을 쳤다.

따라서 한 대선 후보가 방송이 나가는 동안, 9백만 루블(약 2억 9천만 원) 정도의 가치가 있는 시간을 자기 얘기를 하느라고 다 써 버린 셈이었다. 30초간의 선거 광고에 〈로시야〉 채널에서 정한 공식 요금은 9만 루블에서 16만 6천 루블이다. 푸틴은 요금을 치렀을까? 이것은 선거에서 이득을 보기 위해 국유재산을 남용한 명백한 사례이자 명백한 선거법 위반이다.

6백 명의 기자들이 이 모임을 보도했다. 기자들은 오전 9시 30분에 외무부 건물의 프레스 센터에 집결했고, 정오까지 기자 등록을 계속했다. 버스에 오르기 전, 모두가 몸수색을 당했다. FSB의 *끄나풀*처럼 보이는, 아니 *끄나풀*인 것이 틀림없는, 대통령 선거운동 팀의 한 운동원이 우리에게 장광설을 늘어놓았다.

"한 번 더 반복합니다. 이따가 어떤 질문도 하지 마세요! 모두들 잘 알아들으셨습니까?"

여느 러시아 가정에서 자기 자녀를 청소년 캠프에 데려다주듯, 기자들은 스물세 대의 녹색 버스에 태워져 경찰의 호위를 받으며 모임 장소로 이동했다. 기자들은 모임이 끝난 뒤에 다시 버스에 태워져 되돌아왔다. "선 바깥으로 나오지 마시오!" 어떻게 이것이 조국의 더 나은 미래를 약속할 방법을 찾자고 모인, 한 개인과 그의 친구들 간의 개인적인 만남이란 말인가?

중앙선거관리위원회 서기 중 한 명인 올가 자스트로즈나야는 대통령 연설을 방송한 것은 "선거운동법의 직접적인 위반"이라고 주장했다. "왜냐하면 그 방송은 정보 전달이라기보다는 분명히 정치적 홍보였기 때문"이다.

〈독립 선거 협회Independent Electoral Institute〉 회장이자 전임 선거관리위원회 서기였던 알렉산데르 이반첸코 역시 분명하게 짚었다.

"푸틴의 선거 유세는 문화적인 선거 기준에 미달합니다. 실제로 선거 절차에 불법적 요소가 있었습니다. 대통령 선거를 무효화해야 하지만, 중앙선거관리위원회는 손을 놓고 있습니다."

이에 대한 여론의 반응 또한 전혀 없었다. 〈효율 정치 재단Effective Politics Foundation〉의 회장을 맡고 있는 뼛속까지 냉소적인 인사이자 크렘린의 핵심 정치 홍보 전문가인 글레프 파블롭스키는 아예 대놓고 말했다.

"누가 추가로 몇 분을 더 쓰든 유권자들은 신경도 안 씁니다!"

텔레비전은 낙관적인 뉴스를 통해서 세뇌 활동을 계속했다. 오늘 카샤노프 Mikhail Kasianov 총리는 농업 생산량이 1.5퍼센트 상승했고, 푸틴 임기 동안 러시아 영농의 성공적인 발전을 위한 모든 조건이 고루 갖춰졌다고 전했다.

"우리는 전 세계 곡물 시장에서 러시아의 우월한 지위를 되찾기 위해 만반의 태세를 갖추고 있습니다."

카샤노프는 그렇게 확언했다. 그런 아부가 그의 목숨을 구할 수 있을지는 의문이다. 카샤노프는 곧 제거될 것이다. 푸틴은 자신이 꼭두각시에 지나지 않았던 시절에 대해, 자기가 옐친의 후계자로 선택되기까지 걸어왔던 길을 상기시키는 옐친 시대의 잔여 정치인들에 대해 언짢아한다.

우리는 선거운동 기간 내내 무기 판매와 농산물 수출에서부터 우주 탐사에 이르기까지 러시아가 세계 최고라는 말을 들었다. 지금까지 듣지 못한 말은 러시아가 자동차 제조업에서 세계 최고라는 소리다. 지엄하신 나리들의 엉덩이가 지굴리를 탔던 경험을 아직 잊지는 않았음이 분명하다.

2월 13일

두마가 무슨 영향력이 있기나 한 걸까? 투표일을 앞두고 푸틴은 과거 〈야블로코〉 의원이자 저명한 자유주의 정치인인 블라디미르 루킨Vladimir Lukin을 인권 옴부즈맨으로 위촉하고자 했다. 〈통합 러시아〉는 갖은 노력을 다하고 있다. 〈로디나당〉과 〈공산당〉이 표결을 거부하겠다고 했지만, 임명안은 통과됐다. 루킨은 이 무기명 투표의 유일한 후보였다. 다른 이들은 완전히 배제됐다. 루킨은 이 분야에서 일하길 고대하고 있다면서 기뻐한다. 하지만 인권 보호가 필요한 사람들은 어떻게 되는 걸까?

(루킨은 진취성이 결여된 평범한 옴부즈맨으로 드러났다. 항상 크렘린의 손바닥 아래 있었을 뿐, 허락된 울타리 밖을 한 번도 벗어난 적이 없었다. 말하자면, 체첸은 루킨의 우선 사항이 아니었다.)

전임 체첸 부통령이자 두다예프[42]와 마스하도프[43] 대통령의 동료인 젤림한 얀다르비예프가 카타르에서 사망했다. 폭탄은 그의 지프차 밑에 장착된 것으로 보인다. 얀다르비예프는 2차 체첸 전쟁이 시작되자마자 체첸을 떠났다. 이번 일은 러시아 정보기관, GRU 아니면 FSB의 소행이 거의 확실하다. 둘 중 전자일 가능성이 크다.

이반 립킨은 런던에서 귀국하지 않을 거라고 밝혔다. 고국을 떠나 있는 대통령 후보는 러시아 역사상 처음이다. 이 정권이 그에게 약물을 투여했다는 것을 지금 의심하는 사람은 아무도 없다.

우리 신문사의 편집국에 전화가 한 통 걸려왔다. 정보기관 내부의 '지지자' 인 듯하다.

"만약 립킨이 TV 토론회에서 푸틴에 대한 어떤 음해성 문건을 꺼내 놓는다 면 또 한 번의 테러가 있을 거라고 런던 쪽에 전달하시오. 우리는 당신들이 그럴 수 있을 거라는 걸 알고 있소. 어쨌든 대통령은 여론의 관심을 다른 데 돌려야 할 테니까 말이오."

우리는 그 메시지를 전달했다. 하지만 립킨은 선거에서 이미 손을 뗀 뒤였다. 립킨은 자신의 목숨을 잃을까 봐 전전긍긍하고 있다.

자유주의를 지지하는 유권자들은 지금 두 갈래로 나뉘어 있다. 하카마다는 모스크바에서 자기 지지자들과 간담회를 소집했고, 나도 동행했다. 많은 이들 이 대놓고 말한다. "하카마다를 지지하지 않을 거라면 다른 후보 모두에게 반대

---

42) 조하르 두다예프Dzhokhar Dudaev, 1991년 소련이 붕괴되자 체첸 독립을 선포하고 러시아와 제1차 체첸 전쟁을 수행한 체첸 지도자. 1996년 러시아군에 의해 살해됐다. 옮긴이

43) 아슬란 마스하도프Aslan Maskhadov, 제1차 체첸 전쟁에서 가장 크게 이름을 떨친 체첸군 사령관. 1997년 체첸 공화국 대통령으로 피선되어 러시아 크렘린의 옐친 대통령과 평화협정에 조인했지만, 비종교적 민족 주의자와 이슬람 원리주의자 사이의 분열을 막지 못했다. 2005년 공화국 내 갈등을 평화적으로 해결하기 위해 애쓰던 중 러시아 FSB에 의해 피살됐다.

표를 던지거나 아예 투표하지 않는 것밖에는 도리가 없다." 로고진과 글라지예프는 국권이 흔들린다고 생각하는 사람들의 감정을 가지고 위험한 장난을 계속하고 있다.

2월 14일

모스크바에서 또 한 차례의 비극이 발생했다. 야세네보 지역의 트란스발 아쿠아 파크의 지붕이 무너져 내린 것이다. 이번 참극은 그날 저녁 밸런타인데이 행사가 절정에 달했을 때 일어났다. 원형 지붕의 70퍼센트, 다시 말해 야구경기장만 한 크기의 물체가 수영장 위로 떨어진 것이다. 공식적으로는 아쿠아 파크에 426명이 있었다고 보도됐지만, 비공식 자료에 따르면 거의 천 명 가까이 되는 사람들이 안에 있었다고 한다. 건물은 온통 수증기로 덮여 있었다. 영하 20도의 날씨에 수영복을 입은 사람들이 밖으로 뛰쳐나왔다. 레스토랑과 볼링장, 목욕탕, 사우나, 체육관은 물론이고 유아용 수영장과 가족 쉼터 역시 최악의 피해를 입었다. 당국에서는 이번 일이 테러는 아니라고 밝혔다.

관료 집단은 새로 창당한 〈군인 어머니당〉을 훼방하기 시작했다. 정당 등록을 관할하는 법무부는 그 당으로부터 아직 어떤 서류도 받은 것이 없다고 주장했다. 사실 서류가 이미 법무부에 제출됐을 뿐 아니라, 〈군인 어머니당〉 역시 법무부가 발급한 공식 접수증을 가지고 있다. 〈군인 어머니당〉이 창당에 관한 혼란스럽고도 까다로운 법을 위반하도록 유도할 속셈으로 관료들은 지금 온갖 종류의 덫을 설치하려고 한다. 하지만 그 덫들은 쉽게 제거될 수 있을 것이다. 어머니들은 하나하나 점검하면서 잘 헤쳐 나가고 있기 때문이다.

법무부 대변인 예브게니 시도렌코가 말했다.

"우리가 그런 정당을 등록할 수 있을 것인지 확신이 안 섭니다. 정당은 인구의 특정 집단에게 회원 가입을 제한할 수 없어요. 군인 어머니가 아닌 사람이 이 당에 가입을 원한다면 어떡할 참이랍니까? 그러니까 군인 아버지라면?"

시도렌코는 점쟁이가 틀림없다. 아버지들도 가입 의사를 밝혀 왔기 때문이다. 정치에 있어 우리의 사하라 사막에서 〈군인 어머니당〉은 어찌나 매력적이던지 당의 명칭이 무색할 만큼 많은 남자들이 가입을 해 왔다. 또한 그 누구도 남자들의 가입을 불허하지 않은 것은 물론이다. 뿐만 아니라, 현역 장교들까지도 당의 조직이 확정되면 어떤 역할이 맡겨지길 기대하면서 〈군인 어머니회〉 쪽으로 전화를 걸어오고 있다. 이들은 러시아 젊은이들의 목숨을 빼앗는 기계에 불과한 군대와 타협하기를 거부하는 명예로운 장교들이다. 〈군인 어머니당〉은 군을 구하고, 군에 대한 공적 책임을 확립하는 구체적인 실현 방안으로 부상하기 시작했다.

2월 15일

상트페테르부르크에서 스킨헤드 집단에게 살해당한 소녀 후르셰다의 가족인 술타노프 일가는 아이의 유해가 든 조그만 관을 짊어진 채 러시아를 버리고 타지키스탄으로 떠났다.

FSB는 지하철 폭발 수사를 담당하고 있다. 이번 사건은 미국의 9.11 사태와 비교되면서 그 즉시 새로운 힘이 실리게 됐다.

남부에 맞선 북부의 전쟁은 계속되고 있다. 이것이 마지막 테러 공격이라고 생각하거나, 그 배후에 체첸 반군이 있음을 의심하는 사람은 아무도 없다. 여기 러시아 남부에 사는 사람들을 억압하는 일에 대다수 러시아인들이 찬성한다.

러시아인의 70퍼센트가 캅카스 주민 모두를 쫓아내기를 바란다. 하지만 어디로 쫓아낸단 말인가? 캅카스는 여전히 러시아의 일부다.

　오늘은 러시아군이 아프가니스탄에서 철군한 지 15주년이 되는 날이다. 이것을 아프간 전쟁의 마침표로 보지만, 이미 우리는 테러리즘이 자랄 씨를 뿌려 놓았다. 미국인들이 빈 라덴을 키운 것과 같은 맥락이다. 그 옛날 아프간 전쟁이 있었기에 오늘날 빈 라덴이 있는 것이다.

2월 16일

　트란스발 아쿠아 파크 사고 피해자들을 위한 헌혈 센터가 설치됐다. 우리는 이 상황에서 무엇을 해야 하는지 깨닫기 시작했다.

　〈유코스〉의 주주들은 정부에 호도르콥스키의 보석금을 지불할 준비가 돼 있다고 발표했다. 이스라엘로 피신한 레오니트 네브즐린은 호도르콥스키와 플라톤 레베데프[44]를 풀어 주는 대가로 자신의 지분을 포기할 의향이 있다고 밝혔다.

　네브즐린은 〈메나텝 그룹Menatep Group〉의 주식의 8퍼센트를 보유하고 있다. 그는 미하일 브루드노Mikhail Brudno(7퍼센트)와 블라디미르 두보프Vladimir Dubov(7퍼센트) 또한 지분 양도에 가세할 것이라고 말한다.

　호도르콥스키는 감방에서 분노를 표시했고, 보석으로 풀려나는 것을 거부했다. 그는 자신의 잔을 마지막 한 방울까지 비우기로 결심했다.

---

44) Platon Lebedev, 조세 회피 의혹으로 8년의 징역형을 선고받았으며 〈유코스〉의 대주주인 〈메나텝 은행〉의 경영주다.

2월 17일

NTV 방송사는 '나머지' 대통령 후보들을 위해 선거 홍보와 토론에 방송 시간을 할애하는 것을 거부하고 있다. 방송사 측은 이들 후보들이 여론조사 지지율이 낮기 때문에 아무도 프로그램을 보지 않을 것이라고 주장한다. 어떤 나라든지 다 제 깜냥의 후보들이 나온다지만 최소한 후보들에겐 말할 기회가 주어져야 한다. 방송사가 크렘린의 압력을 받아 내린 결정이라는 것은 두말할 나위도 없다.

모스크바에서 하카마다를 지지하는 위원회 모임이 페트롭카에 있는 세련되고 비싼 베를린 클럽에서 있었다. 하카마다는 말했다.

"저는 교수대로 걸어가는 사람처럼 이번 선거에 돌입하고 있습니다. 제겐 목표가 단 하나뿐입니다. 당국자들에게 러시아에는 자신의 소명이 무엇인지 똑바로 아는 정상적인 사람들이 있다는 것을 보여 줄 겁니다."

훌륭한 말이다. 하카마다는 두려움이 아직 러시아를 정복하지 못했음을 보여주려 한다. 두려움은 푸틴에게 무조건적인 승리를 안겨 줄 것이다.

〈통합 러시아〉 또한 푸틴을 지지하는 '민주주의 인텔리겐치아' 모임을 개최했다. 여기서 푸틴이 적들에게서 진흙 세례를 받고 있다는 말이 나왔다. 푸틴의 지지자 중에는 베테랑 가수인 라리사 돌리나Larisa Dolina, 연극 연출가이자 영화 감독 마르크 자하로프, 배우 니콜라이 카라첸체프와 서커스 감독 나탈리아 두로바가 포함돼 있다. 이들은 "대통령의 명예와 위엄에 대한 수호"를 요청하는 편지 한 통을 받았고, 적절한 때에 그런 요청에 부응한 것이었다. 〈통합 러시아〉의 전체 당원이 74만 명에 육박하고, 2백만 명 이상이 '지지자들'로 등록된 상태라는 얘기가 스쳐 지나갔다. 다만 그 수치가 의미하는 바에 대한 설명은 없었다. 〈통합 러시아〉는 정당으로서의 자당의 목표는 대통령을 지지하는 것임을 강조했다. 정책에 대한 지지도, 이상에 대한 지지도, 개혁 프로그램에 대한 지지도 아니었다. 오로지 개인에 대한 지지였다.

중앙선거관리위원회는 3월 14일에 치를 선거를 위해 200명 이상의 선거 감시인이 공식적인 승인 절차를 마쳤다고 기쁨에 찬 목소리로 밝혔다. 다 합쳐 선거 감시인은 400명 남짓할 것으로 예상된다.

테러에 대처하는 애처로운 투쟁에 두마가 기여하는 부분은 아주 미미하다. 비밀경찰과 첩보원의 힘은 확대될 것이며, 자살 폭탄 테러범의 형량을 늘리기 위한 형사법 개정안이 채택된 상태다. 이제부터 그들은 종신형을 받을 것이다! 이 허무맹랑한 조치는 테러라는 방식으로 삶을 정리하기로 마음먹은 사람들을 제지하기에는 역부족으로 보인다. 오늘날 제4차 두마는 얼빠진 러시아 관료들의 집단 지성이다.

두마는 푸틴이 좋아하는 것을 알기 때문에 정보기관에 아첨한다. '노르트-오스트' 사건 직후 테러와의 전쟁 명목으로 정보기관이 추가로 받은 30억 루블[약 953억 7천만 원]에 대해서는 일언반구도 없다. 그 돈은 전부 어디로 갔는가? 어째서 테러는 줄어들지 않는가? 4차 두마는 테러에 맞선 순수하게 가상적인 싸움에 입법의 축복을 내렸다. 정보기관의 효율성은 질문거리조차 되지 않으며, 모든 갈등의 뿌리에 놓인 체첸 문제는 언급조차 되지 않고 있다.

2월 19일

세르게이 미로노프가 TV 토론에 참여하기는 이번이 처음이다. 마치 그가 푸틴이라도 되는 듯 모두가 앞 다투어 그를 꾸짖었다. 그러나 미로노프는 대신 매 맞는 소년이 되기를 거부한다.

"당신 역시 푸틴이죠!"

하카마다가 말했다.

"테러 사건 후 그리즐로프가 경질됐어야 했는데도 어째서 그가 승진한 거죠?"

"나는 푸틴 후보의 대리자가 아닙니다!"

미로노프가 대꾸했다.

"그렇다면 내각 권력 3순위 자격으로 대답해 보세요."

하카마다도 멈추지 않았다. 미로노프는 묵비권을 택했다. 이것이 우리가 보는 토론의 형태다. 누구도 토론에 대해 진지하게 생각하지 않는다. 토론회가 매우 이른 새벽에 방송되는 것도 다 이런 이유다.

중앙선거관리위원회는 런던 현지에서 생중계로 선거전 토론회에 참가하는 것을 허락해 달라는 립킨의 청을 거절했다. TV 생중계로 립킨이 푸틴을 물고 늘어질 수 있는 방법은 이젠 없다.

2월 21일

보로네시에서 이 지역 의과대학 신입생인 스물네 살의 아마르 안토니우 리마가 열일곱 군데가 찔려 사망했다. 아마르는 기니비사우 출신이다. 최근 몇 년 간 보로네시에서 외국 학생이 살해되기는 이번이 일곱 번째다. 살인범들은 스킨헤드로 밝혀졌다.

지난 번 총선에서 지리놉스키의 구호는 "우리는 빈자들을 지지한다! 우리는 러시아 민족을 지지한다!"였다. 이 구호를 〈통합 러시아〉가 승계했고, 그런 이유로 궁극적으로는 그 구호를 '헌법의 보증인' 이, 그리고 스킨헤드가 이어받았다.

2월 22일

　말리시킨과 미로노프(그리고 물론 푸틴)를 제외한 모든 대선 후보들이 동시에 후보 사퇴를 발표할지도 모른다는 설이 점점 힘을 얻고 있다. 이미 글라지예프는 사퇴 의사를 밝혔고, 립킨과 하카마다 역시 사퇴 직전에 몰려 있다. 친푸틴 성향의 언론은 3월 14일에 그들이 눈곱만큼도 안 되는 표를 얻을 것이 뻔해서 정치적 체면을 세우려고 이런 음모를 벌이는 거라고 비난한다.

　하지만 진짜 이유는 푸틴이 다른 후보들을 웃음거리로 만들면서까지 선거일 전의 모든 토론회에 불참하는 처사에 대한 좌절감, 바로 그것이다. 하카마다의 말을 인용하면, "선거운동은 점점 더 무법적이고 부정직하게 변하고 있다."

2월 24일

　선거일을 19일 앞두고 푸틴의 내각 해산이 TV로 생중계됐다. 헌법에 의하면 신임 대통령이 새 내각 구성원을 임명하며, 전임 내각이 사퇴하는 것도 바로 새 내각 구성이 완료되는 시점이다. 해산의 이유는 밝혀지지 않았다. 비록 추측은 무성하지만 현 내각은 비난받을 이유가 하나도 없다. 유일하게 제기되는 설명은 대통령이 선거가 끝나고 자기가 누구와 일하는지 알 수 있게 창구를 열어 놓고 유권자에게 다가가겠다는 의도가 아닐까 하는 것이다. TV에서 해임된 장관들은 자신이 해고됐다는 사실을 통보받았을 때 가슴을 가득 메웠던 기쁨에 대해서 털어놓았다. 크렘린은 이번 선거가 완전히 엉터리며, 정부는 장식품에 지나지 않는다고 유권자들에게 홍보한 꼴이 됐다. 정치 홍보 전문가들의 선택에 따라 언제라도 내각은 사라질 수 있는 것이다.

푸틴이 카샤노프 대신 누구를 총리로 임명하고 누가 내각에 들어가는지가 과연 중요할까? 아니다. 이 나라의 모든 것은 대통령행정실에서 결정한다. 이런 해임은 특수작전과 비슷하다. 완전히 은밀한 상태에서 진행되기 때문이다. 소그만 틈 하나 없다. 장관의 경질은 정확히 조준된 군사 공격과 같다. 각료들 대다수는 TV 뉴스를 통해 자신이 해임된 사실을 알았다.

이런 식의 내각 해산은 러시아 내 정치적 올리가르히의 존재를 방증한다. 이들 무리는 있어도, 지금까지 눈엣가시였던 금융 올리가르히는 어디에도 없다.

공영방송사들마다 "대통령은 무능한 장관들의 교체를 통해 러시아 국민들이 3월 14일에 어떤 인물이 등용되어야 하는지 알기를 원한다"고 두둔하고 있다. 선거가 이미 끝나기라도 한 것마냥.

대통령으로서의 푸틴의 첫 번째 임기는 사실상 오늘 끝났다. 또한 이것은 카샤노프가 마지막까지 핵심 요직을 지키고 있던 옐친 시대의 종말이다. 이제 푸틴은 자신의 두 번째 임기를 옐친의 정책과 거리를 두는 데 쓸 것이다.

미국에서 옐레나 보네르는 공개서한을 보내 대통령 후보들에게 호소했다.

다시 한 번 저는 이리나 하카마다, 니콜라이 하리토노프, 이반 립킨 대통령 후보님들께 대선에서 공동 사퇴하시길 요청 드립니다. 입후보 과정을 통해 여러분 한 분 한 분은 유권자들에게 각자의 정강 정책을 소개하고, 러시아 사회와 세계 여론을 향해 이번 선거의 부정에 대해 알렸습니다. 1번 후보인 푸틴을 그의 허수아비들에게 맡기고 떠나십시오. 그리고 여러분들을 지지하는 무리와 일반 유권자들에게 선거를 보이콧하라고 호소하십시오. '보이콧'이라는 낱말을 싫어하는 분이 있다면, 이것을 퍼레이드에 나서지 말라는 호소라고 생각하셔도 좋습니다. 그렇게 된다면, 그들이 몇 퍼센트의 득표를 꿈꾸든 아무 소용없을 테니까요. 중요한 것은 정부가 실제 득표수를 알 것이란 겁니다.

더 중요한 것은, 의식적으로 투표를 거부한 모든 이들이 정부가 뒤에서 획책한 이 거짓에 가담하지 않음으로써 자존심을 얻는 일입니다. 나아가 가장 중요한 것은, 거짓에 동참하지 않음으로써 여러분의 목표, 좌우를 막론하고 모든 정치인들과 그들의 정치적 지지자들이 앞으로 4년간 공유할 목표를 분명하게 가르쳐 줄 것이라는 사실입니다. 즉, 오늘날 우리 조국에 강요되고 있는 가짜 선거 대신에 진짜 선거를 치르기 위한 제도를 복구시키는 싸움입니다. 후에 2007년이나 2008년에 여러분들이 합심하여 어떤 커다란 거짓과 사기에서 선거를 구해 낸다면, 여러분들은 그때 다시 유권자를 얻기 위한 싸움에서 정적이자 경쟁자가 될 겁니다. 하지만 지금 당장은 오직 여러분들의 공동 사퇴와 유권자들에게 투표 불참을 호소하는 것만이 전략적으로나 도덕적으로 타당합니다.

보네르의 애원은 아무 반응도 얻지 못했다. 어떤 논평도, 천둥이나 벼락과 같은 무엇도 없었다. 아무것도 없었다.

2월 26일

사람들은 TV에서조차 푸틴에 대해 키득대기 시작했다. 오늘 하바롭스크를 방문한 푸틴은 옛날이야기에 나오는 왕처럼 거만하고 군림하는 듯한 인상을 준다. 오전에 그는 하바롭스크-치타 구간 고속도로 개통식에 참석했다. 그 다음은 그에게 돈을 더 달라고 구걸하는 몇몇 참전 용사들과 담소한 후 곧바로 북부 지역 주민들의 연금 지원액을 늘렸다. 또 새로 지은 빙상 경기장에서 젊은 하키 선수들과 잠시 시간을 보내기도 했다. 태평양 함대 총사령관 빅토르 표도로프가 전력 감축 가능성에 대해 우려를 표명하자, 푸틴은 또한 "러시아의 태평양 주먹은 강해야 한다"고 수긍하면서 태평양 함대는 감축 대상이 되지 않을 것이라고 일축했다. 캄차트카의 잠수함 기지에 대한 지원도 약속했다. (페트로파블롭스크-캄차츠키에 있는 장교 마을의 상태를 직접 점검하기 위해 푸틴은 그곳을 방문할 참이다.) 그 다음, 교통부 장관 대행 바딤 모로조프Vadim Morozov가 시베리아 횡단철도와 바이칼-아무르 고속도로 사이의 연결 철도 건설을 위해 45억 루블[약 1,431억 원]을 요청했고, 푸틴은 그 돈을 내주었다. 사업가 겸 연해주 주지사인 세르게이 다르킨이 신형 선박 건조를 위해 30억 루블[약 945억 원]을 요청하는가 하면 야쿠티아 공화국 대통령 뱌체슬라프 시티로프Vyacheslav Shtyrov가 이르쿠츠크에서 극동까지를 잇는 석유관과 가스관 건설에 필요한 자금을 요청하자 푸틴은 그 역시 받아들였다.

누가 신임 총리가 될 것인지에 대해서는 아무런 귀띔이 없다. 소문만 떠돌고 있다.

어떤 이들은 푸틴이 직접 총리를 지명할 거라고 말하고, 또 다른 이들은 그리즐로프, 쿠드린Alexei Kudrin이 신임 총리가 될 것이라고 말한다.

저녁에 NTV에서 〈장애물을 향하여〉라는 프로그램이 방송됐다. 이 대결의 상대자는 소신파 두마 의원 블라디미르 리시코프, 그리고 푸틴의 스승이자 상관이었던 솝차크의 미망인 류드밀라 나루소바였다. 토론의 주제는 푸틴의 내각 해산 이유였다. 리시코프는 재치가 있었고, 악의 없는 아이러니로 일관했다. 우호적인 동시에 거드름 피우는 태도로 푸틴을 조롱했다. 방송에서 시청자들은 나루소바와 리시코프 중 누구를 지지할지 투표하도록 되어 있었다.

나루소바는 대통령이 매사에 옳게 행동했다고 주장했지만, 그것 말고는 아무것도 설명하지 못했다. 푸틴 지지자들의 가장 큰 특징이 바로 그거다. 시청자 투표 결과는 리시코프의 압승이었다. 푸틴을 지지한 나루소바가 1만 9천 표를 얻은 반면, 리시코프는 7만 1천 표를 얻었다. 푸틴이 더 없이 순수한 마음으로 선거에 돌입했다고 모두를 설득시키고자 했던 나루소바는 참패하고 말았다.

2월 27일

이번 선거에서 조기 투표의 문을 연 것은 공해상이나 상공에 있거나 해외 체류 중인 사람들, 또는 멀리 떨어져 있거나 접근 불가능한 지역에 있는 사람들이었다. 투표 결과는 3월 14일에야 발표되겠지만, 대부분의 선거 조작은 이 초기의 투표함에서 일어날 것이다. 그런 조작은 매우 쉽다.

2월 29일

주말 내내 우리는 총리 선임에 대해 대통령이 〈통합 러시아〉 주요 인사들의 자문을 구하고 있다는 소식을 들었다. 대다수 국민은 이것이 대통령의 피아르에 불과하며 누구에게도, 또 어떤 사안에 대해서도 실제로 자문을 구하는 일은 없을 것이라고 확신한다.

모스크바에서 문자메시지(SMS)를 이용해 가상으로 대통령 선거를 치렀다. 투표 결과, 푸틴은 64퍼센트, 하카마다가 18퍼센트, 글라지예프가 5퍼센트를 득표한 것으로 나타났다.

3월 2일

2006년에 있을 예카테리나 여제의 러시아 극장 설립에 관한 교서 선포를 기리는 250주년 기념 행사를 두고 푸틴이 배우 겸 감독 유리 솔로민Yury Solomin과 대화하는 장면이 모든 방송 채널에서 일제히 방영됐다. 푸틴은 아주 오랫동안 250주년 기념 행사를 개최하고 지속적으로 흥미를 끌려면 어떻게 해야 하는지 계속해서 질문했다.

러시아의 신임 총리는 미하일 프랏코프Mikhail Fradkov다. 그가 어떤 사람인지는 아무도 모른다. 소련 외무부 소속 관리였고 여러 대사관에서 근무했다고 한다. 소연방 해체 후에는 여러 부처 요직을 두루 거쳤고, 사회 침체기에는 세무경찰국에서 일했다고 한다. 프랏코프는 브뤼셀에서 돌아오는 여객기 안에서 "기술 총리a technical Prime Minister"[45]라는 말이 실제로 무슨 뜻인지 잘 모르겠다고 말했다. 말인즉슨, 푸틴이 자신을 임명한 의도가 무엇인지 잘 모른다는 뜻이다. 우리 러시아 국민에게조차 이 사람처럼 멍청한 총리는 매우 낯설다.

3월 5일

모든 상황이 부조리하게 변하고 있다. 두마에 의한 프랏코프의 총리 인준은 기네스북에 기록될 만하다. 미래 계획을 묻자 "나는 방금 막 그늘에서 나와 빛이 있는 곳으로 왔다"고 대꾸할 뿐인 작자에게 무려 352명이 찬성표를 던진 것이다.

프랏코프는 첩보원이었기 때문에 그림자 사나이라는 말은 맞다. 러시아 국민은 진짜 삼류 총리를 두게 됐다. 더욱이 대머리다. 그의 용모만 보더라도 정치적 책략에 능한 자라는 것을 알 수 있다. 푸틴, 오직 푸틴만이 막강한 실세로 남도록 하기 위해 프랏코프가 선택된 것이다. 아무것도 바뀔 리가 없다. 모든 결

---

45) 1998년 러시아 정치인 알렉산데르 쇼힌이 처음 쓴 정치적 은어로, 힘 있는 후원 세력을 배후에 갖고 있지 못하고 남에게 이끌려 다니는 정치인을 뜻하는 말이다. 보통 새로 입각한 신임 총리나 대통령의 총애를 잃어버린 재임 말기의 총리에게 붙여진다. 옮긴이

정은 푸틴이 계속 해 나갈 것이다.

새 정책이란 과연 무엇인가? 대답은 아무것도 아니라는 것이다. 프랏코프는 항상 당이 지시한 과제를 고스란히 실행할 뿐인 시시한 관료다. 그 이상도 그 이하도 아니다.

립킨은 분명한 해명도 전혀 없이 출마를 철회했다. 그는 정신이상자라는 인상을 계속 풍기고 있다.

하카마다는 니쥬니 노브고로드, 페름, 상트페테르부르크로 유세를 떠났다. 대중 앞에 선 그녀는 화가 나 있고 지쳐 있는 모습이다. 하지만 지금 상태가 그렇다면, 차라리 제일 먼저 그 세 곳은 피했어야 옳다. 하리토노프는 툴라를 찾았다. 말리시킨은 알타이에 도착했지만, 말을 제대로 잇지 못한다. 미로노프는 이르쿠츠크를 방문했지만, 원고를 보지 않고는 아무 말도 하지 못한다.

후보들 각각에 대한 방송국 논평의 핵심은 그들이 우리의 '으뜸가는 후보'와 감히 경쟁하는 것은 무도하기 짝이 없는 짓거리라는 것이었다. 민주주의적 관점에서 현실을 바라봐야 할 책임이 있는 기관이 점차 위축돼 가고 있다. 프로파간다는 소련 시대에 단일 후보에 대한 신임 투표를 이끌어 냈고, 아무런 말썽도 일어나지 않았다. 필시 다음 선거에서는 이런 문제들이 논의되는 것조차 우리 귀에 들리지 않을 것이다. 그때는 공식적으로 지정된 한 명의 야권 후보만이 있어서 사회는 그의 존재를 가볍게 제거할 것이다. 이 나라는 집단적 무의식 상태, 비이성 속으로 가라앉고 있다.

3월 8일

'국제 여성의 날'. 크렘린의 오랜 전통에 따라 푸틴은 생색이나 내려고 여성

노동자들을 불러 모았다. 트랙터 운전사, 과학자, 여배우, 교사가 틀림없이 그 안에 끼어 있을 것이다. 심금을 울리는 말, 샴페인 한 잔, 그리고 방송 카메라가 동원될 것이다.

오늘은 대선 후보들이 기권할 수 있는 마지막 날이다. 아직까지 출마를 포기한 사람은 아무도 없으며, 여전히 투표용지에는 말리시킨, 푸틴, 미로노프, 하카마다, 글라지예프, 하리토노프 등 여섯 명의 이름이 올라와 있다. 텔레비전 방송은 대부분 순록 사육자와 외딴 국경 초소 경비병들의 조기 투표에 관심이 쏠려 있다.

3월 9일

오늘부터 선거운동과 여론조사 발표 등의 행위가 금지된다. 그러나 프랏코프가 총리로 임명된 이후로 모두들 선거운동을 접은 상태다. 당국의 걱정은 부질없다.

3월 10일

푸틴이 모든 방송 채널에 출연해서 운동선수들에게 하계 올림픽에서 우승하려면 무엇을 준비해야 하는지 묻고 있다. 선수들은 자금 지원이 더 필요하다고 답한다. 푸틴은 그러겠다고 약속했다.

3월 11일

시베리아와 카자흐스탄의 처녀지를 경작하겠다는 흐루셰프의 공약이 있고 반세기가 지났다. 푸틴은 관저에서 사회 저명인사들을 접견하면서 그들에게 필요한 것이 무엇인지 물었다. 돈이 필요하다는 답이 돌아왔다. 푸틴은 지원을 약속했다. '새' 정부의 조각은 장래성이 없어 보인다. 최고위급 관료의 수를 줄이자는 이야기가 있었지만, 실제로는 오히려 그 수가 늘어났다. 해임된 장관들이 통폐합된 부서에서 다시 차관으로 등용된 것이다. 말하자면, 신임 관료 한 명에 구 관료 두 명을 합한 꼴이 돼 버렸다. 도합 24개의 옛 부처에서 42개의 새 부처를 만들어 낸 것이다. 카샤노프가 빠져 있을 뿐 내각은 변함없다. 여러 올리가르히가 통치하는 하나의 올리가르히 정부. 다만 그들 올리가르히들은 재무부, 국유재산부가 아니라 푸틴과 가깝다. 푸틴이야말로 정치적 올리가르히다. 옛날 같으면 그는 황제라고 불렸을 것이다.

3월 12~13일

침묵과 무관심. 텔레비전에서 쏟아져 나오는 신소리를 누구도 들으려 하지 않는다. 자, 그냥 무시하자.

3월 14일

어쨌든 푸틴은 당선됐다. 득표율은 대통령행정실이 애초 요구했던 것만큼이나 매우 높았다. 두마 의장 보리스 그리즐로프는 투표소 밖으로 나오면서 운집한 기자들에게 말했다.

"오늘 선거 유세는 금지돼 있지만, 여러분들의 호기심을 충족시키는 차원에서 저는 지난 4년간 러시아 경제를 튼튼하게 발전시킨 인물에게 표를 던졌다고 말하겠습니다. 오늘 날씨만큼이나 선명한 정책을 위해 한 표를 행사했습니다."

오늘 저녁 중앙선거관리위원회 위원장 알렉산데르 베시냐코프는 러시아 국민들을 향해 투표 기간 중 드러난 선거법 위반 사례는 아주 경미하다고 밝혔다.

"니즈니 타길에 소재한 투표소 중 한 곳에 정차된 버스에서 보드카를 팔다 적발된 사례가 있었습니다."

보로네시에서는 보건중앙위원회가 선거 기간 중 부재자 투표 확인증이 없는 사람은 어느 병원에서도 받지 말라는 내용의 114호 조치를 내렸다. 병원으로 들어가기 위해서 모든 환자들은 정식으로 투표 확인증을 가지고 나타났다. 로스토프-나-도누에서도 똑같은 광경이 되풀이됐다. 시립 병원의 전염성 질병과에서 어머니들은 부재자 투표증을 가지고 오지 않는 이상 아이들을 만날 수 없다는 말을 들었다.

바시코르토스탄 대통령 라히모프[46]는 92퍼센트의 표를 푸틴에게 바쳤다. 다게스탄은 94퍼센트의 표를, 카바르디노-발카리아는 96퍼센트의 표를, 인구셰티야는 98퍼센트의 표를 각각 바쳤다. 이들은 서로 충성 경쟁이라도 벌였던 것일까? 소련 붕괴 후 러시아가 새로 경험한 지난 13년의 세월에서 대통령 선거

---

46) 무르타자 라히모프Murtaza Rakhimov. 1993년 바시코르토스탄 공화국 대통령으로 선출됐고, 1998년과 2003년에 재선에 성공했다. 〈유럽 안보 협력 기구〉는 2003년 바시코르토스탄의 선거를 '기본적 사기 요소들'에 의해 망친 선거라고 규정했다.

가 치러졌던 것은 이번이 벌써 네 번째다. 1991년에는 옐친이 뽑혔다. 1996년에도 역시 옐친이 뽑혔다. 2000년에는 푸틴이 당선됐다. 2004년에는 푸틴이 다시 뽑혔다. 1번 후보에 대한 증폭되는 기대와 그에 대한 완전한 무관심에 이르기까지, 러시아 시민들에게는 똑같은 사이클이 끊임없이 반복되고 있다.

3월 15일

공식적인 집계가 지금 발표됐다. 푸틴은 71.22퍼센트를 득표했다. 승리!(비록 그것이 많은 희생을 치르고 얻은 승리라고 할지라도.) 하카마다가 3.85퍼센트, 하리토노프가 13.74퍼센트, 글라지예프가 4.11퍼센트, 말리시킨이 2.23퍼센트, 미로노프가 0.76퍼센트를 얻었다. 미로노프는 출마 후 푸틴에 대한 개 같은 충성을 바친 것 말고는 아무 한 일이 없다. 득표수는 그 점을 방증한다. '반테러 작전'을 수행하면서 썼던 방법을 나라를 통치하는 데 준용한다는 발상이 적중했다. "푸틴이 바로 국가다."

제2부

거대한 정치적 후퇴

2004년 4월에서
12월까지의 기록

푸틴의 재선 이후 우크라이나 혁명까지

푸틴의 재선 이후 러시아의 도시와 농촌에는 끔찍한 권태의 그림자가 드리워졌다. 소련 시절처럼 모든 것이 따분하고 비참해 보였다. 낙선한 후보들을 지지했던 자들조차 분노를 표현하지 못했다. '지금 무슨 일이 벌어지든 말든!' 이라고 말하는 듯 사람들은 대체로 자포자기 상태였다. 러시아는 사회적, 정치적 동면 속으로 다시 빠져들었다. 전대미문의 대재앙인 베슬란의 비극조차도 그 흐름을 막지 못했을 정도로 어마어마한 깊이의 새로운 침체기 속으로 다시 빠져든 것이다.

4월 6일

인구셰티야 공화국 수도 나즈란에서 무라트 쟈지코프Murat Zyazikov 대통령이 탄 메르세데스 벤츠가 폭발했으나, 대통령은 무사했다. 쟈지코프는 푸틴의 심복 중 한 명으로, 대단히 독특한 방식으로 두 해 전에 '선출'되었다. FSB 요원들은 푸틴의 직접적인 지시에 따라 행동하고 있다는 것을 굳이 숨기지도 않고 인구셰티야로 몰려들었다. 푸틴은 인구셰티야 정권이 국민투표를 통해 창출되어야 하지만, 자신의 통제 밑에 있는 인물이 권력을 잡아야 한다는 것을 분명히 하고 싶었다. 인구셰티야는 체첸과 국경을 접하고 있다.

FSB 장군 쟈지코프의 당선이 적법하다고 생각했던 사람은 아무도 없었지만, 법적으로 이의를 제기할 수 있는 방법은 전혀 없었다. 모스크바 법원이 푸틴에 대한 고소를 불허하듯이 인구셰티야 공화국 법원은 쟈지코프에 대해서 어떤 이의도 제기할 것 같지 않았다. 그런 답보 상태에서 폭탄 테러가 일어난 것이다.

쟈지코프는 방탄 차량에 타고 있었던 덕분에 살아남았다. 그는 이런 테러 행위를 인구셰티야 국민에 대한 도발로 규정했다. 쟈지코프에 대한 일말의 동정 여론 대신 공격의 배경에 대해 관심이 모아졌다. 한 가지 가능한 동기라고 여겨졌던 것은 쟈지코프는 물론이고 그의 사촌이자 수석 경호원인 루슬란비 쟈지코프의 비호 아래 들끓던 부패였다. 암살 시도가 있기 전 겨울 동안 루슬란비는 대통령의 친인척들은 물론이고 국민들로부터 비행을 자제하라는 충고를 받았다. 같은 내용의 충고가 쟈지코프에게도 전달됐다. 하지만 경고만으로는 아무런 효과가 없자, 올 3월에는 나즈란 시내 한복판, 루슬란비가 보는 앞에서 쌩쌩한 그의 신형 지프 차량이 불탔다. 당연하게도 대통령을 보좌하는 수석 경호원의 지프 차량이 파괴됐다는 소식은 은폐됐다. 루슬란비나 쟈지코프 두 사람 모두 그 문제를 쟁점화하지 않았다. 나즈란에서는 그 사건을 암살 시도로 해석하기보다 자제력을 상실한 관료에 대한 경고의 의미로 받아들였다.

두 번째 해석은 최근 인구셰티야에서 벌어진 일련의 납치 사건과 관련된다. 쟈지코프의 임기 동안 체첸과 동일한 패턴으로 납치 사건이 발생하기 시작했다. 희생자들은 복면을 쓴 신원 미상의 군인들에게 붙들려 번호판도 없는 차량에 태워진 다음 미지의 목적지로 비밀리에 끌려갔다. 피해자 가족들의 진술에 의하면 지금까지 납치 피해자는 총 마흔 명이었다. 쟈지코프는 이런 대규모 무법 상태를 강력히 부인했고, 납치 사건들에 대한 보도를 통제했다. 납치 사건은 인구셰티야 내에서는 보도될 수 없었으며, 검찰과 내무부 관리들만 자신의 인척들에게 비밀리에 언급하는 정도였다.

자연스럽게 피해자 가족들이 직접 발 벗고 나서서 자체 조사를 벌였고, 체첸의 경우처럼 직접 문제를 떠맡게 되었다. 정의가 존재하지 않는 곳에는 가혹한 처벌만이 존재할 뿐이다. 사람들은 인내심을 잃게 된다.

내 방문을 두드리는 소리가 들린다. 나는 나즈란 시의 한 호텔에 와 있다. 바깥에는 노인들이 긴 줄을 서 있다. 인구셰티야의 실종자 부모들이다. 사람들이 가축처럼 도살되고 있다고 한다. 연방군 소속인 듯 보이는 정체불명의 군용 차량이 주야로 시가지를 통과한다. 카라불라크에서 온 연금 생활자 마호메트 얀디예프는 아들 티무르를 잃었다. 티무르는 꽤 유명한 컴퓨터 프로그래머였으며, 젊은이들 사이에서 인기가 많았다. 사건은 초저녁에 일어났다. 티무르가 3월 16일 오후 다섯 시쯤 사무실에서 나설 때 복면과 위장복 차림의 무장 괴한들이 나타나 번호판도 달지 않은 흰색 니바 차량에 그를 밀어 넣은 다음 사라져 버렸다. 니바의 차체 또한 번호판이 없는 가젤로 덮여 있었다. 납치범들은 아무런 제지도 받지 않고 인구셰티야와 체첸 사이의 핵심 군사 검문소인 캅카스 국경 검문소를 통하여 체첸으로 들어갈 수 있었다. 거기서 납치범들은 소지한 ROSh[1] 신분증을 제시했다. 그들은 반테러 작전 지역 활동 본부에 소속되어 있었다. 얀디예프 가족이 밝혀낸 것은 이것이 전부였다. 사법 당국은 두 손을 놓고 있었다.

"나는 안 가본 곳이 없어요."

마호메트 얀디예프가 흐느꼈다. 아들이 겪은 참극에 마음이 짓눌려 있었다.

"검찰, 내무부, FSB까지 다 찾아가 물었어요. 어째서 내 아들이 붙잡혀 갔는지 말해 달라고 통사정했지요. 아들이 무슨 잘못을 저질렀든지 나는 알고 있어야 하니까요. 대답 대신 침묵만이 돌아왔어요. 수많은 의문점들이 있어요. 복면을 쓴 괴한들이 인구셰티야의 사법기관보다 위에 있나요? 도대체 그들이 누구죠? 우리 내무부에는 6천 명의 사람이 있습니다. 과연 이 6천 명이나 되는 사람들이 공화국 영토를 보호할 수 없는 건가요? 아니면 신원을 확인할 수 없는 그 괴한들이 시민을 납치하도록 방조한 것은 아닐까요? 화가 나는 것은 쟈지코프 대통령이 그 문제에 관해 일절 언급한 적이 없다는 사실이에요. 대통령이 아무 말도 하지 않는다는 것은 우리 시민들이 어디에 있는지 대

---

1) 〈반테러 작전 수행을 위한 작전 본부〉의 약칭. 2006년 8월 러시아 대통령령에 의해 〈체첸 공화국 관할 작전 본부Regional Operational Staff in Chechnya〉로 개칭됐다. 옮긴이

통령이 안다는 것이며, 대통령이 납치범들을 비호하고 있다는 뜻입니다. 러시아 전체에 스탈린주의를 복귀시키는 전초기지 역할을 하는 곳이 바로 체첸이지요. 우리 인구셰티야 국민들은 곧 체첸의 전철을 밟게 될 것입니다. 우리가 제일 가까우니까요. 푸틴과 그의 심복 쟈지코프를 증오합니다."

마호메트 얀디예프가 떠나자 그 자리를 체시 하즈비예바와 그녀의 아들 이슬람이 채운다. 3월 2일 체시의 눈앞에서 '신원 미상의 복면을 쓴 군인들'이 스물네 살 된 그녀의 딸 마디나를 총으로 쏘았다. 체시네 가족은 가무르지예보 마을에 있는 조모를 방문하려고 나즈란에서 차를 몰고 오던 중이었다. 체시가 울먹이면서 말했다.

"가무르지예보에 도착하기 직전이었어요. 앞에서 차들이 멈춰서기 시작하더니 이내 도로를 막았지요. 우리 역시 멈춰서야 했지요. 앞 차에서 복면을 쓴 군인들이 청년 한 명을 끌어내고 있었어요. 그들은 청년을 바닥에 내동댕이친 다음 아무 저항도 하지 않는 그를 향해 총을 쏘았어요. 당연히 나도 소리치기 시작했지요. '당신들 무슨 짓을 하는 거예요?' 대답 대신 총알 세례가 돌아왔어요. 내 딸의 경동맥을 끊어 놓았지요. 딸아이는 차 밖으로 나올 시간조차 없었어요. 남편은 어깨와 다리에 심각한 부상을 입었고요. 목숨은 건졌지만, 의사들은 뼛조각을 제거할 수 없었어요. 이제 나는 좀처럼 집밖을 나오지 않습니다. 사람들이 무서우니까요. 정부 당국은 위로의 말 한마디 없어요. 신문지상이나 텔레비전에서도 일절 언급이 없었어요. 텔레비전에서 방송되는 것만 보면 사람들은 우리가 천국에서 살고 있는 줄 알 거예요. 마디나가 왜 죽어야 했는지 나는 모르겠어요. 딸아이의 죽음에 누가 책임을 질 건가요?"

후에 나는 이드리스 아르차코프를 찾아냈다. 이 더없이 무고한 소녀의 살해 사건을 맡은 수사관이었다. 이드리스는 할 말이 거의 없었다. 진실을 두려워했고, 계속해서 논점을 흐렸다.

"여러분들은 이해할 겁니다……. 나는 일하고 싶습니다……."

인구셰티야에서 공포의 감정은 이제 하늘에서 만인을 내려다보는 용처럼 농부부터 검사에 이르기까지 모든 이들을 옥죈다. 나는 비밀 회담이라도 되는 양 대여한 차량에다 엔진을 켜 놓은 상태로 앉아 있는 이드리스에게 말을 건다.

직무를 수행하려는 의지보다 비겁함과 두려움이 앞서 있는 수사관 아르차코프의 말을 그대로 옮겨 보면 이렇다. "마디나는 정기적으로 인구셰티야를 급습하는 연방군 소속 암살단 일파에게 총격을 당한 것"이며 "3월 2일 그 암살단은 야전 사령관인 아흐메트 바스누카예프의 살해에도 가담"했다.

"물론 말해 뭐하겠냐만, 그들은 우리의 말을 무시하고 있어요. 연방군은 자기에게 어울리는 일을 하고 있어요. 알잖아요? 그들은 자기가 만든 그림자가 두려운 거예요. 그들로서는 현실을 직시하고 판단하는 것보다 차라리 죽이는 게 더 쉬운 일이죠."

"당신은 이제 어떻게 할 작정이죠? 연방군에게 사건의 책임이 있다는 것을 이제 확실히 알았으니까 말이에요."

"아무것도 하지 않을 겁니다. 다른 이들처럼 침묵을 지킬 거예요. 선거에서 이긴 뒤로 푸틴은 권력을 손에 넣었고, 그것은 우리가 그 앞에서 머리를 조아려야 한다는 뜻이니까요. 나는 마디나 살해 사건을 제쳐둘 겁니다. 마디나의 부모는 잠시 울다가 곧 잠잠해지겠지요. 별 볼일 없는 서민들이니까요. 검찰총장에게 편지조차 쓰지 못할 겁니다. 설령 그들이 편지를 쓴다 해도 오히려 당국은 꼼꼼하게 수사하지 않은 나에게 고마워할 겁니다."

아르차코프의 태도는 우리 시대의 전형이다.

하즈비예프 가족이 나가고 이제 내 방에는 무촐고프 가족이 와 있다. 이 모든 사건과 견줄 수 있는 무엇이 있다면, 그것은 바로 체첸이다. 소련 시대 식료품 가게 앞에서 흔히 볼 수 있었던 엄청나게 긴 줄이 기자에게 따라붙는 건 체첸이 유일하다. 이 줄은 비사법적 처형을 당한 희생자들, 혹은 현재 검찰이 공식적으로 묘사하고 있듯이 "반테러 작전에서 꼭 필요한 표적 집단"의 유족들이다. 그들은 '복면과 위장복 차림의 정체불명의 군인들'에게 끌려가 살해당한 '사라진' 모든 이들의 유족이다. 가족들은 사건에 책임을 져야 할 당사자들도, 사라져 버린 이들에 관한 어떤 흔적도 찾지 못한다. 실종된 이들의 흔적은 수사 중이든, 구류 중이든, 수감 중이든 그 어떤 국가기관에서도 발견하지 못할 것이다.

아담 무촐고프는 카라불라크 시에서 온 스물아홉 살의 교사, 바시르의 아버지다. 바시르는 백주 대낮에 자신의 집 밖에 세워져 있던 백색 니바 차량에 처넣어졌다. 아담의 남은 두 아들 역시 독자적으로 조사를 벌이고 있었다.

(나중에 그들은 납치에 책임이 있는 이들이, 쟈지코프 대통령의 친구인 세르게이 코랴코프 장군의 지휘 밑에 있는 FSB 인구셰티야 지부 요원들이라는 것을 밝혀냈다. 코랴코프 장군은 이 사건에 개인적으로 연루되어 있었다. 아담의 형제들은 바시르가 납치된 첫날밤을 나즈란(개명된 지명은 '마가스')의 대통령 궁 바로 뒤에 있는 인구셰티야 FSB 지부 건물에서 보냈다는 증거를 확보해 두었다. 오전에 바시르는 인구셰티야 FSB 지부 차량을 타고 체첸의 한칼라 러시아 중앙 군사기지로 호송됐다. 그 다음의 일에 대해 형제들은 더 이상 아무것도 밝혀내지 못했다. 정보를 제공해 준 사람 역시 인구셰티야 FSB 요원이었다. 한칼라에서 바시르 무촐고프를 보았다는 이들은 또한 아담에게 전하길 바시르에게 심한 고문의 흔적이 있었으며 건강 상태가 나빴다고 했다.)

아담 무촐고프는 최근 몇 달 간 납치된 40명의 명단을 내게 건네준다. 식구들이 수집한 비공식적 명단이다. 검찰청은 그 명단을 받지 않았다. 이제 희생자 가족들에게 남은 유일한 선택지는 뜻을 모아 연대하는 것이다. 2월 말까지만 해도 명단은 이보다 짧았고, 푸틴이 당선되기 직전 이 명단을 인구셰티야 검찰청 수석보좌관인 라시드 오즈도예프에게 제시한 바 있다. 라시드의 공식 임무는 인구셰티야 FSB 지부 활동의 적법성 여부를 추적, 관찰하는 것이었다. 마침 그 당시에 라시드는 납치당한 사람들에게 무슨 일이 일어났는지 쫓고 있었고, 역시 공화국 보안기관의 묵인 아래 비사법적 처형이 일어났다는 결론을 내렸다. 라시드는 주로 코랴코프 장군과 인구셰티야 FSB 지부에 의해 자행되고 있는 불법 행위에 대한 증거와 함께 보고서를 러시아연방 검찰총장 블라디미르 우스티노프에게 제출했다.

목격자에 의하면 3월 11일 오후 6시경 라시드 오즈도예프는 나즈란 대통령 궁 옆 주차장에서 자신의 차에 오르고 있었다. 스물네 시간 뒤 그의 지굴리 승용차는 방수포에 덮인 채 인구셰티야 FSB 지부 마당에서 발견됐다. 라시드의 친척들이 밝혀낸 바에 의하면, 그는 뭇매를 맞고 고문당한 상태로 다시 한칼라에서 발견됐다. 지금 그들이 알고 있는 것은 그가 더 이상 그곳에 없다는 사실뿐이다.

"매일 어찌할 바 모르는 상태로 나는 아들을 가슴에 묻습니다."

라시드의 아버지 보리스 오즈도예프가 고개를 숙인 채 조용히 말한다. 명예 퇴직한 판사이며, 인구셰티야에서는 상당한 유명 인사인 그는 젊지 않았다.

"아드님한테서 검찰총장에게 제출한 보고서에 어떤 내용이 들어가 있는지 들은 적이 있나요?"

"물론입니다. 비사법적 폭력이 발생한 사례에 대해서, 또 누가 그 책임이 있는지에 대해서 썼다고 했습니다. 나는 아들한테 말했지요. '이런 짓 하지 마. 이 자들은 무시무시한 조직이라고! 왜 그런 모험을 하려는 거야?' 그러니까 아들이 말하더군요. '아버지가 원하신다면, 이 일을 그만두겠어요. 하지만 제가 인구셰티야 FSB 지부를 감찰하는 것이 주 업무인 검사이고, 제가 감찰하는 단체가 살인과 납치에 연루돼 있다면, 저는 법의 테두리 안으로 그들을 다시 끌어들일 수 있는 법적 권한을 공화국에서 유일하게 지니고 있는 사람일 겁니다. 제가 그 권한을 즉시 사용하지 않는다면, 하늘은 용서하지 않을 겁니

다.' 아들과 나는 한참동안 얘기했고, 아들은 고개를 갸우뚱거렸죠. '글쎄요,
그들이 뭘 할 수 있을까요? 저한테 마약을 먹일까요? 아니면 무기를 들고 저
를 어떻게 할까요? 그들은 자신들의 요구를 관철시킬 수 없어요. 저도 검사
로서 이력이 났다고요. 모두들 제가 뇌물을 받지 않는다는 걸 잘 알고 있고
요.' 아들은 자기도 납치당할 수 있다는 가능성은 고려하지 않았지요. 아들이
실종되고 난 뒤 나는 쟈지코프 대통령한테 찾아갔고, 이 노인네는, 한때는 판
사였습니다만, 대기실에 앉아 한 시간 반 동안 기다렸어요. 나를 한참이나 기
다리게 한 다음, 쟈지코프는 자기 비서를 통해 나한테 할 말이 하나도 없다고
하더군요. 나는 그것이 누가 라시드를 납치했는지 그가 알고 있다는 증거라
고 확신합니다."

결국, 자식들이 납치된 가정의 아버지들은 회의를 소집했고, 쟈지코프에게
아들들이 어디에 있고 납치의 주범은 누구인지 밝히라고 요구했다. 하지만 때
마침 쟈지코프는 소치에서 푸틴과의 회견을 위해 출타하고 없었다. 쟈지코프는
푸틴에게 인구셰티야가 얼마나 번성해 가고 있는지를 보고하고, 유권자의 98퍼
센트가 당신, 블라디미르 블라디미로비치를 뽑았다는 것을 전할 계획이었다.

소련 시절 KGB에 근무했던 FSB 장군을 인구셰티야 대통령직으로 보낸 낙하
산 인사의 직접적인 결과로 국가가 지원하는 대규모 무법 행위가 자행됐다. 푸
틴이 신뢰할 만한 법질서의 보증인이 아니듯이 쟈지코프도 마찬가지였다. 나아
가 쟈지코프는 무질서에 이골이 난 인구셰티야 국민 다수의 희망을 짓밟은 자
였다. 쟈지코프가 주도했던 것은 민주정치로부터의 후퇴였다. 그리고 단순한
독재를 넘어서 국가 주도의 테러와 중세시대와 같은 잔혹 행위를 수행하는 것
이었다.

나는 모스크바의 푸틴 정부로부터 한참 떨어져 있는 이 외딴 지역에서 언론
검열이 어떻게 작동하는지 알고자 인구셰티야의 동료 기자들을 찾았다. 이를테

면 문제를 은폐하는 것은 사태를 더 악화시킬 뿐인데도 어째서 공화국 내 언론은 비사법적 처형에 대해 한마디도 하지 않는 것인지 묻고 싶었다.

그런 문제를 논하기는 결코 쉽지 않았다. 첫째로, 그런 사정에 대해 아무도 입을 열지 않으려 했다. 둘째로, 소련 시절처럼 감시의 눈길을 피해 차 안에서만 대화할 수 있었다. 내가 만난 이 사람은 깊은 체념 상태에 빠져 있었다. 이런 체념 상태는 사회 전체에 만연한 것처럼 보인다. 이 사람은 인구셰티야에서 발행되는 두 개의 신문 중 하나의 부주간이었다.

"어째서 이렇게까지 조심해야 하는 거죠?"

"내가 입을 열었다는 걸 알면 트랙터 운전수 자리도 구하지 못할 겁니다."

머리가 센, 총명한 전문 기자인 그가 대답했다.

"당신이 납치 사건, 관료들의 부패, 푸틴에 대한 '98퍼센트 지지'에 대해 쓴다면 무슨 일이 벌어질까요? 지난 12월의 의회 선거에서 대규모로 자행된 투표함 채우기 비리 같은 주제로요."

"그걸 쓴다면, 기사가 검열관의 손에 닿는 즉시 파면되겠죠. 또 앞으로도 일감을 찾지 못할 겁니다. 언론계와 전혀 무관한 나의 친척들까지도 일자리를 잃어버릴 겁니다."

내 동료는 '인구셰티야 안정화'란 신화를 떠받치는 검열 제도에 대해 말해주었다. 신문의 모든 논설은 대통령 공보관 이사 메르조예프Issa Merzhoev 개인에 의해 일차적으로 숙독된다고 했다. 그것이 바로 법이다. 메르조예프는 자기가 판단하기에 해롭다고 생각되는 것은 무엇이든지, '안정화 과정'을 약화시킬 수 있는 것은 무엇이든지 삭제한다. 현재 권력을 쥐고 있는 이들과 간접적으로라도 관련된다면 어떤 형태의 부정적인 정보도 검열의 대상이 된다. 쟈지코프의 친척들이 연루돼 있는 부패 관련 기사라면 실릴 수 없다. 체첸 전쟁이라는 주제로 쓸 수 있는 것은 교전 당사자들의 죽음이나 '난민의 자발적인 이주'에 관한 것뿐이다. 모든 비사법적 활동이 그렇듯이 암살단의 존재는 완전히 금기시된다.

라디오와 TV도 마찬가지다. 메르조예프는 정치적 시각에서 방송 프로그램을 직접 점검한다. 보도되는 모든 주제를 미리 살핀다.

하지만 어째서일까? 국민은 숨 쉴 공기 하나 없다. 완전한 절망 상태에 빠져 있다. 과연 체첸의 시나리오가 여기서 반복되기를 바라는 사람이 있을까? 인구셰티야에서는 그 누구도, 심지어 쟈지코프까지도 바라지 않는 일이다. 쟈지코프는 유능했던 전임 대통령 루슬란 아우셰프Ruslan Aushev와 다르다. 위기가 닥치면, 감당하지 못할 것이다. 하지만 제2의 체첸은 모스크바가 필요로 하는 것일지도 모른다. 게다가 쟈지코프는 모스크바에 전적으로 의지한다. 그의 대통령 취임을 확정한 것은 모스크바 정부였다. 크렘린이 제시한 두 가지 조건은 인구셰티야 국민이라면 누구나 다 알고 있다. 하나는, '반테러 작전'이 인구셰티야로 확대되더라도 반대하지 않고 자국민의 충성을 바치라는 것이고, 다른 하나는 북오세티아 측에 프리고로드니 지역 반환 요구를 하지 말라는 것이다.

그리고 쟈지코프와 그의 심복들은 지금 그 약속을 지키고 있다. 만일 현실 보도를 언론에 허용한다면 얼마 후 국민은 체첸과의 엄밀한 국경선 확정과 프리고로드니 지역 반환을 요구할 것이 불 보듯 뻔하다. 프리고로드니는 1944년 스탈린이 인구셰티야 인구 전체를 카자흐스탄으로 추방하면서 몰수했던 땅이다.

"그런 이유로 우린 탄압을 받고 있는 거지요."

기자는 말한다.

"그들은 인구셰티야에 있는 모든 이들이 크렘린의 정책을, 또 쟈지코프가 하는 일을 달가워하는 것처럼 보이기를 바라고 있지요."

"당신은 메르조예프에게 반기를 든 적이 있나요?"

"역대 편집장 중 누구도 감히 그런 걸 시도한 적이 없어요."

"그렇다면 누가 저항할 수 있을까요?"

"아무도 못할 거예요. 인구셰티야를 뜬다면, 아니 차라리 러시아에서 이민을 떠난다면 저항할 수 있겠지요."

"오늘날 인구셰티야에서 벌어지고 있는 사태를 간단히 정리해 본다면요?"

"막대한 유혈 사태를 동반한 소련 체제!"

소련 시절의 안정기는 물론 큰 업적이었다. 아프가니스탄에서 사망한 군인들의 관은 직접적인 신원 확인이 불허됐다. 반체제 인사는 강제수용소와 정신병원에 투옥됐다. 국민은 매사에 99.9퍼센트의 찬성투표를 했다. 당 지도자는 당 중앙위원회만을 두려워했다. 잘 훈련된 영화 예술가들은 미래에 대해 만인이 전적으로 낙관하는, '정치적으로 올바른' 영화를 제작했다. 서방국가들이 브레즈네프에게 재정 지원을 했던 것은 그 모든 것이 해체되지 않기를 바랐기 때문이다. 이것이 안정을 가장한 현실이었다. 2004년 4월 지금, 우리는 다시 원점으로 돌아왔다. 인구셰티야와 러시아 전역에서 현실은 안정돼 보이도록 세련된 모습으로 진열됐다. 서방은 또 다시 우리를 원조할 것이다. 러시아는 영원회귀의 법칙에 통달해 있다.

러시아 국민은 억압의 기미가 조금이라도 보일라치면 왜 그렇게나 놀라는 것일까? 종종 그런 생각을 한다. 러시아 국민은 시위를 하더라도, 국회 내 야당을 통해서나 부정선거 결과의 무효를 요구하면서 교양 있게, 공개적인 방식으로 시위를 하는 게 아니라 대통령의 벤츠 승용차를 익명으로 날려 버리는 방법을 택한다.

오직 전통의 문제일 뿐이다. 체계적인 저항에서 오는 막대한 수고로움을 겪으면서 사고하고 계획을 세울 수 없는 무능력함이 바로 러시아의 전통이다. 만일 우리가 무슨 일이라도 할 생각이라면, 인생을 개선할 수 있는 무엇, 당장 여기, 그리고 지금 우리가 할 수 있는 무엇이어야 한다. 그런 식으로 일이 진행되지 않으면, 삶은 개선되지 않는다.

또한 나는 어째서 쟈지코프가 푸틴과 매한가지로(쟈지코프는 푸틴의 복제물에 불과하다) 품위 있고 인간적이며 민주적인 방식으로 업무를 처리하지 못하는지 이해할 수 없다. 어째서, 권력을 유지하기 위해 거짓말하고, 배신하고, 부패한 관리를 후원하고, 자기 국민과의 만남을 거부하고, 국민을 두려워하며 그 결과로 국민을 사랑하지 않는 걸까?

근원적인 문제는 그들이 지도자로서 필요한 제대로 된 훈련을 받지 않았다는 데 있다고 생각한다. 그들은 소비에트식으로, 대단히 우연적으로 대통령직에 임명된다. 당이 명령하면, 열성적인 청년 공산주의자가 "알겠습니다. 인민위원 동지!" 하고 대답하는 식이다. 그들은 아마 한동안은 대통령이 됐다는 사실에 매우 기뻤을 것이다. 하지만 취임식과 기타 의전 행사들이 끝나고, 그러니까 불꽃놀이가 끝난 후, 대통령의 일상 업무를 접해야 한다. 경제를 돌보고, 수도관과 도로를 정비하고, 테러범들, 전쟁, 도둑질하는 관리들과 싸우는 일을 말이다. 그때 그들은 몹시 눈살을 찌푸리고, 자기가 탈레랑C. M. de Talleyrand이라도 되는 척하며 비밀스럽게 입을 다물고, 자신의 실패를 도처에 잠복해 있는 적들에게 돌리는 것 말고는 아무것도 할 수 없음을 깨닫는다.

인구셰티야의 쟈지코프는 매사에 모스크바에 있는 큰 우두머리 흉내를 내지만, 무엇보다도 특히 문제에 대한 기본적인 접근법이 비슷하다. 중요한 것은 문제를 해결하는 것이 아니라 TV에 보도되는 것을 통제하는 것이다. 현실이 아니라 가상이 중요하다. 까다로운 문제에 골치를 썩지 않아도 되는 방법으로 검열을 활용하는 것이다. 하지만 그런 흉내 내기의 단점은 사방팔방 도처에 존재하는 검열과 끊임없는 이중적 태도로 인해 매일의 쟁점을 논해야 할 대화 상대인 어떤 가시적인 반대 세력도 갖지 못하게 된다는 데 있다. 정부에 이의를 제기하는 목소리, 비판할 수 있고 대안적 사유를 제시할 수 있는 모든 이들은 어디에 있단 말인가? 더 이상 그곳에 있지 않기 때문에 그들의 말을 경청하는 것 또한 불가능하다. 모스크바와 인구셰티야 어디에도 없는 것이다.

한동안 쟈지코프의 공화국에서 공개적인 반대파는 무사 오즈도예프Musa Ozdoev와 그의 측근 몇 명뿐이었다. 무사는 쟈지코프와 같은 팀에 있었고, 한때는 그의 고문을 지내기까지 했다.

반대파인 무사 오즈도예프는 의회 선거 결과에 의혹을 제기했다. 법정에서 그는 선거구에서 수집한 집계표를 제출했다. 거기에는 사람들의 투표 여부가 기록돼 있었다. 이 특이한 선거 명부에는 이름이 다른 사람들이 똑같은 신분증을 가지고 있거나, 자기 것이 아닌 신분증을 가지고 있는 것으로 돼 있었다. 어떻게 야권이 12월 선거에서 '완패'하게 됐으며, 푸틴의 당인 〈통합 러시아〉가 화려한 승리를 거머쥐게 됐는지를 설명해 주는 몇 가지 단서가 여기 있다.

68선거구는 무라트 쟈지코프의 고향인 나즈란 시 외곽의 바르수키 마을에 있다. 이곳에는 쟈지코프의 친척들이 살고 있고, 바로 여기, 가장 높은 언덕 위에 대통령의 '양배추 성'이 세워지고 있다. 거대하고 어설픈 느낌을 주지만 초록색이 놀라우리만치 잘 어울려지는 중세풍의 이 건물로 그는 조만간 이사할 것이다. 당연하게도, 최악의 캅카스 전통에 따라서, 바르수키 투표소에서 투표를 감독했던 사람들은 쟈지코프의 친척들, 그의 봉신들, 그의 '성채'를 짓는 인부들, 납품업자들과 그의 수하였다.

나는 공식적으로 확인이 끝나 필요한 서명과 직인이 모두 찍힌 선거인 명부를 찬찬히 훑어보았다. 12월 7일 68선거구에서 누가 투표용지를 받아 갔는지 알려 주는 이 명부에서 우리는 최소한 세 명의 다른 시민이 No. 26 01010683이라는 동일한 신분증을 제시하고 투표했다는 사실을 밝혀냈다. 알한-추르츠카야 거리에 사는 티무르 함자토비치 발하예프와 쟈지코프 거리(쟈지코프 대통령과는 상관이 없다)에 사는 타메를란 마고메도비치 조르토프, 그리고 코르토예프 거리 5번지에 사는 베슬란 바가우디노비치 갈고예프가 그들이다.

여기서 또 다시, No. 26 01032665라는 똑같은 신분증이 바르수키에 사는 네 명의 시민(세 명은 남자고, 한 명은 여자)에 의해 사용됐다. 그들 중 셋은 유즈나야 거리 13번지에 살았다. 똑같은 여권을 사용한 그런 이중, 삼중, 사중 투표의 예는 수도 없이 많다. 다음으로 우리는 서로 다른 사람들의 신원 확인란에 동일한 서명이 적힌 다섯, 여섯, 열 상자나 되는 명부를 잇달아 발견했다.

12월 7일[총선]과 3월 14일[푸틴의 대선]의 선거에서 각각 사용된 바르수키의 선거인 명부를 비교해 보면서 우리는 동일 인물이 두 개의 신분증을 가지고 있음을 밝혀냈다. 12월 7일의 의회 선거용 명부에서 No. 26 02098850이라는 여권을 소지하고 있었던 사람은 티비-히(바르수키 안에 존재한다) 소재 농장의 아흐메트 타기로비치 아지고프지만, 3월 14일에는 똑같은 사람이 No. 26 03356564라는 여권을 사용하고 있다. 그렇다면 아지고프는 누구란 말인가? 그가 존재하기나 하는 걸까? 모두가 모두를 알고 심지어 서로의 부모와 조부모까지도 알고 있는 코딱지만 한 티비-히에서, 그러나 그를 찾아내는 것은 불가능하다고 밝혀졌다.

유사類似 아지고프는 수도 없이 많았다. 선거관리위원회가 공정한 결과를 보장한답시고 뻔뻔스러운 창의력을 발휘했기 때문이다! 하지만 이 모든 것의 결과는 함부로 웃을 수 없는 것이다. 민주정치뿐 아니라 러시아 사회의 몰락까지 초래하고 있기 때문이다. 인구셰티야에서 무사 오즈도예프는 이에 대해 항의했다. 마을마다 한 명 내지는 두 명 정도 무사 오즈도예프 같은 인물을 찾아낼 수 있겠지만, 정신병자로 취급받기 일쑤다. 현명한 사람들은 동정적으로 그들의 어깨를 토닥거리면서 말할 것이다.

"그래, 어서 해봐. 우린 무슨 일이 일어나는지 지켜보겠어."

만일 홀연히 나타난 마을의 '정신병자' 손에 용이 죽을 운명이라면, 수백만 명의 사람들이 그와 함께 영광을 나누고 승리의 열매를 누리려고 모여들 것이다. 하지만 케케묵고 끔찍한 소비에트의 관습이 그것을 대신한다. "너는 스스로 아무것도 하지 마라! 강바닥의 진흙 속에 가만히 누워 있어라. 그리고 새롭고 멋진 삶이 위에서부터 네게로 흘러내려 올 때까지 기다려라."

하지만 투표용지 위조 사건으로 다시 돌아가 보자. 왜 그랬어야 했을까?

대답은 간단하다. 3월 14일과 12월 7일 선거에서 푸틴이나 〈통합 러시아〉에 표를 던진 사람들이 충분치 않았기 때문이다. 서유럽 국가들은 투표결과를 강력히 믿었다. 하지만 투표율은 터무니없이 부풀려져 있었다. 인구세티야에서 나온 '푸틴을 지지하는 98퍼센트의 표'는 쟈지코프가 얼마나 절실하게 크렘린에 잘 보이려고 했는지를 여지없이 보여 준다.

그것이 전부다. 바로 그 때문에 쟈지코프의 공범자들은 국민을 무릎에 대고 부러뜨리며, 선거관리위원회 위원들의 팔을 꺾고, 국민을 타락시키고, 위협하고, 고문하고, 거짓 음모에 걸려들게 했던 것이다. 그들은 거짓 음모로 일관했다.

내가 접근할 수 있었던 선거관리위원회 위원들 대다수는 불안하다고 말했다. 위원들에게는 납치당할 수도 있는 가족과 자녀가 있었다. 자신에게 가장 소중한 사람을 잃는 것보다는 가짜 표를 보태는 편이 더 쉬웠다. 푸틴 치하에 살고 있는 우리가 스탈린 시대의 생활방식으로 돌아가고 있지 않다고 과연 누가 말할 수 있을까? 국민들 사이에서 목숨을 부지하고 싶거든 어떻게 살아야 하는가를 일깨워 주는 유전적인 기억 하나가 작동하고 있다. "흐름에 순응하라!"

도둑질하는 판사, 조작된 선거, 국민의 요구를 경멸할 뿐인 대통령으로 이루어진 이 체제 전체는, 그 누구도 항의하지 않기에 작동한다. 그것이 크렘린의 비밀 무기이며, 오늘날 러시아의 삶에서 가장 두드러진 특징이다. 또 이것이 푸틴의 정치 홍보 전문가 수르코프가 가진 천재성의 비밀이다. 공권력이 선거를 포함하여 모든 것을 자기 입맛대로 뜯어고칠 것이라는, 대중들 사이에 거의 보편화된 확신과 그것에 뿌리내린 무관심이 그 비법인 것이다. 일종의 악순환이다. 사람들은 자기와 개인적으로 관련된 일에만 반응한다. 아들 라시드가 납치됐을 때 노장 판사 보리스 오즈도예프가 보인 반응이라든지, 무촐고프 일가의 사례가 바로 그렇다. 위험이 닥치더라도 내 집이 안전한 곳에 있는 이상, 걱정을 사서 할 필요는 없다. 우리는 철저히 이기적인 모습을 하고 사회주의로부터 빠져나왔다.

그리고 그것이 쟈지코프 암살 시도의 배경이다.

4월 7일

오늘 이고르 수탸긴Igor Sutyagin이 "조국을 배신한 죄"로 15년의 징역형을 선고받았다. 수탸긴은 〈러시아 과학 아카데미Russian Academy of Science〉 산하 〈미국-캐나다 연구소〉에 근무하는 군사 전문가이자 학자이고, 전략무기와 군비 축소에 대한 학술 논문 수백 편을 집필했다. 푸틴은 FSB 국장 시절 수탸긴 사건을 개인적으로 맡은 바 있다.

수탸긴은 1999년 10월에 체포됐다. 해외 정보기관에 비밀 정보를 유출한 혐의였다. 사실, 수탸긴이 한 작업은 공개적으로 이용 가능한 정보를 분석하고, 기밀문서로 분류되지 않은 정보들에 근거하여 결론을 이끌어 내는 것, 그것뿐이었다. 수탸긴은 국가 기밀에 대한 사용 허가증조차 갖고 있지 않았다. FSB 역시 수탸긴이 공개적으로 이용 가능한 데이터를 사용하여 기밀로 분류된 결론에 이르렀다고 발표했을 뿐이다. 이번 재판은 누군가를 본보기로 징계하기 위해 꾸며 낸 재판임에 틀림없었다.

크렘린에 대한 충성을 과시하려는 듯, '본보기로 벌하기'는 법정에서 점점 더 흔해지고 있다. 수탸긴 사건의 선동자가 지금 러시아의 대통령으로 크렘린 궁 안에 있기 때문에, 수탸긴에게 유죄판결을 내리지 않는 것은 불가능하다. 더욱이 수탸긴 사건은 대중의 마음에 '타당한 억압'이라는 개념을 심어 주는 데에 사용될 수 있다. 즉, 사회의 적이 누구인지에 대해 다른 누구보다 정부가 더 잘 알고 있으며, 따라서 범죄가 입증되지 않더라도 특정 개인들을 처벌할 권리가 정부한테 있다는 것이다.

정부가 그 개념을 주입시킨 것은 정말로 시의 적절했다. 사회는 '타당한 억압'을 받아들였다. 인권 운동가들 외에 수탸긴에게 도움을 준 사람은 거의 없었다. 여론이 또 다른 '스파이', 해군 장교 그리고리 파스코Grigorii Pasko의 석방을 요구하자 파스코가 관용이 베풀어 지기를 결코 원치 않는다고 독방에서 대답했던 것이 바로 얼마 전의 일이다. 하지만 지금, 최근의 이 전형적인 스탈린주의적 공개재판에서 유죄 평결을 내리면서 FSB는 조직의 미래를 건 싸움에서 승리했다.

수탸긴 사건은 배심원 재판이라는 러시아의 또 다른 문제점을 드러냈다. 러시아에서 문명화된 모든 것은 그 반대의 경우로 뒤집히거나 왜곡되는 듯하다. 우리의 배심원들은, '조국의 적들'이 오랫동안 교도소에 처박혀 있는 한, 빵 없이 빈손으로 사는 것을 주저하지 않을 평범한 시민들이다. 형량을 결정한 것은 미로노바 판사였지만, 아무 증거가 없음에도 수탸긴에게 유죄판결을 내린 것은 배심원이었다. 왜였을까? 왜냐하면 그들의 뇌에는 KGB, FSB가 언제나 옳다는 생각이 각인되어 있기 때문이다. 수탸긴 사건의 배심원은 사회와 마찬가지로 우리 각자가 얼마나 억압적인 사고방식을 여전히 버리지 못하는가를 보여 주었다. 우리는 아무것도 배우지 못했다. 가혹함이 연민과 이해보다 더 존경을 받는다. 나무조각들을 걱정하느니 아예 숲을 쳐 버리는 편이 낫다. 사고하기보다는 비난하는 편이 더 나은 것이다.

〈2008 위원회〉는 유죄 평결을 규탄했다.

"배심원 재판은 억압적 국가 장치에 내재한 대단히 비민주적인 본성을 최소한으로 위장하는 데에만 쓰이면서 순전한 장식물로 변해 가고 있다. 작금의 부당한 평결은 민주적 헌법 제도의 토대 자체에 공권력이 가한 폭력이다."

이 말이 전적으로 옳은 것은 아니다. 여기에는 민주주의자 특유의 사소한 과장이 섞여 있다. 즉, 배심원은 위장막이 아니다. 배심원 자체가 문제다. 배심원은 바로 우리다.

두마는 국가기관 근처에서 모든 시위 집회를 금지하는 충격적일 만큼 가혹한 법안을 통과시켰다. 말하자면, 집회는 그 참가자들 외에는 누구도 보거나 듣지 못하는 곳에서만 열릴 수 있다는 것이다. 찬성표를 던진 이들 가운데는 과거 노동조합 위원장 안드레이 이사예프가 끼어 있었다. 이사예프는 1990년대에 이 광장 저 광장으로 자주 대중을 이끌고 나갔지만, 지금은 〈통합 러시아〉에 소속돼 직무를 수행하느라 바쁠 뿐 아니라 TV에서는 푸틴의 생각을 해설해 주는 통역사가 돼 있다. 이와 반대로, 〈공산당〉 소속 의원이자 전 KGB 장성이었던 알렉세이 콘다우로프Alexey Kondaurov는 그 법안을 "시민의 기본권과 자유에 대한 도발"이라고 규정하면서 반대표를 던졌다. 오늘날 〈공산당〉이 가장 진보적인 정당으로 변해 가고 있다. 러시아 국민은 푸틴이라는 스킬라와 공산주의라는 카리브디스 사이에서 어떻게 살아갈 수 있을까?

(대단히 흥미롭게도, 푸틴은 호기를 기다렸고, 그 다음 시위 집회를 반대하는 법에 대해 언급했다. "너무 심하군! 좀 더 순화시킬 필요가 있어." 그 말이 끝나기가 무섭게 다시 소집된 두마는 온 국민이 보는 가운데, TV 생중계로 법안을 '순화'시켰다. 관공서와 중앙광장 부근에서 시위를 여는 것이 다시 한 번 가능해졌다.)

4월 12일

　나는 『노바야 가제타』에서 일한다. 그리고 우여곡절 끝에, 2000년 3월 체첸에서 한 러시아 군인이 찍은 비디오를 입수해 몇 장면을 신문에 게재했다.

　이 비디오에는 투항한 체첸 전사들의 모습이 나온다. 2000년 2월과 3월에 있었던 콤소몰스코예 마을에 대한 공격은, 1999년과 2000년 겨울까지 진행된 그로즈니 봉쇄 다음으로 2차 체첸전에서 두 번째로 규모가 컸던 작전이었다. 당시 야전 사령관이었던 루슬란 겔라예프가 그로즈니에서 퇴각하면서, 1,500명 이상의 병력을 자신의 고향 콤소몰스코예로 이끌고 간 것이었다.

　갖가지 군 장비를 써 가며, 또 마을 주민들 대부분을 죽음으로 몰아넣으면서 끔찍한 봉쇄 작전이 시작됐다. 콤소몰스코예가 거의 초토화됐을 즈음, 겔라예프와 그의 군사들 몇 명은 포위군이 쳐 놓은 여러 겹의 저지선을 뚫고 탈출하는 데 기적적으로 성공했다. 빠져나가지 못한 잔여 병력은 러시아 정부로부터 만일 항복할 경우 사면하겠다는 약속을 받았다. 2000년 3월 최고사령부가 공식적으로 발표한 바에 의하면 72명의 체첸 반군이 러시아연방 정부로부터 사면을 받았다.

　그들은 "사면"을 받았지만, 즉시 체포됐다. 그 다음부터는 그들 중 단 세 명의 가족들만이 행방을 알 뿐이다. 나머지 포로들은 돌아오지 않았다. 문제의 비디오는 이 '사면받은' 반군들이 두 대의 호송 차량에서 내려져, 체첸의 체르블렌나야 역 화물열차로 옮겨지는 광경을 보여 준다. 이런 이동 장면을 찍은 사람은 러시아 사법부 소속 특수작전부대의 장교들이었다.

　이 비디오는 나치 포로수용소를 찍은 극영화와 비슷하다. 경비대원들의 태도며, 장전된 소총이 언덕 아래, 화물열차가 대기해 있는 철로를 향해 정렬해 있는 모습이 꼭 빼닮았다. 군인들은 호송 차량에서 선로로 던져지는 포로들을 향해 계속 총을 겨누고 있다. 포로들 가운데 여자가 두 명 보인다. 그들은 옷을 입고 있고, 남자 포로들과 달리 얻어맞지는 않았다. 여성들은 즉시 한쪽으로 불려 갔다.

나머지 포로들, 사내들과 소년들(한 명은 확실히 열다섯 살에서 열여섯 살 사이로 보였다)은 호송 차량에서 뛰어내렸고, 또 내던져졌다. 모두 몸 상태가 좋지 않았고, 동료들에게 실려 나오는 사람들도 있었다. 부상을 입지 않은 사람이 없었다. 어떤 이는 다리가 없고, 다른 이는 팔이 없었다. 어떤 부상자는 귀가 반쯤 잘려 덜렁거렸다. 사정거리 밖에 서 있는 군인들이 농담하는 소리가 들린다.

"저 귀 좀 보라구, 제대로 자르지 않았군."

많은 이들이 알몸이었고, 맨발에다 피투성이였다. 그들의 옷가지와 신발도 하나둘씩 호송 차량에서 밖으로 던져졌다. 포로들은 완전히 녹초가 돼 있었다. 어떤 이는 자기에게 요구하는 것이 무엇인지를 이해하지 못해 혼란스러워하며 휘청거렸고, 또 다른 이는 그야말로 미쳐 있었다.

비디오에서 군인들은 마치 습관처럼, 포로들을 일상적이고 자동적으로 구타한다. 의사는 단 한 명도 보이지 않는다. 그나마 튼튼한 포로들 몇 명이 이동 중에 사망한 동료의 시신을 호송 차량 밖으로 끌어내서 한 쪽 옆으로 치우도록 지시를 받는다. 비디오의 끝에는 사면을 받은 포로들의 시체가 철로 옆에 산처럼 수북이 쌓여 있는 광경이 나온다.

연방군 군인들은 포로들과 신체적인 접촉을 하지 않으며, 자신이 신고 있는 군화와 소총의 총구만을 사용한다. 포로들을 보면서 비위가 거슬리는 게 틀림없다. 군인들은 죽은 자의 얼굴을 보려고 군화 끄트머리로 시신의 고개를 돌린다. 순전히 호기심 때문인 것 같다. 누구도 무엇을 쓰고 기록하거나, 사망자 수를 세지 않는다. 어떤 서류도 작성되고 있지 않다. 비디오의 끝에는 깔깔거리며 대화를 나누는 연방군의 모습이 나온다.

"쟤네들 얘기로는 전부 72명이었다는 거야. 그런데 우리가 잡은 것은 74명인데 말이야. 괜찮아, 신경 쓸 것 없어. 두 명쯤 남으면 어때."

우리 안의 아부 그레이브에 대한 이 영상이 공개됐을 때 어떤 일이 일어났을까? 아무 일도 일어나지 않았다. 누구 하나 놀라지 않았다. 여론도, 언론도, 검찰청도. 많은 외신들이 그 비디오를 내게서 빌려 갔다. 폴란드 신문에는 사진 위에 "러시아판 아부 그레이브"라는 헤드라인이 올랐다. 하지만 정작 러시아는 침묵했다.

인구셰티야에서 벌어지고 있는 사태는 모스크바의 동향을 반영한다. 푸틴의 재선 후, 정치계의 숙청을 반영하며 모든 정보원이 완전히 제거됐다. 이제 알고 싶지 않은 사람은 누구든지 알지 않아도 된다. 국민의 대다수는 알고 싶지 않을 것이다.

4월 14일

우크라이나에서 야누코비치Viktor Yanukovych 총리가 쿠치마 대통령의 후계자로 정해졌다. 야누코비치는 대통령 선거에서 여당 측 후보로 나설 것이다. 푸틴이 정말 이 야누코비치를 지지할 것인가? 그건 장담할 수 없다.

변호사 스타니슬라프 마르켈로프가 오늘 자정 모스크바 지하철에서 다섯 명의 청년들에게 폭행을 당했다. 괴한들은 그를 마구 두들겨 패면서 이렇게 소리쳤다고 한다. "넌 너무 많이 지껄였어! …… 이게 다 자업자득이야!" 그러고서는 귀중품은 놔둔 채 서류와 변호사 신분증만 빼앗아 갔다.

마르켈로프는 젊고 매우 활동적인 변호사다. 전역한 부다노프 대령과 관련한 소송에서 그는 부다노프가 강간하고 살해한 엘자 쿤가예바의 체첸 유가족을 변호했다. 이 때문에 마르켈로프는 '애국주의자들'의 끊임없는 공격 대상이 되어 왔다. '입헌민주당원 사건The Case of The Cadet'에서 그는 체첸에서 "입헌민주당원"이라는 암호명을 썼던 세르게이 라핀이라는 연방군 군인을 기소했다. 최근 러시아의 역사를 보면 그로즈니에서 '실종된' 한 체첸 주민에 대한 납치 혐의로 군 장교가 12년 징역형을 선고받기는 그 사건이 처음이다.

경찰은 마르켈로프 폭행과 관련한 형사사건 공개를 거부했다. 누가 그를 때렸는지, 누가 폭행을 지시했는지는 밝혀지지 않은 채 남아 있다.

4월 16일

푸틴의 재선 직전, 인구셰티야 수석 부검사 라시드 오즈도예프 납치 사건에 관한 새로운 증거 자료가 나왔다.

이고르 오니시첸코가 쓴 한 통의 편지가 러시아 검찰총장 블라디미르 우스티노프에게 보내졌다. 그 서신은 2004년 4월 16일 남부연방관구[2] 관할 대검찰청 비서국에 의해 접수돼 제1556번 항목으로 등록됐다.

전 스타브로폴 지방 FSB 요원이 귀하에게 이 편지를 보냅니다. 저는 인구셰티야 FSB에서 특수 임무를 맡아 일했습니다. 그러다 복무 기간이 종료돼 귀향길에 올랐습니다. 저는 약 12년 동안 FSB 요원으로 근무했지만, 이렇게 고통에 시달릴 줄은 상상조차 하지

---

2) 러시아의 연방 정부는 행정 편의상 국토를 8개의 연방관구로 나누어 전권대사를 파견해 관리하는데, 당시 남부연방관구는 우크라이나와 카자흐스탄, 흑해와 접한 지역과 체첸 자치공화국이 속한 북캅카스 지역을 관할하고 있었다. 2010년 이후 북캅카스 지역은 북캅카스연방관구로 분리됐다. 옮긴이

못했습니다.

인구셰티야 FSB 지부장인 코랴코프는 우리 조직 안에 두기에는 너무 끔찍한 인물입니다. 그가 파트루셰프[FSB국장]와 푸틴 대통령이 친히 자기를 지부장에 임명한 것이라고 주장하고 있지만 말입니다. 이 비열한 인간은 인구셰티야인이거나 체첸인이라는 이유만으로 사람들을 잡아 죽이고 있습니다. 그 작자는 개인적인 원한을 품고 있고, 그들을 미워합니다.

코랴코프는 저와 제 동료들(그의 부하로 일했던 사람은 나를 포함해 다섯 명이었습니다)에게 ROSh 요원인 것처럼 행세하면서, 잡아들인 사람들 모두를 조직적으로 구타하라고 지시했습니다. 모든 것이 다 짜여 있었습니다. 특수복, 복면, 위조 신분증, 위장복, 자동차(보통은 체포된 사람들의 차량에서 번호판만 바꿔 답니다), 특별 통행증 등. 저희는 보통 희생자들을 나즈란에서 멀리 데려가는 척하면서 여러 대의 차량을 갈아타고 빙빙 돌다가 본부로 돌아와 사람들을 패기 시작했습니다. 이 모든 일은 밤에 이루어졌고요. 낮 동안은 잠을 잤습니다. 코랴코프는 그 임무가 순조롭게 진행되고 있다고 모스크바 측에 보고하고, 그럼으로써 최근에 부여받은 장군직에 합당한 자리 값을 해야 했지요. 최소한 한 주에 다섯 명을 처리하는 계획이 세워졌습니다. 제가 막 인구셰티야 FSB 지부에 도착했을 때인 2003년 초만 해도 저희는 진짜로 특정 사건에 연루된 사람들을 잡아들였습니다. 하지만 코랴코프 스스로가 "검사 놀이"라고 불렀던 것에 빠진 뒤로 저희는 단순히 사람들의 외모만 보고 아무 근거도 없이 사람들을 잡아들이기 시작했습니다. 코랴코프는 모두 이에 불과한데 아무러면 어떠냐는 식으로 말했죠. 세르게이와 저만 해도 50명은 족히 불구로 만들었습니다. 또 35명을 매장했고요.

오늘 저는 집으로 돌아왔습니다. 지역 내 검사 한 명을 족치는 마지막 작전을 깔끔히 처리했기 때문에 포상을 받은 겁니다. 그 검사는 코랴코프에 대한 음해성 문건을 갖고 있었습니다. 저는 검사의 신분증과 개인 화기를 없애 버린 뒤에 팔다리를 모두 분질러 버렸습니다. 그날 밤 코랴코프는 저 말고 다른 부하들에게 검사를 제거하라고 지시했습니다.

저는 죄인입니다. 제 자신이 부끄럽습니다. 이것은 처음부터 끝까지 사실입니다.

_이고르 N. 오니시첸코 드림.

(이 끔찍한 문서가 공개된 후에도, 변한 것은 아무것도 없다. 대중 시위도 없고, 검찰청은 사건을 대충 무마하려 한다.)

4월 22~23일

크리미아에서 쿠치마와 푸틴의 회담이 있었다. 푸틴이 야누코비치를 지지할지 말지가 결정되는 순간이다. 지금까지로 미뤄볼 때, 하느님께 감사하게도, 푸틴은 지지하지 않을 것 같다. 야누코비치는 회담이 진행되는 내내 대기실에서 대기하고 있었지만, 결국 회담장에 초대되지 않았다.

4월 28일

오전 11시 20분, 모스크바의 스타라야 바스만나야 거리에서 게오르기 탈 Georgii Tal이 암살자가 쏜 총에 맞고 쓰러졌다. 탈은 옐친 진영의 풋내기로서, 1997년부터 2001년까지 〈금융 회복 및 파산에 관한 연방 사무국〉 국장을 맡고 있었다. 탈은 오늘 저녁 의식을 되찾지 못하고 병원에서 숨졌다. 암살은 조직적인 기업 파산 제도를 통해 러시아 주요 산업 자산의 재분배에 관여했던 이들을 제거하는 과정의 일환이었다. 탈이 국장으로 있을 때, 이런 방법을 통해 특히 석유와 알루미늄 산업에 대한 소유권의 재분배가 이루어졌다. 푸틴의 집권 이후 많은 범죄성 파산이 수사 선상에 오르기 시작했다. 이 와중에 〈유코스〉 사태도 터진 것이다. 수사의 목적은 푸틴 지지자들에게 이익이 가도록 새로운 재분배를 실행하는 것이다.

사실, 옐친 집권기에 파산 제도는 완벽히 합법적이었고, 옐친 정부 시절 부를 축적했던 올리가르히를 포함하여 오늘날 러시아에서 가장 부유한 사람들 모두가 그 점을 악용했다. 푸틴은 이들을 몹시 증오하고 있다. 파산 서비스의 운용 원칙에 대해 발설하지 못하도록 탈이 살해됐다는 것을 의심하는 사람은 거의 없다. 그저 탈은 대단히 영향력 있는 인사들에 대해서 너무 많이 알고 있었던 것이다. 암살자에 의한 파산 집행자의 살해는 그 자체가 러시아 파산 사업의 일부였다.

탈은 파산 기업의 자산을 관리하는 핵심적인 인물이었다. 그는 2002년 이후 〈전문 파산 관리자들의 지역 간 자치 조직〉이라는 비영리 협력 단체를 이끌었다. 이 조직은 〈러시아 산업ㆍ기업인 연합〉의 후원을 받으며 존속했고, 주로 이 〈산업ㆍ기업인 연합〉의 임원진에게, 법정 관리 대상 기업이 되도록, 누가, 언제 파산할 것인지를 조언해 주는 역할을 맡아 왔다. 여기에는 러시아의 올리가르히들이 모여 있다. 올레크 데리파스카Oleg Deripaska, 블라디미르 포타닌, 알렉세이 모르다셰프Alexey Mordashev, 미하일 프리드만 등등이다. 하지만 탈이 죽은 것이 이들의 이해 때문이라고는 보기 힘들다.

이번 살인 사건은 탈 자신이 속했던 〈산업ㆍ기업인 연합〉 또는 재계 거물들이나 정부 관료들에게 아무런 파장도 끼치지 못했다. 일반 국민들은 그다지 놀라워하지도 않았다. 마치 그 일이 더 없는 호사인 것마냥.

4월말

우리는 끊임없이 속고 있다는 느낌을 받으며 4월을 보냈다. 정말로 속기를 원했던 많은 사람들에게 딱 걸맞는 느낌이었다.

우리는 또한 5월 7일, 푸틴의 재선 취임일로 예정된 그날, 또 다른 불쾌함을 각오하면서 살고 있었다. 사회의 분위기가 기대감으로 충만해 있다고 말할 수는 없다. 국민의 대다수는 어떤 형태의 취임식이 됐든, 그것이 치러지든 말든 사실 관심이 없다.

주요 공식 행사의 전야에는 잠시 일을 멈추고 미래에 대해 성찰하는 것이 러시아의 전통이다. 무릇 대통령 취임식은 주요 정계 인사들이 지금부터 2007년까지 어떤 계획을 세워 두었는지 우리 국민에게 설명하도록 자극을 주는 계기여야 할 것이다.

하지만 그런 움직임은 전혀 없다. 야권의 완전한 침묵은 그들이 무너져 버렸다는 것을 시사한다. 야권이 어떤 새로운 운동을 일으키는 것에 실패하고 있다는 이야기는 '구舊' 야권이 2007년 두마 내 의석을 차지하기 위해 투쟁할 수 없을 것이라는 점, 2008년 믿음직한 대통령 후보를 내세우지 못할 것이라는 점을 시사한다. 혁명을 기대하는 사람 또한 없다.

크렘린의 여론조사 단체인 〈치옴TsIOM〉[3]은 러시아 대중을 상대로 물었다.

"만일 당신이 사는 지역에서 권익 보호를 위해 주민들의 집단 시위가 열린다면, 동참할 의사가 있습니까?"

불과 25퍼센트만이 '예'로, 66퍼센트는 '아니오'로 응답했다. 러시아에서 당

---

3) 전국 러시아 여론조사 센터라는 뜻으로, 1987년에 정부 자본으로 설립됐다. 옮긴이

장 혁명이 일어나지는 않을 것이다.

5월 7일

크렘린 궁에서 푸틴이 취임했다. 우리 '1등 시민'의 전제적 권력과 위엄, 독자성과 거리감을 유감없이 과시한 행사였다.

심지어 푸틴은 자신의 아내로부터도 독자성과 거리감을 유지한다. TV 생중계 보도 내내 아나운서는 실제로 이런 말을 되풀이했다. "이 엄숙한 푸틴 대통령의 취임식에 초대된 귀빈 가운데는 블라디미르 블라디미로비치의 아내인 류드밀라 푸티나 여사도 와 계십니다." 이것은 참으로 웃기는 일이고, 국민들도 실제로 웃었다. 하지만 그다지 쾌활한 웃음은 아니었다. 영부인은 대통령 취임식 내내 푸틴이 붉은 카펫을 밟으며 지나갔던 칸막이 너머, 귀빈들 가운데에 섞여 있었다.

푸틴은 혼자 도착했다. 자기 아내 옆을 지나 연단까지 행진한 다음 군대를 사열하러 차르의 문으로 돌아왔다. 행사 내내 푸틴은 혼자였다. 친구도, 가족도 없었다. 푸틴은 완전히 제정신이 아니다. 이것은 아무도 믿지 않는다는, 푸틴식 통치의 본질적인 특징을 나타내는 확실한 증거다. 이것과 짝을 이루는 것은, 오직 푸틴, 그만이 이 나라에 가장 유익한 것을 알고 있다는 신념이다.

다른 나라의 대통령 취임식은 어떤지 우리는 잘 모른다. 대중이 축하를 보내는 시간일까? 아니면 러시아에서처럼 단순히 곤혹스러운 시간일 뿐일까?

5월 9일

체첸에서 푸틴의 가장 중요한 심복인 아흐메트-하지 카디로프Akhmed Kadyrov
가 암살됐다. 푸틴의 취임식에 참석했다가 어제 다시 체첸으로 돌아간 그는 취
임식 때 푸틴의 수행원들이 배정해 준 자리에 대해 불만을 감추지 않았다. 카디
로프는 최고의 귀빈들을 모시는 첫 번째 열이 아니라 두 번째 홀에 앉아 있었
고, 그런 배치를 '1등 시민'이 그에 대해 품고 있을지 모를 우려스러운 냉랭함
으로 해석했다.

카디로프가 신경이 예민했던 것도 당연하다. 푸틴은 자신의 권력과 생존을
유지시켜 주는 유일한 희망이었다. 카디로프는 자신의 공화국 안에서 일어나는
분쟁의 '체첸화' 과정, 즉, 체첸인들 사이의 내전을 조장해 왔다. 여기서 크렘린
측은 '우리 편이 아니며' 따라서 박멸돼야 할 대상인 나쁜 체첸인에 맞서서 카
디로프와 푸틴을 편드는 '좋은' 체첸인을 지지했다.

카디로프는 그로즈니에 있는 디나모 경기장에서 승전 기념일 퍼레이드를 보
던 중 숨졌다. 폭탄은 경기장 특별석 아래 기둥에 설치되어 있었다.

***

카디로프가 '우리 편'이 설치한 폭탄에 의해 숨졌다는 소문이 끊임없이 제기
됐다. 그가 숨지기 전 몇 달 동안 '우리 편'을 제외한 다른 누구도 그에게 접근
할 수 없을 만큼 경호는 철저했다. 그가 공적인 자리에 나타날 때마다 미리 모
든 것이 통제됐으며, 폭발물 검사도 반복적으로 실시됐다. TV에서는 모두가 백
방으로 노력하고 있다고 연신 떠들어 대지만, 카디로프의 암살범들은 아직까지
밝혀지지 않았다.

이런 맥락에서 과연 누가 '우리 편'일까? 체첸에서 활동 중인 러시아연방의

각종 특수작전부대 요원들일 것이다. 정부에 소속된 청부 살인자들 말이다. GRU 소속 군인들, FSB 소속 특수임무센터 외에도 대부분 암살을 뜻하는 "지극히 민감한 임무"를 수행하는 FSB 산하 비밀 소부대가 그들이다.

5월 9일, 카디로프가 누구의 손에 숨졌든지, 그의 죽음은 '체첸화'의 종식, 그와 더불어 북캅카스에 대한 푸틴의 어리석은 정책의 종식을 의미하는 것 같았다. 사람들은 이 정책을 끝장내기 위해서 카디로프가 제거된 것이라고 추측했다. 그런 추측은 근시안적이었다. 5월 9일 저녁, 미치광이에다 피살된 대통령의 우둔하기 그지없는 막내아들 람잔 카디로프가 터무니없이 체첸의 고위직으로 승진했다. 람잔은 자기 아버지의 개인 경호를 맡아 왔고, 이 업무에 그는 기소 면제를 약속하며 체첸의 온갖 쓰레기 범죄인들을 끌어들였다.

그날 저녁 푸틴은 람잔을 크렘린 궁에서 맞았다. 람잔은 밝은 청색 운동복을 입고 나타나, 푸틴에게 자기가 부친이 시작한 체첸화 정책을 계속해 나가겠다고 호언장담했다. 그들의 회견은 모든 TV 채널을 통해 체첸 전역에 방송됐으며, 카디로프의 범죄 도당이 전과 다를 바 없이 면책 특권을 받고 있다는 사실을 전 국민에게 확실히 알렸다. 푸틴 정부는 몇 가지 이유로 람잔이 부친의 사망 후 산속으로 도주하여 반군에 합류하지나 않을까 우려하고 있던 터였다. 대신에 람잔은 공화국 국민 전체를 공포의 도가니로 계속 몰아넣을 수 있는 면허를 부여받았다.

얼빠진 람잔 카디로프의 지위를 강화하기 위한 이런 조치는 훨씬 더 큰 갈등과 폭력을 초래했다. 아버지 카디로프의 사망 후 무장 저항 세력은 새로운 지원병들이 유입되면서 더 강화됐지만, 국민은 곧 새로운 백치 앞에 비굴하게 머리를 조아렸고, 그 즉시 람잔은 자신이 정말로 대단한 인물이나 되는 줄 착각하게 됐다.

5월 26일

푸틴이 연방회의에서 연례 연설을 했다. 통상 연례 연설을 통해 러시아 국민은 대통령의 새해 계획을 접한다. 대통령은 활력이 넘치고 공격적이었다. 그리고 완전히 경멸하는 투로 시민사회에 대해 얘기했다. 시민사회 전체가 온통 썩었고, 인권 운동가들은 서방세계 덕분에 연명하는 "제5열"이라고 비난했다. 아래 문장은 자구 하나 빼놓지 않고 그대로 가져온 것이다.

이들 시민사회의 이 단체들 중 몇몇은 영향력 있는 해외 재단의 자금을 따내는 것이 급선무라고 생각합니다. …… 인권에 대한 근본적이고 기초적인 위반이나 국민의 실질적 이익 침해와 같은 문제가 생겼을 때, 이들 단체의 목소리는 어떤 때는 아예 들리지 않습니다. 전혀 놀라운 일도 아닙니다. 이들은 자신에게 먹이를 주는 손을 절대로 물어뜯지 못하기 때문입니다.

***

물론, 그 후 인권 운동가들에 대한 푸틴의 어처구니없는 공격의 바통은 대통령행정실 관료들, 무엇보다 푸틴의 수석 이론가이자 정치 홍보 전문가 블라디슬라프 수르코프가 이어받았다. 나중에 체첸 전쟁에 반대하는 시위 집회에 참석한 인권 운동가들은 "나는 서방세계의 사주를 받은 제5열이다"라고 쓰인 플래카드를 들고 다녔다.

푸틴의 5월 26일자 연설 후, 정부는 당국이 후원하는 다양한 새 '인권 협의회들'을 만들기 시작했으나 성과를 보지 못했다. 이런 '우리 편'의 유사 시민사회를 위한 재정 지원은 러시아 재계, 올리가르히들이 할 예정이었다. 그들은 완강히 거부했다. 틀림없이 그들은 비정부기구에 자금을 댄 죄목으로 지금 수감

돼 있는 호도르콥스키의 운명을 떠올렸을 것이다.

어째서 푸틴은 돌연 인권 운동 단체를 향해 이런 맹공을 퍼부었던 것일까? 2004년 여름, 민주주의와 자유주의 계열 정당의 붕괴 후 분명해진 사실은, 만일 야권이 결집한다면, 과거 소련 시대처럼 그 중심은 인권 운동 단체가 될 것이라는 점이었다. 다름 아닌 이런 이유로 푸틴은 연례 연설에서 이 단체들을 비난하고, 그들의 위신을 떨어뜨리고자 안간힘을 썼던 것이다.

5월에도 민주주의 진영은 여전히 잠잠하다. 대통령 취임식이 빛이 바랬을 만큼 이번 달의 가장 큰 사건은 체첸에 있는 람잔 카디로프의 급부상이다. 그래도 여전히 민주주의자들은 시위를 하지 않았다. 정말이지 한마디 논평조차 없다.

6월 1일

뛰어난 방송기자인 레오니트 파르표노프가 NTV 방송국에서 해고됐다. 그가 진행하는 인기 있는 뉴스 분석 프로그램 〈며칠 전에〉에서 카타르에서 살해당한 체첸 지도자 젤림한 얀다르비예프[4]의 부인과 나눈 인터뷰가 방영됐기 때문이다. 방송된 내용은 정말로 평범했다. 미망인이 슬픔을 못 이겨 했을 뿐, 특이한 논평은 전혀 없었다. 하지만 이 주제 자체가 허용될 수 없는 것이었다.

파르표노프는 공격적인 방송인이 아니었고, 당국이 원하는 것과, 자신이 프로그램에서 보여 주고자 하는 것 사이에서 타협점을 찾으려고 노력했다. 파르표노프의 해고는 NTV에 대한 정치적 검열이다.

---

[4] Zelimkhan Yandarbiyev, 반군 지도자로 1996년부터 1997년까지 이치케리아 체첸 대통령으로 재임했다. 2004년 2월 13일 카타르의 수도 도하에서 의문의 차량 폭발 사고로 숨졌다. 옮긴이

박식한 조지아인이면서 또한 러시아 산업계의 올리가르히인 카하 벤두키제 Kakha Bendukidze가 신생 조지아 공화국에서 산업부 장관으로 임관했다. 사아카시빌리 조지아 대통령은 재빨리 그를 공화국 시민으로 받아들였다.

벤두키제가 새 직책을 수락한 것은 조지아 총리 주랍 즈바니야Zurab Zhvaniya의 권유 때문이었다. 벤두키제는 옛 고향에 "초자유주의적 개혁"을 도입할 방침이라고 밝혔다. 조지아에서 요구되는 개혁들의 성격에 관해서는 일절 논평하지 않고 애써 피했지만, 그가 러시아를 떠나는 것 자체가 설명해 주는 바가 있다. 푸틴의 러시아에서 자유주의자인 그가 있을 자리는 없다. 트빌리시에서 장미 혁명이 일어나기 전에 이미 벤두키제는 사적으로나 공적으로나 러시아의 경제 발전에 대한 불만과 사업을 접고자하는 바람을 피력한 바 있다. 벤두키제는 이미 러시아에서 사업으로 벌어들인 지분을 매각하는 절차를 밟고 있다.

모스크바의 중앙선거관리위원회는 비례대표제를 통해 정당에 투표하는 권리 외에, 원내 의석을 차지할 개별 후보자들에게 투표할 수 있는 권리를 폐지하기 위해 유권자들을 설득하는 홍보 활동을 개시했다. 하지만 후자는 과거 우리가 쟁취하기 위해 집요하게 싸웠던 정치적 목표였으며, 특히 공산주의 이후 우리 사회에서 대단히 중요해진 시민의 권리인 것이다. 크렘린의 의도는 오직 정당에 대해서만 국민투표를 허용하자는 것이다. 크렘린은 정당이 국회 등원을 허락받기 전에 갖춰야 할 최저득표수를 상향 조정할 방침이다. 달리 말하면, 앞으로는 오직 거대 정당만이 선거에 참여할 수 있을 거라는 얘기다.

그러한 체제는 우리를 과거 소련 시대로 되돌려 놓을 것이다. 새로운 의회 정당이 신설되는 것이 불가능해질 것이며, 새로운 원외 정당은 고립될 것이다. 그 결과, 크렘린은 이미 중요한 타협을 받아들일 수 있다는 것을 입증해 보인 두세 개의 구 정당들과만 협상하는 것이 가능해진다. 〈공산당〉, 〈자유 민주당〉, 그리고 약간의 유보 조건을 붙이면, 〈로디나당〉까지는 팽창할 대로 팽창한 관료들의 정당인 〈통합 러시아〉의 지휘 아래 목숨을 부지할 것이다.

이런 묘안에 힘입어 크렘린은 선거의 비예측성을 미리 제거할 수 있을 것이다. 그렇다면 계획한 결과를 얻게 되는 것이다. 민주주의 계열의 정당들은 즉시 주변부로 밀려날 것이다. 〈야블로코〉와 〈우파 연합〉의 지지도는 대통령행정실이 주장하는 7퍼센트 문턱에 못 미치기 때문이다. 결코 정부로부터 독립적이라고 볼 수 없는 중앙선거관리위원장 알렉산데르 베시냐코프는 이 제안을 이미 다 끝난 일처럼 언급했다.

베시냐코프는 "러시아연방 시민의 국민투표 참여권과 선거권에 대한 기본적 보장에 관하여"라는 법규를 개정함으로써 비례대표제에 기초한 선거는 2005년 6월에 법제화될 수 있다고 설명했다.

***

이것이 실제로 일어난 일이다. 새 선거제도가 "책임감이 더 강하다"는 설명까지 들렸다. 항의 시위는 전혀 없었으며, 오직 인권 운동가들만이 〈유럽 회의 의원 총회Parliamentary Assembly of the Council on Europe〉와 유럽 수반들에게 러시아는 더 이상 민주적인 선거제도를 갖고 있지 않다고 경고하려 애썼다. 그간 러시아에 대중 시위가 전혀 없었다는 것에 주목한 유럽인들 역시 그 말을 사실로 받아들였다.

6월 2일

체첸에서 아흐메트-하지 카디로프의 장남 젤림한 카디로프의 장례가 치러졌다. 그가 마약중독자였고, 부친이 피살된 지 3주 뒤에 심장마비로 사망했다는 사실은 잘 알려져 있다. 카디로프 일가친척들은 젤림한이 자기 아버지와 동생의 잔혹한 정책에 극구 반대했고, 헤로인 속에서 도피처를 찾았다고 했다.

6월 19일

상트페테르부르크에서 니콜라이 기렌코Nikolai Girenko가 자신의 아파트에서 총을 맞고 숨졌다. 유명한 인권 운동가이자 반극우주의 학자에 대한 정치적 살인이다. 이번 살인은 러시아 극우주의자들에 의해 저질러졌으며, 이들은 범죄 사실을 숨기지 않았다. 그들은 기렌코를 살해함으로써 힘을 과시하고자 했다. 처음에 그들은 기렌코에게 '사형선고'를 내렸고, 이 내용을 인터넷에 게시했다. 당국은 그런 경고를 무시했고, 그 뒤 기렌코는 '선고'에 따라 살해된 것이다.

기렌코는 어떤 사람인가? 그는 상트페테르부르크 출신에 민족지를 전공한 학자로서, 〈러시아 과학 아카데미〉 산하 〈표트르 대제 인류학 및 민족지학 박물관〉의 선임 연구원이다. 기렌코는 극우 단체들이 연관된 아주 드문 법정 소송에서 전문가 증인으로 초빙되곤 했다. 그는 급진적인 민족주의 출판물과 신나치 그룹의 강령을 분석했으며 이들이 극단주의자라는 것을 밝혀냈다. 범죄과학에 입각한 분석은 정교하고 전문적이었으며, 신나치주의자들에게 유죄판결을 내리는 법적 증거물로 자주 이용됐다. 이런 유의 재판은 아주 희귀하다. 2003년 인종주의적 동기로 구분된 72건의 범죄 가운데서 11건만이 법정에 올랐다. 다른 사건들은 수사관들이 인종주의적 동기를 입증할 수 없거나, 대개는 입증하기를 꺼림으로써 기소에 실패했다.

신나치주의자들이 기렌코를 증오했던 이유는, 그가 전문가 증인으로 출석할 때마다 통상적인 훈방이나 집행유예가 아니라 징역형을 선고받는 경우가 많았기 때문이다. 기렌코는 이달 초 노브고로드의 법정에서 〈러시아 민족 통일당 Russian National Unity Party〉 지부 당원들에 대해 증언했다.

그런 재판의 경우 공개 법정에서 증언하겠다고 선뜻 나설 학자는 오늘날 아주 드물다. 학자들은 정부 당국과 상당한 인구가 지원하고 있는 파시스트들로부터 보복당할까 두려워한다. 증인 보호 프로그램에 기대지도 못한다. 사법 당국 자체가 쇼비니즘과 외국인 혐오증에 물들어 있기 때문이다. 아주 옛날부터 그랬지만, 특히 푸틴 집권기와 2차 체첸전 이후로 캅카스 출신들에 대한 히스테리적인 공포가 팽배했다.

"기렌코가 살해됐다는 소식을 들었을 때 나는 한바탕 시위 물결이 일 것이라 믿어 의심치 않았습니다."

〈홀로코스트 재단Holocaust Foundation〉의 회장을 맡고 있는 작가 알라 게르베르Alla Gerber가 논평했다. 12월 이전까지 그녀는 〈우파 연합〉에 소속된 노장 두마 의원이었다. 그러나 역시나 시위는 일어나지 않았다. 민족주의 단체들이 웹사이트에 기렌코 피살에 대한 '낭보'를 게시하는 등, 사회적인 만족감만 팽배했을 뿐이다.

"민족주의자들은 이 학자의 사망 소식을 듣고는 득의만면했지요!"

〈러시아 민족 통일당〉은 "이 반극우주의자의 때 이른 죽음을 접하고 비로소 안도감을 느꼈다"고 선언하기까지 했다. 〈슬라브 연합Slavic Union〉(러시아어 이니셜은 우연하게도 'SS'이다)은 총을 쏘기에 앞서 미리 준비해 둔 포스터 한 장을 내걸었다. 권총을 뽑아 든 민족주의 돌격대 제복 차림의 한 청년의 모습이었다. 그림 아래에는 이런 문구가 적혀 있다. "기렌코를 추모하며." 누구도 그들을 제지하지 못했다. 검찰청은 법적인 조치를 취하기는커녕 아무 말도 하지 않았다. 웹사이트 중 어느 것 하나 폐쇄되지 않았다. 그 운영자는 어떤 형사책임도 지지 않을 것이다.

대신 "러시아 국민의 적들"이라는 명단이 또 다른 극우 민족주의 단체인 〈더 위대한 러시아당Greater Russia Party〉의 웹사이트에 게시됐다. 명단에는 난민과 재정착민을 지원하는 주요 단체인 〈시민 원조Citizen's Aid〉의 대표 스베틀라나 간누시키나를 포함해서 47명의 이름이 올라가 있었다. 러시아에서 반유대주의에 맞선 투쟁으로 유명한 운동가인 〈홀로코스트 재단〉 이사장 알라 게르베르 또한 거기에 포함돼 있다. 친서구주의 성향의 전 외무부 장관 안드레이 코지레프 Andrey Kozyrev도 있었고, TV 해설자인 니콜라이 스바니제도 명단에 올라 있었다. 스바니제는 조지아 출신인데다가 우연히도 스탈린과 인척지간이다. 또 아프리카인과 결혼한 어머니를 둔 옐레나 한가[5]도 끼어 있었다. 지금 이 글을 쓰고 있는 필자도 그 명단에 올라 있음은 물론이다.

〈슬라브 연합〉은 이렇게 주장한다.

소위 우리가 인권 단체들이라고 부르는 숱한 집단들은 주로 부패한 비러시아계 인권 운동가들로 구성돼 있고, 해외 지지 세력, CIA, M16, 모사드와 밀접하게 관련된 재단들의 지원금으로 연명하며 러시아 정치인들의 신상 정보를 수집하고 있다.

그 문장 아래로 〈슬라브 연합〉의 대표 드미트리 데무시킨은 명단에 올라 있는 이들을 향해 아예 공개적으로 협박을 늘어놓고 있다. "암살자들의 밤이 임박했노라!"

이 모든 비열함이 기렌코의 암살에 의해 촉발됐음은 재론의 여지가 없다. 당국은 이 사건을 밝히길 꺼려했고 심지어 은폐하려고까지 했다. 동시에 이런 비

---

5) Yelena Abdulaevna Khanga. 러시아 텔레비전 토크쇼 진행자이자 작가. 탄자니아 출신의 고위 관료 아버지와 아프리카계 미국인 어머니 사이에서 태어나 이국적인 외모를 가지고 있다. 옮긴이

열함은 앞서 예시했듯이 '부패한 인권 운동가들'에 대한 사회 일각의 견해와도 맞닿아 있다. 푸틴은 연방회의 연설에서 〈슬라브 연합〉이 썼던 어휘들을 그대로 가져왔다.

6월 21~22일

지난 밤, 체첸 반군이 인구셰티야를 장악함으로써 5년여에 걸친 '반테러 작전'이 극에 달했다.

밤 11시가 조금 넘은 시각, 인구셰티야에 사는 여러 친구들로부터 숱한 전화가 걸려왔다.

"여기서 끔찍한 일이 일어나고 있어요! 전쟁이라고요!"

여자들은 전화기에 대고 고함을 질러 댔다.

"도와주세요! 뭐라도 해 줘요! 지금 우린 아이들과 바닥에 엎드려 있어요!"

탕탕 하는 소총 소리와 많은 사람들이 "알라후 아크바르![알라는 위대하다!]"라고 외치는 소리가 들려 왔다.

전화상의 가상 전쟁은 동틀 녘까지 계속됐고, 온밤을 무력감으로 지새우게 했다. 한밤중 모스크바에서 그 누군가를 돕기 위해 할 수 있는 일은 아무것도 없다. TV 방송국은 문을 닫았고, 뉴스 보도국 직원들은 귀가한 상태였다. 사법기관의 관리들은 휴대폰을 꺼 놓은 상태로 잠을 자고 있을 것이다. 마음 내키는 대로 죽이고 훔칠 수 있는 것이다. 장군들은 아침이 밝고 나서야 지시를 내릴 것이다.

이것이 바로 인구셰티야에서 일어난 일이다. 새벽 녘 체첸 반군들이 떠나기 시작할 무렵, 인구셰티야와 인접 지역에 바글거리는 연방군들이 자신의 '영구 주둔지'에서 드디어 나와 추격전을 벌이기 시작했다. 헬리콥터가 머리 위에서 천둥소리를 내며 질주하고, 공중 지원이 이루어졌다.

하지만 이미 너무 늦었다. 반군들은 이미 도주한 상태였다. 사복이나 제복을 입은 시신들이 거리에 나뒹굴고 있었다. 대부분의 시신들은 인구셰티야 내무부, 내무부 산하 나즈란 청, 카라불라크 경찰서 소속 대원들이었다. 검사와 FSB 요원들 역시 살해됐다. 인구셰티야 보안국의 중간급 장교들은 몰살당했고, 차량과 건물은 전소됐다. 2백 명이 넘는 반군들이 나즈란 시를 완전히 장악하는 데 성공했고, 카라불라크와 슬렙춥스카야 산악 마을을 동시에 기습했다는 사실이 밝혀졌다. 반군들은 마음 내키는 대로 방어벽을 설치했고, 자신들에게 접근해 온 사법부 직원들(그들의 신분증이 이를 확인해 주었다)은 물론이고, 우연히 맞닥뜨린 평범한 시민들까지 모조리 살해했다. 목격자들은 방어벽을 설치한 자들이 샤밀 바사예프[6]를 수행하는 체첸인들, 인구셰티야인들, 그리고 "슬라브인의 얼굴을 한" 사람들이었다고 주장했다.

그렇다면 바사예프는 어떻게 2백 명을 동원할 수 있었을까? 지난 3년 동안 체첸 내에 있는 요원들을 비롯해서 러시아연방의 보안기관 전체가 현지에 있는 반군의 숫자는 50명, 아니 어쩌면 20명이나 30명에 불과하다고 상관들에게 보고해 왔던 것은 또 무엇이란 말인가?

이것은 정보기관이 사전에 그 어떤 경보도 내리지 못했을 정도로 빈틈없이 조직된 게릴라 작전이었다. 얼빠진 카디로프와 그의 부대(크렘린을 겁줄 수는 있어도 바사예프는 겁주지 못할 것이 분명한), 그리고 한칼라에 있는 수천 명의 러시아

---

6) Shamil Basaev. 1994년 러시아의 체첸 침공 당시 체첸 비정규군 총사령관을 맡았던 인물. 러시아군의 폭격으로 가족 11명을 잃은 후 냉혹한 전사로 돌변했다. '노르트-오스트' 테러와 베슬란 학교 인질극(두 사건 모두 러시아 정부의 부적절한 대응으로 유혈극으로 끝났다)을 배후에서 조종한 혐의를 받아 왔다. 2006년 폭발 사고로 사망했다.

군인이나 모즈도크에 주둔해 있는 수천 명의 예비군들, 또 일부 반군들의 고향인 오세티아에 주둔한 제58부대를 포함해 그 누구도 저지하지 못한 기습 작전이었다. 체첸에서는 1만 4천 명 이상, 인구셰티아에서는 6천 명 이상의 경찰이 주둔해 있었는데도 말이다.

정보기관은 실제로 존재하기나 하는 걸까? 카디로프의 부대는 뭘 하고 있었던 걸까? 1만 4천 명의 경찰과 인구셰티아의 6천 명의 경찰은 대체 뭘 하고 있었단 말인가? 한칼라와 모즈도크는 실제로 존재하기나 하나?

인구셰티야 피습은 그들이 효과적인 정보기관으로서 역할을 잘 해내지 못했다는 것을 입증해 준다. 싸우는 흉내만 낼 뿐 실제로 싸우기 위해 창설된 것은 아닌 우리의 방위 체계는 푸틴만큼이나 가상적이다. 바로 이런 까닭에 수천 명의 사람들이 '위장복을 입고 복면을 쓴 정체불명의 군인들'을 만난 뒤에 흔적도 없이 사라지는 것이다. 상관에게 새로운 '반테러 작전' 보고서를 보내야 하는 그들은 결과물이 필요하다. 이들 '부대'는 은밀한 납치와 약탈밖에는 할 줄 모른다. 지금 러시아군과 보안군이 할 줄 아는 것은 그런 짓거리밖에 없다.

한밤중에 집에서 나와 반군들이 쳐 놓은 방어벽으로 찾아가 제발 떠나 달라고 하소연까지 할 정도로 무모했던 주민들은 그 '습격자들' 속에 체첸인만큼이나 자기네 인구셰티야인이 많이 섞여 있는 것을 확인했다.

지난 해 겨울과 봄에 납치 사건이 대대적으로 일어나고, 인구셰티야의 젊은 이들이 더 이상 참지 못한 채 자진해서 산속으로 들어가기 시작했을 때조차도, 당국은 사태의 심각성을 경고하고 확전의 위험성에 대해 직언하는 사람들에게 불호령을 쏟아냈다. 당국은 안전하다는 주장만 되풀이했다. 6월 22일 안전함에 대한 당국의 신화 때문에 100명 가까운 사람들이 희생됐다. 희생된 이들은 지원군이 도착하길 헛되이 기다리면서 끝까지 방어하다가 교전 중 숨지는 순간까지 자신의 의무를 다한 경찰들이었다. 이들 말고 시민들의 죽음에 대해서는 누가 책임을 질 것인가?

물론, 이 모든 죽음에 대한 형사적 책임은 체첸 반군에게 있다. 하지만 소위 '정부 당국' 역시 마찬가지로 과실이 크다. "모든 사태에 대해 책임을 지겠다"고 침이 마르도록 떠들어 대지만 정부는 거짓말을 했고, 아무것도 하지 않으며, 오직 권력을 유지하는 데에만 혈안이 돼 있다. 그 결과 선량한 시민만 죽음으로 몰아넣었다.

그날 밤 쟈지코프는 어디에 있었던 걸까? 여자로 변장하고 달아났다. 그는 경호를 받다가 신분이 들통 날까 봐 경호원마저 버렸고, 위험이 사라진 뒤에야, 자기 국민이 시체들 틈바구니에서 사랑하는 피붙이의 유해를 찾고 있을 때에야 돌아왔다. 캅카스를 통틀어 있을 수 없는 일일 뿐만 아니라, 그건 남자로서도 믿기지 않는 행동이었다. 정말 이렇게 말도 안 되는 일들이 계속되고 체제 내에서 쟈지코프라는 인사가 건재한 이상, 푸틴 스스로가 아무 미래도 없는 체첸에서 벌이고 있는 편협한 광란을 평화의 전략으로 바꿔 놓지 않는 한, 6월 22일과 같은 참극은 계속 되풀이될 것이 뻔하다. 지난 수년간 체첸 전쟁을 두고 해 왔던 우리의 집단적 거짓말과 '노르트-오스트'에서 교훈을 얻지 못하는 우리의 태도가 인구셰티야에서의 이런 엄청난 비극을 초래한 것이다.

이런 막다른 궁지에서 벗어날 수 있는 정치적 해법을 반드시 찾아야 한다.

6월 23일

참극이 발생하고 스물네 시간 뒤, 인구셰티야 곳곳에서 장례가 치러지고 있을 동안, 체첸 내무부 장관인 알루 알하노프Alu Alkhanov는 TV 카메라를 향해 체첸 대통령 후보 출마를 선언했다. 알하노프는 바사예프 체포 실패에 직접적인 책임이 있는 인물 중 한 명이지만, 그럼에도 매 시간 푸틴이 좋아하는 후보로 소개되고 있다. 알하노프는 주제넘게 나서면서, 자신이 "8월 29일의 평화 선거"에 얼마나 큰 기대를 걸고 있는지 말했고, 이제 중요한 일은 체첸의 농업을 강화하는 것이라고 지적했다. 인구셰티야의 대참극이 발생하고 겨우 하루가 지난 지금, 이런 말을 꺼내 놓는 것이 얼마나 꼴불견인지 그는 전혀 깨닫지 못하는 듯하다.

7월 1일

모스크바의 스뱌토-다닐롭스키 수도원에서 "자유와 개인의 존엄성: 정교적 관점과 자유주의적 관점"이라는 제목으로 토론회가 열렸다. 로스티슬라프 샤파레비치Rostislav Shafarevich도 거기 와 있었다. 한때 안드레이 사하로프의 동료이자 친구였지만, 오늘날에는 끔찍한 반동 정치가이자 푸틴의 옹호자가 됐다. 〈시민사회와 인권 증진을 위한 대통령 위원회〉 위원장인 옐라 팜필로바도 와 있었다. 또한 안드레이 쿠라예프 부제와 프세볼로드 차플린 수석사제의 모습도 보였다. 블라디슬라프 수르코프가 구상한 인권 운동의 러시아적 모델을 가다듬기 위해 서둘러 마련된 라운드 테이블이었다. 그 요지는 첫째, 새로운 인권 운동은 러시아 재계에서 자금을 댈 것이며, 둘째, 러시아정교회의 윤리학에 토대를 두겠다는 것이다.

하지만 정교도가 아닌 국민은 어찌하란 말인가? 무슬림, 유대인은? 그들은 인권 보호 대상에서 제외돼야 하는가? 인권 운동이라는 것은 그 본질에 있어서 초민족적이고, 초종파적이다. 아무튼 도스토옙스키의 말에 따르자면, 러시아인은 "보편적인 인간"이니까.

하지만 인권 운동은 여기에도 저기에도 없다. 푸틴은 자신이 연방회의 연설에서 했던 말을 구체화하고 '서구식' 인권 보호를 '정교식' 인권 보호로 대체하라고 러시아정교회 측에 지시했다. 러시아정교회는 또 한 번 정부에 충성심을 보여 주기 위해, 더욱이 푸틴 집권기에 제1의 국교가 되도록 해 준 것에 대한 답례로 이를 수락했다. 키릴 대주교는 "우리나라를 사랑하는" 새로운 인권 운동 지도자를 찾아야 한다고 진심 어린 연설을 했다. 그는 "새로운 인권 운동의 지도자를 찾는 것"이 전적으로 불가능한 일이라는 것을 눈치 채지 못하는 듯하다. 인권 운동가는 그의 삶 자체가 만드는 것일 뿐, 찾아지는 것이 아니다!

엘라 팜필로바 또한 발언했다. 한때 그녀는 당 주요 인사가 누리는 특권에 반대했던 열렬한 민주주의자였으나, 지금은 푸틴과 인권 운동가를 대하는 푸틴의 달라진 태도를 열광적으로 지지하고 있었다. 그녀는 이렇게 말했다.

"우리가 인권 운동에서 사상적 위기를 맞았다는 견해에 대해 저는 동의하지 않습니다. 있지도 않는 것이 분명한 어떤 대상을 놓고서 위기를 논할 수는 없지요! 위기는 몇몇 인권 단체만이 겪고 있지요. 많은 점에서 여전히 구태에 사로잡혀 있는 몇몇 지도자들은 사라진 지도 한참이나 된 전체주의 국가와 싸우려 하고 있습니다. 그들은 서방세계 지도자들이 우리의 공권력에 영향을 끼치도록 호소하는 데에 이력이 나 있지요. 저는 거듭 촉구합니다. 우리는 러시아 내의 인권 운동 전체를 다섯 명 또는 열 명의 유명인과 관련시켜선 안 됩니다. 대부분은 오래 전에 인권 운동을 정치와 혼동했던 구시대의 인물로, 여전히 반복적으로 인권 운동과 정치를 혼동하는가 하면, 대다수 국민은 물론 교육받은 대중으로부터도 아무런 지지를 받지 못하는 주장을 과격하게 변호하고 있지요. 저는 그들이 우리한테 커다란 위험이 된다고는 생각하지 않습니다. 저는 러시아에서 새로운 성격의 인권 운동이 탄생하는 것을 지금 목격하고 있다고 굳게 믿습니다…… 또한 우리 국민의 이익을 위해 일하는 인권 단체의 젊은 지도자들이 많이 있다고 생각합니다……."

물론 청년들은 많이 있다. 하지만 그들은 단연코 팜필로바의 마음을 즐겁게 해 주지는 않을 것이다. 청년들이 과격화되고 있다는 것은 명백한 사실이다. 패배한 〈야블로코〉와 〈우파 연합〉 지지자들의 자녀들은 〈민족 볼셰비키당〉, 그러니까 리모노프[7]당에 속속들이 합류하고 있다.

〈유코스〉가 해체되는 마지막 단계에 왔다. 7월 1일과 2일 밤사이, 이 회사의 계좌는 동결됐다. 원유 추출은 중지됐고, 세계 시장의 유가가 크게 뛰어올랐다. 〈유코스〉 측은 새로운 부채를 갚기 위해 〈시브네프트Sibneft〉 정유 회사의 주식 일체를 내놓았다. 정부는 〈유코스〉의 청산을 요구하면서 이 거래를 거절했다. 재앙과 같은 그런 조치는 푸틴이 입버릇처럼 말하는 "저들을 개 패듯 패라"는 말과 같은 뜻이다. 하지만 아무도 이 일에 신경 쓰지 않는다.

7월 6일

체첸 산악 마을 세르노보츠카야에서 최근 연방군에게 납치된 주민의 송환을 요구하는 시위가 군의 발포로 무산됐다. 이웃 마을 아시놉스카야와 관내 도시 아흐초이-마르탄에서 온 여자들도 똑같은 요구를 하면서 고속도로를 막아섰다. 자신들의 자식, 남편, 형제에 대한 마구잡이식 납치를 멈추라는 것이다. 아무것도 바뀌지 않았다. 이제 이런 시위를 지지하는 사람은 러시아에서 인권 운동가들밖에는 없다.

---

7) 에두아르드 리모노프Eduard Limonov, 러시아 작가이자 민족주의 성향의 〈민족 볼셰비키당〉의 창당인. 이 당은 정식으로 등록되지 않은 상태다. 불법 무기 취득 혐의로 2002년 투옥되어 2년 동안 복역하기도 했다.

7월 7일

체첸 마을 살리에서 납치 희생자 어머니들의 집회가 있었다. 이 여성들은 사법 당국이 희생자 수색에 실패하면서 인내심이 바닥났고, 무기한 단식 농성을 할 계획이라고 밝혔다. 그들은 체첸 주민들에게 난민 지위를 부여하는 절차를 간소화해 달라는 자신들의 절망 어린 외침을 들어 달라고 유럽 인권 운동가와 국제단체에 촉구했다.

우리는 인구세티야 밖으로 내몰렸습니다. 체첸에서 우린 살해당하고 있고, 아들들은 납치됐으며, 러시아에서 우리는 이등 시민입니다.

이것이 바로 이 집회의 결의안이었다.
같은 날 밤 그로즈니, 나즈란, 카라불라크에서는 연방군이 슬그머니 인가에서 사람을 납치하는 짓을 재개했다. 체첸에서 스트라스부르[8]로 편지가 쇄도하고 있다.

7월 9일

러시아군에게 살해된 한 러시아 사병의 끔찍한 죽음이 최근에 화제다.
군대에서 군인은 별의별 원인으로 죽는다. 군대는 군인들이 목숨을 잃는 것

---

8) 프랑스 스트라스부르에는 〈유럽인권재판소〉가 있다. 옮긴이

을 대수롭지 않게 여긴다. 군 복무에 대해 열의를 갖고 있고, 징집 날짜보다 일찍 자원입대를 하는 사람들도 있다. 예브게니 포몹스키처럼. 하지만 그렇다고 목숨을 부지할 수 있는 것은 아니다. 거기에는 그를 싫어하거나 그의 키, 그의 발 크기를 못마땅해하는 인간쓰레기가 얼마든지 있을 수 있기 때문이다. 그리고 그들은 기필코 그를 죽일 것이다.

"내 아들이 흙 속에 묻히는 동안, 아들의 학교 동창들은 기말고사를 치르고 있었죠."

예브게니의 어머니인 스베틀라나가 말한다. 그녀는 알타이 지역 야로보예 시 출신이다.

"제냐[9]는 봄 징집 때 입대하려고 미리 시험을 다 봤거든요."

"왜 입대를 서두른 거죠?"

"군 복무를 빨리 마치려고 했던 거죠. 지역 군 급양부로부터 더 괴롭힘을 당하지 않으려고 그랬어요. 어서 병역을 끝내고 대학에 갈 생각이었어요."

하지만 일은 생각대로 되지 않았다. 예브게니 포몹스키의 복무 기간은 한 달 반이 채 되지 않는 5월 31일부터 7월 9일까지다. 예브게니는 6월 8일 FSB 소속 국경수비대 동료들과 함께 치타 주 프리아르군스크 시 교외에 도착했다. 7월 4일에는 선서식이 있었다. 7월 6일 이 큰 체구에 건강한 시베리아인 청년은 프리아르군스크에서 12킬로미터 떨어진, 산악 지대에 있는 하계 훈련장으로 배속됐다. 7월 9일 새벽 예브게니는 훈련장 막사로부터 1백 미터 떨어진 반쯤 허물어진 건물의 벽 앞에서, 이어진 두 개의 허리띠에 목이 졸려 숨진 채로 발견됐다. 그날 저녁 아홉 시, 전보 한 통을 든 집배원이 야로보예의 알타이스카야 거리에

---

9) 예브게니의 애칭이다. 옮긴이

도착했다.

귀하의 아들, 예브게니 포몹스키는 2004년 7월 9일 자살했습니다. 즉시 장지를 알려 주
시기 바랍니다. 관의 발송 일자는 별도로 통지해 드립니다. _○○○부대장 드림.

무슨 일이 일어났던 걸까? 예브게니는 튼튼했고 군인이 되기에 맞춤한 체격
을 갖추고 있었다. 그는 재주 많은 운동선수였고, 18세가 되자 약간의 군사기술
을 익히기까지 했다. 하지만 군대는 훈련된 병사가 아니라 졸병을 원한다. 이
비극의 뿌리는 이등병 예브게니 포몹스키의 발이 47호 크기의 군화에 맞고 그
의 키가 196센티미터라는 사실에 있다. 그는 44호의 군화를 지급받았고, 그것
을 신은 채 날마다 40도의 열기 속에서 5킬로미터의 행군을 소화해야 했다.

신병을 고문하는 것은 러시아 군대의 일상이다. '자살' 하기 하루 전 날, 예브
게니는 슬리퍼 외에는 더 이상 아무것도 신을 수 없었다.

"영안실을 가니까, 아이의 엄지발가락이 뼈가 보일 정도로 쓸려 있었어요."

예브게니의 이모인 예카테리나 미하일로브나가 말했다.

러시아는 대국이다. 예브게니의 어머니와 이모가 그를 면회하려고 야로보예
에서 프리아르군스크로 5일 일정의 여행을 떠났을 때만 해도, 그들은 자기들을
기다리고 있는 것이 무엇인지 감조차 잡지 못했다.

"우린 너무 늦었지요."

예브게니의 어머니가 흐느낀다.

"우리는 7월 10일에 프리아르군스크로 도착한 거예요. 제냐는 7월 9일에 이
미 죽었는데."

프리아르군스크는 중국과 몽골 국경과 면하고 있는 아주 외딴 소도시다. 영
안실은 관내 병원에 부속돼 있었다.

"우리가 영안실에 도착했을 때 제냐가 보였죠."

예카테리나 미하일로브나가 말한다.

"아이의 목에 올가미 자국으로 보이는 반점이 있었어요. 또 왼쪽 손목에는 베인 상처가 있었고요. 우리는 제냐가 제일 먼저 정맥을 끊으려 했다는 설명을 들었습니다. 아이의 몸 전체는 두들겨 맞은 자국이 역력했고, 머리는 멍 자국이 수두룩했지요. 마치 뼈가 없는 것처럼 몸 전체가 물렁물렁했어요. 어디 하나 부러지지 않은 데가 없었죠. 뒤통수에는 묵직한 물체에 맞은 것처럼 움푹 팬 자국이 선명했고, 생식기는 짓뭉개진 채 부어올라 있었어요. 두 다리 역시 부어올라 있고 상처투성이인 데다가 마구 끌려다녔던 것마냥 흐늘거렸죠. 뒷머리는 피부가 완전히 벗겨져 있었는데, 그것 역시 아이가 끌려다니면서 생긴 것 같았어요. 발 위에는 화상 자국이 보였고, 어깨에는 누군가 위에서 세게 누른 듯한 멍 자국이 있었죠. 나는 아이가 고문을 당했고, 그 다음 살인을 감추기 위해 누군가 아이를 매달았다고 생각해요."

예브게니는 자기 발보다 작은 군화로 인해 고통을 참지 못하고 제대로 된 크기의 군화를 계속 요구했다고 한다. 가해자들은 군대의 오랜 관습에 따라 그에게 본때를 보여 주기로 했다. 장교들의 승인 아래, 이런 학대는 '조부들'에 의해, 말하자면 부사관이나 복무 2년 차 혹은 그 이상 되는 고참 병사들에 의해 실행된다. 그럼으로써 장교는 막사 내의 '규율이 유지' 되기를 기대한다.

예브게니가 살해됐다는 사실은 1년차 병사에 의해 나중에 확인됐다. 그 병사는 예브게니를 고문한 자들이 그를 죽일 의도가 없었고, 다만 분수도 모르고 까불지 않도록 훈계하려 했다고 말했다. 그들은 구타를 반복했고, 예브게니는 고문당하는 동안 숨졌다. 그러자 살인자들은 그가 자살한 것처럼 꾸미기로 결정했던 것이다.

발이 너무 크다는 이유로 살해당한 열여덟 살의 청년 포몹스키 이등병의 비극은, 그럼에도 군대 내의 그런 흉포한 야만성에 대한 사회의 공분을 크게 일으키지 못했다. 그 누구도 국방부 장관 세르게이 이바노프Sergey Ivanov와 FSB 국장 니콜라이 파트루셰프가 러시아 군인들에게 향후 질서 있는 환경과 인간으로서 누려야 할 음식, 옷, 신발을 공급해야 할 책임이 있다고 주장하지 않았다. 또 그들이 나라의 부름을 받은 청년들의 목숨에 직접적인 책임을 져야 한다고 주장하는 사람도 없었다.

모든 것이 전과 다름없이 흘러갔다. 다음 순번의 군인이 또 다시 무참히 살해되기 전까지.

그날 저녁 늦게, 『포브스Forbes』의 러시아판 편집장인 폴 클레브니코프Paul Klebnikov가 중상을 입었다. 그는 알렉산데르 푸시킨의 친구인 데카브리스트[10] 푸신Ivan Pushchin의 후손이었다. 미국 시민권을 가진 클레브니코프는 신흥 러시아에서 올리가르히의 성장 과정을 오래 전부터 추적해 왔다. 그의 피살은 수수께끼였다. 용의자들은 체첸 반군으로 모험주의자인 호시-아흐메트 누하예프[11]를 클레브니코프가 책에서 혹평한 데 대해 보복한 것이라는 사법 당국의 설명은 터무니없는 헛소리가 분명하다. 사법 당국은 국제적인 공분을 일으킨 이 범죄를 해결하지 못해 안절부절했다. 누하예프는 기이하고 모순적인 인물이다. 한때 야전 사령관을 지냈던 그는 반군을 떠나, 실상과는 다르게 철학자로 행세하기 시작했다. 체첸 반군들 사이에서 누하예프의 명망은 절대로 크지 않았으며, 따라서 그를 위해서 클레브니코프를 살해했다고 추정하기는 힘들다.

무하메트 치카노프Mukhamed Tsikanov가 〈유코스〉의 지주회사인 〈유코스-모스

---

10) 제정 러시아 시대인 1825년 12월 26일, 국민의 자유를 억압하는 니콜라이 1세에 반대하여 궐기한 러시아 장교들을 일컫는 말. '12월 당원' 이라고도 불리며 러시아어로 '데카브리' 는 12월을 뜻한다. 옮긴이

11) Khozh-Ahmed Noukhaev, 체첸 반군의 지도자 중 한 명. 클레브니코프는 그를 인터뷰한 책, 『야만인과의 대화Conversation with a barbarian』에서 그를 부정적으로 묘사했다. 옮긴이

크바〉의 부회장으로 임명됐다. 경제발전부 차관을 맡았던 치카노프는 '정확한' 매각이 확실히 이루어지도록 정부가 심어 놓은 특사인 셈이다. 치카노프가 정부 당국의 손바닥 안에 있다는 것은 두말할 필요가 없다. 이 일을 맡기 전에 그는 예산만 전부 낭비했을 뿐 실패로 끝나 버린 '체첸 재건 사업'을 맡았다. 사업 전체를 주관했던 이 자는 후환을 겪지 않고 인생을 즐기며, 심지어 승진까지 했다.

7월 10일

사비크 슈스테르의 〈자유 연설〉의 마지막 회가 NTV에서 방송됐다. 러시아 국영방송을 통틀어 유일하게 남아있던 정치 토크쇼가 폐지된 것이다. 마찬가지로 NTV의 프로그램인 〈개인적인 관심사〉 또한 종방했다. 그것은 알렉산데르 게라시모프가 진행했던 주별 뉴스 분석 프로그램이었다. 게라시모프는 NTV 뉴스 부국장이었으며, 그 또한 사직할 참이다. 러시아 TV에서 모든 자유로운 사고와 예측 불가능성이 분쇄됐다는 것은 이제 기정사실이다.

7월 16~17일

체첸과 인구셰티야의 접경 지대에 있는 세르노보츠카야 산간 마을에서 무장한 수송 차량을 탄 군인들이 들이닥쳐 마을 주민 여섯 명을 납치했다. 인다르비예프 형제 두 명, 경찰 소령 한 명, 열다섯 살에서 열아홉 살 사이의 인케미로프 형제 세 명. 장애가 있는 안조르 루카예프가 납치됐다. 그들의 송환을 요구하는 마을 여성들의 시위 집회는 경고성 발포로 해산됐다. 맨 처음 총을 쐈던 이는 〈체첸 복구를 위한 공익 위원회〉 회장인 알루 알하노프의 경호원들이었다. 유망한 대통령 후보면서 경찰 위원, 내무부 장관인 그는 TV에서 "납치 물결은 한풀 꺾였다. 우리는 그 목표를 이루는 데 성공했다"고 쉬지 않고 떠들어 대는 바로 그 알루 알하노프가 맞다. 그가 그런 말을 쉽게 할 수 있는 것은 그 주장이 사실과 다르다는 것을 드러내는 누군가를 향해 총을 쏘기 때문이다.

7월 20일

오늘 새벽 4시경 인구셰티야 갈라시키에서 트랙터 운전사 베슬란 아랍하노프가 자기 아내와 일곱 명의 어린 자녀가 보는 앞에서 심하게 구타당한 뒤 총을 맞고 사망했다. 단순한 착오에서 일어난 일이었다. 보안군은 체첸 반군 루슬란 후치바로프Ruslan Khuchbarov를 체포하려고 했다. 고급 비밀 정보에 의하면, 후치바로프는 그날 밤 파르티잔스카야 거리 11번지에서 자고 있었다고 한다.

그러나 웬일인지 파르티잔스카야 거리 1번지에 군인들이 들이닥쳐 무고한 아랍하노프에게 총을 쏘았다. 그를 살해한 직후, 한 장교가 집안으로 들어가 충격에 빠진 그의 아내에게 자신을 FSB 수사관 코스텐코라고 소개하며 '파르티잔스카야 거리 11번지'에 대한 수색영장을 내밀었다. 이 순간 실수라는 것이 분명히 드러났지만, 코스텐코는 비통해하는 과부에게 사과조차 하지 않았다.

이것이 우리의 '반테러 작전'의 현실이다. 베슬란 아랍하노프의 일곱 명의 자녀들은 이 일로 무슨 교훈을 얻을 것인가? 과연 그 아이들이 용서하고 잊을 수 있을까?

***

코스텐코는 이후 베슬란 마을 초등학교에서 발생한 테러로 죽은 아이들의 어머니들에게도 사죄하지 않았다. 이 테러는 코스텐코가 체포하는 데 실패한 바로 그 후치바로프가 주도한 사건이었다.

7월 23일

'노르트-오스트' 인질 사건 조사팀이 해산됐다. 세 달 뒤면 '노르트-오스트' 참극 2주기가 된다. 시민들은 그런 얘기를 듣는 것에 진력이 났다. 대다수 테러범들의 신원을 확인하고, 인질들을 마비시킨 가스의 성분을 밝히고, 그 가스를 사용하라는 결정을 누가 내렸는지 밝히는 일이 남아 있었지만, 수사를 종결시킨 것은 모두 그런 까닭이었다.

러시아 정부의 정치적 발전에 있어 대단히 중요한 조사가 중단된 것이다. 그 수사 팀 전체에서, 아니, 정부 측 공식 대변인이 표현했듯이, "명예의 빚을 갚기 위해 애쓰고 있는 우리의 가장 우수한 수사관 집단"에서 남아 있는 사람은 V. I. 칼추크 씨뿐이다. 모스크바 검찰청의 텅 빈 사무실을 그 혼자 지키고 있다.

칼추크 씨는 이 테러 사건으로 고통을 겪은 사람들(인질 피해 생존자들과 유족들)을 만나서 조사 결과를 건네주며 읽어 보라고 했다. 129명의 목숨과 그 외 수백 명의 건강을 볼모로 하여 '구출 작전'을 간소화하려고 독가스를 사용했던 보안기관 관계자들 중에는 누구도 유죄판결을 받지 않았다.

조사 기록에 침윤된 냉소주의는 충격적이다. 문서에서 모든 책임은 바사예프에게 돌려져 있다.

본 수사관 V. I. 칼추크가 밝혀낸 바로는, 바사예프가 1995년 이후 ○○을 고안하고 ○

○을 약속하고 ○○을 선출하고 ○○을 대표했다는 사실이다. 2003년 5월 5일 인터폴을 통해서 국제 체포 영장이 발부됐다. …… 불법적, 참칭적인 이치케리아[12] 정부의 자유와 독립을 위해 싸운다는 명분 아래…… 위의 기간 동안, 러시아연방 정부로부터, 반테러 작전이 실시되고 있는 체첸 공화국 영토에서의 철군 결정을 끌어내기 위해, 그는 본 수사관이 밝혀내지 못한 불법 무장 단체 및 체첸 분리주의자들의 지도자들과 함께, 인구가 조밀한 사회적 요지에서 폭탄을 터뜨리고 많은 사람들을 인질로 잡기로 모의했던 것이다.

우리는 이 보고서가 정보기관 입장에서 치명적인 화학물질을 쓰는 것 외에는 다른 대안이 없도록 만든 책임이 바사예프에게 있다는 식으로 결론을 내릴 것이라고 충분히 기대할 수 있다. 하지만 바사예프의 죄과는 서두에만 언급될 뿐이다. 책임의 문제를 논하는 결론 부분에는 그에 대해 일언반구도 없다.

테러를 위한 여러 준비 단계에서 바사예프와 그 범죄 도당의 다른 공모자들은 최소 52명을 선발했고, 이들이 최종적인 테러 요원이 됐다. 인질극을 벌이기 위해 차출, 훈련된 인원은 다음과 같다.
수사에 의해 신원이 밝혀지지 않은 테러범-시신 번호 2007
수사에 의해 신원이 밝혀지지 않은 테러범-시신 번호 2028
수사에 의해 신원이 밝혀지지 않은 테러범-시신 번호 2036
…….

---

12) 1991년 조하르 두다예프에 의해 천명된 친이슬람계의 체첸 공화국을 말한다. 옮긴이

이들은 누구인가? 알 수 없다. 그러나 이 조사를 벌였던 이유 중 하나는 이 모든 신원 미상의 사체들에게 이름, 부칭, 성을 붙이는 일이었다. 칼추크 씨는, 조사가 확인해 주듯이, 테러범들 중 한두 명의 이름만을 알고 있었다. 모두가 그 정체를 알고 있고, 그 이름이 신문지상과 TV에서 보도된 그런 이름들만 알고 있었다는 말이다.

"인질로 잡힌 여러 사람들의 목숨과 건강을 위협하는 심각한 사태에 직면하여 러시아연방의 유능한 요원들은 구출 작전을 벌이기로 결정했다." 하지만 이런 "유능한" 요원들은 대체 누구란 말인가? 우리는 '노르트-오스트' 사건과 관련된 핵심적인 문제, 즉 누가 가스를 사용하자는 결정을 내렸고, 이에 따라 이런 죽음에 누가 책임을 져야 하는가가 완전히 빠져 있다는 것을 발견하게 된다. 때문에 앞서 언급된 "유능함"이 그 일차적 의미로 테러범 전원을 죽임으로써 사실을 은폐하는 기술을 뜻하는 것이 아닐까 하는 의혹만 증폭될 뿐이다.

마지막 결론은 이렇다.

인질들 전원의 사망을 초래한 것은, 그들이 인질로 잡혀 있는 동안 발생한 부정적인 요인들의 치명적인 결합이 낳은 극심한 호흡 장애 및 심혈관 장애였다. 사망을 초래한 요인들의 복합성은…… 기체성 화학물질(들)의 유기체에 대한 영향과 죽음 사이의 직접적인 원인 연결을 배제한다. …… 기체성 화학물질(들)의 사용이 유일한 사망 원인이었다고 가정할 수 있는 객관적 근거는 하나도 없다.

가스의 구성 성분이 밝혀지지 않은 마당에, "객관적 근거"에 대해 이러쿵저러쿵 논한다는 게 어떻게 가능하단 말인가?

칼추크 씨가 서명한 이 수사 결과는 사실성이 대단히 부족하다. 공식적으로 이 작전의 가장 중요한 성과가 테러범들 전원의 의식을 잃게 한 점이라고 발표했음에도 불구하고, 가장 상세해야 할 대목인 왜 테러범들 전원이 한 명의 예외도 없이 사망했는가에 대한 당국의 설명 노력은 없었다. 칼추크 씨는 그것에 내해 아무 설명이 없다. "테러범들은 13정의 소총과 8정의 권총을 사용하여 적극적으로 응사했다."

이 보고서의 대단원은 이렇게 끝난다.

러시아연방의 유능한 요원들의 올바른 결정과 숙련된 정보기관 요원들의 조치 결과 테러범들의 범죄 활동은 끝났고, 국제사회에서 러시아의 권위를 약화시킬 수 있었던 훨씬 심각한 참사를 피할 수 있게 됐다.

한 나라 안에 살고 있는 시민들이 인간 생명의 가치에 대해 근본적으로 다른 견해를 가지고 있다면, 참으로 끔찍한 일이다. 볼셰비키의 승리와 스탈린의 출현을 초래한 원인이 거기 있었다. 러시아 민족의 역사에서 나타나는 이런 사악한 특징은 국민의 생사를 결정하는 위정자들에게 가차없이 영향을 주고 있다.

보고서는 또 이렇게 덧붙이고 있다.

인질 석방을 수행한 특수기관 요원들에 대한 형사 고발은 기각된 상태이며, 인질들을 사로잡고 억류한 테러범들에 대한 형사사건은 종료됐다.

정부는 검찰로부터 면죄부를 받아 왔다. 미래에 발생할지도 모를 테러와 테러범들로부터 우리를 보호해야 할 정부와 정부의 특수작전부대 모두 마찬가지다. 앞으로 이런 무책임한 사람들이 더 많아지리라는 것을 의심하는 국민은 거의 없다.

7월 27일

대통령행정실의 부실장이자 크렘린의 막후 실력자인 이고르 세친Igor Sechin 이 국영 석유 회사 〈로스네프트Rosneft〉의 대표이사가 됐다. 세친은 〈유코스〉의 분할과 해체 및 호도르콥스키의 구속을 직접 감독했던 인물이다. 〈유코스〉의 노른자위를 노리는 〈로스네프트〉의 최고경영자로 그가 발탁됐다는 사실은 크렘린이 자신의 이익을 위해 〈유코스〉를 해체했다는 것을 방증한다. 크렘린이 선전하는 이데올로기는 국민의 이익을 대변한다고 여겨지는 "국가 경제"의 창설이다. 하지만 사실상 그것은 정부 관료를 핵심 올리가르히로 둔 관료주의 경제일 뿐이다. 관료의 지위가 높아질수록 그만큼 더 거물급 올리가르히가 되는 것이다.

이런 국가 올리가르히의 이상은 푸틴과 그 주변에 있는 배타적인 특권층의 마음을 끈다. 그 바탕에 깔려 있는 생각은, 러시아의 주요 수익이 원자재 수출에서 나오기 때문에 천연자원을 정부가 통제해야 한다는 것이다. "내가 바로 국가다!"라는 식이다. 그들은 나라 전체에서 자기들이 가장 똑똑하고, 나머지 국민에게 유익한 것을 가장 잘 알며, 따라서 나라의 수입을 어디에 써야 하는지를 가장 잘 안다고 생각한다. 그들은 〈로스네프트〉와 〈가즈프롬Gazprom〉같은 초독점 기업을 부양하기 위해, 〈브네시토르그반크Vneshtorgbank〉와 같은 거대 금융 복합체를 확장하고, 대통령행정실의 지원을 얻어 새 분야를 정복하는 사업을 펼치고 있다.

대체로 이런 초독점 기업들은 과거 비밀경찰이었다가 지금은 올리가르히가된 자들에 의해 통제되고 있다. 푸틴은 이런 체카 출신의 올리가르히들만을 신뢰한다. 공통적으로 정보기관 출신인 그들이 국민에게 가장 이익이 되는 게 무엇인지 잘 알고 있으리라 확신하기 때문이다. 모든 일이 그들의 손을 거치지 않으면 안 되는 것이다. 푸틴의 최측근들, 그리고 추측컨대 푸틴 자신도 천연자원을 통제하는 자가 정치권력을 독점할 수 있다고 확신하는 듯하다. 사업을 벌여야 권력을 얻을 수 있다는 것이다.

이런 생각은 일부분 옳다. 중남미의 많은 군벌들이 권력을 유지할 수 있었던 이유는 억압 기구와 정부가 모든 기간산업을 장악했기 때문이다. 푸틴 정권이 놓친 것은 그런 군벌이 변함없이 다른 군벌에 의해 타도됐다는, 많은 경우 그것도 매우 빨리 타도됐다는 사실이다.

우리의 군벌은 〈야블로코〉의 청년 그룹이나 〈민족 볼셰비키당〉 청년 당원들이 들어설 틈을 허락하지 않는다. 모스크바에서 〈청년 야블로코Youth Yabloko〉는 루뱐카 광장의 FSB 건물 밖에서 불과 몇 초 동안만 시위를 벌였을 뿐이다. 젊은 세대는 '노쇠한' 민주주의자들에게서 점점 독립해 가고 있다.

그 시위는 공식적으로 인가받은 것이 아니었다. 청년들은 유리 안드로포프Yury Andropov가 그려진 건물의 기념 명판(소비에트 체제를 무너뜨리지 않고 그것을 개혁하려 한 인물로서 안드로포프를 숭배하는 이런 새로운 흐름은 대통령행정실에 의해 주도면밀하게 조성되고 있다)을 향해 붉은 색 페인트를 묻힌 쇠공을 던졌고, 줄이 그어진 푸틴의 초상화 위에 "빅 브라더 타도!"라는 구호가 적힌 검은색 티셔츠를 단체로 입고 있었다. 그들은 "독재 경찰 타도!"라고 적힌 플래카드를 들고 다니면서, "루뱐카를 무너뜨리고 정부를 끝장내자!", "체카 요원들의 권력을 타도하자!"라고 연호했다.

그 시위는 빠르게 해산됐다. 루뱐카 광장 주변에는 언제나 많은 경찰이 대기하고 있다. 아홉 명의 시위자들이 메시찬스키 경찰서로 호송되기 전에 FSB로 끌려갔다. 저녁 8시경 여덟 명이 풀려났다. 하지만 그들 중 두 명은 병원 신세를 지고 있다. 스물한 살의 이리나 보로비요바와 열아홉 살의 알렉세이 코진이 FSB의 로비로 호출된 구급차에 태워져 병원으로 실려 갔던 것이다. 〈야블로코〉의 청년 그룹 대표인 일리야 야신Ilya Yashin은 코진이 FSB 상위上尉 드미트리 스트렐초프에게 취조받던 중 구타를 당했다고 밝혔다. 시위자들은 자신들이 시위가 끝나고 해산하기 시작했을 때, 골목에서 나온 사복 차림의 남자들에게 붙잡혀 폭행을 당했다고 진술했다. NTV, 〈메아리TV〉, 〈네자비시마야 가제타 Nezavisimaya gazeta〉 소속 기자들 상당수도 카메라를 압수하겠다고 위협하는 경찰들에 의해 구금당했다. 경찰은 카메라에 찍힌 모든 영상을 삭제한 후에야 그들을 풀어 줬다.

***

〈청년 야블로코〉의 시위는 러시아의 독재 경찰 정권에 대항한 정치적 저항의 설익은 사례다. 2004년 여름, 반체제 계열은 두 부류로 좁혀졌다. 최고 부유층과 극빈층이 그것이다. 〈유코스〉의 해체, 〈구타 은행Guta-Bank〉에 대한 뻔뻔한 합병, 〈알파 은행Alfa-Bank〉에 대한 공격은 재계 지도층을 격분시켰고, 자본을 해외로 옮기도록 부추겼다. 두 번째 유형은 극빈층과 관련되며, 이들의 저항은 정부가 사회 내에서 가장 취약한 계층의 사회복지 혜택을 줄이려고 하자 발생했다. 이것 역시 정치적인 반체제 운동이라기보다는 금전적인 동기에서 나온 저항인 것이다.

7월 한 달 동안 러시아에서는 아직 미약하나마 퇴역 군인들이 주도한 최초의 푸틴 반대 시위가 목격됐다. 임박한 복지 혜택 폐지 방침에 분노했던 것이다. 복지 혜택은 그들 대다수의 생존에 꼭 필요한 것이기도 하지만, 그들에 대한 존경심을 표현하는 물질적 수단으로 받아들여져 왔던 것도 사실이다. 퇴역 군인들 중 일부는 대단히 웅장한 규모로 치러질 예정인 제2차 대전 승전 60주년 기념행사를 보이콧하겠다고 위협했다. 아울러 체르노빌 원전 사고로 장애를 입은 피해자들은 로스토프-나-도누에서부터 모스크바까지 시위행진에 나섰다. 이들은 생존에 꼭 필요한 의약품을 무상으로 제공받던 것 대신 1천 루블(약 3만 2천 원)의 돈을 지급받을 것이라는 정부 안에 반발했다. 매달 소용되는 의약품의 가격은 한 달에 1천 루블을 상회한다. 역시 복지 혜택을 잃어버리게 된 군 관계자들에게서도 불만의 소리가 터져 나오고 있었다.

한편, 최고 부유층과 극빈층 사이에 놓인 계층은 잠잠하다. 아직 주머니를 털리지 않은 사람은 불평할 이유가 하나도 없는 것이다.

2004년 여름[13]

이곳 스베르들롭스크 주에는 체첸 전쟁에 참여했던 2만 명의 퇴역 군인이 살고 있다. '반테러 작전'에 참여했던 이전의 퇴역 군인들처럼 대부분은 복지 혜택을 누리고 있다. 그들은 정부의 복지 정책 개혁을 자신들에 대한 선전포고로 여긴다.

여기 우랄에서 '체첸인들'은 근근이 살아가고 있다. 누구도 그들을 채용하거나 가르치려 하지 않으며, 많은 이들이 알코올중독자, 마약중독자, 또는 절도범이 되고, 종국에는 감옥에 갇힌다. 레피노 마을 교도소 안에는 실제로 〈체첸전 퇴역 군인 협회〉가 있고, 200명의 회원을 보유하고 있다.

보통 그들은 무상 복지시설이나 병원 등지에서 환영받지 못하며, 필요한 서비스를 받기 위해 개인적으로 지불해야 할 돈조차 전혀 없다. 그들은 문둥이 취급을 받으면서 쉼터에서 쫓겨나고 부랑자가 되기 일쑤다. 그래서 그들은 또래 집단인 '체첸인' 공동체와 협회로 자연스럽게 이끌린다. 그들 대부분은 물질적

---

13) 국회가 복지 개혁안을 통과시켰을 무렵, 안나는 우랄의 예카테린부르크에 있었다. 그 당시에 쓴 글이다.

복지 혜택을, 최소한 사회가 자기들에게 표현하는 어떤 존경과 감사의 표시로, 또는 한창 때에 꺾여 버린 자기 인생에 대한 보상으로 생각한다. 따라서 이런 복지 혜택을 없애고 몇 푼 안 되는 현금을 준다는 것은, 전우의 목숨과 자신의 건강을 바쳤던 국가로부터 당한 최후의 일격이라고 여겨진다.

부상자와 장애인은 그냥 그대로 죽어 버릴 것이다. 많은 이들은 간신히 붙들고 있었던 일자리마저 잃게 될 것이다. 온갖 어려움을 딛고 학업을 이어 온 소수의 학생들은 각고의 노력으로 국가로부터 얻어낸 교육의 혜택마저 잃게 될 것이다.

루슬란 미로노프는 2급 장애를 가진 청년이다. 그는 보통의 '체첸인' 퇴역 군인들과는 다르게 친절하게 활짝 웃어 보인다. 내성적인 미로노프는 가슴에 단 한 개의 훈장도 달고 있지 않다. 심각한 머리 부상을 말해 주는 뚜렷한 상처만 아니더라도 평범한 청년으로 보였을 것이다. 그의 얼굴 반쪽은 일그러져 있고, 부상당한 후 꿰맞춰야 했던 두 팔은 제대로 움직이지 않는다.

우리는 스베르들롭스크에서 가장 큰 장애인 퇴역 군인 협회 중 하나가 있는 예카테린부르크 제32무기고 안의 조그만 방에 앉아 있다.

"루슬란, 당신은 지금 확실히 자급자족하는 상태인 것 같군요. 그 비결이 뭔가요? 복지 개혁안의 결과로 당신이 잃게 되는 건 또 뭔가요?"

루슬란이 대답한다.

"모든 것을 잃고 있어요. 그것이 마음이 아픕니다. 나는 장애인이지만, 연금을 충분히 모으지 못했고, 내 문제로 다른 이에게 부담을 준 적이 없습니다. 나는 조그만 장사를 하면서, 1년에 약 10만 루블(약 330만원)을 벌어들이지요. 퇴역 군인들이 받을 수 있는 면세 혜택을 받으려 애썼지만, 이제부터는 내 수입의 48.5퍼센트를 내줘야 할 판입니다. 그건 바로 4만 8,500루블(약 160만원)의 손실, 거의 절반의 손실을 보는 거지요. 내 사업은 경제적인 가치가 완전히 없어져 버렸어요. 나는 빈털터리가 될 거예요."

이외에도 루슬란은 장애인 노동자를 고용하고, 다른 고용주들이 채용하기를 꺼리는 '체첸인' 전우들을 지원하는 대가로 정부로부터 재정 보조금을 받았다. '체첸인' 전우들은 형편없는 근무 태도와 말썽을 일으키는 것으로 악평이 나 있었다.

루슬란은 이렇게 설명한다.

"이를테면, 예전에는 어떤 장애인 노동자가 달마다 8,300루블(약 27만 원)의 급료를 받는다고 하면, 세금을 전혀 물리지 않았어요. 이젠 이런 특권이 철회되고 있어요. 그는 세금으로 정부에 무려 4천 루블(약 13만 원)을 바쳐야 할 겁니다. 바꾸어 말하면, 그가 금전적 전환을 통해서 보상받게 되는 2천 루블(약 6만 5천 원)의 갑절을 바쳐야 한다는 거지요. 이건 사회에 짐이 되고 싶어하지 않는 장애인들에 적용될 만한 합리적인 정책이라고 볼 수 없습니다. 당신은 저들이 우리를 지원하기 위해 모든 일을 해 줄 거라고 생각할 겁니다. 우리가 각자의 의지대로 잘 살아가도록 해 줄 거라고, 그래서 우리가 집 앞에 너부러져 있거나 술에 취해 문간에 누워 있지 않도록 말이지요. 하지만 지금 저들은 우리를 쓰레기 더미 속으로 내몰고 있어요.

지금까지 가을과 겨울마다 철도와 항공 운임을 반값에 이용할 수 있는 권리가 있었지요. 우리 부모님이 흑해의 아나파에, 장모가 노보시비르스크에 살기 때문에 그건 가장 큰 혜택이었어요. 나는 그 혜택을 많이 누렸어요. 게다가 무료로 틀니를 제공받을 수 있는 권리도 사라졌어요. 이것도 문제예요. 체첸에서 돌아왔을 때 우린 이가 하나도 남아 있지 않았어요. 병원마다 아주 긴 줄이 늘어서 있었죠. 그런데 지금은 어떤가요? 장애인을 위한 '사회적 일괄 지원액'으로 2천 루블, 참전 용사를 위한 보상금으로 1,500루블(약 5만 원), 사망자 유가족은 고작 650루블(약 2만 원)을 받지요. 이제 앞으로 온전한 치아를 갖고 있기란 불가능할 겁니다."

1976년에 태어난 세르게이 도므라셰프는 폐에 구멍이 났다. 두개골의 일부는 티타늄 판으로 되어 있다. 그럼에도 불구하고, 오늘날 세르게이는 전형적인 예카테린부르크 중산층을 대표한다. 말쑥한 정장 차림에 세심하게 고른 넥타이를 맨 도므라셰프는 평범한 지굴리를 몰고 자신 있게 거리를 질주한다. 잘 차려입은 데다 귀티가 나며 자신감이 넘친다. 그를 보고 그의 말을 듣는 것만으로도 즐겁다. 도므라셰프는 독립적이고 교양 있고 아름다운 여성과 결혼했다. 그는 자기 일을 좋아하며, 학사 학위를 마치고 석사 학위를 준비 중에 있다.

"전투 작전에 가담했던 전우들 가운데 전쟁이 끝난 뒤 불과 열 명만이 두 발로 걸어서 돌아왔어요. 나머지는 술에 절어 있거나 아무 일도 하지 않아요. 부모와 함께 살면서 기식하고 있죠. 우리는 사람에게 겁을 줍니다. 그게 바로 대다수 '체첸인'이 경비 요원으로 취직하는 이유죠. 주로 사설 경비 업체에서 일하는 '아프가니스탄' 출신 군인들이 고용합니다. '아프가니스탄인'이 우리를 많이 써 주기는 하지만, 그들도 우리를 썩 반기는 건 아니에요."

"하지만 평범한 일상에 정착하지 못하는 많은 '체첸인들'이 다시 용병이 되어 체첸으로 돌아가고 있어요. 혹시 당신도 그런 충동을 느끼나요?"

"그곳에 돌아가지 않고도 잘살 수 있어요."

도므라셰프가 웃었다.

"그런데 다른 사람들은 왜 전장으로 돌아갈까요?"

"이유는 분명합니다. 자기 마음대로 할 수 있으니까요. 마음 내키는 대로 총도 갈길 수 있고요. 무법천지니까요. 그들이 좋아하는 게 바로 그거죠."

"어떻게 당신은 그 정도로까지 타락하지 않을 수 있었죠?"

그는 또 웃는다.

"나는 정부로부터 독립을 선언했습니다. 체첸의 살육장에서 고향으로 막 돌아온 순간, 나는 다른 이들처럼 타락할 수도, 모든 것을 새로 시작할 수도 있다는 것을 깨달았습니다. 나는 무공 훈장을 한 번도 달고 다닌 적이 없습니다. 내가 살아남을 수 있었던 것은 모든 것을 다 잊은 척, 아무 일도 일어나지 않았다는 듯이 새 삶을 시작했기 때문이니까요."

세르게이 도므라셰프는 2005년, 정부의 주택 수혜자 명단의 앞줄에 오를 수 있었지만, 지금 그 혜택은 폐지된 상태다.

"우리 국민이 공권력에 결코 기대서는 안 된다는 사실을 절감했습니다. 정부는 항상 우리를 속이니까요."

세르게이가 말했다.

"물론 집을 얻을 수 있는 우선권을 포함해서 모든 혜택이 사라지고 있다는 것이 안타까울 뿐입니다. 모든 것이 무너져 버린다면 정말 유감일 겁니다."

세르게이는 아내와 함께 세 들어 살고 있는 코딱지만 한 아파트를 보여 줬다.
"나는 아직 아파트를 살 형편이 못 됩니다. 열심히 일했지만, 여러 가지 일을 열심히 하고 있지만 동시에 여러 일을 할 재간이 없다는 것을 깨닫고 있어요. 앞으로도 그게 가능할 거라는 기대는 안 합니다. 그래도 지금 이 순간까지 일하고 있지만, 머리의 금속판도 갈아야 하고 돈이 필요합니다. 나는 돈을 벌어야 하고, 수술 이후를 대비해서 따로 돈을 모아 놓아야 합니다."

우리는 더 없이 비정상적인 정부 밑에서 살고 있다. 당국은 국민을 막다른 길로 내몰기를 즐긴다. 자립할 능력이 있고, 실제로 자립하기를 원하는 그런 사람들까지도 예외는 없다. 궁금증이 생긴다. 도대체 그런 정부는 어떤 시민을 원하는 걸까? 적극적인 삶을 살고자 하는 사람을 원하는가, 아니면 술 취한 놈팡이무리를 원하는가? 오늘날 정부는 자활할 수 있게 도와줘도 모자란 그런 사람들마저 굳이 빈곤층으로 내몬다. 정부는 빈곤 퇴치가 대통령의 새 우선 과제라고 광고하지만, 다른 한편으로는 자립에 이미 성공한 사람들마저 극빈층으로 떨어뜨린다. 복지 개혁안은 바로 이 정부에 의해 삶이 파탄 난 국민들로서는 마지막 지푸라기가 될 것이다. 다수의 '체첸인들'은 이것을 받아들이기가 어려울 것이라고 말한다. '적자생존' 논리일까? 사회복지에 대한 이상적인 접근법은 아니다. 약자는 그냥 죽게 마련이란 말인가?

나데즈다 수즈달로바는 자신의 일터인 마을 보일러실로 출근할 때마다 아들 톨랴를 집안에 가둬 놓는다. 톨랴는 1급 장애가 있는, 스물여덟 살의 퇴역 군인이다. 그는 가슴 아래로 하반신이 마비됐다. 말할 수 있는 머리와 두 팔, 팔꿈치로 온몸을 지탱한다. 수즈달로바와 톨랴는 우랄의 빽빽한 수풀 속에 있는 한적한 마을 카르푸시하에 살고 있다. 이 지역의 중심은 울창한 숲 속 길을 따라 38킬로미터 떨어진 곳에 위치한 키로브그라드다. 바로 이런 곳에서, 이와 비슷한 환경을 가진 마을들에서 전쟁을 치를 소년들을 뽑아 캅카스로 보낸 것이다. 그런 곳의 어머니들은 아들의 목숨을 구하기 위해 기차에 몸을 실을 수도 없다.

군인들이 전장을 떠나 집이라고 돌아온 곳은 바로 그런 오지였다. 오늘날 카르푸시하는 온갖 반사회적 인간들이 사는 '빈민 지역'이다. 새로운 흐름에 적응하지 못한 이들은 엎친 데 덮친 격으로, 지난 수년 동안 오른 집세를 감당하지 못해 예카테린부르크에서 쫓겨났다. 수즈달로프 가족이 살고 있는 아파트 동의 입구에는 술주정뱅이, 부랑자, 마약중독자가 떼로 붐빈다. 그들은 고함을 지르고, 욕설을 퍼붓고, 서로의 엉덩이를 움켜쥐거나 발길질하면서 비틀거린다. 세면기, 솥, 찻주전자, 냄비 등 훔칠 거리도 안 되는 것들을 훔친다. 나데즈다가 톨랴를 가둬 두지 않을 수 없는 것도 바로 이 '이웃들' 때문이다. 톨랴는 절도를 막을 수 없다.

제아무리 사소한 것이라지만 밥그릇이나 수도꼭지를 떼어 훔쳐 가면 그걸 대체할 수 있는 것이 아무것도 없다. 톨랴와 그의 어머니는 한 달에 1,200루블(약 4만 원)의 장애 급여를 받고 살아간다. 벌써 여섯 달도 넘게 나데즈다는 급료를 받지 못했다.

톨랴의 사연은 전형적이다.

"아이는 저녁마다 웁니다."

나데즈다는 그렇게 말하면서 자신도 울기 시작했다. 몸져누워 있는 아들을 보살피느라 매우 지친 모습이다.

"하지만 뭐라고 말할 수 있을까요? 나는 톨랴에게 맞서 싸우라고, 술을 끊으라고 말했지만, 이미 때는 늦었지요. 모두 지나간 얘깁니다."

학교를 졸업할 당시만 해도 순진하고 잘생긴 소년이었던 톨랴는 곧바로 체첸에 투입됐다. 모든 이들이 그렇듯이 그는 정신적으로 완전히 피폐해진 몰골로 돌아왔다. 어떤 재활 치료도 받지 못한 채, 알코올중독과 마약중독이 유일한 '재활 프로그램'인 카르푸시하로 곧장 돌려보내졌다.

고향으로 돌아온 직후 난폭하게 변한 톨랴는 이웃 마을 레비하의 가게 하나를 부수기도 했다. 법정에서 상인들은 그가 무엇을 훔치거나 누구를 때리지 않은 것이 이상하다고 진술했다. 그렇게 톨랴는 스베르들롭스크 주의 '체첸인들' 절반 이상이 그렇듯이 감옥신세를 지게 됐다. 그는 사면으로 풀려났고, 다시 술을 마시기 시작했다. 얼마 안 돼서 마비 증세가 찾아왔다. 의사들은 어머니에게 소란을 피우지 말라고 일렀다. 아들이 닷새를 넘지기 못할 것이라는 얘기였다. 진단 결과는 "심각한 신경 감염증"이었다.

"하지만 사실 우리 아이는 벌써 일 년 넘게 살아 있지요."

침대 옆 낮은 의자에 앉은 어머니가 말했다. 두 눈에는 행복감이 어려 있다.

"처음에는 먹여 줘야 했지만, 이제는 제 손으로 먹을 수 있답니다."

그럼에도 톨랴의 병은 불치병 수준으로 심각하다. 그는 후천면역결핍증 진단을 받았다. 어디서 그 병을 옮았는지, 카르푸시하인지 아니면 병원에서인지 알 길이 없다. 조국이 해야 할 마땅한 도리는 그가 자신의 생을 품위 있게 마칠 수

있도록 해 주는 것뿐이다. 톨랴가 누워 있는 방은 깔끔하다. 하지만 병실 냄새
는 씻어 낼 도리가 없다. 침대 틀에 부착된 자루 속으로 소변이 흘러든다. 톨랴
는 온몸이 욕창과 종기로 뒤덮여 있다. 면역 체계가 배겨 내지 못하고 있다.

"어떻게 살 수 있을까요? 무엇을 먹고 살아야 하나요? 톨랴의 도뇨관은 아이
와 한 반이었던 여자아이가 가져다 준 거예요. 그 아이는 암 센터에서 일하고
있고, 우리 애를 위해 도뇨관을 훔쳐 가져다주는 것이지요. 우린 도뇨관을 살
돈이 없어요."

나데즈다가 한탄한다.

장애를 입은 참전 용사가 기댈 수 있는 거라곤 아무짝에도 쓸모없는 한 줌의
의약품이다. 정작 필요한 의약품은 돈을 내고 사야 한다. 톨랴에게 필요한 약값
은 일괄 지원 프로그램 수당을 몇 배나 상회한다.

"도뇨관도 필요해요. 계속 막히니까요. 욕창을 막으려면 매트리스도 필요하
고요. 어떻게 해야 할지 모르겠어요."

"땡전 한 푼 들어오지 않아요."

톨랴가 말했다.

"난 정부가 하는 말을 한마디도 믿지 않아요."

차분한 눈은 죽을 각오마저 돼 있다.

카르푸시하가 모스크바나, 심지어는 예카테린부르크처럼 같은 나라 안에 속
하기는 한 건지 의심스러울 지경이다. 톨랴가 몸져누워 있었던 지난 일 년 반
동안 단 한 명의 간병인도 방문한 적이 없었다. 예카테린부르크의 퇴역 장애 군
인 병원에서 준 휠체어는 그대로 구석에 버려져 있다. 신선한 공기를 마시도록
2층 방에서 톨랴를 부축해 내려올 사람이 아무도 없기 때문이다.

러시아적 삶에 깃든 절망과 야만을 극복하고 근사한 미래를 향해 나아간 사
람들에 관한 희망적인 이야기를 쓰는 것도 좋다. 하지만 톨랴와 마찬가지로 사

회적 지원을 받아 한적한 촌구석에서 간신히 마지막 삶을 연명해 나가는 사회 극빈층의 약자가 수천 명이나 있다는 것 또한 사실이다. 톨랴와 같은 사람들에게 필요한 의료비 전부를 지원해 주지 않는 것은 그들을 사형에 처하는 것이나 마찬가지다. 국가기관은 자연도태의 집행자로 변해 가고 있다.

평일 한낮 검은 눈동자에 왜소한 체구를 한 취객 하나가 바지가 다 흘러내려간 상태에서 한 여성과 실랑이를 벌이고 있다. 다부진 체격의 이 여성은 헝클어진 머리에 풍만한 허벅지살이 다 드러날 만큼 짧은 치마를 입었다. 한 무리의 구경꾼이 톨랴의 방 창문 밑에서 큰소리로 웃어 대고 있지만 아무도 관심을 갖지 않는다. 이 마을에서는 취객이 되거나 누구에게도 관심을 끌지 못하는 존재가 되거나 둘 중 하나다. 여기, 러시아의 한적한 정글에서 말이다.

레브다는 예카테린부르크와 모스크바 사이를 잇는 고속도로 선상에 놓인 작은 마을이다. 이 마을에 정을 붙이기는 힘들다. 지리놉스키를 우상으로 섬기는 극우 정치 세력이 득세하고 있기 때문이다. 지리놉스키는 '좋았던' 옛 소련 시절을 동경하는 모든 패배자들한테서 거액의 돈을 갈취하는 교활한 '바보 성자'다. 먼지, 주취, 마약이 판을 치고 있다. 열두 살에서 쉰여섯 살에 이르기까지 온갖 매춘부들이 길가에 어슬렁거린다. 해골 펜던트를 목에 건, 시비 걸기 좋아하는 이 사내의 말마따나, 매춘부들의 몸값은 고작 50루블(약 1,600원)에서 300루블(약 1만 원) 정도다. 사내의 이름은 안드레이 바라노프, 〈스베르들롭스크 국지전 퇴역 군인 연합회〉 레브다 지부의 부회장이다. 바라노프는 톨랴와는 전혀 다른 인물이다.

"내 살길은 내가 찾습니다."

바라노프가 거들먹거렸다.

"나는 '구직 등록'을 포기했습니다. 그것이 무슨 소용이 있겠어요? 아무도 우리에게 일자리를 주지 않는데. 우리들 대부분이 머리를 다쳤고, 우리는 예측할 수가 없는 존재들이니까. 사람들은 우리를 무서워하지."

"물론 이유가 없지는 않겠죠. 당신도 공격적인 성향을 가지고 있나요?"

바라노프는 그 말에 동의하지 않는다.

"그렇지 않습니다. 다만 우리는 다른 사람들보다 먼저 불의와 맞닥뜨릴 뿐이죠. 그런 까닭에 우리 동료들 중 절반이 감옥에 갇혀 있고요. 70퍼센트는 알코올중독자가 돼 버렸고. 우리 같은 부류를 견뎌 내려면 영웅적인 아내가 필요할 겁니다. 하지만 개중에는 그렇게 잘 살고 있는 이도 있어요. 나는 정부를 조금도 믿지 않습니다. 대신 지리놉스키를 믿고 있지."

"생활은 어떻게 가능하죠?"

"우리끼리 조직을 만들어 화물 운송을 호위합니다. 누가 뭐래도 구직 등록 제도의 힘을 빌리지 않은 채 말이죠."

"그러니까 보호료를 받는다는 거군요?"

"어째서 그렇게 단정합니까? 정부가 아주 쓸모없어졌기 때문에 이러는 거지, 아니면 뭣 때문에 이런 일을 하겠어요? 어쨌든 보호비 명목으로 돈을 갈취하는 짓은 옛날 일이고. 우린 장사를 하도록 돕고 있습니다."

레브다에 사는 바라노프를 비롯한 '체첸인들'은 불법적인 사설 국세청 노릇을 하는 셈이다. 점잖게 말하면, 그들의 의뢰인 중에는 인근 택시 회사도 포함되어 있다. 우리는 지금 레브다 기차역의 작고 허름한 사무실에서 얘기를 나누는 중이다. 기차의 경적 소리가 대화의 긴장감, 주변에 둘러앉은 '체첸인들'의 상처 입은 마음속의 당혹감, 바깥 세상에 대한 바라노프의 분노, 그리고 자기 방식대로 정의를 위해 싸우고 있다는 그의 확신을 두루 고조시켰다.

"복지 혜택의 덕을 보고 있나요?"

"전혀. 우리 일은 우리 스스로 챙기고 있습니다. 예카테린부르크행 기차를 나는 내 방식대로 무료로 이용할 수 있죠. 기차에 올라탄 뒤 내가 전쟁터에 있었다는 것을 확실히 증명하는 복무 확인증만 꺼내 보이면 검표원은 지나가 버리죠. 본체만체 피합니다."

"학업을 계속 하는 건 어떨까요?"

"뭣 때문에? 고맙지만 사절하지요."

나는 그들에게 대화를 나눌 만한 진지한 '체첸인'을 한 명만이라도 구해 달라고 부탁했다. 시간이 흐르고 있었다. 저녁이 되자 레브다에는 개미 한 마리도 눈에 띄지 않았다. 바라노프의 친구이자 아프가니스탄 전투에 참전했고, 〈퇴역 군인 협회〉 회장을 맡고 있는 발레리 모크로우소프가 서성거렸다. 전화통을 붙잡고 내내 분주한 모습이었다. 기차역에서 우리의 대화가 끝나가고 있을 무렵, 모크로우소프가 입을 열었다.

"지금 막 올레크 도네스코프와 통화하려고 전화를 걸었는데, 그 사람 마누라가 나한테 꺼지라고 하는군. 올레크는 잔뜩 술에 취해 너부러져 있고. 그는 두 차례의 체첸 전쟁에 모두 참전했는데, 지금은 뇌진탕을 앓고 있습니다."

"뇌진탕이라뇨? 그렇다면 술을 마시면 안 되죠!"

"나 참. 도대체 뭘 바라는 거요?"

바라노프와 말다툼이 다시 시작됐다. 내 면전에다 말을 퍼부어 댔다.

"보드카를 퍼마시든, 체첸으로 돌아가든 둘 중 하나를 선택하는 수밖에 없어요. 나는 용병으로 그곳으로 돌아갔죠."

"무엇을 바라고요?"

"휴가를 보내려고. 이런 고리타분한 생활에서 벗어나려고. 거기서는 내 자리를 발견할 수 있었지만, 이곳은 문제밖에 없거든. 우리 동료들은 진실을 찾아 헤매지만, 발견할 수는 없어요. 거기서 돌아왔을 때 모든 것이 뚜렷해지죠. 여기는 어느 하나 썩어 문드러지지 않은 게 없어. 형제가 형제를 배신하고, 완전히 똥이오. 거기에선 모두가 정직하죠. 아군은 여기에, 적군은 저기! 한

판 붙어서 총을 갈기면 그뿐!"

〈스베르들롭스크 주 퇴역 군인 협회〉 회장 뱌체슬라프 지코프는 체첸 전쟁에서 병원 앰뷸런스 운전사로 근무했다. 그가 바라노프의 말에 맞장구쳤다.

"우리 동료들 중 70퍼센트는 다시 싸우러 전장으로 돌아가려고 해요. 자포자기 상태에서요. 하지만 그 중에서 계약직 용병으로 뽑히는 사람도 30퍼센트밖에 되지 않아요."

"복지 혜택이 사라질 거라는 소식을 들었나요?"

"알 게 뭐요. 어차피 그것 가지곤 우릴 구하지 못할 건데."

해골 펜던트를 목에 건 또 다른 남자가 잘라 말했다.

"우린 지리놉스키를 지지합니다. 애국주의 운동을 벌일 거예요. 길거리에서 애송이들을 잡아다가 애국 장교 클럽에 처넣는 거죠. 일단 시범을 보이면, 일은 결국 성공하게 돼 있어요."

"어떻게 성공한단 말이죠?"

"엄격한 군주제를 통해서."

"하지만 당신들 몸도 성하지 않은데 누구를 가르친단 말이죠?"

"그로즈니 공격에서 360명의 전우를 잃은 사람입니다. 그 사실만은 신문에 내보내지 말아요."

"왜요?"

"그런 일은 '벌어질 수 없는' 일이니까. 모두가 체첸에 대해 거짓말을 하고 있어요. 난 콤소몰스코예 공격 후 행해진 '청소'에 가담했죠. 무슨 뜻인지 알아요? 하지만 우리가 그 일을 떠맡지 않을 수 없었거든. 우리가 정의를 위해 싸우는 것도 바로 그런 이유 때문이오."

"어째서 체첸으로 다시 돌아갔던 거죠? 그게 당신이나 다른 사람들의 상황을 더 악화시킬 뿐이라는 걸 안다면 말이에요."

다행히도 그 질문에는 답하지 못했다. 만일 러시아의 누군가가 이 '체첸인' 공동체를 선동해서 정치 행동을 이끌어 내려 한다면, 그 길로 끝장이 나 버릴 것이다.

8월 1일

어떻게 크렘린이 반대하는 선거 후보자가 제거되는지 여기 소개해 본다.

지금 막 말리크 사이둘라예프Malik Saidullaev가 '유효하지 않은' 여권을 소지했다는 이유로 체첸 공화국 대통령 후보 출마 자격을 박탈당했다. 선거일은 8월 29일이지만, 사이둘라예프는 크렘린 측이 이미 차기 대통령으로 점찍은 알루 알하노프의 가장 까다로운 경쟁자였다. 사이둘라예프가 후보 자격을 박탈당한 것은 출생지가 신분증에 잘못 기재되어 있었기 때문이다. 그가 태어날 당시 알한-유르트 마을은 CI ASSR[14]에 귀속되어 있었기 때문에, "알한-유르트, 체첸"이 아니라 "알한-유르트, 체첸-인구셰티야 자치공화국"으로 표시돼 있어야 한다는 것이다.

전적으로 옳은 말이다. 다만, 소비에트 시절의 신분증을 교체할 때 신분증을 만든 사람은 말리크 사이둘라예프 본인이 아니라, 모스크바 주 내무부 산하 발라시힌 지부의 어느 관리였다.

"물론, 난 그들이 나를 방해할 방법을 어떻게든 찾을 것이라고 분명히 예상했지요."

---

14) Checheno-Ingush Autonomous Soviet Socialist Republic, 소비에트연방 시기 존재했던 체첸-인구셰티야 자치공화국을 말한다. 옮긴이

말리크는 『노바야 가제타』와의 인터뷰에서 이렇게 말했다.

"하지만 그렇게 어처구니없는 방법을 사용할 줄은 몰랐어요. 내 신분증이 무효라고 트집 잡는 소리를 들었을 때조차도, 나는 그걸 심각하게 받아들이지 않았어요."

"선거관리위원회의 결정에 이의 신청을 할 계획인가요?"

"아니오. 내가 누구한테 도전한단 말입니까? 그 무리한테요? 그들은 모스크바에서 내려오는 명령에 따라 움직이고 있어요. 그 5인조가 다시 돌아왔지요. 지난 번 선거에서 활동했던 러시아연방 중앙선거관리위원회 관리들 말입니다. 내 후보자 자격을 박탈할 방법을 찾으라는 지시가 내려졌고, 이게 바로 그들이 벌인 짓입니다. 다만 그 과정에서 그들은 스스로 국제적인 웃음거리가 되고 말았죠. 〈국제 헬싱키 연맹International Helsinki Federation〉이 시위를 준비하고 있습니다. 어제 그들이 내게 전화를 걸어왔죠. 내가 후보 출마를 하지 못할 거라고 경고했어요. 내가 그로즈니에 도착해서 중앙선거관리위원회에 후보 등록을 하러 갔을 때, 무장한 남자들이 사무실을 둘러쌌어요. 한 백 명쯤 됐죠."

"자체 경비를 갖춘 정부 청사 안에서 말입니까? 그들은 누구죠?"

"카디로프의 부대, OMON[15] 요원들이었죠. 그들은 내무부 차관 술탄 사투에프Sultan Satuev의 명령을 따랐어요. 또 다른 차관인 루슬란 알하노프도 거기에 있었지요. 내게 후보 등록을 철회하고 떠나라고 요구하더군요. 나는 선거관리위원회 위원장 아르사하노프를 만나러 갔지요. 그런데 무장한 사내들이 위원장을 의자에서 끌어내더니 그 자리에 타우스 자브라일로프[16]를 앉혔

---

15) 내무군 소속 특수부대. 1980년 모스크바 하계 올림픽 당시 테러 공격을 저지하기 위해 1979년에 최초로 설치된 군사 조직. 이후 폭동 진압용으로 활용돼 왔으며, 러시아연방 전역에 배치되어 있다.

어요. 타우스가 '이 자리에선 우리가 말하는 대로 된다' 고 하더군요."

"또 뭐라고 하던가요?"

"떠나라더군요. 한바탕 열띤 공방이 벌어졌지요. 그들은 완력으로는 나를 어떻게 할 수 없다는 것을 알았죠. 내 경호원들을 무장해제 하려 했지만, 여의치 않자 물러섰어요. 그들은 어쨌든 내 이름을 지우겠다고 여러 번 경고했어요. 그 신분증 사건이 일어나기 사흘 전에는 중앙선거관리위원회로부터 전화를 받았습니다. 어떻게든 나를 끌어낼 테니까(이건 그들이 말한 그대로입니다) 자진해서 물러나라는 이야기였죠. 난 거절했습니다. 이번에 나의 후보 자격 박탈은 8월 29일 그들이 저지를 선거 조작의 시초예요. 나는 그들이 이미 다게스탄 인쇄업자들에게 한 장당 6루블씩 주고 20만 장의 투표용지 여분을 주문해 놨다는 정보를 갖고 있어요. 이건 알하노프를 지지하는 표에 가득 보태질 거예요."

"이런 선거 조작 말고, 이번 가을과 겨울에 체첸에서 또 어떤 일이 일어날 거라고 보시나요?"

"소요가 있을 겁니다. 지금 체첸을 광란하듯 휩쓸고 다니는 이 모든 합법적인 도당들은 인구셰티야에서 작전을 수행했던 세력에 맞설 힘이 전혀 없어요. 주민들은 산속에 숨은 반군들을 지지하기로 마음을 바꾸었고요. 그런 일이 일어나도록 가능한 모든 것을 총동원해 온 자들은 바로 권력을 쥔 작자들입니다."

"지금 체첸에서는 3차 체첸전이 불가피하다는 소문이 많이 돌고 있습니다. 주민들은 2차 전쟁 때의 경험을 되살려 새로 지하실을 파고 피신처를 짓고

---

16) Taus Dzhabrailov, 체첸 출생으로 교사로 일하다가 1990년대 후반부터 관직에 등용됐고, 이후 람잔 카디로프에 의해 체첸 공화국 국무회의 의장으로 임명됐다. 옮긴이

있죠. 이번 여름에 가장 시급한 일들 중 하나가 그거였어요. 당신은 이 문제가 얼마나 심각하다고 생각하나요?"

"실제로 매우 심각하지요. 그 소문이 사실일 거라고 생각합니다. 푸틴의 재선후 나는 만일 지금 이 같은 상태가 지속되면 반군들에 의한 대규모 공습이 벌어질 거라고 말했죠. 더 악화만 될 뿐 나아지지는 않을 겁니다. 이번 여름에 반군은 소극적으로 있지 않을 겁니다. 오늘날 그들은 과거에 누리지 못했던 지지를 받고 있으니까요. 그들은 상대를 협상 테이블로 끌어낼 겁니다. 정말 그럴 거라고 생각합니다."

"람잔 카디로프한테는 어떤 운명이 기다리고 있을까요?"

"논할 가치조차 없는 인물입니다. 공화국 내에서 어떤 비중 있는 자리도 차지하고 있지 못하니까요."

"그런 생각에는 동의하기 힘들겠는데요."

"물론, 형사적인 측면에서 본다면 중요하겠지만, 그는 까막눈입니다. 초등교육도 받지 못했어요. 람잔이 다행히 살아남는다고 해도, 또 국민이 그의 죄를 용서한다고 해도, 그는 양질의 정신과 치료와 교육을 받아야 할 겁니다."

8월 2일

〈민족 볼셰비키당〉 당원들 한 무리가 모스크바 중심 네글린나야 거리에 있는 보건사회복지부 건물에 난입했다. 당원들은 위층으로 올라가서 미하일 주라보프 장관의 사무실 앞에 바리케이드를 치고는 장관의 의자를 거리로 던지고 창문에서 복지 혜택 개정에 반대하는 구호를 외치기 시작했다. 이들은 주라보프와 푸틴의 사임을 요구했다.

***

〈민족 볼셰비키당〉 당원들은 체포됐고, 법원에서는 장관의 의자 가격으로 미화 3만 달러를 배상하라는 판결을 내렸다. 어떻게 사회복지부 장관이라는 사람이 그런 고가의 의자를 사용하는 걸까? 처음에는 당원들에게 노동 수용소에서의 징역 5년 형이 선고됐다. 정치적 폭력 행사에 대한 전례없이 가혹한 처사였다. 보통 비정치적인 폭력이라면 집행유예가 선고된다. 나중에 대법원은 형기를 3년 반으로 줄이는 대신, 살인범, 상습 폭행범 등 흉악범들과 함께 복역시키라고 했다.

정부의 취지가 무엇인지는 명확하다. 하지만 이들은 엄연히 정치범이다. 그중 한 명인 막심 그로모프가 법정에서 발언했다.

"검찰 측에서 테러범 이반 칼랴예프[17]의 이름을 언급했다는 사실이 중요합니다. 100년 전, 이반 칼랴예프가 나타나기 전에 유혈 정치 재판이 잇달아 벌어졌습니다. 그 당시 정부에서 벌어지고 있던 일들은 보리스 사빈코프[18]의 무장 단체를 만들어 내고도 남았지요. 우리는 213항의 정치 시위에 대한 조항으로 재판을 받고 있지만, 이 법률 조항에 따르면, 두마 안의 모든 아첨꾼들 역시 재판에 회부돼야 할 겁니다. 오랜 세월동안 두마 의원들은 노골적으로 사회를 욕보이려고 공모해 왔으니까요. 이번 경우에도 이들은 수백만 명에 이르는 장애인, 연금 생활자, 퇴역 군인, 여성을 조롱한 셈이지요. 이것은 전적으로 오늘날 러시아의 수치이자, 시민사회의 수치입니다. 시민사회는 이에 대해 아무 할 말이 없지요."

---

17) Ivan Kalyaev. 러시아의 시인이자 〈사회 혁명당〉 당원으로 세르게이 알렉산드로비치 대공을 암살한 죄로 1905년에 교수형에 처해졌다. 옮긴이
18) Boris Savinkov. 러시아 혁명기에 〈사회 혁명당〉을 이끈 핵심 인물이다. 옮긴이

그로모프의 말은 옳다. 물질적 혜택과 특권의 폐지에 관한 법률 조항의 통과는 어떤 공분도 일으키지 않았다. 우리는 주라보프가 사임해야 한다는 요구를 들은 적이 없다. 〈민족 볼셰비키당〉 당원들은 이런 주장을 제기한 최초의 사람들이었다. 그로모프가 말을 이었다.

"경찰국가에서, 감옥에 수감될 각오도 없이 불의에 맞서 싸우는 것은 대포로 모기를 잡으려는 것만큼이나 부질없는 짓입니다. 저는 이 잔혹한 시대에 창살 뒤에 있다는 것이 자랑스럽습니다. 훨씬 더 자랑스러운 것은 오늘 제가 혼자가 아니라는 사실입니다. 투쟁에서 저는 동지들과 함께 있으니까요. …… 잘 있거라, 동지들아! 저는 조만간 우리나라를 옥죄고 있는 얼음을 뚫고 우리 사회가 뻗어 나가기를 희망합니다. 우리 조국의 자유를 위해 우리는 교도소로 가야 합니다."

이 말 속에 수긍하지 못할 것이 있을까? 아니, 난 그 한 자 한 자 모두 지지한다. 오늘날의 〈민족 볼셰비키당〉은 이상주의를 품은 청년들의 당으로 구세대 야권 정치인들이 사회에 아무런 영향도 미치지 못하고 있는 현실을 목도하고 있다. 그들이 빠르게 과격화되는 것은 당연하다.

내가 청년들이나 그들 부모와 이야기하면서 가장 속상했던 것은 과거 주류에서 〈야블로코〉와 자유주의 인권을 지지했던 이들이 자신과 아이들에 대해서 체첸에 있는 부모들이나 말할 법한 이야기들을 한다는 것이다. 체첸에서도 청년들은 빠르게 과격화되고 있다. 가장 뛰어나고 가장 모범적인 부류가 그런 경향을 띠는 경우가 많다.

체첸에서 자식을 방금 막 산속으로 떠나보낸 어머니와 대화를 나눴다. "산속으로 떠나다"라는 말은 이곳 청년들이 '새로운 체첸'에서 권력을 잡은 도적들과 연방군의 잔혹 행위에 대항해 바사예프와 마스하도프의 부대에 합류하려고 집을 떠날 때 쓰는 표현이다. 내가 만난 이 어머니는 교육받은 여성으로 직업은 선생님이었다.

"내 생각은 아들과 똑같습니다."

격앙된 목소리로 그녀가 말했다.

"한밤중에 들이닥쳐 아이들을 아무도 모르는 곳으로 끌고 가길 기다리느니 뭐라도 하는 편이 낫지요. 연방군이 주둔해 있고, 카디로프의 도당은 잔혹한 협력자 노릇을 하고 있습니다. 우린 대놓고 말하진 않지만, 큰 것에서부터 작은 것까지 모르는 것이 없고 다 알고 있어요. 어른들은 모든 걸 가슴속에 담아 두고만 있지만 젊은이들은 현실을 순순히 받아들이려 하지 않아요. 어느 날 내 아들이 사라졌어요. 어쩔 줄 몰랐죠. 나는 아이가 납치됐다고 생각했고, 경찰에 진술서를 쓰러 갔어요. 그런데 알고 보니 아들과 그 애 친구들이 자청해서 산속으로 들어갔던 거예요. 우리, 자기 부모들을 위해 싸우러 간 거예요. 나는 아들의 생각에 전적으로 찬성합니다."

류드밀라 칼라시니코바는 〈민족 볼셰비키당〉 당원인 이반 코롤료프의 어머니다. 칼라시니코바는 모스크바 시민이며, 〈러시아 과학 아카데미〉의 〈동방학 연구소〉 연구원이다. 그녀도 비슷한 이야기를 한다.

"내 아들 이반이 무엇을 위해 싸우고 있을까요? 우리, 그러니까 자기 부모를 위해서죠."

여기서 밝혀 둘 것은 류드밀라가 〈민족 볼셰비키당〉 지지자도, 〈공산당〉 지지자도 아니란 점이다. 류드밀라는 교육받은 여성으로 대도시의 평범한 시민이다. 1990년대에 그녀는 〈야블로코〉를 지지했다.

"말해 주세요, 리모노프가 이반의 우상인가요?"

"그렇다고 말할 수는 없어요. 이반은 영리한 아이입니다. 악에 굴복하지 않는 태도가 그 아이의 마음을 끌어당긴 거지요."

일전에 체첸 어머니에게도 똑같이 물은 적이 있다.

"아들의 우상이 바사예프인가요?"

"아뇨. 난 그런 얘기를 아들한테서 들어 본 적이 없어요. 하지만 아들이 바사예프한테 갔던 건 사실이에요. 달리 어디로 가겠어요? 우리 아들처럼 이상주의적인 사내아이들은 여기 우리가 살고 있는 환경에서, 그러니까 거짓이 난무하고 유혈이 낭자하며 납치와 살인이 일어나는 한가운데서 오랫동안 살면서 바사예프를 자기네 지도자로 생각할 수밖에 없게 되지요."

푸틴이 제공하는 실존은 완전한 불의와 인권에 대한 절망적인 경시 속에서 살아가는 삶이었다. 그 실존과 화해할 수 없는 젊은이들은 리모노프와 바사예프를 지도자로 삼았다. 그런 우리 아이들의 마음속에, 장차 언젠가는 스스로를 기품 있는 인간이라고 여기며 살게 될 것이라는 희망을 유지시키는 것은 리모노프와 바사예프뿐이다. 끔찍하지만, 이것이 현실이다.

내가 이렇게 얘기하면 사람들은 성을 낸다. 터무니없는 말을 하고 있다고, 제발 입 좀 다물라고, 공연히 해를 입을지 모른다고 말한다. 신문에 이런 식으로 글을 썼을 때는, 편집장이 그 문단 전체에 줄을 그어 버렸다. 내 말에 동감할 수는 있지만, 인쇄해서 내보낼 수는 없다는 것이었다.

이것이 바로 우리가 사는 방식이다. 문제가 태풍처럼 커져서 우리를 덮치기 전까지는 현실에 눈을 감는 것이다. 대다수 사람들처럼 나는 우리 아이들을 이렇게 변하게 만든 현실에 등골이 오싹하다. 하지만 나는 오늘날의 상황을 알고 있다. 도대체 우리 정부가 원하는 건 뭘까? 자살하길 원하는가? 제정 시대에 차르들이 불러냈던 칼랴예프, 자술리치Vera Zasulich, 사빈코프처럼 새로운 테러범이 나타나기만 잠자코 기다리고 있는 걸까?

아니면 그저 아무 생각 없이 순간만을 살아갈 뿐인가? 오늘, 권력을 붙잡고 있는 동안, 그들은 여물통에 코를 처박은 채 만족하며 도피해 내일은 어찌되든 상관없다는 것일까? 가능한 한 오랫동안 자기 여물통만 지키면 된다는 건가?

러시아에서 권력을 쥐고 있다는 것이 단지 여물통에 한자리를 꿰차고 있다는 의미밖에 없는가? 나는 위정자들이 아무 생각이 없다고 본다.

8월 9일

러시아 인권 운동 중에서도 가장 위대하고 훌륭한 '민족의 꽃'이 모스크바의 안드레이 사하로프 기념 센터에 모였다. 몇 해 전 그들은 〈공동 행동Joint Action〉이라는 강경 단체를 만들었는데 국가 위기 순간에 단결해 공동 입장을 만들어 내기 위해서였다.

오늘 그들이 논하는 것은 〈민족 볼셰비키당〉의 시위도, 또 어째서 시위가 일어났는가도 아니다. 이번 모임은 왜 그들의 인권 운동이, 아니, 우리 시민사회에 더 없이 특징적인 '외골수적인 활동'이 고초를 당하는가 하는 문제를 고민하기 위해서다.

푸틴이 5월 26일 연방회의 연설에서 "서구의 손에서 부스러기를 받아먹는 제5열"이라면서, 국민을 돕기보다는 서구로부터 기부금을 타내는 데에만 관심이 있다고 비난했던 사람들이 테이블에 둘러앉아 있었다. 그들은 한참 동안 토론했지만 어떤 결론에도 이르지 못했다. 한 가지 우려스러운 것은 참석자들 중 몇몇이 푸틴이 잘못된 보고를 받고 있고, 제대로 된 정보를 전달받은 적이 없다고 생각한다는 점이었다. 차르는 훌륭하지만, 그 아래의 귀족들이 나쁘다는 것이다. 러시아에서 아주 오래된 레퍼토리다.

참으로 유감이다. 활동가들은 더 이상 활동적이지 않다. 열정이 거의 남아 있지 않다. 그들은 쓰라린 경험을 통해 너무 많은 것을 알았다. 앞으로 나아가고자 하는 열정이 남아 있지 않다. 물론 전부 그런 것은 아니지만.

활동가들은 자신들이 처한 곤경에 대해 이야기했지만 인권 단체들이 체첸에서 예정된 대통령 선거를 보이콧해야 한다고 결의했다. 그저 방관자로 있지는 않겠다는 뜻이었다.

(투표로 그런 결정을 내렸는데도, 그 회의에 참석했던 몇몇은 체첸에서 열리는 선거에 참가했고, 투표가 진행되는 상황을 보았으며, 나중에 성명서를 냈다.)

우연히도 8월 9일은 옐친이 푸틴을 총리 대행으로, 다시 말해 자신의 후계자로 선포한 지 5주년이 되는 날이다. 그 당시 다게스탄에서는 전쟁의 조짐이 있었다. 바사예프는 산악 마을에 큰 피해를 입혔고, 러시아군은 바사예프가 다게스탄으로 들어갔다가 다시 빠져나가도록 허용했다. 수천 명의 난민이 산으로 달아났지만, 옐친의 수행원 중 대규모의 군사작전, 그러니까 2차 체첸 전쟁을 벌이는 데 동의하는 사람은 없었다. 1차 체첸전의 대가가 너무 컸기 때문이다.

하지만 전쟁에 동의했던 딱 한 사람이 있었다. 바로 당시 FSB 국장이었던 푸틴이었다. 이 FSB 국장의 감시 아래서 바사예프는 감당할 수 없을 정도로 세력이 커졌고, 하타프Emir Hattab〔팔레스타인 출신의 호전적인 사우디인〕는 자기를 따르기 위해 온 체첸의 많은 젊은이들을 마음대로 훈련시킬 수 있었다. 푸틴은 모스크바에 있으면서 그 모든 것을 보았고(모를 리가 없었다) 아무 말도 하지 않았다. 푸틴은 악의 열매가 익도록 방조했다.

1999년 8월, 푸틴은 자기가 한 짓이 발각되기 전에 그를 분쇄해 버릴 때가 왔다고 생각했다. 나는 그것이 그가 2차 체첸 전쟁을 개시하기로 동의한 유일한 이유라고 생각한다. 그리고 급속히 병세가 악화돼 가고 있던 옐친은 푸틴을 총리 대행으로, 그 다음에는 총리로, 그 후에는 러시아 대통령으로 계속 승진시켰다. 푸틴은 1999년 이후 줄곧 동료 시민을 학대해 왔고, 그로 인해 체첸 주민뿐 아니라 다른 사람들이 피 흘리지 않는 날이 없었다.

우랄산맥 스베르들롭스크 주에 위치한 아주 조그맣고 한적한 마을 베르흐니 타길에 정오의 태양이 빛나고 있다. 그 너머로는 칠흑 같은 타이가 밀림이 펼쳐져 있다. 러시아의 심장 깊숙이 들어온 것이다.

허름한 행색의 반쯤 눈 먼 노인 한 명이 불편한 거동으로 높다란 아파트 현관문을 향해 천천히 발걸음을 떼고 있다. 이 노인의 이름은 블라디미르 쿠즈미치 호멘코이며, 그의 아들 이고르는 과거 낙하산부대 장교로 체첸전에서 사망해 "러시아의 영웅"이 되었다. 아파트 1층에 위치한 블라디미르의 집 문이 열려 있다.

"들어갑시다. 자, 어서 들어가세요."

마치 우리가 오랜 친구나 되는 듯이 말한다. 블라디미르는 우리가 반가운 것이거나 아니면 매우 외로운 것이다. 작고 갑갑한 복도에서 그의 아내이자 영웅의 어머니인 류드밀라 알렉세예브나가 모두에게 다정하게 입맞춤한 뒤 우리를 안내한다. 방 한쪽 면 전체가 초상화와 꽃, 성상화와 초들로 가득하다. 아들을 기리기 위한 것이었다.

이고르 호멘코 대위는 신임 총리 대행 블라디미르 블라디미로비치 푸틴이 공표한 법령에 의해 북캅카스로 파견된 최초의 군인들 중 한 명이었다. 제2차 체첸 전쟁의 포문을 다름 아닌 그의 낙하산부대가 열었다. 당시만 해도 전쟁은 체첸과 다게스탄 사이 국경 지대에 제한돼 있었다. 부대는 현지에 도착하자마자 곧바로 실전에 투입됐고, 8월 19일 이고르 호멘코는 눈부신 전공을 세웠다. 체첸 반군의 포격 배치를 지도에 표시하기 위해 대위는 당나귀 귀까지 정찰대를 이끌고 갔다. 그 산등성이는 교전 과정에서 여러 번 주인이 바뀌었던 곳이다.

대위는 언덕 위에서 반군의 위치를 확인한 후 부대에 무선으로 정보를 전송했고, 그와 그의 하사관은 반군 무리의 이동을 보고하며 현장에 남았다. 대등하지 않은 전투가 되리라는 것은 잘 알고 있었지만, 그 부담을 떠안았다. 거기서 그들은 많은 동료들의 목숨을 구하고 숨졌다. 호멘코의 시신은 죽은 지 사흘 뒤에 동료들에 의해 발견됐고, 치열한 접전 때문에 현장 접근이 어려웠다. 대위의 조국은 "러시아의 영웅"이라는 호칭을 내림으로써 그의 전공을 치하했다. 아들이 숨진 시점에 그의 부모는 우크라이나 시민이 되어 있었다. 그들은 드네프로페트롭스크 주의 초벽으로 지은 허름한 오두막집에 살고 있었다.

전형적인 소비에트 가정의 이야기다. 소연방 붕괴 이후 개인의 시민권을 결정하는 일은 오늘날까지도 까다로운 문제다. 이고르는 러시아 극동 지역의 야쿠티아에서 자랐는데, 그의 부모가 학교를 졸업한 뒤 광석 가공 공장 건설을 위해 그곳에 파견된 것이다. 야쿠티아에서 규정된 복무 기간을 채운 가족은 증액된 조기 연금을 받을 수 있게 됐고, 비슷한 상황에 처했던 대부분의 사람들처럼 그들도 따뜻한 지역으로 돌아가기로 결정했다. 가족은 쾌적한 소러시아 날씨의 우크라이나를 보금자리로 선택했다. 이고르는 학교를 마친 뒤에 소비에트 우크라이나를 떠나, 일류 군사학교가 있는 소비에트 카자흐스탄의 수도 알마티로 옮겼다. 아직 소연방이 건재했던 1988년에 군사학교를 졸업한 이고르는 여러 분쟁 지역에 파견됐다. 그는 낙하산부대원이었고, 분쟁은 도처에서 들끓고 있었다. 얼마 지나지 않아 소연방이 해체되자 이고르는 러시아 시민이, 부모는 우크라이나 시민이 됐다. 소연방 해체 시점에 그가 배속돼 있었던 군부대가 러시아 영토 안에 본부를 두고 있었기 때문이다. 대위가 죽었을 때 그의 거주지로 등록돼 있었던 곳은 스타브로폴 지방이었다. 이고르는 그곳, 자기 부대 근처에 묻혔다.

류드밀라 알렉세예브나와 블라디미르 쿠즈미치는 아들의 장례식을 치른 뒤, 러시아에 있는 아들의 무덤 근처로 이주해 살기로 결정했다. 받을 수 있는 최고의 가격으로 오두막집을 팔았지만, 손에 쥔 돈은 아주 적었다. 그러나 부부가 스타브로폴에 도착했을 때, 당국은 그들을 영구 거주자 신청인으로 등록해 주는 것조차 거부했다. 그들은 탄원서를 써 가면서 집요하게 요구하고, 여러 달 동안 지역 관청 사무실을 매일 드나들었다. 집을 팔아 남은 돈이 마침내 모두

바닥났고 부부는 좌절했다. '영웅'의 부모는 우랄의 베르흐니 타길로 옮겨 갔다. 류드밀라 알렉세예브나가 자란 곳이자 아직도 그녀의 아주 먼 친척들 몇몇이 살고 있는 지역이었다. 부부는 따뜻한 환대를 받았지만, 스베르들롭스크 주에 사는 다른 이들과 다를 바 없이 그들의 친척 또한 몹시 가난했다. 부부가 살 수 있는 곳은 어디에도 없었다.

"우리는 집 없는 사람들입니다. 다른 사람들의 친절함에 기대 여기서 살 수 있을 뿐이지요."

류드밀라 알렉세예브나가 아파트를 구경시켜 준다.

"우린 아무것도 없어요. 살 곳도, 재산도 없지요. 내 물건이라곤 저 다리미와 재봉틀, 텔레비전뿐이지요. 젊은 사람들이 아주 친절해요. 우리를 많이 도와주지요. 그들이 없었다면 우린 죽었을 거예요. 저들이 우릴 돌봐 주는 것은 이고르 때문이지요. 우리 아이에 대해 아는 사람은 없지만요."

벽 쪽에 나란히 서 바닥을 바라보는 "젊은 사람들"은 아무 말이 없다. 베르흐니 타길의 '체첸인들'로 체첸 전쟁에 참전했던 러시아 사병들, 장교들이다. 그들은 지역 내에 퇴역 군인 협회를 만들었다.

"우리의 목표는 아주 간단합니다."

협회 회장인 예브게니 보즈마코프가 말한다.

"서로 도우며 살아가는 거요. 그것이 우리의 유일한 사명이자, '영웅 호멘코' 부모님을 돕는 이유지요."

"저분들이 나와 호멘코 아버지한테 러시아 시민권을 얻어 주었죠."

류드밀라 알렉세예브나가 말했다.

"우리를 대신해 관청을 드나들어 주었어요. 그렇지 않았더라면 우리는 연금조차 받지 못했을 거예요."

이것이 바로 러시아의 삶을 지배하는 법칙이다. 러시아 시민권이 없으면 설사 전 생애에 걸쳐 소련을 위해 봉사했더라도, 연금 한 푼 받지 못한다.

류드밀라 알렉세예브나는 조용히, 아주 서럽게 울기 시작했다. 블라디미르 쿠즈미치는 뒤로 가서 아내의 어깨를 어루만진다. 그러자 아내가 남편을 향해 말한다.

"아니요, 괜찮아요. 알겠어요. 이제 그만 울 거예요. 저 여기자한테 다 말할 거예요. 우린 이제 어떻게 되는 걸까요?"

그녀는 종이 뭉치 하나를 내민다. "러시아의 영웅"의 부모와 여러 공공단체, 그리고 국방부 사이에 오갔던 편지들이다. 공문들은 오만불손하기 짝이 없다.

러시아연방 북캅카스 지역에서 전사한 러시아연방 영웅의 유족으로서 귀하에게는 〈국립 군인 복지 재단〉의 기금으로 생활수준을 향상시킬 수 있는 자격이 부여됐습니다. 동시에 자발적인 기부 부족으로 '용사들의 집' 프로그램이 중지 상태에 있음을 통보해 드립니다.

_러시아연방 〈군인 복지 재단〉 중앙교육위원회 군인복지과 권한대행 V. 즈베즈딜린

우리나라는 국민을 전쟁의 포화 속으로 내몬 다음, 거창하고 떠들썩한 의례로 장례를 치르며 사후에 훈장을 수여한다. 그러고 나서 깨끗이 잊는다. 채무를 감당하지 않는 것이 러시아의 전통이다. 푸틴은 자신의 결정으로 2차 체첸 전쟁에서 하나뿐인 목숨을 내놓아야 했던 군인들에 대해 책임을 통감한 적이 한 번도 없었다. 최소한 푸틴이 책임을 시인했다는 소리를 들은 사람도 없었다.

나는 체첸에서 전사한 또 다른 군인의 어머니인 류드밀라 레오니도브나 폴리모바와 함께 베르흐니 타길에 와 있다. 마찬가지로 국가는 류드밀라의 아들의 목숨을 거두어 간 뒤 깡그리 잊어버렸다. 호멘코 일가의 몰골을 접한 류드밀라 레오니도브나는 억장이 무너졌다.

"우리 아이는 자기 몸을 던져 어떤 장교를 보호하다가 죽었습니다. 아이가 죽자 무공훈장을 주더군요."

류드밀라는 어머니들이 힘을 합쳐야 한다고 주장했다. 그녀는 지금 살고 있는 예카테린부르크에서 〈폭력에 반대하는 어머니회Mothers Against Violence〉라고 불리는 단체를 이미 조직했다.

이튿날, 또 다른 '체첸인' 퇴역 군인이자 〈예카테린부르크 퇴역 군인 협회〉 회장인 바체슬라프 지코프가 류드밀라를 볼샤야 레치카로 데려갔다. 예카테린부르크 교외의 작은 마을로 군인 묘지가 위치해 있는 곳이다. 여기에 류드밀라의 아들인 이등병 예브게니 폴리모프의 유해가 묻혀 있다. 류드밀라는 아들의 시체를 로스토프-나-도누에서 산더미처럼 쌓여 있는 군인들의 시신들 가운데서 직접 찾아냈다. 장성들도, 다른 누구도 자신의 아들을 찾아 주지 않는다. 부모들은 로스토프-나-도누로 직접 가서, 북캅카스 군관구 영안실에 안치된 자기 아들의 유해를 찾아야 하는 것이다.

묘지를 빠져나온 회장꾼들이 느릿느릿 우리 쪽으로 다가왔다. 체첸에서 전사한 장교 한 명을 방금 묻고 나온 참이다. 버스 유리창 밖으로 검은 상복을 입은 여자들이 보인다.

"가장 끝에 있어요."

류드밀라 레오니도브나가 그렇게 일러 주더니 아들의 묘를 향해 혼자 걸어간다. 그녀는 우리한테 함께 가자고 청하지 않는다. 정작 자신은 혼자서 고통을 삭이면서, 같은 처지에 있는 다른 이들을 도우려 하는 것이다.

많은 젊은이들이 스베르들롭스크 주에서 체첸의 전장으로 파견됐다. 무려 2만 명이 넘는 '체첸인' 퇴역 군인이 지금 거기에 살고 있는 것도 그 때문이다. 이 지역은 체첸에서 숨진 이들을 기리는 명판과 기념비가 곳곳에 즐비하다. 예카테린부르크 중앙 광장에 있는 사관 클럽은 물론 검은 튤립 기념비에도 그들은 "체첸 전사자란"을 추가해 놓았다. 소련 시대에 치러진 마지막 전쟁인 아프가니스탄에서 숨진 우랄인들을 기리는 추모비에 딸린 부속물처럼 꾸며진 곳이다. 이 새 공간에는 이미 412명의 이름이 금으로 식각돼 있다. 아프가니스탄 칸과 체첸 칸, 두 곳 어디에나 공란이 있다. 틀림없이 앞으로 숨질 이들을 위해 비워 둔 자리일 것이다.

얼마나 더 많은 관을 참고 봐야 할까? 팔다리가 없는 새로운 불구자들이 얼마나 더 나올 것인가? 2차 체첸 전쟁에서 죽거나 불구가 된 모든 군인들에 대한 정부의 책임은 점점 더 커져가지만, 정부는 그들에 대한 지금의 빚도 다 갚지 못한 상태다. 정부는 이번의 형편없는 복지 개혁과 같은 조치를 통해 파산자처럼 자신의 파산 상태를 감추려 애쓰면서 빚을 체납하기 시작한다. 정부는 장애인, '체첸인' 퇴역 군인, 순직한 군인의 어머니한테서 그 얼마 되지도 않는 혜택, 그러니까 북캅카스에 벌여 놓은 무모한 장난에 대한 보상의 시늉에 불과한 혜택마저 빼앗으려 하고 있다.

지금 정부가 빚을 지고 있는 사람들은 수백만 명에 달한다. 그러니 푸틴과 주라보프가 러시아 내 특권층의 수가 부자연스럽게 높다고 말하는 것도 무리가 아니다. (행복하게도) 러시아만큼 그토록 많은 채권자와, 그토록 많은 '치러야 할 빚'을 가진 나라도 없다. 비온 뒤 피어나는 버섯처럼 전쟁 사상자들을 양산하고 있는 정부의 폭압적인 정책이 지속되고 있기 때문에 그 수가 부자연스럽게 높은 것은 당연하다.

"우리 국민 중에서 많은 이들이 철창신세를 지고 말거요."

비탈리 볼코프가 말했다. 그는 2백 명의 회원을 두고 있는 체첸 퇴역 군인 협회인 〈베르흐냐야 살다Verkhnyaya Salda〉의 회장이다.

"우린 땡전 한 푼 없어요. 일자리를 구할 수가 없지요. 체첸에서 돌아온 많은 이들이 도둑질에 손대기 시작했죠. 그 다음 순번은 교도소겠지요. 체첸에 가기 전에 코흘리개에 불과했던 우리가 체첸에 다녀온 후 감옥에 들어갈 지경이라면, 과연 우리가 감옥에서 나올 때 온전한 인간이길 기대할 수 있을까요?"

류드밀라 폴리모바, 비탈리 볼코프, 뱌체슬라프 지코프가 운영하는 이들 단체가 세워진 것은 그 설립자들 개인에게 불행이 닥쳤을 때였다. 그들은 자신이 복지 활동에 개입하거나 '국가 기계'와 다투게 되리라곤 전혀 예상하지 못했다고 솔직히 인정한다. 그들의 단체는 어떤 정치적 목적도 가지고 있지 않다. 절망의 산물이자, 순전히 타인의 생존을 돕기 위해 존재하는 것이다. 생존이란, 다른 누구를 배려하지 못할 만큼 가혹한 것임에도 불구하고 말이다.

이런 불행을 얼마나 더 오래 참아야 할까? 우크라이나는 물론이고 러시아에서도 가장 중요한 질문은 그것이다.

8월 29일

체첸 공화국에서 푸틴이 미는 차기 대통령 후보가 당선됐다. 크렘린이 지지하는 후보가 "압도적 다수의 표"로 당선됐음은 두말할 필요도 없다. 신임 대통령은 명목상으로는 알루 알하노프지만, 실제 두목은 정신 나간 람잔 카디로프다. 람잔은 살해된 알하노프의 전임자의 스물일곱 살 난 아들이다. 이 전임자 또한 당선될 때는 "압도적 다수의 표"를 받았더랬다.

람잔은 누구인가? 지난 1년 반 동안 그는 부친의 경호를 맡았다. 대통령이 살해된 뒤 놀랍게도 그는 이런 과실 때문에 해고되지 않고, 오히려 푸틴의 독자적 결정에 의해 특수 보안을 담당하는 체첸 내각의 제1부총리라는 고위직에 승진 기용됐다. 지금 람잔은 경찰을 포함하여 온갖 종류의 특수작전 부서 및 체첸 내 OMON을 총괄하게 됐다. 또한 아무 교육도 받지 못했음에도 불구하고 경찰총장의 자리를 차지하고 있다. 그는 경찰이 아닐 뿐더러, 러시아에서 지도자가 되기 위해선 고등교육이 요구된다는 점에 비추어 볼 때 매우 놀라운 일이 아닐 수 없다. 아무튼 이제 그는 노련한 대령들과 장군들에게 명령을 내릴 권리를 가지고 있다. 지금 그가 하고 있는 것이 바로 그것이다. 그들은 람잔이 푸틴의 총아라는 것을 알기 때문에 지시에 순순히 따르고 있다.

람잔은 도대체 어떤 인물인가? 푸틴의 총아가 되려면 어떤 자격이 필요한가? 체첸을 발뒤꿈치 아래 짓밟고 아시아의 어느 부패한 지방 관리처럼 공화국 전체가 자기에게 조공을 바치도록 짓누른다면 틀림없이 그 자리는 떼어 놓은 당상이다.

람잔이 사는 첸토로이 마을 밖에서 그 같은 인물은 찾아보기 힘들다. 첸토로이는 체첸 마을 중에서도 가장 흉물스럽고 불친절하며 살기등등한 사내들이 무장한 채 들끓는 곳 중 하나다. 그곳은 거대한 울타리로 둘러싸인, 좁고 구불구불한 먼지투성이 거리들의 집합체에 가깝다. 그 울타리 너머에 카디로프 일가와 카디로프가 가장 신임하는 대통령경호국 소속 경호원들, 군인들의 가족이 살고 있다.

이삼 년 전에 카디로프에게서 신임을 잃은 첸토로이 주민들은 그야말로 내쫓겼고, 집은 보안국의 덩치들한테로 넘어갔다. 이 보안국은 불법 단체지만, 연방군의 무기를 부족함 없이 쓰고 있었다. 보안을 담당하는 부서 어디에도 배속된 바 없기 때문에 이 보안국은 '불법 무장 단체'이며, 그 법적 지위는 바사예프의 부대와 다를 바가 없다. 단지 차이점이 있다면 우두머리가 푸틴의 총아라는 사실이다. 그러니 만사형통이다.

카디로프의 부하들은 자기들이 국방부 소속 군인이라도 되는 양 전투 작전에 참가한다. 그들은 내무부 요원처럼 행세하면서 사람들을 체포하고 취조한다. 뿐만 아니라 첸토로이의 지하실에 주민들을 가두며, 깡패처럼 고문한다.

검찰 측 누구도 이를 두고 비난하지 않는다. 카디로프 일당의 소행은 모두 은폐되어 있다. 검찰은 굳이 파헤치지도 않지만 그 점을 잘 알고 있다. 첸토로이는 법 위에 있다. 푸틴의 뜻에 따르기 때문이다. 다른 이들에게 통용되는 법이 람잔에게는 적용되지 않는다. 람잔은 자기가 하고 싶은 대로 할 수 있다. 그는 자기 식대로 테러범들과 싸우고 있다고 말하기 때문이다. 사실 그는 아무와도 싸우지 않는다. '테러와의 전쟁'이라는 탈을 쓰고 강도와 강탈에 여념이 없기 때문이다.

체첸의 수도는 사실상 람잔의 사유지가 되어 버렸다. 친러시아계 체첸 관리들은 필요한 허락을 구하거나 부름을 받을 때 이곳을 찾아와 그의 얼빠지고 타락한 얼굴 앞에 머리를 조아린다. 모두가 이곳에 왔다. 심지어 람잔 카디로프가 아니라 러시아 총리에게 직접 보고를 해야 할 젊은 체첸 총리 세르게이 아브라모프Sergey Abramov까지 끼어 있었다.

하지만 사실상 중대한 결정이 내려지는 곳은 여기 첸토로이다. 바로 여기서 알하노프가 대통령으로 지명됐고, 지금 대통령이 되어 있다.

람잔은 암살이 두려운 나머지 그로즈니로 가는 법이 없다. 한번 이동하려면 한 시간하고도 반이 걸린다. 첸토로이가 각 접근로마다 보안 검색 장치를 갖춘 요새이자 크렘린 궁에 버금갈 철벽 옹성인 까닭이 거기에 있다. 검문소는 여러 개가 잇달아 연결되어 있다. 나는 그 검문소들을 모두 거쳐 나를 둘러싼 무장 군인들이 '영빈관'이라고 부르는 곳에 당도했다. 거기에서 마침내 예닐곱 시간 동안 붙들려 있었다. 저녁의 어둠이 밀려오고 있었다. 체첸에서 이는 어서 빨리 피신처를 찾아야 된다는 것을 의미한다. 살고자 하는 사람은 누구나 자기 굴속에 몸을 숨긴다.

"람잔은 어디 있나요?"

내가 물었다. 그는 나를 만나겠다고 했다.

"곧, 곧 올 거요."

영빈관의 경비, 아니 지금은 나를 감시하는 작자가 중얼거린다.

내 옆에는 항상 누군가가 따라붙어 있다. 바하 비사예프는 자신을 체첸에서 두 번째로 큰 도시인 구데르메스의 새 정유 공장 〈유고일프로둑트Yugoilprodukt〉의 사장이라고 소개한다. 내게 영빈관을 구경시켜 주겠다고 한다. 뜰에는 분수가 있다. 흉하지만 어쨌든 분수임에는 틀림없다. 대들보가 있는 둥근 테라스는 대나무로 만든 가구로 꾸며져 있다. 바하는 "홍콩산"이라고 표시된 가구의 상표를 굳이 내게 보여 준다. 필시, 그 대금을 그가 지불했을 것이다. 사람들은 람잔에게 선물을 바치고, 그의 환심을 사려고 안간힘을 쓴다. 인근 샬리 지역의 지도자 아흐메트 구티예프가 조공을 바치지 않았다는 사실을 주민들은 기억하고 있다. 구티예프는 납치와 고문의 희생자가 됐고, 그의 가족은 그를 구하기 위해 10만 달러의 몸값을 지불해야 했다. 풀려난 아흐메트는 즉시 이주해 버렸고, 새로운 잠재적 자살자가 샬리 지역의 지도자로 임명됐다. 나는 구티예프를 만난 적이 있다. 푸틴을 존경하는 전도유망하고 총명한 청년이었다. 그는 와하비스[19]를 몰아내는 것이 가장 우선시될 수밖에 없는 상황에서 푸틴이 람잔을 발탁한 것은 올바른 판단이었다고 생각했다. 나는 아직도 그가 그렇게 생각하는지 궁금하다.

어쨌든 람잔의 사택으로 돌아가자. 정문 맞은편에는 회녹색 대리석 벽난로가 있다. 오른편에는 사우나 시설과 자쿠지, 그리고 수영장이 있다. 하지만 여기서 가장 흥미로운 곳은 운동장만 한 크기의 침대가 놓여 있는 동굴처럼 생긴 두 개

---

19) Wahhabis, 사우디아라비아, 카타르, 이라크 서부에서 지배적인 이슬람교의 형태. 신앙과 종교 생활 등의 문제에서 금욕주의적이고 율법주의적인 원칙을 강조한다. 제1차 체첸 전쟁이 끝날 무렵 러시아어를 구사하는 와하비 아랍인들이 체첸에 쇄도한 나머지, 러시아 정부는 체첸을 이슬람 원리주의의 교두보로 지목하기까지 했다.

의 침실이다. 침대 중 하나는 푸른색이고, 다른 하나는 분홍색이다.

집안 곳곳에 육중하고 어둡고, 위압적인 가구가 놓여 있다. 그 전면에는 하나같이 수천 개의 '관습적인 단위' (즉, 수천 달러)가 표시된 가격표가 붙어 있다. 침실 거울 위에도, 변기 위에도, 수건걸이 위에도 가격표가 붙어 있다. 틀림없는 첸토로이식 생활양식이다.

둘러보던 중 침실 하나와 맞붙어 있는 람잔의 초라하고 대단히 음울한 서재가 눈에 들어왔다. 그 방의 주된 장식은 다게스탄산 벽 양탄자로, 그 위에는 검은 배경을 뒤로 한 채 아스트라한산 파파하를 머리에 쓴 고故 아흐메트-하지 카디로프가 사회주의 리얼리즘 화풍으로 그려져 있다. 그는 턱을 앞으로 내민 채 만면에 천사 같은 표정을 띄우고 있다.

해가 저물자 람잔이 무장한 부하들에게 둘러싸인 채 나타났다. 람잔의 부하들은 도처에 깔려 있다. 뜰 안에, 발코니 위에, 방 안에도. 나중에 몇몇은 크고 위압적인 목소리로 우리의 대화에 끼어들었다. 람잔은 안락의자 위에 다리를 꼰 채 대자로 누워 있다. 양말을 신은 그의 발이 내 얼굴과 거의 같은 높이였다. 그는 모르는 것 같았다. 아니, 그조차 대수롭지 않게 여기고 있었다.

"우린 체첸뿐 아니라 북캅카스 전체가 질서를 되찾기를 원하지."

람잔이 말문을 열었다.

"우리가 언제든지 스타브로폴, 또는 레닌그라드로 갈 수 있도록. 우리는 러시아 어느 곳에서든 싸울 거야. 북캅카스 전역에서 소탕 작전을 벌이라는 명령을 받았거든. 바로 반군들을 상대로."

"반군이라 함은 누굴 가리키는 거죠?"

"마스하도프, 바사예프, 그리고 그 일당."

"당신 부대의 임무가 마스하도프와 바사예프를 찾아내는 겁니까?"

"그렇지, 그게 제일 중요하지. 그들을 소탕하는 것."

"지금까지 당신 이름으로 한 모든 것은 파괴하고 없애는 것이었죠. 이제 그만 싸워도 되겠다는 생각이 안 드나요?"

"물론 충분히 싸웠어. 7백 명에 이르는 반군들이 벌써 우리한테 투항하고 정상적인 삶을 살고 있으니까. 우린 다른 놈들에게도 무의미한 저항을 집어치우라고 일렀지만, 놈들은 싸움을 계속하고 있어. 그것이 바로 우리가 그놈들을 박멸해야 하는 이유고. 오늘만 해도 세 놈을 잡았지. 그 중 두 놈을 처치했고. 한 놈은 도쿠 우마로프의 무리에 속한 나시호라는 이름의 에미르[20]인데, 현지에서는 거물급이야. 어쨌든 우리가 그 놈을 죽였어. 인구셰티야에서. 모두들 거기 땅 속에서 푹 쉬고 있지."

"하지만 무슨 권리로 당신네들이 누군가를 죽일 수 있다는 거죠? 인구셰티야는 그렇다 쳐도, 공식적으로 당신들은 체첸 대통령의 보안국 소속이잖아요?"

"우리에겐 모든 권리가 있어. 우린 인구셰티야 FSB와 합동으로 이 작전을 벌였고 필요한 모든 공식적인 허가를 받았지."

(이 마지막 말은 거짓으로 밝혀졌다.)

"현재로선, 체첸 영토 안에 당신의 부대 외에 코키예프 부대, 야마다예프 부대 등이 작전을 펼치고 있지요."

"이 부대들의 이름을 그 우두머리의 이름으로 불러선 안 돼."

"어째서죠? 그들 말고 더 많이 있기 때문인가요?"

"뭐가? 부대 말인가? 체첸 내 OMON 대원은 고작 3백 명에 불과해. 다른 지역은 7백에서 8백 명쯤 될 거고. 코키예프의 시대는 이제 끝났어. 그의 부하들은 연방군 소속이야. 철수할 거고."

---

20) 이슬람 사회에서 통치자를 일컫는 말. 옮긴이

"푸틴이 재선에 성공하기 직전 함비예프Mahomed Khambiev(이치케리아 공화국 국방장관)가 투항했죠. 지금 그는 어떻게 지내나요? 병력을 모으고 있나요?"

"그를 여기로 데려오기를 원하나? 내가 명령만 내리면, 여기로 올 수 있지."

"시간이 좀 늦은 것 같은데요? 어쩌면 자고 있을지도 모르잖아요."

"내가 명령을 내리면, 일어날 거야. 우린 그를 반군 교섭가로 써먹고 있지. 반군들은 그를 잘 알고 있어. 함비예프는 거기에 도가 텄으니까. 투를라예프[21]와의 협상이 특히 그랬지. 함비예프는 독자적인 부대를 거느리지 못해. 우리만이 유일하게 부대를 갖지."

"언론에서 함비예프 스스로 배신자라는 걸 시인했어요."

"그건 거짓말이야. 신문에서 그렇게 써 갈겼을 뿐, 그는 배신자가 아니야."

"마스하도프의 투항 가능성에 대해 개인적으로 어떻게 생각하고 있죠? '여기, 내가 왔소!' 하면서 그가 당신 품에 안길까요?"

"물론이지."

"절대 그럴 리 없어요. 마스하도프와의 어마어마한 나이차를 생각해 보세요. 그에 비하면 당신은 애송이에 불과해요."

"그럴지도 모르지. 하지만 그에게 달리 무슨 선택지가 있지? 제 발로 오지 않으면, 우리가 끌고 올 거야. 반드시 우리 안에다가 잡아넣고 말겠어."

"얼마 전에 당신은 투항하지 않는 반군을 향해 최후통첩을 날렸죠. 그 내용이 마스하도프한테도 전달됐나요?"

"아니. 그건 사태 파악을 잘 못 하는 열일곱, 열여덟 살짜리들한테 보낸 것이었어. 마스하도프한테 속아서 산속으로 들어간 애들이지. 애들의 어머니들은

---

21) 샤아 투를라예프Shaa Turlaev는 아슬란 마스하도프의 개인 경호 책임자였다. 그 또한 중상을 입고 투항했다. 나중에 다리를 절단했다.

질질 짜면서 나한테 도와달라고 통사정하고 있어. '람잔, 우리 아들들을 도로 찾을 수 있게 도와줘요!'라고 말야. 그들은 마스하도프를 저주해. 그러니까 이번 일은 여편네들한테 두 눈 크게 뜨고 아이들을 지키라는 최후통첩이기도 하지. 나는 여편네들에게 아이들을 빨리 찾거나 아니면 우리를 욕하지 말라고 일러두었지……. 투항하지 않는 자들은 몰살시킬 거야. 당연하지. 이견의 여지가 없어."

"하지만 사람 죽이는 일 따위는 이제 관두고 협상 테이블에 앉아야 하지 않을까요?"

"누구와?"

"당신과 싸우고 있는 모든 체첸인들과 말이에요."

"마스하도프와? 여기서 마스하도프는 아무것도 아냐. 아무도 그의 지시를 따르지 않지. 핵심 인물은 바사예프야. 그는 강력한 전사지. 싸우는 법을 알고 있고, 탁월한 전략가지. 또 훌륭한 체첸인이기도 하고. 하지만 마스하도프는 아무것도 할 수 없는 불쌍한 늙은이에 불과해. (그는 말 울음소리를 내며 깔깔댄다. 거기 있던 사람들도 모두 따라 웃는다.) 마스하도프에겐 자기를 따르는 한 줌의 꼬마들밖에는 없어. 그걸 증명해 보일 수도 있어. 난 모든 것을 적어 놓고 있거든. 지금 마스하도프한테는 여자들이 있지. 물론 그 여자들도 내가 알지. 여자들이 나한테 하소연했거든. '거절하면, 우릴 죽일 거예요. 우린 아무 일거리도 없고 그가 우리한테 돈을 주었지요'하고."

"마스하도프가 여군 부대를 갖고 있다는 말인가요?"

"아니. 우린 마스하도프를 박살냈고, 그는 지금 다른 사람들을 거느리지."

"당신의 말 속에서 마스하도프에 대한 경멸이 느껴지는군요. 반면, 바사예프는 존경하고 있고요."

"난 바사예프를 전사로서 존경해. 겁쟁이가 아니거든. 난 알라에게 바사예프와 내가 활짝 트인 곳에서 한판 붙게 해 달라고 기도하고 있어. 어떤 사람은 대통령을, 또 다른 이는 비행기 조종사를, 또 누구는 트랙터 운전사를 꿈꾸지만, 내 꿈은 노천에서 바사예프와 겨루는 거야. 제삼자의 개입 없이 부대끼리 붙는 거지. 그의 명령을 받는 부대와, 내 명령을 받는 부대가."

"만일 바사예프가 이기면요?"

"절대로 그럴 리 없어. 난 싸움에서 져 본 적이 없어."

"당신과 야마다예프 형제가 서로 경쟁을 벌이고 있다고 체첸 내에서는 소문이 파다합니다."

(야마다예프 형제는 구데르메스 출신이다. 할리드Khalid Yamadaev는 원내 〈통합 러시아〉 의원이고, 살림Salim Yamadaev은 체첸 공화국 부사령관이다. 이들은 강력한 군대를 거느리고 있다. 람잔은 FSB를 위해 일하고 있는 것으로 추정되며, 야마다예프 형제는 러시아 연방 GRU에 협력하고 있다.)

"내 경쟁자 중 하나가 되는 것은 좋은 생각이 아냐. 당신네들의 건강에 좋지 않지."

"성격상의 가장 큰 강점이 뭐라고 생각하나요?"

"무슨 말이지? 질문의 요점을 모르겠군."

"당신의 장점은 뭐고, 단점은 뭐냐고요?"

"나한테는 단점이 없다고 말하지. 나는 강해. 알루 알하노프가 대통령이 된 것은 내가 그를 강하다고 생각하고, 또 전적으로 신뢰하기 때문이지. 당신은 그걸 크렘린이 결정한다고 생각하나? 국민이 결정하는 거야. 크렘린이 무슨 일에 발언권을 가진다는 말을 당신한테 처음 듣는군."

미심쩍은 대답이지만, 아무튼 람잔은 그렇게 말했다.

하지만 불과 한 시간도 지나지 않아 람잔은 거의 모든 것이 크렘린의 손에 결정되며, 국민은 그저 가축에 지나지 않고, 부친이 암살된 직후 크렘린으로부터 체첸 대통령직을 제의받았지만 자기는 총을 들고 싸우는 편이 더 좋아서 제안을 거절했다고 떠벌렸다.

"당신들이 우릴 가만히 내버려 뒀다면, 우리 체첸인들은 오래 전에 다시 결합했을 거야."

"'당신들'이라니, 누굴 가리키는 거죠?"

"기자들, 당신과 같은 부류. 그리고 러시아 정치인들. 당신들은 우리들이 문제를 해결하도록 내버려 두지 않지. 당신들은 우리를 갈라놓아. 당신들이 체첸인들을 이간질하는 거야. 당신들이 바로 적이야. 당신들이 바사예프보다 훨씬 나빠."

"그 밖에 적은 또 누가 있나요?"

"나는 적이 없어. 싸워서 물리쳐야 할 도적들이 있을 뿐이지."

"당신이 직접 체첸 대통령 선거에 출마할 생각은 없나요?"

"없어."

"가장 좋아하는 일이 뭔가요?"

"싸움. 난 전사니까."

"누굴 직접 죽여 본 적이 있나요?"

"아니. 난 언제나 명령만 내리지."

"하지만 항상 명령을 내렸다고 하기에는 당신은 너무 어려요. 누군가 당신에게 명령을 내렸을 것 같은데요."

"그럴 수 있는 사람은 아버지뿐이었어. 그 밖에 다른 누구도 나한테 명령을 내린 적이 없고, 앞으로도 없어."

"살인 명령을 내린 적이 있나요?"

"물론."

"두렵지 않았나요?"

"두려운 건 내가 아니라, 알라겠지. 와하비스는 궤멸할 거라고 예언자가 말했으니까."

"정말로 예언자가 그렇게 말하던가요? 더 이상 와하비스가 남아 있지 않을 때는 누구와 싸울 건가요?"

"그땐 양봉업을 시작해야지. 이미 벌과 수송아지, 도사견도 사 놓았거든."

"개들이 서로 죽일 때 안타까운 마음이 들지 않나요?"

"전혀. 오히려 그걸 즐기지. 난 인간만큼이나 내 애완견 타르잔을 좋아하는데. 녀석은 캅카스산 목양견이야. 거기서 자라는 아주 심성이 바른 개들 중 하나지."

"다른 취미가 또 뭐가 있나요? 개, 벌, 싸움……. 그것 말고는요?"

"여자를 무척 밝혀……."

"부인이 싫어하지 않나요?"

"아내한테 얘기 안 하지."

"얼마동안 학교를 다녔나요?"

"상급 학교까지. 법도 공부했고. 이제 막 끝나가는 참이야. 시험을 치르는 중이거든."

"어떤 시험이죠?"

"'어떤 시험' 이라니, 그게 무슨 말이지? 그냥 시험. 그러면 됐지."

"당신이 다니고 있다는 그 학교 이름이 뭔가요?"

"모스크바 경영대학교 분교. 구데르메스에 있지. 법학부에 다니고."

"어떤 과목을 전공하고 있나요?"

"법."

"어떤 종류의 법말인가요? 형사법? 민법?"

"잘 기억이 안 나는군. 누군가가 쪽지에 써 줬는데, 잊어버렸어. 해야 할 일들이 많았던 터라."

그 순간 샤아 투를라예프가 람잔에게 불려왔다. 과거 마스하도프의 보안부대 수장이었고, "민족의 자부심", "민족의 영웅" 등 체첸 무공훈장을 받은 대통령 경호실 소령이다. 서른두 살밖에 되지 않았는데 머리가 하얗게 세어 버린 투틀라예프는 왼쪽 다리가 허벅지까지 잘려 나갔다. 그는 첸토로이에서 감시를 받으며 인질로 잡혀 있는 중이지만 구타나 고문을 당하지는 않았다. 좀 지나자 마호메트 함비예프도 나타났다. 마호메트는 내게 러시아어로 말했지만, 샤아는 기자한테 러시아어로 말하는 것을 금지당한 것 같았다. 람잔은 그가 러시아어를 할 줄 모른다고 했지만, 나중에 샤아를 아는 사람들은 그가 러시아어를 유창하게 구사한다고 했다.

함비예프는 뻔뻔한 데다 우쭐대는 인물이었고, 반대로 샤아는 위엄을 차리려 애쓰지만 겁에 질린 것 같았다. 함비예프는 람잔의 말에 연신 고개를 끄덕였지만 샤아는 도도한 표정으로 일관하며 침묵했다. 샤아의 말을 옮겨 보면 이렇다.

샤아는 1991년부터 내내 싸웠다. 2003년까지 마스하도프의 개인 경호를 맡았고 마스하도프를 못 본 지 벌써 일 년 반이나 됐다. 이 년 동안이나 다리에 상처를 달고 다녔는데 그곳에도 의사와 수술실이 있었다. 그곳에 머물 수 있었지만 그러고 싶지 않았다. 부상당하기 전부터 그랬다. 과거에 람잔과 샤아는 한 팀이 돼서 싸웠기 때문이다. 람잔이 부하들을 마을로 보냈을 때 부하들은 이렇게 말했다. "람잔을 따르시오. 그의 길이 옳은 길이오. 마스하도프는 약하며 그에겐 아무 힘도 없지 않소? 그는 혼자요. 불과 스무 명, 서른 명의 부하들밖에는 없소"라고.

"마스하도프에게 여군 부대가 있나요?"

샤아는 대답을 회피한다. 고개를 낮춘 채 저어 보인다. 있다는 것인지 없다는 것인지 확실치 않다. 전반적으로 대화가 초점이 맞지 않고 불안하다. 샤아가 도착한 직후 둥근 튜베테이카 모자를 쓴 좀 더 나이든 사내가 나타나 람잔의 오른편에 앉았다. 그가 니콜라이 이바노비치라고 소개하자 모두가 실실 웃는다. 그의 이름이 뭔지는 모르지만 어쨌든 니콜라이 이바노비치는 아니라는 뜻이었다. 람잔은 그 사내한테 샤아의 말을 러시아어로 통역하라고 지시했다. 샤아가 두세 마디 하자 "니콜라이 이바노비치"는 그것을 몇 개의 문장으로 바꾸어 놓았다. 샤아가 마스하도프가 일으킨 전쟁의 파괴적 본성을 잘 알고 있었다는 내용이었다.

나는 이런 '해석'에 대해서 분개하며 항의했고, "니콜라이 이바노비치"는 사슬에서 풀려난 개처럼 나를 공격하고 모욕했다. 아무도 그를 제지하지 못했다. 람잔은 기뻐하며 싱긋 웃었다. 람잔의 진짜 취미는 사람들이 서로 싸우게 만드는 것이다. 테이블에 있는 누구도 이 점에 있어서 투견에 취미가 있는 그를 따라올 자가 없었다.

대화는 점점 더 활기를 띠어갔다. "당신은 도적들을 지지하는군.", "당신은 체첸 국민의 적이야.", "당신이 이 일에 책임을 져야 해." 이 모든 말이 내게로 향했다. 람잔은 자기 의자에서 펄쩍펄쩍 뛰면서 소리를 지르고 "니콜라이 이바노비치"는 그를 계속 자극했다. 우리는 큰 타원형 테이블에 앉아 있었고, 현장은 점점 더 도적들의 회의와 비슷해져 갔다. 람잔은 사실 그 자리에서 가장 나이가 어린데도 자신이 최고 연장자라도 되는 것마냥 점점 더 이상하게 행동했다. 부적절한 때에 웃었고, 몸을 긁었다. 그는 경호원들에게 자기 등을 긁으라고 지시했고, 꼼지락거리면서 몸을 동그랗게 구부렸다. 그러면서 상대를 짜증나게 하는 신소리를 계속했다.

나는 샤아와 얘기하려 했지만 람잔은 자기보다 샤아가 더 많은 질문을 받는 것을 썩 좋아하지 않았다. 샤아의 말을 끊더니 더 말하지 못하게 했다. 이제 끝내야 할 때가 된 것이다. 나는 샤아에게 마지막 질문을 던졌다. 샤아 본인이 직접 대답한 유일한 질문이었다.

"당신의 인생에서 가장 행복했던 때가 언제였나요?"

"여태껏 그런 순간은 없었소."

람잔은 이번에도 샤아의 말을 가로막으며 말했다.

"함비예프가 푸틴 대통령을 지지했다는 것을 알고 있나?"

함비예프는 거짓말쟁이처럼 비웃으면서 고개를 끄덕이며 람잔의 말에 수긍했다.

"맞아요. 푸틴 대통령은 고전하고 있어. 대통령은 체첸의 평화를 원하지."

내가 함비예프에게 물었다.

"체첸에 완전한 질서가 자리 잡으려면 무엇이 더 필요할까요?"

"필요한 건 없어. 안다르비예프는 이미 제거됐고, 베레좁스키와 마스하도프의 수하인 자카예프[22]와 우두고프만 제거되면, 질서가 찾아올 거야. 배후 조정자들이니까. 바사예프가 그들의 바람을 실현시키고 있는 거고. 바사예프는 체첸 국민을 위해서 싸우고 있지 않아."

"그렇다면 당신은 무엇을 위해서 싸우고, 또 살고 있나요?"

"우리 자신을 위해서, 국민을 위해서."

"그를 위해 스스로가 어떤 역할을 하고 있다고 생각하나요?"

"람잔이 하자는 대로 할 뿐이야."

"어째서 그것이 람잔에게 달린 일인가요?"

---

22) 아흐메트 자카예프Akhmed Zakaev, 이치케리아 체첸 공화국의 외무부 수상. (1997~2006년까지 역임. 현재는 총리로 재임 중. 옮긴이) 제1차 체첸 전쟁에 참여했으며 1996년 평화 회담에서는 체첸 대표로 나서 러시아의 철군을 이끌어 냈다. 1999년에 시작된 제2차 체첸 전쟁 초기에 부상을 입고 2000년 체첸을 떠난 그는 서유럽의 마스하도프 망명 정부를 대표하는 가장 중요한 인물이 됐다. 2003년 영국 정부로부터 정치적 망명을 승인받아 현재 런던에 살고 있다.

"람잔은 체첸 국민들 중에서 으뜸이고, 내게 〈레슬링 자유형 연맹〉 회장 자리를 준다고 약속했기 때문이지."

"올해 몇 살입니까?"

"곧 마흔두 살이 되지."

"람잔의 부하들이 당신을 굴복시키려고 친척들을 납치한 사실에 대해서는 어떻게 생각하나요?"

"아무 문제없어. 내 친척들은 죄를 졌고, 그래서 잡혀간 거니까."

"그들이 지은 죄가 뭔가요?"

"메시지가 든 카세트테이프와 빵을 마스하도프한테서 받아 내게 가져다준 것이지."

람잔은 만족스러운 듯 무례하게 웃었다. 그리고 뻐기듯이 몸을 뒤로 젖히고는 TV를 보러 나갔다. 이런 자신의 몸짓이 대단히 마음에 든 그는 푸틴이 걷는 자세에 대해 한마디 한다.

"'그'는 정말 정석이야!"

람잔은 푸틴이 진짜 산악인처럼 걷는다고 주장한다.

창밖은 밤이다. 이곳의 분위기는 고조되고 있고, 떠나야 할 시간이 왔다. 람잔은 그로즈니로 나를 도로 데려다 주라고 지시한다. 무사라는 이름의 자칸-유르트 출신 옛 체첸 반군 한 명이 운전석에 앉았고, 또 다른 두 명의 경호원이 차에 있었다. 나는 차에 올라타면서, 도처에 검문소가 깔려 있는 그 어둠 속 도로를 달리다가 내가 틀림없이 살해당하리라 생각했다. 하지만 자칸-유르트 출신의 옛 체첸 반군은 람잔이 자리를 뜨기만을 기다렸다. 무사는 자기 속내를 드러내고 싶어했다. 그리고 그가 자기 인생의 역정, 어떻게 자기가 반군이 됐고, 어떻게 람잔의 편으로 건너오게 됐는지 들려주기 시작했을 때, 나는 그가 나를 죽일 의향이 없다는 것을 알았다. 무사는 세상이 자기 이야기를 들어 주길 원하는 것이었다.

***

나는 무사의 의도를 알았다. 하지만 두려움과 혐오감 때문에 울먹이면서 앉아 있었다. 급기야 자칸―유르트 출신의 전사가 말했다.

"울지 말아요. 당신은 강하잖아요."

할 만한 이야기는 다 했고, 첸토로이에서 그들은 내가 하는 말을 이해하지 못했다. 남은 것은 눈물뿐이었다. 이런 작자들이 존재하고 있다는 사실이, 역사의 변덕이 그 많은 사람들 중에서 하필이면 람잔 카디로프를 선택했다는 사실이 절망스러웠기 때문이다. 그는 정말로 권력을 가지고 있고, 자신의 생각과 능력에 따라서 통치한다. 그 누구도, 첸토로이에 있는 어떤 누구도 그가 도를 넘는 것을 막지 못한다. 람잔 카디로프는 크렘린의 "블라디슬라프 유리예비치"로부터, 달리 말하면, 푸틴의 행정실 부실장 블라디슬라프 수르코프로부터 전화를 받은 적이 있다. 람잔이 못된 짓을 하고, 자기 몸을 긁고, 고함을 지르고, 폭소를 터뜨리는 것을 멈춘 것은 그때 단 한 번뿐이다.

우리 역사에서 여러 차례 계속됐던 동화다. 크렘린이 새끼 용을 키우고 있었다. 크렘린은 녀석이 사방에 불을 뿜어 대지 못하게 하려고 계속 먹이를 줘야 했다. 체첸 내 러시아 정보기관은 완전히 실패했다. 그들은 실패를 승리 또는 '시민 생활의 회복'으로 포장하려 했다. 하지만 지금 체첸 국민은 어떠한가? 그들은 새끼 용과 더불어 살아야 한다. 제일 먼저, 크렘린은 푸틴에 대한 저항이 소용없다는 것을 체첸 국민에게 보여 주려고 애썼고, 그것은 다소간 적효했다. 체첸 국민 대다수는 포기한 상태니 말이다. 그러나 이제 그 다음으로, 러시아의 나머지 국민이 당할 차례가 됐다.

9월 1일

또 다시 언론 매체의 검열과 자기 검열이 절정에 이르렀다. 그럼으로써 테러
범들에게 사로잡힌 베슬란 제1초등학교의 어른과 어린이 수백 명을 죽게 할 가
능성을 더 높여 놓았다.[23]

이제 자기 검열, 즉 권력의 상층에 있기 위해서는 무엇을 말해야 하고 무슨
말을 해서는 안 되는가를 헤아리는 것이 일과가 됐다. 자기 검열의 목적은 자기
에게 커다란, 아주 커다란 몫인 급여를 계속 수중에 두는 것에 있다. 일자리를
유지하느냐 실업자가 되느냐의 갈림길이 아니라 한몫을 잡느냐, 아니면 푼돈에
만족하느냐의 갈림길에서 선택이 이루어진다. 상대적인 자유를 누리는 신문은
여전히 손에 꼽을 정도지만, 하고 싶은 말을 다소간 자유롭게 할 수 있는 인터
넷 출판으로 옮겨 가는 것은 기자의 선택이다. 하지만 자유가 있는 곳은 보수가
낮고 불규칙하다. 크게 성공하는 언론이 되려면 크렘린과 협력해야 한다.

줄기차게 거짓말을 하며, 정부를 뒤흔드는 내용이라면 어떤 것이든 전파를
타지 못하게 하는 TV 진행자들은 한 달에 수천 달러의 급여를 잃을까 두려워
그러는 것이다. 그들은 구찌와 베르사체를 계속 입을 것이냐, 아니면 낡고 후줄
근한 옷을 입을 것이냐의 갈림길에 서게 된다. 이데올로기적 신념의 문제는 애
당초 없다. 유일한 신념은 자신의 금전적인 '웰빙'이다. 어떤 기자도 푸틴을 신
뢰하지 않으며, 또한 오랫동안 그래본 적도 없다.

그 결과, NTV가 방송하는 내용의 대략 70퍼센트는 거짓이 돼 버렸다. 공영

---

23) 2004년 9월 1일을 기해 북오세티아 베슬란 시에 위치한 초등학교에 체첸 반군이 잠입해 천여 명을 인질로
잡았다. 이 날은 새 학기가 시작돼 학부모와 아이들로 학교가 평소와 다르게 붐비고 있던 상황이었다. 안나
폴릿콥스카야는 사건 현장으로 가던 비행기 안에서 독극물 테러를 당하기도 했다. 옮긴이

방송국이라는 RTR과 〈오스탄키노Ostankino〉의 경우에는 90퍼센트가 거짓이다. 국영 라디오도 마찬가지다.

'노르트-오스트' 인질극이 벌어지는 동안 TV가 진실의 절반만을 보여 줬다면, 베슬란 사건에서는 아예 공식적인 거짓말로 일관했다. 단연 가장 큰 거짓말은 학교 건물 안에 인질이 단 354명밖에 없다는 보도였다. 〔실제로는 건물 안에 1,200명에 육박하는 인질들이 있었다.〕 이런 보도를 듣고 격분한 테러범들은 어린이들이 화장실에 가지 못하게 하고 아무것도 마시지 못하게 했다.

수치가 잘못됐다는 것은 NTV 관계자들도 너무나 잘 알고 있었다. 방송사의 운영진은 인질의 실제 숫자에 대해서 신뢰할 만한 정보를 갖고 있었던 자사 현장 통신원의 보고를 묵살했다. 6월 1일자로 NTV에서 해고된 레오니트 파르표노프가 나중에 밝힌 바에 의하면, 베슬란 위기 당시 NTV 방송을 탄 진실은 단 한마디뿐이었다고 한다. 공격이 개시된 후 죽거나 부상당한 아이들이 안에서 실려 나오고, 인간의 살점이 현장 여기저기서 목격됐을 때, 그 순간 카메라를 보던 통신원은 쩌렁쩌렁 울리는 목소리로 러시아어 욕설을 내뱉었다. 그 외마디의 욕설이 베슬란 현장에서 무슨 일이 벌어지고 있는지를 정확하게 알려 주는 행동이었던 것이다.

베슬란 사태는 이런 기만적인 자기 검열이 작동한 최악의 사례였다. 그런 거짓에 자기 목숨을 대가로 지불할 수밖에 없는 사람들을 배신했기 때문이다. 베슬란 주민들이 국영 TV 통신원들을 공격했던 까닭은, 푸틴 시대를 지배하는 상습적인 거짓말 때문에 자신들의 여자와 어린아이들의 목숨이 위태로워졌기 때문이다. 전에는 체첸에 사는 주민들만 이런 경험을 했다면, 이제는 누구라 할 것 없이 이를 깨닫게 된 것이다.

9월 3일

베슬란 인질극 결과 331명의 사망자가 발생했다.

9월 4일

『이즈베스티야*Izvestiya*』의 편집장 라프 샤키로프가 해고됐다. 그는 혁명가도, 반체제 인사도 아니었고, 인권 운동가도 아니었다. 그는 출세주의자였다. 샤키로프가 해고된 이유는 단 한 번, 새로운 국가 이데올로기를 간파하는 데 실패한 까닭이다. 즉, 어떤 것은 너무 자세히 파고들 필요가 없는 것이다. 『이즈베스티야』는 베슬란에서 보내 온, 문제의 학교에 대한 야만스러울 정도로 정직한 사진 자료를 실었고 당국은 그것이 너무 망측하다고 불평했다.

『이즈베스티야』는 국영 신문이 아니다. 올리가르히 중 한 명인 포타닌이 소유하고 있다. 하지만 호도르콥스키한테 쏠렸던 그 뇌운이 포타닌에게 다시 몰려들고 있었다. 포타닌은 샤키로프를 해고함으로써 푸틴 및 크렘린과 관계가 회복되기를 희망했음이 틀림없다.

***

베슬란 사건 이후에는 최소한 정부의 대대적인 날조와 비겁함을 두고 야권이 술렁거렸다. 2003년 12월부터 2004년 9월 1일까지 눈에 보이는 움직임이라고는 반쯤 질식당한 우물쭈물하는 반체제 인사들뿐이었지만, 베슬란 대학살 이후에는 최소한 몇 차례 대중 시위가 나타나기 시작했다. 9월 1일 전까지 시민들은 정보기관의 유일한 관심이 국가의 전리품을 나누는 것뿐이라는 사실을 애써 인정하려 하지 않았지만, 9월 3일 베슬란의 피바다 이후 마침내 많은 시민들은 자신들이 국가로부터 보호받지 못하고 있다는 사실을 깨달았다. 시민들은 대통령에게 계속 두터운 신임을 보내고 있는 양 가장하거나, 자녀들의 목숨을 지키거나 둘 중 하나를 선택해야 했다.

9월 10일

러시아에서 떠오르고 있는 새로운 계층은 안정된 중산층이 아니라, 테러 때문에 자녀를 잃은 부모들로 구성됐다. 이미 그들은 거의 하나의 당을 이루고 있다. 그들의 공약은 베슬란 제1초등학교에서 벌어진 비극에 대한 본격적이고 철저한 진상 조사다.

참사가 일어나자 베슬란에 가장 먼저 도착한 사람은 '노르트-오스트'에서 숨진 인질들의 부모들이었다. 모스크바 시민 드미트리 밀로비도프 역시 그중 한 명이다. 그는 2002년 10월 두브롭카 극장에서 열네 살 된 딸 니나를 잃었다. 드미트리는 모스크바의 '노르트-오스트'로부터 파낸 한 줌의 흙을 베슬란으로 가져갔고, 또 그 학교에서 재를 거둬 갔다. 그는 조그맣고 투명한 상자에 담긴 혼합물을 내게 보여 줬다.

"학교 바닥에 아직도 방치돼 있는 걸 긁어 온 겁니다. 보시다시피 탄피와 덤덤탄, 이건 사용이 금지돼 있지요. 정성들여 깎은 연필, 새까맣게 탄 공책 쪼가리가 섞여 있습니다. 이 모든 것을 검회색의 재가 덮고 있는데 이 재의 정체에 대해서는 굳이 묻지 않는 편이 낫겠지요."

"왜 '노르트-오스트' 피해자 부모님들이 그곳에 간 것입니까? 매우 어려운 결정이었을 텐데요."

"우리들은 돈을 모았습니다. 3만 7천 루블[약 119만 원]을요. 성금을 직접 전달하기로 결정했습니다. 자식들이 세상을 떠난 뒤에 어떻게 살아가야 하는지 우리의 생각, 우리의 슬픈 사연이 유족들한테 도움이 될 거라고 판단했지요. 우리는 정부에게 외면당한 채, 온전히 자력으로 간신히 이겨냈어요.

또 한 가지 이유가 있어요. 일 년도 더 전에 저는 타냐 하지예바와 이야기를 나눴어요. 타냐의 남편이 '노르트-오스트' 뮤지컬의 악사였는데, 어린 소녀와 타냐만 남기고는 세상을 떠났지요. 타냐는 물질적 보상을 요구한 소송에서 승리한 첫 번째 유족입니다. 그때, 2003년 6월에 타냐가 말했죠. '만약 내 딸이 학교에서 인질로 잡힌다면, 그 아이의 목숨은 FSB나 정부 어느 쪽도 배상하지 못할 만큼 비쌀 것이다' 라고 말이지요. 당신은 알겠어요? 오늘 우리가 베슬란 사태를 방지할 수 없었다고 생각한다는 것을 말이에요. 저는 베슬란 사태가 '노르트-오스트'의 대안적 결말이라고 생각합니다. '만일 네가 그 극장 안에 있었다면, 가스가 사용되지 않았다면, 어떻게 됐을지 한번 봐.' 그들은 흡사 러시아 국민 모두에게 한 수 가르쳐 주려는 것 같아요. 우리는 베슬란의 주민들을 향해 말할 것이 있어 간 거예요. 우리가 당신들의 비극을 막을 수 있을 만큼 충분히 행동하지 못한 것을 용서하라고 말이에요."

"지금 당장 베슬란 주민들에게 필요한 것이 뭐라고 생각하세요? 돈일까요?"

"아니요. '이해' 입니다."

"그곳엔 심리 치료사들이 충분한가요?"

"병원에는 인력이 충분합니다. 하지만 주민들을 왕진하는 것은 주로 젊은 수련의들이지요. 그들에게 마음을 열어 보이는 건 쉽지 않아요. 베슬란 주민들이 가지고 있는 문제는 우리와 똑같습니다. 많은 이들이 상담을 원하지 않아요. 혼자 슬픔을 삭이길 바라지요."

"하지만 여러분은 이미 비슷한 경험을 거친 뒤라, 심리 치료사들보다 그들을 심정적으로 더 잘 이해할 수 있다고 느끼지 않았나요?"

"물론이에요. 그들은 우리와 대화하고 싶어해요. 하지만 함께 우는 것은 원하지 않아요. 그들은 '노르트-오스트' 사건이 어떤 결말에 이르렀는지를 물었어요. 어떻게 그런 일이 일어날 수 있었냐는 질문에 제대로 된 설명을 들었느냐는 거지요. 이런 비극이 적당히 사라지고 마는 것이 아니라는 사실을 이제 분명히 알게 됐습니다. 담벼락에 이런 낙서가 적혀 있어요. '인구셰티아인들에게 죽음을!' 이보다 더 센 것도요. 아무도 그 낙서를 지우지 않습니다. 도처에서 사람들이 조용히 복수를 맹세하는 소리가 들립니다. 우리가 베슬란에 갔을 때 마침 청년들의 모임이 있었는데, 그들의 화제도 바로 그것이었어요. 청년들은 자기들의 대통령 자소호프Aleksandr Dzasokhov에 대해 가장 끔찍한 얘기를 늘어놓았지요. 푸틴에 대해 했던 말은 되풀이할 필요도 없고요."

"정말로 기자들에 대해서도 안 좋은 감정을 가지고 있나요?"

"그렇습니다. 우리 경우와 똑같았어요. 두브롭카 사건 이후 처음 몇 달 간 기자들을 보면서 우리는 이렇게 말하곤 했지요. '저기, 독수리들이 온다.' 몇 달이 지나서야 비로소 우리는 기자들을 독수리가 아니라 해부학자로 보기 시작했고요. 만약 기자들이 없었으면 잠수함 '쿠르스크'의 침몰[24]이나 '노르트-오스트'의 실상에 대해 아무 진실도 듣지 못했을 테니까요."

"지금 베슬란 주민들이 제대로 된 조사를 해 줄 거라 기대하는 사람은 누구입니까?"

"유족들은 오직 자기 식구들만 믿고 있어요. 당연히 조사가 이뤄지기를 바라

---

24) 2000년 8월 12일 노르웨이에서 훈련 중이던 핵잠수함 쿠르스크호가 폭발음과 함께 침몰해 그 안에 타고 있던 해군 118명이 전원 사망한 사건을 말한다. 사고 당시 구조나 진상 규명에 대한 러시아 정부의 미온적 태도 때문에 푸틴의 정치적 의도가 개입된 것이 아니냐는 의혹이 크게 일었다. 옮긴이

고 있지요. 다만 많은 사람들이 얘기하듯이, '러시아로부터', 다시 말해, '정부로부터' 조사가 이뤄지기를 바랍니다. 하지만 우리는 이미 '노르트-오스트'를 겪어 봐서 알죠. 우리는 그때와 마찬가지로 그런 조사 따위는 이뤄지지 않을 거라는 걸 잘 압니다."

"베슬란에서 어떤 인상을 가장 크게 받았습니까?"

"우린 그래도 대도시 모스크바였지만, 조그만 읍에 불과한 베슬란은 온통 슬픔에 잠겨 있습니다."

9월 13일

테러범들의 무력 도발을 차단하는 데 실패한 북캅카스 보안기관들은 베슬란 사건 이후 테러와의 전쟁이라는 대단한 쇼를 연출하고 있다. 그들은 자기들이 보기에 테러와 연루돼 있다고 생각되는 사람은 누구나 죽이고 체포한다.

어떻게 그런 일이 시작된 것일까? 범인 추적의 성패를 일차적으로 결정하는 것은 얼마나 많은 '테러범들'이 잡혔는가 하는 것이다. 인권과 준법정신은 곧장 창문 밖으로 내던져지고 있다. 자백이 죄의 증거가 되며, 만일 용의자가 살해됐다면, 그런 증거조차 필요하지 않다. 1934년 12월 1일 〈공산당〉 지도자 세르게이 키로프Sergey Kirov가 암살된 후 '반테러 작전'이 시작됐을 때 벌어졌던 상황이 정확히 반복되고 있다. 지금도 꼭 그때처럼, 무언가가 잘못 돌아가고 있고 법을 더 철저히 준수해야 한다는 온갖 주장은, '급진적이고 효과가 큰 방법'을 지지하는 사람들에 의해 범죄자를 보호하려는 불순한 의도로 오해받고 있다.

〈국제 적십자 위원회International Committee of Red Cross〉 대표자들에게는 '테러범들'이 수감됐던 교도소 방문이 불허됐다. 이런 속전속결의 '반테러' 사건이 다뤄지고 있는 현장에서는 검찰의 합법적 관리 감독이 이루어지지 않는 것은 물론이고, 어떠한 독립적인 사법부도 존재할 수 없었다. 특수작전부대가 누군가를 살해한 것이 정당한 행위였는가에 대해서는 그 누구도 선뜻 조사하려 들지 않는다. 전적으로 그 일은, 죄인을 처벌하거나 선량한 시민에게 무죄를 선고하지 못하는 무능한 법의 권한 밖에 있기 때문이다. 학교를 장악한 테러범들 속에는 다수의 인구셰티야인들이 포함돼 있었기 때문에 베슬란 사건 이후 '반테러 작전'의 큰 파도는 인구셰티야로 밀려갔다. 그 파도가 체첸으로도 넘어갔다는 것은 두말할 필요가 없다.

가을 내내 이런 '반테러 작전'의 반작용으로 진짜 지하 테러 단체의 세가 대폭 커진 것은 예측할 수 있는 결과였다. 무고한 사람들을 죽이거나 즉결심판함으로써 진짜 범죄자들은 자유롭게 새 범죄를 모의할 수 있었다. 요구되는 건 오직 더 주도면밀한 방법이었다. 나아가 테러범들의 지하조직은 부당하게 고통을 겪은 자들이나 혈육을 위해 복수하려는 자들에 의해 나날이 팽창하고 있다. 보안군의 무법 행태에 대해 항거하면서 개인적으로 무기를 들고 나선 사람들도 있다.

이런 상황을 두고 뭐라고 부르든, 확실한 건 '반테러 작전'은 아니라는 것이다. 오히려 상기되는 것은 가장 끔찍한 형태의 테러다. 2004년 6월, 반군이 하룻밤 사이 인구셰티야를 장악하자 보안군은 미쳐 날뛰며 닥치는 대로 무고한 사람들을 살해하고 투옥하기 시작했으며, 그 결과가 바로 베슬란이었다.

그러는 사이, 체첸의 관료들은 축제를 벌이기에 바쁘다. 수십 킬로미터 밖에서 베슬란의 희생자들이 땅에 묻힐 때, 새로 '선출된' 대통령 알루 알하노프는 기어코 총리의 아들이 태어난 것을 기념하며 경마 행사를 열었다.

첸토로이의 삼엄한 경비 안에서 푸틴이 오늘날 총애하는 체첸 인사들이 인생을 만끽하고 있다. 수행원들은 온갖 방법을 동원해서 자신들의 욕구를 충족시킨다. 아무 여흥 없이 하루를 보내는 법은 없다. 체첸에 평화가 도래했다는 것을 과시하기 위해서다. 베슬란조차도, 아니 카디로프, 알하노프, 아브라모프의 불경한 삼위일체의 양심 위에 아로새겨진 그 모든 아이들의 죽음조차도 이런 흥을 감히 깰 수 없었다. 어쨌든, 9월 1일 직전까지 푸틴과 다른 모두에게 체첸에 사실상 어떤 반군도 남아 있지 않으며 바사예프를 지금 당장이라도 체포할 수 있다고 호언장담했던 것은 바로 그들이었다. 베슬란은 우리에게 진짜 현실을 보여 주었다.

러시아 사회 전반에 문제를 일으키는 원인 중 하나는, 완전히 날조된 현실을 유포하고 다니는 당국의 이런 악마 같은 냉소주의다. 러시아 시민들은 이런 냉소주의에 반기를 들지 않는다. 그들은 아무 말도 없이, 한껏 짓눌린 채 무방비 상태로 자기 껍질 속으로 움츠러들어 간다. 이 점을 잘 알고 있는 푸틴은 뻔뻔한 냉소주의를 이용한다. 러시아에서 가장 잘 먹히는 반혁명적 기술이다.

장례는 아직 끝나지 않았지만, 푸틴은 벌써부터 바쁘다. 푸틴은 연방 정부나 국민들을 향해 향후 지역 지도자들을 더 이상 선출하지 않고 자신이 직접 임명할 것이라고 통보했다. 이런 식의 임명은 지방의회의 비준을 받아야 하지만, 만일 지방의원들이 대통령이 지명한 후보의 승인을 두 번 이상 거절한다면 지방의회 자체의 해산도 가능하다.

주지사 선거를 폐지하고자 하는 푸틴의 의도에 대해 한동안 소문이 파다했다. 일부 주지사들은 독자적인 사고를 한다. 야권이 실질적인 세력으로 남을 수 있는 방법 중 하나는, 대통령행정실이 있는 모스크바에서는 불가능하겠지만, 그 외 지역들과 모종의 합의에 도달하는 길이다.

푸틴은 주지사 직선제를 폐지하는 이유가 테러의 위협 때문이라고 주장한다. 순전히 자신의 정치적, 실질적 곤경을 타개하기 위해 베슬란의 대재앙을 그렇게 냉소적으로 악용하다니, 아무리 푸틴의 머릿속에서 나온 생각이라지만, 예상 밖이다. 하지만 시위라고는 중얼거림조차 들리지 않는다.

9월 16일

〈2008 위원회〉의 유일한 반응은 다음과 같은 성명을 발표한 것이다.

"러시아에 상존하는 쿠데타의 위협!"

즉, 러시아연방 대통령 블라디미르 푸틴은 러시아에서 쿠데타를 실행할 의향을 밝혔다! 2004년 9월 13일 확대 국무회의에서 한 대통령의 연설에는 러시아 내 주요 민주정치 기관의 해체에 관한 상세한 계획이 포함됐다는 내용이다.

러시아 헌법 제1조에 의하면 "러시아는 민주주의 연방제의 법치국가다." 지금 크렘린은 러시아 국가를 이루는 그 세 개의 토대 전부를 없애려 하고 있다.

푸틴의 러시아는 민주주의 국가가 되지 못할 것이다. 시민들이 헌법에 의해 보장된 "국민의 권력에 대한 가장 고상하고 직접적인 표현"인 자유선거의 권리를 박탈당할 것이기 때문이다. 푸틴의 러시아는 오직 중앙정부에 의해 지명되고 중앙정부에만 책임을 지는 관료들에 의해 지방이 통치될 것이기 때문에 결코 연방 국가가 되지 못할 것이다. 푸틴의 러시아는 법치국가 역시 되지 못할 것이다. 8년 전 러시아연방 헌법재판소가 어떤 '헌법 개정'도 명시적으로 금지하는 판결을 내렸건만[25] 이것이 곧 무시될 위기에 있기 때문이다.

러시아 대통령 블라디미르 푸틴에게 헌법 제3조 4항에 특별히 주목해 줄 것

---

25) 푸틴이 주지사 선출 방식 개정을 주장한 것에 대해 야권은 그 위헌성을 지적하고 종래의 주지사 직선제를 사수하기 위해 8년 전인 1996년 러시아 헌법재판소가 내린 판결을 근거로 내세웠다. 당시 헌법재판소 측은 각 연방 주체의 지도자에 대한 선출이 주민에 의한 직접적인 권력 위임의 방식으로 이루어져야 함을 확정한 바 있다. 옮긴이

을 요청하는 바다. 이에 따르면, "러시아연방에서 누구도 권력을 남용해서는 안된다. 권력의 획득 또는 정부 권위의 남용은 연방법에 따라 처벌된다."

정부 당국은 그 모든 것을 무시했다. 하지만 아무도 이의를 제기하지 않는다.

9월 27일

인권 운동가들이 또 다시 반체제 인사로 변하지 않을까 하는 것이 정부 당국의 초미의 관심사다. 위협이 되는 것은 야권 정치인들이 아니라 인권 운동가들이 아닐까 걱정하는 것이다. 그런 이유로 정부 당국은 국가의 엄격한 통제 아래 운용될 유사 인권 운동 단체를 조직하고 있다. 푸틴은 '국제 인권 센터'를 창설하는 내용의 훈령에 서명하고 있다. 특징적이게도, 이 훈령의 명칭은 "러시아연방 내 인권 운동에 대한 추가 정부 지원 조치"라고 명명돼 있다.

이 훈령을 배후에서 추진해 온 인물은 대통령 인권위원회 의장 엘라 팜필로바다. 귀가 뚫려 있으면 누구나 들을 수 있도록 큰 목소리로 떠든다.

"저는 〈국제 인권 센터〉의 임무 중 하나가 인권 운동을 중앙집권적으로 통제하는 것이라는 무례한 비난을 전적으로 거부합니다. 이 훈령은 우리에게 커다란 도움이 될 것입니다. 인권 단체 지도자들은 앞으로 서로를 (크렘린에서?-필자) 만나기가 더 수월해질 겁니다. 또한 서로의 견문을 넓힐 수 있을 것입니다. 이런 생각은 다름 아닌 인권 운동가들 머릿속에서 나온 것입니다. 저는 많은 인권 협회의 대표자들로부터 전화를 받았고, 각지의 여러 사람들이 제게 전화를 걸어왔습니다. 그들은 하나같이 이 제안에 찬성하고 있습니다. 이것이 우리의 작은 승리라고도 말합니다. 무엇보다도 우리가 국민을 효과적으로 도울 수 있으려면 인권 운동가들의 권리를 스스로 확보해야 합니다."

푸틴의 따뜻한 마음씨와 민주주의자로서의 성품에 대해 침이 마르도록 칭찬하는 팜필로바의 모습은 도저히 믿기지 않았다.

엘레나 보네르는 『예제네델니 주르날Yezhenedelnyi zhurnal』과의 인터뷰에서 아래와 같이 언급했다.

인권 운동가의 철학과 관점이 따로 있고, 공권력을 대변하는 자의 철학과 관점이 따로 있습니다. 그들은 각자 다른 목표와 사명을 가지고 있습니다. 인권 운동의 목표는 공권력으로부터 사회를 보호하고 시민사회를 구성하는 것입니다. 반면에 어떤 공권력이 됐든 그 목표는 자체의 권력을 강화하는 것입니다. 저는 다수의 유명한 인권 운동가들이 여기에 현혹되는 것을 볼 때마다 마음이 아픕니다. 그들은 그럼으로써, 사실상 인권 운동가이기를 그만두는 것이지요. 그들은 공권력에 잘 보이고 싶어합니다. 이것은 인권 운동의 위기를 방증하는 것입니다.

오늘날 러시아에서 인권 운동이라고 불리는 것, 우리가 야당이라고 부르는 정치인들, 그리고 수년 동안 두 진영에 양다리를 걸치고 있었던 정치인들은 호기를 놓쳐 버렸습니다. 법적 수단을 통해 행동할 수 있는 기회를 놓쳐 버렸습니다. 오늘날 베슬란의 비극을 이용하여 법원의 독립성을 파괴하려는 시도가 자행되고 있습니다. 그로 인해 사회가 얻게 되는 것은 무엇일까요? 오직 저항과 반란뿐입니다.

저는 혁명을 부르짖는 것이 아닙니다. 이 나라에서 저는 혁명을 일으킬 만한 어떤 지도자도, 혁명에 대한 어떤 각오도 발견할 수 없습니다. 이에 따라 러시아는 푸틴 씨가 그려 놓은 길을 따라갈 것입니다. 그 외에 무슨 방법이 있을까요? 지방선거가 폐지되고, 참정권이 몰수되고, 국민에 대한 선거기관의 책임이 실종된 지 이미 오래입니다. 저는 이런 훈령을 또 다른 계략이라고 봅니다. 정부는 사이비 인권 운동 단체를 만들려 하고 있습니다.

현재로서 저는 민주 노선으로 복귀할 길이 전혀 없다고 생각합니다. 제 말은 우리가 민주정치를 구가했던 때가 있었다는 뜻이 아닙니다. 우리에겐 민주정치로 나아가는 경향성이 존재했을 뿐입니다. 만약 자유 언론이 존재했다면 민주정치가 발전할 수도 있었겠죠. 우리는 제대로 된 선거제도를 원했습니다. 선거가 파괴되는 일은 끝까지 일어나지 말았어야 합니다. 선거가 사기로 변해 버린 지 이미 오래입니다. 선거는 민주주의에서 없어서는 안 될 제도입니다.

러시아에서 권력의 세 지체인 행정부, 사법부, 입법부는 대통령의 입맛에 맞게 변형되어 왔습니다. 우리는 이미 민주국가이기를, 아니, 감히 말하건대, 공화국이기조차 포기했습니다. 공식적으로 대통령 선거는 (2008년에) 치러질 것입니다. 물론 푸틴이 건설 중인 국가가 이대로 유지된다면 말입니다. 합법적이고 평화적으로 현 상황을 민주적인 방향으로 변화시킬 수 있는 통로는 모두 소멸됐습니다. 꽉 막힌 보일러는 계속 뜨거워지다가 결국에는 폭발할 것입니다. 이런 위기는 무수히, 다양한 형태로 일어날 것입니다.

***

푸틴의 〈국제 인권 센터〉는 판짜기를 그만두지 않았다. 운영 자금이 국가 예산에서 배정됐고, 틀림없이 누군가의 호주머니 속으로 들어갔지만, 아무 일도 일어나지 않았다.

푸틴의 권력은 그를 대체할 수 있는 인물이 주변에 아무도 없다는 사실에 전적으로 의존하고 있다. 푸틴은 자신의 측근들을 특징 없는 우둔한 인사들로 채워 놓았다. 푸틴의 지지자들은 이것을 "푸틴의 고독"이라고 부른다. 그의 팀에서 유사시에 그를 대체할 만한 인물이 아무도 없다는 것이다. 그들은 하나같이 나폴레옹 콤플렉스를 가진 피그미들이다. 아니, 그조차도 안 된다.

머지않아 새로운, 자유주의적이고 친서구적인 당이 나올 수 있을까? 블라디미르 리시코프가 그 지도자가 될 수 있을 것이다. 리시코프는 괄목할 만하게 성장했다. 그런 당이라면 자유 민주주의 혁명을 완성하는 데 성공할 수 있을지 모른다. 하지만 권력을 잡고 있는 자든지 야권 인사든지 우리의 정치 엘리트가 가진 문제는 현 상황이 그대로 굴러가도록, 아니 기어가도록 방임하는 편을 선호한다는 것이다. 자신들이 그러고 있듯이 말이다.

9월 28일

푸틴은 우리를 오래 기다리게 하지 않았다. 어떤 정치적 논의도 없이 푸틴은 주지사 직선제를 폐지하는 선거법 개정안을 이미 의회에 제출해 놓았다. 합당한 지역 지도자를 선택할 만큼 유권자들이 아직 충분히 성숙하지 않았다는 주장에 국민은 넌더리가 난다. 하지만 그 말인즉슨 국민이 푸틴을 선택할 만큼 아직 충분히 성숙하지 못했다는 뜻은 아닐까?

9월 29일

여러 명의 두마 의원들이 대통령의 조치를 위중한 사안으로 검토해 줄 것을 요청하는 서한을 헌법재판소 소장 발레리 조르킨Valerii Zorkin에게 보냈다.

***

조르킨은 요청을 수락하지 않았다. 차후 두마 의원들은 순전히 형식적인 답장만을 받았다. 소련의 마지막 몇 년을 나는 듯 깊은 절망감이 엄습했다.

10월 5일

크렘린이 체첸 국민에게 강제로 떠맡긴 알루 알하노프 대통령의 웃지 못할 취임식이 그로즈니에서 있었다. 요새 같은 청사 건물 안에 대형 천막을 세워 놓고, 알하노프는 서툰 체첸어로 선서를 했다. 알하노프의 눈 밑에는 짙고 푸른 그늘이 동그랗게 드리워져 있어 어딘가 편찮아 보였다. 전례 없이 삼엄한 보안 소치는 푸틴이 나타나기만 기다리는 것 같았다. 그러나 푸틴은 결국 나타나지 않았고, 대신 축사만을 보내왔다. 보안 문제 때문에 취임식장은 세 곳에 마련됐고, 마지막 순간까지 정확히 어디서 행사가 진행될지 아무도 알지 못했다.

이런 호들갑이 표현하는 평화로운 삶이란 어떤 모습일까? 알하노프는 체첸 전역에 자기가 얼마나 죽음을 두려워하는지 드러냈다. 이제부터 아무도 알하노프 대통령을 진지하게 여기지 않을 것이다.

10월 6일

주요 인권 운동 단체들의 협의회인 〈공동 행동〉이 "러시아의 쿠데타"라는 제목이 붙은 성명서를 냈다. 여기서 그들은 인권, 환경 및 기타 공익 단체, 자유 노동조합, 민주주의 정당, 학자, 변호사, 언론인 등을 아우르는 독립적인 국민 포럼으로 커 나갈 〈시민 의회Citizens' Congress〉의 소집을 요청했다.

인권 옹호자들이 정당인이나 정치인 들보다 훨씬 더 단호하고 진보적이라는 것은 러시아의 특징이다. 그 옹호자들 가운데 류드밀라 알렉세예바, 세르게이 코발료프Sergey Kovalyov, 유리 사모두로프Yury Samodurov 등 몇몇 인사는 과거 소련 시절 반체제 인사였다. 그들은 정치인들에게 촉구한다. "제발, 뭐라도 좀

하라!"

또 한 번 노예 심성이 온 나라를 사로잡았고, 덜 굽실거리는 자에게는 누구든지 비난의 화살을 쏜다. 우크라이나에서 유셴코Viktor Yushchenko가 실수할 때마다 러시아 TV가 얼마나 심술궂게 비난을 쏟아내고 있는가? 사아카시빌리로 말할 것 같으면 크렘린의 적이다. 구소련 회원국들 가운데서 조지아는 러시아의 주적이 됐다.

10월 7일

블라디미르에서 〈군인 어머니회〉에 대한 첫 형사재판이 열렸다. 〈군인 어머니회〉의 블라디미르 주 지부장인 류드밀라 야릴리나가 "병역 회피에 대한 공모 혐의"로 기소된 것이다. 만일 위법이 인정될 경우 3년에서 7년까지 징역형을 선고받을 수 있다.

기소의 근거는 무엇인가? 류드밀라는 징집병이나 군인들을 지속적으로 변호하면서 철저히 현지 급양부 및 군검찰부의 미움을 샀다. 그녀는 블라디미르 주 부대에 있는 상당수의 군인들이 병역을 감당하기에 부적합하다는 견해에 동의했다. 이 지역은 주민들이 일하는 시간보다 술 마시는 시간이 더 많다고 할 정도로 알코올중독으로 악명 높은 곳이다. 따라서 그곳 자녀들의 건강은 아주 형편없다. 주민의 절반이 부적격자임에도 불구하고, 군 급양부 측은 징집 할당량을 채우고자 특단의 조치를 감행한다. 건강증명서를 위조하거나 그 외의 방법을 동원해 청년들을 속이고 있는 것이다.

상담을 위해 〈군인 어머니회〉를 찾아오는 사람들은 징집병이나 현역 군인, 혹은 군인의 부모들로 매년 사오백 명 정도다. 대부분은 '조부들'이라고 불리는 고참 병사들의 잔인한 괴롭힘에서 벗어나기를 바란다. 사망과 질병으로부터, 그리고 학대를 조사하는 데 전혀 관심이 없는 '국가 기계'로부터도 벗어나고 싶어한다.

드미트리 예피파노프가 〈군인 어머니회〉의 문을 두드렸을 때 그는 이미 체첸에서 여러 달 넘게 복무하고 있는 중이었다. 드미트리는 전차 안에서 화상을 동반한 부상을 입었다. 휴가를 얻어 블라디미르의 고향집에 돌아온 드미트리는 부모에게 거듭되는 복통을 호소했다. 이런 증상은 입대 전부터 겪었던 것이지만 당시 징병 위원회는 아무 문제가 없다며 그를 체첸 전장으로 배치했다.

드미트리가 〈군인 어머니회〉를 찾아온 것은 휴가 중 어떻게 해야 입원할 수 있는지 묻기 위해서였다. 그것이 전부였다. 러시아군의 의료 체계는 대단히 불합리하다. 휴가 중에 아픈 군인은 휴가지와 가장 가까운 군 병원에서 진단을 받을 수 없고 반드시 소속 부대로 복귀해 위생병이나 군의관의 명령에 따라야 한다. 부대 내 위생병이나 군의관이 그가 입원이 필요한 상태인지, 아니면 단순히 꾀병을 부리는 것인지 판단하게 된다. 그러나 진단서를 발급받은 군인이라면 가까운 지역 병원에 입원하는 것도 가능하다.

류드밀라는 자신이 알고 있는 의사들에게 사방팔방으로 전화하기 시작했고, 마침내 블라디미르 암 병원의 내시경 전문의가 드미트리를 진찰하고 필요하다면 위내시경 검사를 해 주겠다고 승낙했다. 의사는 때마침 드미트리에게서 궤양을 발견해 냈고, 드미트리는 병원에 입원할 수 있었다. 후에 드미트리는 블라디미르에서 모스크바의 병원으로 이송됐고, 거기서 다시 군 의무대로 옮겨졌다. 수도의 군의관은 예피파노프 이등병이 십이지장 궤양을 앓고 있다는 것을 근거로 그를 제대 조치했다.

이런 정황이 형사 문건에는 이렇게 기록되어 있다.

〈군인 어머니회〉의 블라디미르 지역 분과 회장을 맡고 있는 L. A. 야릴리나는 병역 면제를 돕는다는 구실로, 블라디미르 시내 여러 병원 의료진들의 도움을 받아, 병역 징집 대상인 시민들과 복무 중인 군 자원에게 위조된 병력, 즉 십이지장 궤양을 꾸며 내는 데 공조하고, 이에 대해 보수를 받은 혐의가 있다.

물론 검찰 측은 야릴리나가 돈을 받았다는 주장을 뒷받침할 만한 어떤 증거도 제시하지 못했다. 이 주장은 물론 사실이 아니다. 그럼에도 소송은 계속 진행됐고, 군검찰부 조사관의 상상력은 무한히 뻗어 나갔다. 블라디미르 군관구의 부검사인 골룹킨 대위는 '위조된' 십이지장 궤양이 야릴리나의 공모를 통해 탄생되는 과정을 이렇게 묘사하고 있다.

내시경 전문의의 협조를 받아 야릴리나는 소작술에 의한 상처를 만들려는 목적으로 십이지장 구부에 생체 조직 검사를 한 뒤 해당 부위에 열응고법을 실시했다. 이것은 이후 양심적인 내시경 전문의가 사후적 궤양이라고 소견을 밝힌 것이었다. 말인즉슨, 십이지장 궤양의 상태가 갖춰졌을 뿐, 허위로 꾸며 낸 질환이라는 것이다.

흡사 반체제 인사를 공범자로 매도했던 스탈린의 "의사들의 음모 사건"[26] 의 재탕이다.

"사건 자료들은 당신이 내시경 전문의를 도운 혐의가 있다고 말합니다."

"두말할 것도 없이 나는 그런 적이 없습니다. 단지 전화상으로 그 청년에 대

---

26) 스탈린 집권 마지막 해에 일어난 반유대주의 사건이다. 1953년 1월 13일 소련 국영 언론 〈타스〉 통신과 『프라브다』가 여섯 명의 유대계 의사가 포함된 아홉 명의 소련 의료계 엘리트를 미국과 영국의 첩자로 매도하면서 이들이 소련 지도층 핵심 인사를 살해하려는 음모를 꾸미고 있다는 기사를 게재하여 소련 내 유대인에 대한 사회적 적개심을 불러일으켰다. 옮긴이

한 검사를 부탁했을 뿐이에요."

류드밀라가 대답했다.

정말로 예피파노프는 꾀병을 부렸을까? 누구도 그를 병역 회피 혐의로 기소하지 않는다. 의사가 고의적으로 그의 장기에 상처를 냈을까? 마찬가지로 그 누구도 해당 의사를 기소하지 않는다. 형사 조사를 받고 있는 유일한 사람은 인권 운동가인 류드밀라 야릴리나뿐이다. 문제를 일으키거나 아니면 지나치게 활동적인 사람들에 대해 범죄 혐의를 날조해 내는 것이 푸틴 집권기에는 일상이 됐다. 호도르콥스키와 레베데프가 복역하고 있는 모스크바는 물론이고 블라디미르 같은 지역 역시 마찬가지다.

'선한' 인권 운동가들이란, 정부와 끊임없이 대립하기보다는 정부에 협력함으로써 사람들을 도우려고 하는 팜필로바 같은 부류들이다! '나쁜' 인권 운동가들에게 정부가 쓰는 수법은 그들을 주변으로 내몰고 필요한 경우에는 파멸시키기 위해 '열응고법'을 써 보는 것이다.

'열응고법'은 피의자의 기력을 감퇴시키는 불쾌한 조사에서부터 시작된다. 그 뒤 재판으로 이어지며, 가장 골칫거리에게는 구금이라는 처방이 내려진다.

10월 20일

러시아 남부를 관할하는 푸틴 전권대사인 드미트리 코자크는 람잔 카디로프를 남부연방관구 전체의 안보 고문으로 임명했다. 이전에는 카디로프 2세가 체첸과 인구셰티야의 법과 헌법만 유린할 수 있었다고 한다면, 이제는 그 경험을 활용하여 북캅카스 전역의 보안기관 책임자들에게 어떻게 자기처럼 행동할 수 있는지 조언해 준다. 코자크 씨를 대신해 그들 기관이 자행하고 있는 잔혹 행위를 총지휘할 것이다.

이같은 조치는 많은 이의 생명을 앗아갈 것이다. 람잔은 사실상 뇌사 상태이며, 오직 전쟁과 공포와 혼돈이 있는 곳에서만 살 수 있는 인간이다. 그런 것들 없이는 그야말로 어찌할 줄을 모르는 인간이다.

전격적인 람잔의 발탁은 장차 테러 공격을 초래할 수밖에 없는 자멸적인 정책을 계승하는 것에 다름 아니다. 또 지하철 폭탄 테러 뒤에 비행기 납치가, 이어서 학교 인질극이 벌어지도록 자신의 힘이 닿는 데까지 모든 것을 하길 원하는 사람들의 권력을 공고히 하는 것이다.

푸틴의 이번 인사 조치에서 특별한 의미를 발견하긴 힘들다. 푸틴은 어떤 후속 조치를 취해야 하는지 알지 못한다. 무능할 뿐 아니라 자신의 직무를 전적으로 우연의 힘에 맡기며, 큰 권력을 행사하는 자리에 시시한 자를 앉히는 그런 최고 정치 지도자들을 배출해 온 것은 러시아의 익숙한 비극이다.

10월 23일

모스크바에서 체첸 전쟁에 반대하고 테러의 희생자들을 추모하는 대규모 시위가 열렸다. 이 집회는 오후 5시에 시작됐다. 이미 오전 10시부터 푸시킨 광장에는 시위자들이 줄지어 서 있었다. '노르트-오스트' 봉쇄 사건을 겪은 시민들 역시 집회에 처음으로 참여했다. 오늘은 인질 사건이 발생한 지 2주기가 되는 날이기 때문이다.

이 집회는 '공식적'인 것이 아니었다. 베슬란 사건 이후 '공식적으로' 조직된 반테러 운동의 물결이 대통령행정실의 주도 아래 전 국토를 휩쓸었다. 이번 시위를 두고 모스크바 당국은 시위 참가자를 5백 명 선으로 제한했지만, 거의 3천 명이 모였고, 당국은 허용된 범위를 넘어섰다고 경고했다. 두 번째 이유는 현수막 위에 적힌 구호가 반전뿐 아니라 반정부적인 내용이라는 점이다. 하지만 전쟁을 이끌고 있는 주체가 정부 말고 또 있는가?

많은 수의 집회 참가자들이 고급 승용차를 몰고 왔다. 보통 그런 집회에 참가하지 않는 중산층이다. 차가운 장대비가 내리고 있었지만 사람들은 계속 모여들었고 자리를 뜨지 않았다. 이것이 중요하다. 〈2008 위원회〉 의원이자 〈우파 연합〉 공동 의장인 보리스 나데즈딘Boris Nadezhdin은 이렇게 말했다.

"이 집회는 국민들이 베슬란 사태 이후 자신들을 짓누르고 있는, 이데올로기적으로 생산된 공포에 볼모로 잡히기를 원치 않는다는 것을 보여 주고 있습니다. …… 체첸은 '노르트-오스트'와 베슬란 사태를 초래한 치명적인 상처입니다. 1999년 러시아는 이 나라를 치료하겠다고 약속하는 의사를 한 명 얻었고, 그가 대통령으로 뽑혔습니다. 그는 성공하지 못했지요. 러시아에 어떤 자유 언론이나 의회도 없는 오늘, 국가 정부에 압력을 넣을 방법은 단 한가지밖에는 없습니다. 선량한 시민들이 시위에 나선 이유가 바로 그겁니다."

선량한 시민들이 장대비를 맞으며 광장에 서 있다. 들고 있는 현수막에는 이렇게 쓰여 있다. "우리는 서방세계의 제5열이다." 이 말은 『콤소몰스카야 프라브다Komsomolskaya pravda』가 블라디슬라프 수르코프와 한 인터뷰를 떠올리게 한다. 거기서 수르코프는 야권이 "더 이상 동반자라고 할 수 없는, 되돌릴 수 없이 상실된" 사회의 일부라고 비난했고, 러시아는 외부의 적들로부터 포위 공격을 받고 있으며, 자유주의자들과 민족주의자들이야말로 서유럽 국가가 자금을 대는 제5열이라고 발언했다. 또한 푸틴의 러시아 따위는 없고, "오직 러시아"만이 있을 뿐이며, 그것을 믿지 않는 사람들은 누구든지 적이라고 주장했다.

더 이상 신소비에트 이데올로기 정도가 아니다. 순수하고도 완전한 소비에트 체제다. 〈공산당〉 지도층은 부패한 당중앙위원회 같은 방해물을 제거하자마자 자기 배를 채울 무한한 기회를 얻게 되었고, 과거의 이데올로기적 체제를 부활시키기 시작했다. 오늘날 수르코프는 푸틴의 수석 참모로 여겨지고 있다.

지금은 2004년 가을, 하지만 정치적 겨울은 이미 시작돼 우리의 피를 차갑게 식히고 있다.

10월 25일

주간지 『이토기*Itogi*』가 상트페테르부르크 주지사에게 물었다.

"러시아가 대통령을 두지 않는 의회 공화국이 될 수 있는가?"

푸틴과 가까운 협력자인 발렌티나 마트비엔코Valentina Matvienko는 이렇게 대답한다.

"아니오. 그건 우리에게 도움이 되지 않습니다. 러시아의 심성은 주인, 차르, 대통령을 선호합니다. 다른 말로 하자면 지도자를 선호하는 겁니다."

마트비엔코는 자기가 푸틴의 최측근에게서 들었던 말을 앵무새처럼 되풀이할 뿐이다.

〈인권 협회Human Rights Association〉는 이렇게 반응했다.

러시아 국민의 민족 존엄성을 모욕하는 이런 발언에 분노한다. 이번 발언의 의미는 분명하게도, 러시아 국민은 주인 없이 살 수 없는 농노, 차르 없이 살아갈 수 없는 비겁한 백성이라는 뜻이다. 여기에 '대통령'이 추가됨으로써 새로운 지도층이 국가의 수반을 민주 지도자가 아니라 독재 군주로 보고 있다는 것이 분명해졌다. 러시아 국민의 타고난 노예근성을 운운하는 것은 인종차별적 주장이다. 사실상 상트페테르부르크 주지사는 신성불가침한 민주주의적 자유에 대한 헌법적 전제에 이의를 제기한 것이다. …… 우리가 민족적으로 열등하다는 개념, 러시아 국민의 선천적 노예근성 따위는 러시아 혐오론의 주된 핵심을 이룬다. 독일 나치즘 신봉자들이 러시아에 대한 공세를 정당화하기 위해 사용했던 것이 그런 독트린이다. 그런 견해가 신성한 도시 레닌그라드를 맡아보고 있는 사람의 입에서 나왔다는 것은 참으로 부끄럽기 짝이 없다. 우리는 발렌티나 마트비옌코의 즉각적인 사임을 요구한다.

아무도 대답이 필요하다고 생각하지 않았다. 새로운 지도층은 동포 대다수를 대할 때나, 입헌 민주주의 원칙에 대해서나 더 이상 자신의 본심을 숨길 필요가 없다고 본다.

10월 28일

〈야블로코〉의 아주 공개적인 분열. 주요 방송국에서 당내 청년 조직이 야블린스키와 논쟁하는 모습이 방영되고 있다.

〈통합 러시아〉가 조직한, 푸틴을 지지하는 집회가 많은 도시에서 열리고 있다. 모스크바의 집회가 가장 컸고, 〈야블로코〉의 청년 조직 지도자가 발언한 곳도 바로 거기였다.

대학생과 연금 생활자는 야권이 조직한 시위의 핵심 지지층이다. 〈공산당〉과 〈야블로코〉, 〈우파 연합〉이 푸틴 반대 시위를 주도하기 위해 최초로 결집하고 있다.

10월 29일

정부는 국민 모두를 이끌고 예정된 심연을 향해 나아가고 있다. 검찰총장 블라디미르 우스티노프는 두마에서 시민의 권리를 감독할 책임이 있는 주요 기관과 자신의 견해를 근거로 테러리스트들이 공격을 감행할 경우를 대비해 행위 규제법을 신속히 도입할 필요가 있다고 말했다. 제재안의 골자란 테러 용의자들에 대해 날치기식 재판 절차를 도입하자는 것이다. 또 테러리스트들의 재산을 몰수하고 그들의 혈육을 역인질로 잡아들이는 안도 포함되어 있었다.

비디오 레코더나 텔레비전, 심지어 지굴리 자동차를 몰수한다고 해서 자살이나 살인을 하기로 작정한 자들을 저지하기란 역부족으로 보인다.

테러 용의자들에 대한 날치기식 재판이라는 검찰총장의 발상은 스탈린 시대 '집단 숙청'의 노골적 재탕이다. 혹은 좀 더 최근에 '반테러 작전'에서 통용되는 용어로 '청소'의 재탕이랄까? 이 모든 간소화된 절차는 체첸과 인구셰티야에서는 너무나 익숙할 뿐인데, 여기서는 이미 5년 넘게 이 절차를 적용해 왔던 것이다. 보안기관들(내무부, FSB, GRU 등등)은 내키는 대로 사람들을 잡아들이고 있다. 작전 지시를 받아 움직이는 경우는 드물고, 많은 경우 그냥 움직인다. 그들은 테러 행위에 대한 자백을 얻어 내기 위해서, 아니면 최소한 테러에 동조했다는 진술이라도 확보하기 위해서 자기 편의대로 사람들을 때리고 고문하고 불구로 만든다. 사실상 자백 따위는 필요하지도 않으면서 말이다.

가능한 결과는 두 가지다. 첫째로 그들의 희생자가 심각한 불구가 된다면 죽인 뒤 매장해 버릴 것이고, 둘째로 희생자의 가족이 어떻게든 뇌물을 마련한다면 희생자는 법정에 설 수 있을 것이다. 증거 따위에는 조금의 관심도 없다. '반테러 작전 지역'에서는 날치기 법정 송사가 그들이 구비해 놓은 유일한 장치다. 그렇다! 만일 당신이 불법 무장 단체의 일원이라면 15년 또는 20년 형이다! 재판에 참석한 변호사와 검사는 순전히 장식품이다. 그들은 유죄 선고를 받은 테러범들과 예방된 테러에 대한 통계치에 합법성이라는 허울을 씌우기 위해 존재한다. 변호사는 매번 피고에게 모든 소행을 자백하라고 설득하는 것 외에는 아무 일도 하지 않는다. 검사의 책무는 피고의 가족에게 항소가 사태를 더 악화시킬 뿐이라고 말해 주는 것뿐이다.

이 나라 검찰총장이 공인하고 있는 계획에는 사실상 무죄 추정의 원칙이 무시되고 있다. '반테러 작전 지역', 즉 체첸과 인구셰티야에서는 여러 해 동안 유죄 추정의 원리만이 있었고, 차후 그런 상황은 러시아 나머지 지역으로까지 확대될 것이다. 지난 5년간 대다수 국민은 정부 기관에 의해 조장되는, 사법 질서 바깥에 놓인 무법 상태의 공포가 자신들이 전혀 염려할 필요가 없는 먼 변방의 저항 세력에게만 해당되는 것이라고 생각해 왔다. 러시아의 나머지 지역은 어쨌든 영향을 받지 않을 것이라고 생각했다. 불행하게도 기적은 일어나지 않았다. 그런 관행은 언젠가는 확산될 운명이었던 것이다.

혈육을 역인질로 체포하자는 검찰총장의 제안이 가진 혁신성은 의심의 여지가 없다. 그가 우리네 두마 의원들에게 설명하길, 정부가 테러범들의 가족을 인질로 잡아 그들에게 어떤 일이 벌어질지 보여 주면 테러범들이 억류하고 있던 인질을 풀어 주고 투항하게 될 것이란다.

이 방법 역시 이미 체첸에서 쓴 적이 있다. 특히 카디로프의 군사력이 막강해지고 있던 2차 체첸 전쟁 때였다. 자신들이 쫓고 있는 자들을 항복시키기 위해 친족을 고문하는 방법은 카디로프 군대의 트레이드마크가 됐다. 그러나 카디로프식의 인질 억류 수법 역시 북캅카스 검찰총장의 승인과 법과 헌법에 대한 법 집행관들의 완벽한 무시와 더불어 국가의 지지를 받으며 수행되었다.

우리는 지금 처참한 상황에 처해 있다. 지난 5년간 대검찰청은 러시아 대통령의 바람대로 북캅카스에 테러리즘의 물결을 조장해 왔다. 단순히 시선을 외면하면서 사태를 방조하는 차원이 아니었다. 검사들은 자주 고문이나 처형이 일어나는 현장에 있었고, 모든 것이 법의 테두리 안에서 일어났다는 것을 보증했다.

그런 식으로 국민을 설득시키기 위해 이제 또 어떤 형태의 주장들을 늘어놓을 것인가? 사실상 검찰총장에 반대하는 인사가 어떻게 의회에서 그 잔혹한 개혁안을 철회시킬 수 있을까? 대검찰청은 오직 자체 기관의 생존, 높은 지위와 보상에만 관심을 갖고 있다. 다시 말해, 자신이 연루된 사건의 진실을 은폐하는 것이 주된 관심사다. 정부 당국은 우리 국민의 생명을 대가로 자신의 권력을 유지한다. 이건 간단한 진리다.

검찰총장의 의회 연설을 중단시킨 것은 박수갈채뿐이었다. 의회는 그걸 훌륭한 제안이라고 생각했다. 푸틴 대통령은 헌법을 수호하겠다고 맹세했지만, 대대적인 위법을 획책하는 검찰총장을 내치지 않았다.

1937년은 스탈린의 공포정치가 정점을 찍었던 때다. 오늘날 체첸의 1937년은 대다수 러시아 국민을 위한 또 다른 1937년으로 확대되고 있다. 스탈린 치하 희생자를 추모하기 위해 세워진 솔로베츠키 스톤 앞에 모여든 인파 따위와는 아무 상관도 없는 일이다. 우리 중 누구라도 당장 빵을 사려고 나갔다가 돌아오지 못할 수 있다. 아니면 20년 후에야 돌아오거나. 체첸의 주민들은 만약을 위해 시장에 가기 전에 가족한테 작별 인사를 한다.

2004년 10월 29일, 러시아 국민은 여전히 침묵하고 있다. 자기들이 이웃을 이해하게 되기를 희망하면서.

11월 3일

러시아 연방회의가 조금의 주저도 없이 지방 주지사 선거 폐지를 승인했다.

11월 6일

현재 크렘린에서 일하고 있는 전직 언론인 미하일 유리예프Mikhail Yuriev는 『콤소몰스카야 가제타Komsomolskaya gazeta』에 대통령행정실을 대신하여 한 편의 기사를 실었다. 여기서 그는 대통령에게 도움이 되는 사람과 러시아의 적을 구별하는 유용한 방법을 소개하고 있다. 노골적이라는 것과 신중하다는 것은 서로 반대말이 아니다. 유리예프에 의하면, 러시아의 적은 푸틴을 비난하는 사람이 아니다. 베슬란 사태가 벌어질 동안 테러범들과의 협상을 지지하거나 '노르트-오스트' 봉쇄 작전 당시 화학무기 사용을 반대했던 이들이 바로 적이다. 체첸 전쟁에 반대하는 집회에 참여하거나 그런 시위를 조직한 이들도 마찬가지로 적이다. 체첸을 두고 평화 회담과 내전의 중지를 요청하는 사람들도 마찬가지로 적이다.

〈군인 어머니회〉는 이미 올 2월에 밝힌 대로 독자적인 정당을 창설했다. 창립 총회는 그냥 일어난 것이 아니다. 군 개혁과 신병의 권익 도모를 꾀하도록 압력을 행사할 만한 의원들이 모두 의석을 잃었던 지난 의회 선거 이후, 완전히 황폐화된 러시아 정계의 산물인 것이다. 의장 발렌티나 멜니코바가 말했다.

"정부가 인간에 대해 책임 있는 태도를 취하도록 보장하는 것, 국내에 안정적인 삶의 토대를 창출하는 것이 우리 당 강령의 기본 목표입니다. 러시아군을 민주적으로 체질 개선하는 것은 그런 좀 더 큰 과제의 일부일 뿐입니다. 경제 분야에서 우리는 자유주의를 지지하며, 사회에 대한 국가의 책임에 관한 한 사회주의에 가깝습니다."

〈군인 어머니당〉은 러시아 내에서 최초로 우리 국민의 생명을 지키기 위해 투쟁할 것을 주장하는 정치단체다. 러시아 유권자에게는 사실 그런 선택권이 없다. 러시아 정치인들은 투표일 전에 국민들에게 100루블을 풀어 줄 수 있을

지는 몰라도 국민들에게 치명적으로 영향을 주는 문제를 해결하기 위해 싸울 시간은 없다. 태양 아래 자신의 자리를 보전하는 일에 너무 바쁘기 때문이다.

창립총회는 모스크바 북부 강 항구의 맨 끝 모서리, 겨울 내내 정박해 있었던 증기선 콘스탄틴 페딘호의 선상에서 열렸다. 어째서 회의가 뱃전에서 열린 걸까? 정권이 어떻게 나올지 몰라 아무도 선뜻 장소를 내주지 않았기 때문이다.

〈군인 어머니당〉은 50개가 넘는 지역에서 선출된 154명의 대표들에 의해 세워졌다. 이들은 1989년에 설립된 이후로 수천 명의 징집병과 신병의 목숨을 구한 조직의 지역 지부들이었다. 이 조직의 활동은 소련 시절로 거슬러 올라간다. 1980년대 후반에 여성들은 군대 내 '조부들'의 폭행과 국민개병제로부터 아들들을 보호하려는 노력 끝에 함께 모여 위원회를 결성하기 시작했다. 1989년에는 고르바쇼프를 설득하여 17만 6천 명의 군인을 조기 제대시키고 학업을 계속할 수 있도록 하는 데 성공했다. 또 1990년에는 고르바쇼프가 〈군인 어머니회〉측 제안의 이행에 관하여"라는 훈령을 비롯해 징집병을 위한 국가 보장 혜택에 관한 훈령을 발표했다. 1991년 이 위원회는 옐친 대통령을 설득하여 탈영병에 대한 사면령을 내리는 데 성공했고, 1993년과 1994년에는 끈질기게 인내심을 발휘한 결과, 루스코예 섬에서 발생한 2백 명이 넘는 해병대원들의 기아, 질병, 고문에 대한 진상 조사가 이루어졌다. 1994년에서 1998년 사이, 러시아 인권단체 역사상 처음으로 체첸 내의 즉각적인 전쟁 중단을 요구했고, 옐친 대통령에게 1차 체첸전 참전을 양심적으로 거부한 5백 명의 군인을 사면하도록 촉구했으며, 체첸전에 참여했던 아군과 적군 모두를 사면하라고 밀어붙이기도 했다. 또 체첸에서 전사한 군인들의 유해 발굴과 신원 감정에 드는 비용을 국가 예산에 포함시키는 데에도 성공했다. 1999년 이후 〈군인 어머니회〉는 사상자 수 조작에 항의하는 대중 캠페인을 벌이고 사망자 및 원인 불명인 실종자 명단을 만들어 배포하는 등 지속적으로 2차 체첸전에 반대하는 목소리를 내 왔다.

주된 목표는 노예제와 다를 바 없는 징집제를 없애고 그 자리를 완전한 직업 군인들로 대체하는 것이다. 모든 민주주의 정당은 이들을 지지했고, 얼마 지나지 않아 직업군인화 방안은 고위 관리들과 잇따른 국방부 장관들에 의해 받아들여졌다. 더욱이 이들의 발언은 〈군인 어머니회〉의 홍보 문구에서 한 자 한 자 따온 경우가 많았다. 하지만 그 실행 과정에서 모든 것이 틀어졌다. 직업군인 계약서는 '자발적이면서도 강제적인' 토대에 근거해서 작성됐고, 급료는 지불되지 않았고, 전쟁은 계속됐으며, 신병들은 체첸으로 곧장 호송됐다. 지난 12월 선거 이후 민주적인 입법안 추진을 위해 힘쓸 인물은 국회에 단 한 명도 남지 않았다.

2004년 1월 말 〈군인 어머니회〉는 독자적인 정당을 만들 때가 왔다고 판단했다. 새 당을 만드는 데에는 막대한 행정력이 동원되고 비용도 많이 들기 때문에 열 달이나 걸렸다. 이 기간 동안 〈군인 어머니회〉는 서방세계의 지원을 받으며 러시아의 전투력을 해칠 "제5열"로 낙인 찍혔다. 말하자면 러시아가 군사적 곤경에 빠진 시기에 들이닥친 '내부의 적'이었다.

〈군인 어머니당〉의 정치적 능력, 생존을 보장해 줄 수 있는 것은 그들의 정책이 진심에서 나온다는 사실, 그것이다. 지금까지 이 땅의 사람들은 마음이 시키는 대로 정치인이 됐다. 유권자에게 무엇을 베풀어 줄 수 있을까보다 누가 승자가 될 것인가에 당의 열정이 우선적으로 쏠렸다. 2003년 당국은 이 점을 매우 성공적으로 이용했고, 국민이 야권에 대해 품고 있었던 신뢰는 비열한 타협으로 깨졌다. 결국 어떤 민주주의자, 어떤 자유주의 정치가도 두마에 입성하지 못했다.

〈군인 어머니당〉의 최대 강점은 자녀들을 보호하겠다는 열정이며 그들이 최선을 다해 능히 그 일을 해내리라는 국민의 믿음이다. 그들은 다른 어떤 정치적 자본도 갖고 있지 않다. 모성적 충동이 다른 무엇보다 앞서기 때문이다. 이는 회의장을 벗어난 자리에서 어머니회 대표 누구라도 붙잡고 2분 남짓만 이야기를 나눠 보면 분명해지는 사실이다. 회의장 안에서라면 더 말할 것도 없다. 우리는 어느새 도움이 절실히 필요한 어떤 병사의 운명에 대해 논하고 있었다.

"우리 땅에서 무슨 일이 벌어지고 있는지 보세요."

부됴놉스크 출신의 류드밀라 보가텐코바가 군인들이 더없이 끔찍한 처우에 대해 증언한 자료 한 묶음을 핸드백에서 꺼내면서 말했다. 군검찰부 본부에 제출하기 위해 가져온 참이었다.

"징집제가 유지되는 한 군대의 병사들은 하찮은 존재일 뿐입니다."

류드밀라 바실리예브나가 분개해서 말한다.

"병사들은 그 어떤 목적으로라도 이용될 수 있지요. 무급 노동자로 부려지는 겁니다. 오늘날 수백만 명의 러시아 국민은 노예이며, 우리의 사명은 이런 노예제를 폐지하는 것입니다. 그 문제에 있어선 어떤 타협도 있을 수 없지요!"

창립총회의 주요 안건은 성명의 내용에 관한 것이었다. 징병제 폐지를 위한 캠페인을 벌일 것인가, 아니면 당분간 그것을 논외로 유보할 것인가? 좀 더 일반적으로 말해서, 이 새로운 정당은 남이 보지 않을 때 욕하는 다분히 러시아적인 행보를 따를 것인가? 그러니까 징병제에 반대한다고 말은 하면서도 강령에 집어넣지는 않음으로써 대통령행정실의 심기를 거스르지 않고 좀 더 수월하게 정당 등록을 마칠 것인가? 아니면 아주 정직하게 굴면서 오로지 러시아 국민들의 존경을 받는 일에만 신경 쓸 것인가? 이 중요한 원칙의 문제에 있어서 결국은 두 번째 안이 채택되었다. 열정적인 확신은 완벽한 정직함 없이는 불가능하다. 결국 징집제의 폐지가 성명서 안에 포함됐다. 당원들은 그 목표를 이루기 위해 싸울 것이며, 하느님에게 감사할 것이다. 유권자들의 신뢰를 얻는 것이 가장 중요한 자산이 될 것이기 때문이다. 만일 그들이 '현명한 타협'을 이루려고 애쓰기 시작하면, 그들은 타협에 목마른 사람들을 부리는 데에 노련한 당국의 농간에 놀아날 것이며, 투표자들은 결국 〈군인 어머니당〉을 떠날 것이다.

"맞아요. 중요한 것은 우리 여성들이 두마에 진출하는 거예요."

류드밀라 보가텐코바가 설명한다.

"그렇지 않다면 징집제 폐지를 통과시키는 것은 불가능할 거예요. 우리가 국회에 있다면 특정 상황에 놓인 징집병이나 군인들을 돕는 것도 수월할 것이고, 범죄가 일어났을 때 당국이 의사 진행을 방해하지 못하도록 막는 것도 마찬가지로 쉬워질 것입니다."

관료제의 부활 후 영향력을 행사할 수 있는 얼마 남아 있지 않은 방법 중 하나가 국회 질의다. 두마 의원 한 명의 질의는 신속하고 괄목할 만한 결과를 낳을 수 있으며, 신속도가 문제 해결의 관건인 경우가 빈번하다. 군인들을 구조할 수 있었던 대부분의 경우에 신속한 조사와 대처가 요구됐다. 어떤 사연이 언론 매체의 관심을 얻고 두마 의원이 검찰청을 찾아갈 때, 군대라는 폐쇄된 세계 속에 갇혀 있는 누군가는 생존의 기회를 얻는다. 반대로, 그런 기회의 결핍이 죽음을 의미하는 경우 또한 빈번하다.

창당 후 울려 퍼진 첫 번째 축배 인사는 이것이었다.

"2007년을 향하여! 두마여, 긴장하라, 여기 우리가 왔다!"

〈군인 어머니당〉은 전 세계에 가르쳐 줄 한 가지 교훈을 갖고 있다. 바로 진지한 열정을 가지고 자신의 미래를 창조해 나가야만 하리라는 것이다. 이 진지한 열정은 〈군인 어머니당〉의 여성 당원들을 살아가게 하는 힘이다. 오랫동안 우리는 민주 정치가들이 교활하면 교활할수록 그만큼 더 유능한 것이라는 말을 들어 왔다. 이것은 거짓으로 드러났다. 우리 국민은 영리하거나 교활한 것을 좋아하지 않는다. 또 열정이 없는 사람도 좋아하지 않는다. 러시아 국민은 바로 그런 사람들이다. 열정이 먼저고, 냉철하고 명석한 사고가 그 다음이다. 그 반대는 결코 아니다.

11월 9일

〈야블로코〉의 칼루가 지부는 은퇴 노동자, 소비에트 압제의 피해자, 제2차 세계대전 당시 국내 전선에서 분투했던 사람들의 복지 혜택을 유지시키는 것에 대해 국민투표를 실시하자고 요구했다. 이들이 받는 혜택이라곤 시외버스 무료 탑승과 무상 의약품 제공이 고작이다. 칼루가 주 당국은 200루블에서 300루블〔약 6천~1만 원〕에 해당하는 연금에 다달이 코딱지만 한 보조금을 붙여 지급하는 대신 현물로 제공하는 모든 복지 혜택을 폐지할 계획이었다. 지금까지 관료들은 시위를 거들떠보지도 않았지만 국민투표는 정부가 생각을 고쳐먹게 해 줄 것이다. 이건 아주 민감한 사안이다. 2005년 1월 1일 이후 누가 수혜자 자격을 얻을 수 있을 것인가? 복지 혜택의 '금전적 전환'에는 오늘날 러시아 국민의 절반을 차지한다고 알려진 복지 수혜자의 숫자를 줄이기 위한 의도가 깔려 있었다. 계획을 밀어붙일 확실한 구실이 있는 것이다.

***

국민투표안은 실현되지 못했다. 민주주의 정치인들은 저항이 너무 클 것이라고 생각해 안을 포기했다.

11월 11일

카라차예보-체르케시아에서 위기가 발생했다. 한 무리의 군중이 공화국 대통령인 무스타파 밧디예프Mustafa Batdyev의 집무실을 점거한 후 퇴진을 요구하고 있다. 이유인즉슨, 일곱 명의 사업가들이 납치, 살해되고 그 시신이 훼손된 사건에 밧디예프의 처남이 연루됐기 때문이다. 처남은 이미 구속된 상태다.

정부는 난처한 지경에 빠졌다. 만일 밧디예프가 하야할 경우, 연쇄반응이 일어날 것이다. 다음 차례는 틀림없이 인구셰티아의 무라트 쟈지코프가 될 것이다. 연초에 쟈지코프가 그랬듯이 밧디예프도 곤경에서 도망쳐 나왔다. 남부연방관구 대통령 전권대사인 코자크가 그를 다시 권좌로 복귀시켰다. 체르케스크 시민들과 대화한 것은 코자크였고, 몇 시간 후 TV 방송국은 그 '쿠데타'가 실패했다는 낭보를 전했다. 코자크는 밧디예프의 집무실을 떠나라고 군중을 설득했고, 밧디예프는 복귀했으며, 그의 행정부는 전과 다름없이 계속 연명해 나갔다.

그 사건은 푸틴의 인적자원 정책에 닥친 또 한 번의 재앙이었다. 크렘린의 조종을 받는 지방의 통치자들은 지도력이 없고 전혀 그 어떤 책임도 지지 못한다. 위태로운 징조가 조금이라도 보이면 목숨을 보전하기 위해 도망가기 바쁘다. 한편, 당국은 군중에 반응을 보인다. 만일 군중이 밧디예프의 집무실을 완력으로 점거하지 않았더라면 코자크는 꿈쩍하지 않았을 것이다. 만약 시민들이 코자크에게 담판을 요청했다면, 그 문제가 얼마나 심각하든 간에 족히 여섯 달은 계속 사정해야 했을 것이다.

11월 26일

이제 호도르콥스키가 체포된 지 만 일 년이 지났다. 당국은 그 사실마저 잊어버렸다. 소련 시절 사회와 정부 사이의 중재인은 KGB였다. KGB는 사회 실상에 대한 왜곡된 정보를 당국에 전했고, 결국 소련의 붕괴를 초래했다.

오늘날의 FSB 또한 상부로 보고되는 정보를 심각하게 왜곡한다. 하지만 푸틴은 다른 모든 원천을 왜곡한다. 예상대로 대동맥이 다시 막힐 것이다. 이번만큼은 70년을 기다릴 필요가 없기만 기원하자.

12월 11일

얼마나 빠른가! 이미 대통령은 주지사 선거를 폐지하는 법안에 서명했다. 지금까지 통과된 법안 중에서 가장 빠르다. 그 모든 것이 다 1월 1일 이후로 푸틴이 주지사들과 국정을 논하거나 그들이 비협조적으로 나오지 않을까 걱정할 필요가 없도록 하기 위해서다. 차르는 협력자가 아니라 노예가 필요하다. 베슬란에서 학살당한 일부 아이들의 신원 확인과 매장이 여전히 끝나지 않은 상태지만, 그건 우선 사항이 아니다. 점점 더 부모들이 직접 그 모든 일을 처리하도록 내맡겨지고 있다. 정말로 중요한 것은 푸틴의 말을 더 잘 들을 수 있게 국가 구조를 바꾸는 것이다.

베슬란은 마을 전체가 조용히 미쳐 가고 있다. 9월 1일부로 시작된 가을은 이제 끝나 가고 있지만, 겨울로 들어섰다고 해서 누구 하나 마음이 나아지지 않는다. 여전히 아이들을 찾지 못한 가정의 경우는 말할 것도 없다. 이들은 아이도 없고, 장례식도 치르지 못했고, 목 놓아 울 수 있는 무덤도 없다. 조리크 아가예프, 아슬란 키시예프, 자리나 노르마토바, 이들 저학년 아동은 모두 1997년에 태어났다. 열한 살 난 아자 구메초바도 역시 행방이 묘연한 상태다. 2학년인 조리크 아가예프의 엄마는 한 번도 집을 떠나 본 적이 없다. 엄마는 집에 남아 아들을 기다리고 있다.

"만약 아이가 돌아왔는데 내가 집에 없다면 어떻겠어요! 그걸 두고 환영이라고 할 수는 없겠죠?"

혼자 속웃음을 지으면서 지파가 말했다. 지파의 입은 일그러져 있다. 학교에서 다친 것이다.

"마을 사람들이 내가 미쳤다고 생각하는 것도 알아요. 하지만 난 미치지 않았어요. 조리크가 살아 있다고 굳게 믿고 있어요. 아이는 어딘가에 붙잡혀 있을 거예요."

실종자로 분류된 아이들의 가정은 두 부류로 나뉜다. 어떤 가정은 지파처럼 자녀가 인질로 잡혀 있다고 생각한다. 다른 가정은 아이가 이미 죽었으며, 착오로 다른 사람에 의해 유해가 매장됐다고 확신한다.

지파가 기이하게 보이는 데에는 몇 가지 사연이 있다. 오, 신이여! 절대 그런 일을 겪게 하지 않게 하소서! 지파는 학교 체육관에 인질로 잡혀 있으면서 아이들에게 자신의 가슴을 내어 젖을 먹였다. 자기 가까이 앉아 있는 모든 아이들에게 가슴을 내주었다. 나중에는 이 생명의 액체를 숟가락 위에 한 방울 한 방울 짜내서는 아이들에게 돌렸다.

"조리크가 돌아오면 모든 것이 다시 예전으로 돌아가겠죠. 아시다시피, 9월 3일은 강당 안이 매우 조용했어요. 테러범들이 어디로 가고 없었던 거죠. 우리와 남아 있는 테러범들은 손에 꼽을 정도였어요. 벌써 우리는 인계철선을 넘어 기어가기 시작했어요. 그때까지 우린 아무것도 신경 쓰지 않았어요. 나는 마치 관 속에 갇혀 있는 것 같은 느낌이 들면서 환청이 들리기 시작했어요. 그 다음 테러범 하나가 나를 부르는 듯했지요. '아가예프 가족, 너희들이 마실 물을 가져 왔으니 받아 가도록!' 조리크가 내 모습을 보고 놀랐던 게 분명해요. 아이는 나한테서 멀찌감치 떨어져서 기어가고 있었어요."

폭발로 인한 충격으로 돌연 지파의 몸이 창문 밖으로 내던져졌다. 지파 가까이에 있던 사람들은 모두 화상을 입고 죽었다. 지파는 얼굴 반쪽이 망가졌다. 지금까지 여러 차례 수술을 받았고, 앞으로도 받아야 한다. 얼굴에 박힌 네 조각의 파편은 제거할 수 없는 상태다.

"상처든 파편이든 하나도 중요하지 않아요. 중요한 건 조리크예요. 아이가 돌아오면 우린 아이의 부활을 축하할 겁니다."

지파는 거듭 말한다.

"이렇게 소리칠 거예요. '모두들 보세요! 조리크가 돌아왔다고요!' 나는 아이를 다시는 떠나보내고 싶지 않아요. …… 나는 그들이 어떤 자루도 내 집에 들이게 놔두지 않겠어요. 조리크는 살아있다고요!"

이제는 필사적이 된다.

"조리크가 자루 안에 담겨 있다고요? 천만에요!"

"자루"는 로스토프-나-도누에 있는 군 영안실에서 가지고 나오는, 신원 확인이 끝난 유해를 지칭하는 베슬란 마을의 신조어다. 아직까지 주인이 나타나지 않은 비슷한 연령대의 시신들이 있지만, 조리크의 유해는 확인되지 않고 있다. 무슨 일이 일어나고 있는 걸까?

지파는 지금 조용하고 차분하다. 자녀를 잃어 상심한 어머니의 목소리 이상도 이하도 아니다.

"조리크가 돌아오면 난 그 아이를 자소호프 대통령과 푸틴 대통령한테 데려가서 말할 거예요. '보세요! 이 아이가 당신들이 구해 보려고 하지 않았던 그 천사란 말입니다!'"

그녀가 속삭인다.

"난 딸기잼을 두 번 다시 먹지 않을 거예요. 처음 두 시간 동안 우린 아주 무서웠죠. 조리크가 '저 아저씨가 사람을 죽였어요' 하고 소리쳤을 때 내가 말했지요. '저건 그냥 영화를 찍는 거야' 그러자 조리크가 '그런데 어떻게 그렇게 진짜 같죠? 또 우리 쪽으로 이렇게 흘러오고 있는 건 뭐지요?' 하는 거예요. '조리크, 그건 그저 딸기잼일 뿐이야.' 내가 다시 얼버무렸죠."

마리나 키시예바는 서른한 살이고, 베슬란에서 차로 20분을 가야 하는 후말라크 마을에 살고 있다. 마리나는 남편 아르투르와 아들 아슬란을 이번 참사에서 잃었다. 아슬란은 일곱 살로 2A반 학생이었다. 마리나에게는 이제 다섯 살난 딸 밀레나밖에는 없다. 밀레나는 나이에 맞지 않게 진지하며, 아슬란이 어디로 갔는지 묻지 않는다. 아이는 그저 유치원 가기를 거부하면서 같은 아파트에사는 여자들이 통곡하기 시작하면 매번 졸도한다.

아슬란의 담임교사인 라이사 캄불라토브나 자라가소바-키비조바는 후에 아르투르가 "학급에서 가장 좋은 아버지"였다고 말했다. 아슬란이 베슬란 최고의학교를 다녀야 한다고 주장했던 아버지였고, 직장에다 학업까지 병행하면서 아이를 태워 등하교시켰던 사람이었다. 마리나는 자기 남편이 쓴 마지막 과제물을 보여 주었다. 러시아상업경제대학 퍄티고르스크 캠퍼스 법학부에 제출할 "창조권"이라는 이름의 보고서였다. 9월 1일 바로 전 날, 아르투르는 아들을 학교에 바래다주려고 퍄티고르스크에서 돌아왔다. 마리나도 동행하려 했지만, 아주 우연한 계기로 집에 남게 됐다.

"어째서 내가 남아 있었을까요? 아이를 체육관에서 데리고 나왔어야 했는데! 아슬란은 축 늘어진 귀에 깡마르고 재미있는 꼬마였어요. 모두가 아이를좋아했지요. 아슬란은 겁도 참 많았답니다."

마리나가 밀레나 앞에서 울지 않으려고 애쓰며 미간을 찌푸렸다.

아르투르는 즉사했다. 9월 1일, 테러범들이 건물을 방비하고 폭발물을 설치하기 위해 사람들을 데려갈 때 아르투르가 총에 맞았다. 아르투르는 이렇게 말했던 것 같다. "내 손으로 아이들을 죽일 거라고 생각하나요?" 그러자 그들은그를 죽였다.

아슬란은 아버지 없이 체육관 안에 덩그러니 남겨져 있었다. 아슬란은 담임교사인 라이사 캄불라토브나에게 살금살금 기어가 그녀 옆에 바짝 붙어 계속물었다고 한다. "우리 아빠 어디 있는 거죠?"

라이사 캄불라토브나는 예순두 살이다. 9월 1일 당시까지 라이사는 교사로서 40년 세월을 지내 오고 있었다.

"내 기념일을 꽃다발 대신 총알 세례를 받으며 보내게 될 거라고 상상이나 했겠어요?"

정보기관과 대검찰청 요원들에 의해 의도적으로 조장되어 살아남은 교사들 가운데 '살인자'를 색출하라는 캠페인이 베슬란에서 시작된 지금조차도 다른 많은 노련한 교사들처럼 라이사 캄불라토브나는 머리를 높이 들고 꼿꼿이 앉아 있다.

"맞아요. 마치 '저들이 살아남았고 아이들이 죽은 이상, 저들이 아이들에 대한 책임을 다했다고 볼 수 없지' 하고 말하는 듯 그들은 우리에게 책임을 전가하려 하고 있지요. 누가 누구를 구하기 위해 무엇을 할 수 있었을 거라고 생각하지 마세요. 폭발 전이나 그 후나 할 수 있는 일이 없었어요. 그곳에서 교사들의 의무는 오랜 친구가 돼 주는 것, 아이들에게 모범을 보이고 힘을 주는 것이었죠. 폭발 직전까지 교사들이 했던 일은 그것이에요. 그 다음에는 사람이 할 수 있는 일이 아무것도 없었죠. 9월 3일이 되자 너나 할 것 없이 환각 상태에 빠져 멍했어요. 난 아슬란을 구하려고 무척 애썼지만, 결국 아이를 구하지 못했어요.

9월 1일 우리는 학교 체육관 안으로 끌려 들어간 최초의 인질에 속했어요. 우리 학급 2A는 행렬 맨 앞쪽에, 교문 옆에 있었으니까요. 등 뒤로 학생들과 학부모들이 서 있었죠. 폭탄이 바로 내 머리 위에 매달려 있었어요. 다른 사람들처럼 아르투르 키시예프도 아들과 함께 있었죠. 체첸 반군들은 이렇게 말했어요. '아이 아버지들은 앞으로 나와라.' 5분 쯤 지나고 군인들이 복도에서 그들을 향해 총을 쏘았죠. 그렇게 해서 우리 학급의 미시코프와 키시예프는 아버지를 잃게 된 겁니다. 나는 아이들에게 말했어요. '저들이 너희들을 쏘지는 않을 거야' 하고요.

아슬란은 내 발치에 누워서 배가 고프다고 말했지요. 난 아이를 먹이기 위해 할 수 있는 일은 다 했어요. 그 첫날 저녁, 우리 옆에 젊은 엄마가 아기를 안고 있었는데, 아이가 계속 울었어요. 엄마가 아무리 달래도 울음을 멈추지 않았어요. 처음에는 테러범들 중 한 명이 아기를 조용히 시키라는 듯 엄마한테 소총을 겨누었다가, 한숨을 크게 쉬더니 물 한 병을 꺼내 들었죠. '여기 내 물이 있으니 이걸 아기한테 주시오. 막대 초콜릿도 있는데, 천을 대어 아이가 빨 수 있게 해 봐요.' 아기 엄마는 혹시 그것이 독약이 아닐까 의심하는 듯했어요. 그래서 말했죠. '어차피 우린 여기서 살아 나가지 못해요. 우선 아이를 달래 놓고 봅시다.' 엄마는 군인이 내민 초콜릿 막대 중 하나를 부러뜨려서 아기가 빨 수 있게 천을 대어 줬어요. 초콜릿 막대의 남은 절반과 또 다른 하나는 등 뒤로 감추었죠. 나는 그것을 부러뜨려 큰 조각을 아슬란에게 주었고, 나머지도 학급의 아이들에게 조용히 나눠 주었죠.

둘째 날 밤, 모두들 끔찍하게 목이 말랐고, 아이들은 화장실에 가는 것조차 금지됐어요. 아이들에게 말했죠. '그냥 바다에다 해.' 긴장이 풀린 아이들은 이른 대로 하기 시작했지요. 남자아이들한테는 병을 잘라 만든 소변기를 주었어요. 나는 아이들에게 그걸 마시라고 했어요. 아이들은 그러려고 하지 않았고, 그래서 시범 삼아 내 초등학생 반 아이 중 가장 나이가 많은 6학년 학생의 오줌을 조금 마셨죠. 더럽지 않게 여기도록 일부러 코를 잡지도 않았어요. 그러고 나니까 아이들이 마시기 시작하더군요. 아슬란도요. 9월 3일 아침이 되자 카리나 멜리코바라는 5학년 여자아이가 갑자기 화장실에 가고 싶다고 했죠. 테러범들이 아이와 아이의 엄마를 나가게 해 주자 초등반 교사였던 아이의 엄마는 아이에게 사무실에서 키우는 화초의 이파리를 뜯어 오라고 했어요. 테러범들이 모녀를 데려간 곳은 사무실이었어요. 사무실 바닥에 구멍을 내 화장실을 마련했더군요. 카리나는 이파리를 몇 개 뜯어 공책 속에 숨겨 체육관으로 가져오는 데 성공했어요. 우린 그걸 아이들한테 나눠 주었고, 이 둘째 날, 아슬란도 한 장을 먹었어요. 카리나와 카리나의 엄마는 죽었어요. 그건 누구의 잘못일까요? 마지막 순간에는 나도 아슬란을 잃어버렸고요. 공습이 있기 직전 몸 상태가 아주 좋지 않은 사람들이 많았어요. 무의식 상태로 누워 있는 몇몇 사람들은 계속 짓밟혔죠. 오세티아어 교사인 타이샤 헤타구로바도 몸이 좋지 않았어요. 나는 더 이상 밟히지 않게 그녀를 벽 쪽으로 끌어다 놓을 생각으로 기어갔죠. 그러다가 순간 아슬란을 놓친 거예요. 바로 그렇게 된 거지요. 나는 폭발음도, 총소리도 듣지 못했어요. 그야말로 온 세상이 사라져 버렸어요. 특수작전부대원들의 발에 밟혀서야 비소로 의식이 들었죠. 부대원들은 우리들을 마구 짓밟고 다녔어요. 나도 예외는 아니었죠. 감각이 다시 돌아오기 시작하자 살금살금 기었어요. 내 옆에는 시신들이 차곡차곡 쌓아 올려져 있었지요. 어째서 그들이 아니라 내가 살아남았을까요? 어째서 내가 가르치는 일곱 명의 2학년 아이들은 죽고 이미 예순두 살이나 된 내가 살아남았을까요? 아슬란은 어디에 있나요? 매일 꿈속에서 나는 아슬란을 봅니다. 생쥐처럼 내게로 기어오는 모습을요. 아슬란의 엄마가 초죽음 상태란 것도 알아요. 만나 보았으니까요."

마리나가 아슬란의 공책을 넘기고 있다. 이번 가을 동안 그녀의 유일한 일과였다. 마리나는 학교를 찾아가 2A반 교실을 샅샅이 뒤져 아들이 1학년 때 썼던 책과 채 쓰지 못한 책들을 발견했다. 라이사 캄불라토브나가 2학년으로 올라가는 아이들을 위해 준비해 놓은 책들이었다. 마리나는 일 년에 한 번 아들이 치를 예정이었던 받아쓰기 시험에 나오는 문장 다섯 줄을 읽고 또 읽는다.

"5월 18일. 정원에 야생 장미가 자라고 있다. 사랑스럽고 향기로운 꽃들이 피어 있다. ……"

마리나가 이 책들을 보고 있을 때 등 뒤로 생전에 아르투르가 좋아했던 물건 들이 펼쳐져 있는 침대가 보인다. 담뱃갑 하나, 그의 성적표와 등록증, 활동 내 역서, 그리고 그의 영정. 영정 속 표정은 매우 굳어 있지만, 자상한 눈동자를 하 고 있었다. 밀레나는 아버지의 영정 앞에 다가서며 완전한 침묵에 잠긴다.

"처음 두 달 동안 완전히 멍한 상태였어요. 집 밖으로 나가지도 않았죠. 집안 일도 내팽개쳤죠. 딸하고 아무 일도 하고 싶지 않았죠. 난 완전히 외톨이었 죠. 수도꼭지를 돌릴 수조차 없었어요. 흐르는 물소리를 차마 들을 수 없었 죠. 어째서 그들은 아이들이 물조차 마실 수 없게 한 걸까요? 9월 1일 이후 아무 일 없다는 듯 계속 먹고 마시는 사람들을 보면서 화가 났어요. 나는 미 쳐 가고 있었어요. 지금도 그래요."

마리나는 새 책가방과 함께 집으로 배달된 편지 한 통을 보여 주었다. 책가방 은 "상트페테르부르크 초등학생 일동"이 아슬란을 위해 보내 온 구호품이었다.

"우리 아들이 죽었다는 건 모두가 다 아는데, 왜 이런 짓을 하는 거죠?"

그 편지에는 "열네 살 이루샤로부터"라고 쓰여 있다. "당신은 그 끔찍한 나날 을 이겨냈습니다. 당신은 영웅입니다!" 이어서 펜팔 친구가 됐으면 좋겠다는 내 용이었다.

"어떻게 우리 집 주소가 이런 엉뚱한 명단에 들어가 있는 걸까요?"

마리나는 이런 경솔한, 그러나 끔찍한 행위에 상처 받아 울먹거린다.

"책가방은 참기 힘들었어요. 그건 우리가 정말 필요로 하는 것과 정반대라고 요. 이제 난 아무도 나를 도와주지 않을 거라는 걸 알아요. 저 푸틴은 어디에 있는 걸까요? 쓸데없는 말만 늘어놓기 바빠서 최대한 빨리 시신들의 신원을 확인하라는 지시도 내릴 틈이 없죠. 이미 충분히 끝내고도 남을 일을 말이에 요. 그렇게만 된다면, 최소한 몇몇 부모들은 마음을 내려놓고 무덤이라도 돌 볼 수 있을 텐데 말이에요."

사샤 구메초프와 림마 토르치노바는 아자 구메초바의 부모다. 사샤는 슬픔과 자학으로 제정신이 아니다. 자기 딸을 구하지 못한 것에 대해 자책하면서 밤에 잠도 이루지 못한다. 눈 밑에는 짙은 그늘이 졌고, 며칠 동안 면도도 하지 못했다. 사샤와 림마는 의연하게 베슬란 시내를 돌아다니면서 자식을 땅에 묻은 어머니, 아버지들을 집집마다 찾아다니며 설득한다. 매장한 시신을 다시 파내 달라고 말이다.

　　"물론 처음에는 우리도 아자가 인질로 잡혀 있을 거라고 생각했습니다. 하지만 점점 그게 사실과 다르다는 것을 인정해야 했습니다. 9월 4일에 부모들은 아이들이 입고 있던 바지로 자기 아이를 '식별'해 내고 있었습니다. 식별할 다른 수단이 없었으니까요. 유전자 검사를 하겠다고 로스토프에 있는 법의학 실험실로 옮겨진 시신들은 죄다 새까맣게 타 있었습니다. 시신의 수가 상당했기 때문에 많은 수는 그대로 여기 신원 미상인 채로 남겨졌고, 사람들은 시신들을 집으로 가져갔죠. 베슬란은 조그만 마을입니다. 번듯한 옷가게 하나 없죠. 많은 아이들이 시장에서 산 똑같은 옷들을 입고 다녀요. 그런 식으로 모든 일이 뒤죽박죽 돼 버린 겁니다. 우리가 직접 영안실을 돌아다니면서 자루를 하나씩 들춰 보고 일일이 조사해 본 결과 일이 어떻게 된 건지 알았죠."

　　"그 일을 어떻게 이겨냈습니까?"

　　림마는 얼굴 근육 하나 씰룩거리지 않는다.

　　"스스로 다짐했어요. '그 학교에서 아이들이 겪었던 일보다 더 참담한 일은 없다. 자기 연민에 빠질 권리조차 나한테는 없다.' 그리고 정말 난 그렇게 했죠. 이제 우리한테 남은 유일한 문제는 어떻게 우리 아이를 묻을 것인가, 어떻게 아자에 대한 우리의 마지막 책임을 다할 것인가, 이거예요. 영안실에는 우리 아이와 비슷한 또래의 여자아이의 주검이 신원 미상인 채로 남겨져 있었어요. 하지만 아자가 아니었어요. 그건 그러니까 누군가가 우리 딸을 데려가 묻었다는 소리입니다. 영안실에 누워 있는 그 여자아이의 부모였을 수도 있죠. 물론 누가 누구의 아이였다는 이런 연쇄가 아주 길게 이어질 수 있다는 것을 알고 있어요. 너무 잘 알고 있어요."

"시신들을 연쇄적으로 파내는 것 말이죠?"

"물론이에요. 검찰청에서 우리한테 넘긴 명단을 보면 엉뚱한 아이를 묻었을 가능성이 있는 주민들의 주소가 서른여덟 개나 됩니다. 죽은 서른여덟 명의 여자아이는 나이나 체구가 엇비슷했습니다. 중요한 것은 우리가 옳은 판단을 내리고 있느냐는 거죠. 만일 로스토프에 보관된 시신들의 전체 숫자와 실종된 아이들의 숫자가 일치한다면, 단순히 신원 확인상의 오류만이 문제가 되는 거고요. 다만 뒤섞여 있을 뿐, 실종자들은 모두 발견된 겁니다."

9월 1일에 아자는 엄마도, 꽃도 없이 처음으로 혼자 등교했다. 아자는 6G반에서 가장 친한 친구들과 약속을 했던 것이다. 이제 갓 피어나기 시작한 아이들이었다. 그 중 한 명은 마리나 박Marina Park의 무남독녀인 스베타 최라는 고려인 소녀였다. 춤꾼 스베타, 몽상가 스베타, 아동 패션 극장의 스타 스베타, 두 다리가 날아가고 몸은 알아보기 힘들게 훼손돼 유전자 감식이 끝난 9월 27일에야 그 신원이 밝혀진 스베타였다.

또 다른 친구인 엠마 하예바는 기운이 넘치는 아이였다. 하예바는 즉흥시를 잘 지었다. 언제나 학교로 등교하면서 모든 이웃들에게 아침 인사를 건넸고, 길을 가다 마주치는 할머니들에게는 오늘 건강 상태는 어떤지 묻곤 했다. 소녀의 부모는 운이 좋았다. 딸이 죽은 것은 마찬가지지만, 뚜껑이 없는 관으로 장례를 치를 수는 있었기 때문이다.

그리고 그 다음에 아자가 있었다. 림마와 사샤의 사랑하는 무남독녀 말이다. 림마는 따로 일을 하러 다니지 않았다. 춤, 노래, 어학, 사교 활동 등 림마는 베슬란에서 해 줄 수 있는 모든 것을 아자에게 해 주었다.

"나는 혼잣말로 이 세 아이들은 21세기 사람들이라고 중얼거리곤 했어요."
림마는 계속 말을 이었다.

"아이들은 우리와 달랐어요. 인생에 대해 긍정적인 태도를 가지고 있었지요.
아이들은 많은 것을 원했어요. 아자는 매사에 자기 주관이 있었지요. 그 아이
는 철학자였어요."

지금 우리가 알고 있는 것은 엠마, 스베타, 아자가 체육관에서 처음에는 떨어
져 있었다가 9월 3일 서로 만나는 데 성공했다는 사실이다. 아이들은 같은 반
친구인 마디나 사자노바의 생일을 축하해 주려고 했다. 그리고 마지막으로 아
이들은 인질들의 대피로를 확보하기 위해 폭파시킨 벽의 창문 바로 밑에서 함
께 앉아 있는 채로 발견되었다. 림마가 이야기를 마무리 짓는다.

"지금껏 벽의 그쪽 부분에 앉아 있었던 사람들 중에서 생존자가 있다는 소식
을 듣지 못했어요. 지금 우리에게 남은 일은 아자의 장례를 치르는 겁니다.
우리는 명단을 훑어 내려가면서 집집마다 찾아다니고 있어요. 그게 직업이
되어 버렸어요. 주민들을 만나서 설득하고 있습니다."

먼저 '노르트-오스트', 다음으로 베슬란. 정신병자처럼 반복적으로 이런 대
재앙들을 자국민들에게 안기는 국가 기계에 누가 존경심을 품을 수 있을까? 정
부는 그 무엇에 대해서도 책임을 인정하지 않으며 국가의 다른 모든 의무들에
대해서도 슬그머니 발을 빼 버린다. 시신 재발굴이라고? 그 문제는 가장 취약
한 계층이 걱정하도록 내버려 둬라! 죽은 자녀를 묻은 가족과, 묻을 자녀조차
없는 가족. 그들이 서로 싸우는 것을 보고만 있을 것이다. 모두들 자소호프와
푸틴에 대한 시위 따위는 잊어버릴 것이다. 한 동안 제대로 된 조사도 요구하지
않을 것이다. 그들은 다른 걱정거리를 갖게 될 것이다.

정부는 고립된 한 마을 전체를 광기에 몰아넣은 채 베슬란에서 일어난 모든
사태에서 손을 뗐다. 러시아에서 그런 걸 알고 싶어하는 사람은 아무도 없다.

12월 12일

모스크바에서 〈민족 시민 의회National Citizens' Congress〉가 러시아 각 지역 대표들을 결집했다. 이 행사가 전 국가적 구원 전선으로 변했으면 하는 희망이 있었지만, 일은 잘 굴러가지 않는다. 그 이유는 간단하다. 이번 행사를 조직했던 게오르기 사타로프와 류드밀라 알렉세예바는 크렘린의 발끝을 밟고 싶지 않았던 것이다. 상임위원석에 앉은 그들은 푸틴에 대한 '과도한' 비판을 잠재웠고, 그 결과 회의가 끝날 무렵에는 청중석에 남아 있는 사람이 거의 없었다. 이제 막 주목받기 시작한 야권 지도자 중 한 명인 가리 카스파로프가 연단에 다가서자, 군중은 소리치기 시작했다. "카스파로프를 대통령으로!" 행사를 연 조직위 측은 놀란 나머지, 대회의 나머지 시간 동안 카스파로프를 퇴장시켰다.

매번 똑같은 노인네들이 중앙 무대를 차지해서는 회의를 자기 마음대로 주무르면서 모든 논의를 실효성 없는 수다로 바꿔 버렸다.

질문은 이거다. "과연 오늘날 원외 민주 야권이 존재하는가? 설사 그런 것이 있다고 해도, 당국에 로비할 수 있는 자들만이 '후원자들'로부터 기금을 모을 수 있는 부패한 사회에서 과연 수면 위로 고개를 내밀 수나 있을 것인가?"

과연 누가 야권을 후원할 수 있을까? 올리가르히뿐이다. 더욱이 지금이 올리가르히를 사냥할 수 있는 수렵 허가 철이라는 것을 감안한다면, 베레좁스키 외에 이런 내기에 도전할 사람은 아무도 없을 것이다. 하지만 만일 베레좁스키와 재정적으로 얽힌다면 유권자들의 표심은 오히려 반대쪽으로 달아날 것이다.

또 다른 문제가 있다. 러시아의 의회 선거와 정치 투쟁에서 증오는 하나의 공약이 되지 않는다. 민주주의 정치인들은 증오를 기반으로 정치 홍보를 할 수 없다.

민주주의 인사들이 긍정적인 안을 전혀 가지지 못한다면, 어디에 정치 홍보 활동의 근간을 두어야 할까? 어쨌든, 이들은 현실적인 안을 갖춰야 한다! 러시아 사람들의 평균 기대 수명은 58년 6개월이다. 그렇다면, 적어도 70세까지 국민 수명을 연장하라는 요구를 선거공약의 핵심으로 내세우는 건 어떨까?

자유주의자들과 민주주의자들은 정치적 몽유병자처럼 2005년 새해를 맞이하고 있다. 의회 선거에서 완파당한 이후 한 해가 지날 때까지 심지어 왜 패배했는가에 대한 현실적인 평가조차 내리지 못하고 있다.

반체제 인사들과 민주주의자들 모두 너무나 오랫동안 그 누구도 아닌 바로 옐친이 진정한 민주주의자라는 것을 믿도록 국민을 속이려고 애썼다. 동화는 영원히 계속될 수 없다는 것이 밝혀지고 '민주주의자들'이 문자 그대로 더러운 말로 바뀌는 시간이 도래했다. 사람들은 '데모크라트'를 '데르모크라트'[27]로 바꿔 부르기 시작했다. 이 낱말은 열성적인 공산주의자와 스탈린주의자뿐 아니라 다수의 국민 사이에서도 유행어가 됐다. '데르모크라트들'은 러시아에 초인플레이션을 떠안겼고, 그럼으로써 소비에트 시절로부터 이월된 자신들의 '저축[28]'을 잃어버렸다. 그들은 체첸 전쟁을 일으켰고, 러시아 정부의 채무불이행 사태를 주도했다.

1996년 대선에서 국민들이 옐친을 뽑았던 이유는 옐친을 믿었기 때문이 아니다. 그저 그가 차악이었기 때문이다. 즉, 그의 국가 발전 방안을 믿었기 때문이 아니라, 공산주의자들이 복귀할 경우 겪을 후환이 두려웠기 때문이다. 국유 자원은 파렴치하게 착취됐고, 국영방송국은 옐친에게 우호적인 보도만을 내보냈으며 사실상 선거 활동의 치어리더로 전락했다. 국민들은 '민주주의' 정당들이 이렇게 민주정치를 졸렬하게 모방하는 꼴을 두고 침묵하는 것을 보고는 넌

---

27) 러시아어로 '데모크라트'는 '민주주의자'를 뜻하지만 '데르모'는 '분뇨', '인분'을 뜻한다. 따라서 '데르모크라트'는 음성적 유사성을 통해 상대를 조롱하는 뜻을 갖는다. 옮긴이
28) 소비에트 공산주의 체제에서 자유주의적 반체제 인사들이 누렸던 대중의 지지도를 뜻한다. 옮긴이

더리가 나서 그들을 외면했다. 수많은 민주주의 정치인들이 민주주의를 구하기 위해서 진실을 희생시키는 것이 합당하다고 아예 공개적으로 말하기까지 했다.

진실을 희생시키는 것에 대한 이런 열정은 유행처럼 번졌고, 옐친이 후계자로 낙점한 푸틴을 권좌로 끌어올린 중심 동력이 됐다. 체첸에서 수백 명의 사람들이 죽어 나가고 있을 때 크렘린 측은 모든 TV 뉴스 보도를 통제했고, 민영방송국은 오락 프로만을 내보내야 했다.

그리고 그것이 민주주의의 종말이었다. 대선은 사기, 부정, 정부의 강압에 근거하고 있었다. 민주주의자들은 두마 내에서 또 한정된 지역 내에서 자기 권력의 부스러기만을 지키려고 발버둥 쳤고 침묵했다. 하지만 그들은 그나마 있던 권위의 부스러기나마 빼앗기고 말았고, 러시아 국민은 이제 모든 정치적 사안에 무관심하다. 그것이 바로 13년 동안 러시아 민주정치가 남긴 끔찍한 유산이다.

12월 10~14일[29)]

블라고베셴스크에서 발생한 복면을 쓴 세 명의 경찰과 인근 카지노 사장들이 연루된 사건은 기괴한 과잉 진압으로 치달았다. 시장이 카지노 사장들에게 앙심을 품었던 것이 발단이었다. 바시코르토스탄 내무부 차관은 총 40명에 달하는 특수작전부대원들을 투입했다. 경찰봉과 소총으로 무장한 진압 대원들은 시내 중심가로 내려와 카페와 도박장에 있는 사람들을 닥치는 대로 끌고 나와 체포하기 시작했다. 체포된 사람들은 사진이 찍히고, 지문을 채취당하고, 구타당했으며, 백지 진술서에 서명을 강요당했다.

---

29) 다음의 일기는 안나 사망 후 추가된 부분이다.

소녀들은 사람들 앞에서 몸수색을 당한 뒤에 도시에 있는 내무부 청사 2층의 어느 방으로 끌려갔다. 문 앞에는 특수부대원들이 줄을 지어 대기하고 있었다. 목격자의 진술에 의하면, 나중에 그 방에서 양동이 반만큼 쓰고 버린 콘돔이 나왔다고 한다. 그 후 나흘 동안 이루 말할 수 없이 많은 남자들이 구타를 당하고, 여자들이 강간을 당했다. 그 지역 택시 운전사들이 말하길 군대가 자기들을 시켜 보드카를 가져오게 했고, 인근 수영장에서는 소녀들의 비명 소리가 들려왔다고 했다. 그런 폭력 행위는 차후 인근 마을로까지 확산됐다.

뒤이어 대대적으로 공권력이 나서 목격자들을 협박하고 사건의 실상을 은폐하기 위해 혈안이 됐다.

12월 14일

〈민족 볼셰비키당〉 소속 대학생들과 고등학생들이 볼쇼이 체르카스키 골목에 위치한 대통령행정실 건물 로비에 난입했다. 이들은 1층 사무실로 통하는 길목을 막고 서서 창문 밖으로 구호를 외치기 시작했다. "푸틴이여, 떠나라!" "푸틴이여, 쿠르스크호와 함께 가라앉아라!" 45분 후 이들은 OMON과 FSB의 연합 작전에 의해 모두 잔혹하게 진압됐다. 스물두 살의 리라 구스코바는 심한 뇌진탕을 입고 교도소 병원에 수감됐다. 스물세 살의 예브게니 타라넨코는 군인들의 구타로 코가 부러졌고, 네덜란드와 러시아 이중 시민권을 가진 스물세 살의 블라디미르 린두는 다리를 다쳤다.

제3부

불만스러운 겨울과 여름

2005년 1월에서
8월까지의 기록

우크라이나 이후의 러시아, 키르기스스탄을 경유하여

2004년 12월 우크라이나의 오렌지 혁명[1]은 러시아를 장구한 정치적 침체에서 일으켜 세웠다. 사회 전체가 마비 상태에서 깨어났다. 러시아 국민 모두가 우크라이나의 마이단 광장을 몹시 부러워했다. "왜지? 어째서 우리는 저기 우크라이나 국민들 같지 않지?" 하고 사람들이 물었다. "저들은 우리 처지와 똑같아. 단지……."

모두들 우리 러시아인과 우크라이나인이 콩깍지와 콩처럼 닮았다는 것을 증명하려고 한마디씩 거든다. 러시아에 살고 있는 상당수 국민은 순수 우크라이나인 혈통이거나 절반, 혹은 절반의 절반쯤은 우크라이나인이다. 소련 시절에는 모스크바와 키예프만큼 가까운 도시도 없었고, 둘 사이를 갈라놓을 수 있는 건 아무것도 없을 만큼 생활방식 면에서 모든 것이 뒤얽혀 있었다. 심지어 소련이 무너진 뒤에도 대다수 러시아인들은 우크라이나가 러시아의 부속물 내지는 절반의 식민지로 남게 될 것이며, 모스크바 정부가 키예프에 가장 최선이 무엇인지 결정할 것이라고 확신했다.

하지만 이 모든 예상이 빗나갔다. 자신의 옛 '식민지'가 변함없을 것이라고 지난날 제국의 수도가 계속 착각에 빠져 있는 동안, 옛 '식민지인들'은 현격한 변형을 겪었고, 하나의 국가로 발전했다. 더욱이 오렌지 혁명의 정치적 열정은 들불처럼 일어나 러시아를 휩쓸고 지나가지 못했다. 그 열정이 항거의 정신을 부추기고, 적어도 시위에 대해 생각해 보도록 국민을 소파에서 일으켜 세운 것

---

1) 2004년 말에서 2005년 초에 우크라이나에서 일어난 시민 저항 운동으로, 친모스크바 성향의 정부가 대대적인 대선 조작에 가담함으로써 촉발됐다. 2004년 12월 재투표를 통해, 1차 선거 직전에 독극물 암살 위협을 받았던 빅토르 유셴코 후보가 당선됐다. 그는 44퍼센트를 득표한 빅토르 야누코비치 후보를 누르고 52퍼센트의 득표로 승리했다.

은 사실이다. 하지만 그것은 2005년 1월이 되어서야 효과를 나타냈다. 1월 1일부로 시작된, 시늉에 불과한 지원금으로 포괄적인 복지 혜택을 대체하려는 법안에 반대하는 시위에 수백만 명이 동참한 것이다. 민주 야권이 부활하리라는 희망이 일었다.

***

1월은 온통 집회 시위뿐이었다. 환자들은 무료 의약품을 얻을 수 있는 권리를 잃어버렸다. 군인들은 우편 요금을 물지 않고 집에 편지를 부칠 수 있는 권리를 빼앗겼다. 무일푼인 군인들로서는 상당한 박탈이다. 만일 부모가 장병들에게 돈을 줄 여력이 없다면, 집에 편지 한 통 부칠 수조차 없게 된다. 또 임산부는 유급 휴가의 권리를 잃어버렸다. 나락으로 떨어진 이 사회의 출산율을 높이겠다고 나온 최선의 정책이라고는 볼 수 없다.

2005년 1월 1일

체첸 마을 우루스-마르탄에서 소년 세 명이 마을을 떠나 반군에 가세했다. 소년들은 더 이상 무법천지의 현실을 참을 수 없으며, 아직 처벌하지 못한 악당들에게 본때를 보이는 것 외에 다른 방법은 없다고 적은 쪽지를 친척들에게 남겼다.

1월 9일

우르스-마르탄에서 또 다시 스물다섯 살에서 서른 살 사이의 청년 네 명이 고향 집을 떠나 반군에 가담했다. 1월 한 달 새에 반군 측 신병의 수는 기록적으로 증가했다. 지난 여섯 달 동안 행해진 대대적이고 잔인한 '청소'에 대한 반응이 바로 이거다.

1월 12일

1월 12일 체첸 정부의 미치광이 부총리인 람잔 카디로프가 다게스탄인들을 정리하기 위해 100~150대의 지프 차량을 줄지어 출동시켰다. 자동차 대열이 체첸과 다게스탄 사이의 국경 지대에 도착하자, 근무 중인 다게스탄 경찰은 아예 겁을 먹고 달아났다. 다게스탄의 하사뷰르트에서 카디로프의 부대는 지역 경찰국장을 억류했다가 풀어 줬다.

이는 전형적인 허세로, 지난 1월 10일 다게스탄 경찰이 카디로프의 여동생을 잠시 구금했던 것에 대해 보복하고자 꾸민 일이었다.

1월 14일

이치케리아 체첸 공화국 대통령인 아슬란 마스하도프가 한 달 간의 일방적인 휴전을 선언했다. 마스하도프는 휘하의 모든 무장 부대에게 2월 22일까지 활동하지 말 것을 지시했다.

그것이 의미하는 바는 무엇인가? 겨울잠을 자란 뜻인가? 양측이 대학살에 진저리가 났고, 이제 끝내지 않을 수 없기 때문에 우호를 다지기로 한 걸까? 아니면 마스하도프는 자신의 권위를 시험하고 있는 걸까? 그 세 가지 이유 모두 해당되리라 추측할 수 있다. 마스하도프는 휴전을 선언하면서 제일 먼저 자신을 시험하고 있는 것이다. 그것도 매우 용감하게, 공개적으로 휴전 의사를 밝히면서. 많은 이들이 마스하도프라는 이름을 듣고, 또 실제로 그가 어떤 사람들을 밑에 두고 있는지를 묻고 어깨를 으쓱한다는 것은 이미 다 아는 사실이다.

이렇게 신뢰가 부족한 이유는 자명하다. 마스하도프는 지하 깊숙이 숨어 있다. 여러 해 동안 아프가니스탄의 아흐마드-샤흐 마수드Ahmad-Shakh Masud와 같은 꼴이 될까 봐 두려워하면서 기자들과의 회견을 피해 왔다. "판즈쉬르 계곡의 사자"로도 불린 마수드는 특수 임무를 띠고 파견된 기자들에 의해 폭탄으로 살해됐던 것이다. 당분간 마스하도프의 공개적인 자기 검증은 성공하지 못할 것이다. 연방군을 공격하기 위한 지뢰 사용은 그 수가 줄어들지 않고 있고, 지뢰를 설치하는 당사자는 휴전 선언에 전혀 관심이 없기 때문이다.

또한 이번 휴전 선언은 용감한 반응을 제때 보이지 못한 크렘린 궁으로서도 시험이 될 것이다.

휴전에 대해 반대 목소리를 낸 최초의 인물은 당연하게도, 크렘린이 임명한 '체첸 공화국의 대통령' 알루 알하노프였다. 알하노프는 자신이 마스하도프와 타협하지 않을 것이며, 반군이 일방적으로 투항하는 조건이라면 협상할 용의가 있다고 밝혔다. 크렘린은 휴전에 반응하는 것조차 단호히 거부했다. 평화를 바라지 않는다면 전쟁을 지지한다는 소리밖에 안 된다.

크렘린 측이 마스하도프와 바사예프가 수중에 들어오기만 하면 기필코 모두 잡아넣겠다고 떠벌린 것은 어리석은 결정이었다. "바사예프가 베슬란 인질극을 꾸민 테러범들에게 마스하도프와의 협상 개시를 요구 조건에 포함시키라고 지시했다는 뚜렷한 증거가 있다"는 발언(검찰부총장 니콜라이 셰펠Nikolai Shepel의 진술)도 마스하도프를 비난하기 위한 일환이었다.

1월 15일

체첸에서 숨진 병사들의 어머니들이 복지 혜택 철회에 대한 항의의 표시로 매달 받는 150루블(약 5천 원)의 '보상금'을 푸틴에게 돌려보냈다.

올해 1월 1일 이전까지만 해도, 북캅카스 작전에서 아들을 잃은 어머니들은 무상 의료 지원, 대중교통 무료 이용, 열차, 비행기, 선박에 대한 반값 할인 혜택 등을 누릴 수 있었다. 전화나 텔레비전 수신료도 반값이었고 1회에 한해 유리한 조건으로 대출을 받을 수 있었을 뿐더러 조그마한 땅마지기도 무상으로 이용할 수 있었다.

전적으로 정당한 권리 행사였다. 대부분, 정부는 체첸에서 전쟁을 치르면서 가난한 집 자식들을 동원한다. 더욱이 홀어머니 가정인 경우가 빈번하다. 부유한 집은 무슨 수를 써서라도 병역의 '불행'으로부터 아이들을 빼내 오려고 하기 때문이다. 체첸에서의 군 복무라면 더 말할 것도 없다.

복지 혜택의 금전적 전환에 반대하는 시위는 점점 더 눈덩이처럼 불어나고 있다. 매일 수천 명의 인파가 모여들고 있다. 어떤 정치적 대의도 국민의 호주머니를 건드리는 정책만큼 빠른 반응을 이끌어 내지는 못한다. 하지만 푸틴은 두려운 것이 없다. 그는 국민에게 푼돈을 던져 줄 것이고, 국민은 그를 권좌에서 끌어 내는 데 실패할 것이다. 국민의 공격성은 가까이에 있는 이방인이 그 누가 됐든 그 이방인에 맞서는 쪽으로 전개될 것이다.

1월 17일

러시아 최초의 인터넷 투표가 스카지 넷www.skaji.net[2]에서 진행되고 있다. 고전적인 형태의 풀뿌리 발의다. 〈경제 고등 연구소Higher Institute of Economics〉 소

---

2) 러시아어로 "스카지 넷!"은 "'아니오'라고 말해!"라는 뜻이다.

속의 몇몇 학생들이 의기투합해 온라인상에서 누리꾼들이 두 안건에 대해 투표하도록 자리를 마련한 것이다. 첫 번째 안건은 (복지 혜택 폐지에 관한) 122조 법안의 채택 문제이고, 두 번째 안건은 정부에 대한 불신임 문제다.

나는 그 팀의 리더인 알렉산데르 코르수노프의 전화를 받았다. 코르수노프는 나에게 지원을 요청했다.

"그런데 당신이 어떤 사람인지 내가 모르잖아요. 어느 당에 소속돼 있나요?"

"난 아무 당도 지지하지 않아요. 그냥 이 일만 하고 있어요."

프로젝트를 생각해 낸 대학생들은, 〈야블로코〉나 〈로디나당〉, 〈공산당〉으로부터 공식적인 지원을 받고 있었지만 그 어떤 정당에도 가입하지 않은 상태였다.

학생들이 쓴 글의 내용은 이렇다.

우리는 122조 법안을 지난 해 60번째로 제2차 대전 전승 기념일을 치러 낸 우리나라 노년층에 대한 모욕으로 간주한다. 정부는 복지 혜택의 금전화라는 건전한 발상을 더럽혔다. 오늘날 우리의 권리를 보호하는 유일한 법적 수단은 우리의 반대 의사를 표현할 수 있는 국민투표뿐이다. 대학생은 러시아 안에서 일어나는 사건들에 대해 효과적으로 반응하는, 국내 인구 중에서 사회적으로 가장 능동적인 집단이다. 우리는 당신에게 우리와 함께할 것을 요청하는 바다.

수백만 명에 달하는 러시아 국민은 법과 정부의 정책에 대해 인터넷에서 반대표를 던졌다. 하지만 익명성이라는 보호막 뒤에 숨을 수 없다면 이들을 포함한 수백만 명의 사람들은 어디로 사라져 버리는가? 두려움은 그들을 보이지 않게 만든다.

시위는 상트페테르부르크, 트베리, 튜멘, 사마라, 페름, 그리고 모스크바 주의 힘키에서 특히 거세다. 주민들은 거리로 쏟아져 나와 도로를 막고, 청사 앞에서 피켓 시위를 벌이고, 군중이 더 가세할 거라고 당국에 으름장을 놓는다. 사람들이 122조 법안에 상처 입고 있기 때문이다.

상트페테르부르크에서 경찰은 〈야블로코〉와 〈민족 볼셰비키당〉 소속 당원들을 체포하고 나섰다. 집회가 끝난 후 한 노령 연금 생활자가 체포됐고, 경찰서로 연행되어 심한 구타를 당했다. 오전에 경찰은 시위 집회를 조직해 온 〈공동 행동 위원회〉의 블라디미르 솔로베이치크를 체포했다. 그것도 모자라서 경찰은 가치나에서 열린 시위에 참가한 여덟 명의 〈민족 볼셰비키당〉 당원들을 체포했다.

1월 19일

122조 법안이 지금 상태 그대로 유지된다면, 시위자들의 이해관계와 그들을 진압하기 위해 투입된 경찰의 이해관계가 겹치는 부분이 점점 늘어날 것이다.

보안기관의 근무자들 대다수 또한 복지 혜택을 잃어 가고 있다. 오래 전부터 임금은 형편없었다. 경찰은 고작해야 한 달에 3천 루블(약 10만 원) 정도를 받을 뿐이다. 이런 시위는 대도시에서 발생하는데, 대다수 경찰관은 시 외곽에 살고 있다. 지난달까지만 해도 교통비를 부담하지 않았다. 이런 와중에 모스크바의 경찰관들이 집단으로 사표를 제출했다는 소식이 들려왔다. 조직범죄억제국의 경비를 맡고 있던 한 경관은 모스크바 한복판에서 근무 중 스스로 총을 쏘아 자살했다. 죽기 전 동료들에게 더 이상 가족을 부양할 수 없다고 말했다. 국방부는 이 달 실시된 조사에 의하면 장교들의 80퍼센트가 복지 혜택 개정에 불만을 느끼며, 그들 중 불과 5퍼센트만이 자신의 물질적 상태가 만족스럽다고 생각한다고 연방회의 측에 공식적으로 통보했다.

나는 정부 당국도 낌새를 채기 시작했을 거라고 생각한다. 보안군 말고는 아무도 자기를 지지하지 않는다는 것을 알고 있기 때문이다. 당국은 불안을 잠재우고자 보조금과 물품을 지급했다. 정부는 경찰이 시위자 진압을 거부하는 모습을 보았고, 그럼으로써 정부는 보안군이 국민에게 발포하기를 거부하고 총구를 돌렸던 우크라이나의 오렌지 혁명을 떠올리지 않을 수 없었다. 그것이 결정적인 계기였다.

모스크바에서 자발적인 기관들의 연합체가 발족했다. 일명 〈사회 연대(Social Solidarity, SOS)〉다. 단체는 2월 10일과 12일에 러시아 전역에서 당국의 반사회적인 정책에 반대하는 "전국 공동 행동의 날"이라는 이름의 즉각적인 시위를 촉발시켰다. 문제는 〈사회 연대〉가 공산주의를 지지하는 단체라는 점이다. 민주주의자들은 또 한 번 기회를 놓쳤다. 〈사회 연대〉는 122조 법안의 폐지, 연금 두 배 증액, 지방정부와 저소득 국민에게 이로운 방향의 조세 제도 개혁, 〈통합 러시아〉 의원 전원의 해임 및 내각 사퇴를 요구하고 있다.

지난 여름과 가을까지만 해도 누구도 이 문제를 놓고 소란을 피우려 하지 않았다. 복지 혜택이 실제로 철회되고, 연금 생활자들이 자신의 연금 수령 수첩을 보여 주고도 탑승을 거부당했을 때에야 시위자들이 움직이기 시작한 것이다.

1월 22일

이번 주 토요일에도 대규모 시위가 자주 목격됐다. 나아가 1월의 여론조사에서는 과거에 물질적 복지 혜택을 누렸던 수혜자 중 58퍼센트가 집회 시위자들을 지지하는 것으로 드러났다. 이번 조사는 국영방송인 〈채널 원〉에 의해 실시됐다.

크라스노야르스크에서 전기 요금 인상에 반대하며 3천 명 이상의 시위 인파가 몰렸다. 올해 1월 1일부터 주민들은 한 달에 50kWh만을 써야 하는데, 그 이상을 초과하는 경우에는 사용량의 두 배 금액을 물어야 한다. 크라스노야르스크의 대다수 아파트에서 중앙난방은 더없이 비효율적으로 가동되며, 시베리아는 겨울에 특히 춥기 때문에, 주민들은 계속 전기난로를 켜 놓을 수밖에 없다. 기나긴 겨울 몇 달 동안 50kWh만을 사용한다는 것은 말이 되지 않는다. 평균적으로 그 양의 두세 배를 사용한다는 것이 조사 결과 밝혀졌기 때문이다.

우파에서 5천 명에 이르는 시민들이 도심 집회에 참가했다. 이들은 무르타자 라히모프 대통령이 2월 26일 전까지 바시코르토스탄 복지 혜택의 금전적 전환 계획을 전면 취소하거나 아니면 사임할 것을 요구하고 있다. 집회 후 오렌지 색 옷을 입은 연금 생활자들은 대로 한 곳을 가로막았다. 그들은 우크라이나 혁명을 뜻하는 오렌지색 깃발을 펄럭거리면서 바시코르토스탄 공화국 내에 시장 직선제를 도입하자는 안과 관련해 국민투표를 개최하고자 서명 운동을 시작했다.

모스크바에서 〈붉은 청년 선봉대Vanguard of Red Youth〉 소속 열 명의 활동가들이 "대통령행정실 건물로 행진을 시도한 혐의" 때문에 구속됐다. 하지만 정작 그들이 체포된 곳은 대통령행정실 건물에서 이삼 킬로미터 떨어진 벨로루스키 역이었다. 공산당원들이 조직하고 3~4천 명의 시위자가 참가한, 복지 혜택의 금전적 전환 계획을 반대하는 시위도 열렸다. 많은 청년들과 〈민족 볼셰비키당〉 당원들도 가세했다. 구호는 이랬다. "경찰과 공무원 노동자의 무상 여행을 보장하라!", "연금 생활자에 대한 갈취를 멈춰라!", "제대군인법에 손대지 말라!", "푸틴 정권 타도!", "엘 푸타[3) 도당 타도!"

행진의 선봉에 선 자들을 구금하는 형식적 이유는 공산당원의 집회에 대해서

---

3) El Puta, '매춘부'라는 뜻의 스페인어. 옮긴이

는 허가를 했지만, 그 후의 행진에 대해서는 허가를 내리지 않았다는 것이었다. 체포된 열 명은 심하게 구타당했다.

가두시위가 점점 더 좌파적이고 민족주의적으로 변해 가고 있다. 민주주의 진영 인사들이 시위 집회에 참석했지만, 마치 호의를 베풀고 있는 것처럼 행세했다. 그들은 인기가 없었다.

크렘린 내부의 여론조사국 〈치옴〉이 벌인 1월의 조사에 의하면, "러시아는 러시아 민족의 것!"이라는 구호에 대해 국민의 16퍼센트가 전적으로 지지했다. 그들은 "이 일을 오래전에 벌였어야 했다"고 생각한다. 37퍼센트는 "민족주의 정책을 실행하는 것은 나쁘지 않으나 타당한 범위 안에서 실행해야 한다"고 생각한다. 그렇다면, 16 더하기 37은 53. 즉 53퍼센트는 파시즘을 지지한다는 뜻이 된다. 왜냐하면 이 정책은 "타당한 범위 안에서" 실행될 수 없기 때문이다.

한 가닥의 희망의 빛은 국민의 25퍼센트가 그 제안에 반대한다는 점이다. 그들은 "러시아는 러시아 민족의 것!"이라는 구호가 파시즘적 발상에 다름 아니라고 주장한다.

같은 조사로부터 소수민족을 몰아내려는 욕망에 대한 지극히 러시아적인 이유를 찾아낼 수 있다. 응답자의 39퍼센트가 이들 소수민족이 러시아인보다 더 잘산다고 생각하기 때문이다. 러시아연방에서 유럽에 필적하는 생활수준을 갖추고 있는 곳은 모스크바, 튜멘 주, 타타르스탄 공화국, 이 세 곳이 유일하다.

1월 23일

정부는 이번 시위에 대해 어떤 조치를 취해야 한다고 마침내 깨달은 듯하다. 공영방송에서는 복지 혜택의 금전적 전환에 관한 새 법안이 어떤 이유에서 좋은지 또 노령연금 수령자들이 모든 것에 얼마나 만족하고 있는지를 홍보하는 방송을 내보내기 시작했다.

이 법안을 주도적으로 찬성하고 나선 자는 바로 제1부총리 알렉산데르 주코프다. 이를테면 그는 이런 발언도 했다.

"지역 예산에서 지급하는 금액이 폐지된 복지 혜택의 실질 비용에 못 미친다는 주장의 시위가 열리고 있습니다. 하지만 이 법안을 통과시키면서, 우리 모두는 충분한 재원을 가진 지역이 의지만 있다면 더 높은 금액을 지급할 수 있다는 것에 동의했어요."

중앙정부 당국의 목적은 89개 지역 중 80곳이 연방 예산에서 받는 보조금에 전적으로 의존하고 있음에도 비난의 화살을 지방정부에게로 돌리려는 데 있다. 주코프는 국민 대다수가 재정 조달이 어떻게 이루어지는지 전혀 모른다는 점을 악용한 것이다.

보건사회복지부 장관인 미하일 주라보프는 국민에게 염려할 것이 없다고 침이 마르도록 설득하고 있다.

"연방 정부 예산에서 추가 비용을 할당할 것입니다. 2004년 당시 복지 혜택 비용으로 1천억 루블(약 3조 4천억 원)이 지출됐지만, 2005년 현재 우리 정부는 3천억 루블(약 10조 2천억 원)을 배정해 놓고 있습니다. 지금 세부 법안을 마련 중입니다. 오늘이나 월요일쯤에 결정이 내려질 겁니다."

주라보프는 122조 법안이 도입된 배경에는 복지 혜택 시행을 정례화하려는 목적이 있다고 주장한다. 그는 국민이 물질적 복지 혜택을 받는 동안에는 복지 예산이 한 푼도 배정되지 않았다고 말한다.

"당국은 국민이 정부로부터 더 자유롭고 독립적이 되도록 할 것이며, 이를 위해 국민의 재정 상태를 개선할 것입니다."

이것은 허튼소리에 불과하다. 자유에 대해 논하는 것 자체가 궤변이 아닐 수 없을 만큼 이 새로운 복지 제도는 대단히 번거롭고 과다한 행정절차를 요구한다. 한 달 치 버스 교통비를 받으려고 노인들이 몇 시간 동안 줄을 서서 기다려야 하는 것이다! 또 다음 달이 되면 똑같이 줄을 서야 할 것이다. 과거의 사회복지 제도가 번거롭고 많은 결점이 있었던 것은 사실이지만, 새 제도는 더 나쁠 뿐더러, 수백만 명의 국민에게 커다란 재정적 곤란을 안길 것이다.

텔레비전에서 줄기차게 떠들어 대는 또 다른 주장은, 모든 시위 집회가 약국과 교통수단을 장악한 마피아의 손으로 조직된 것이며, 야권은 정치적으로 점수를 좀 따자고 이런 상황을 악용하고 있다는 것이다. 실상은 정반대로, 민주 야권 진영은 점수를 딸 수 있고 또 그래야 마땅하지만, 그런 시도를 전혀 하지 않고 있다.

1월 25일

〈민족 시민 의회〉의 운영 위원회가 모스크바 언론인 클럽에서 회의를 가졌다.

이번 민주주의 축제 전체는 누가 가장 중요한 인물인가 하는 무익한 논쟁으로 변질돼 가고 있다.

보리스 나데즈딘은 〈우파 연합〉의 표를 공개 매입하고자 시도하고 있다. 〈야블로코〉 지지층은 기업 주인 행세를 하려고 한다. 큰소리만 오갈 뿐 행동으로 이어질 기미는 보이지 않는다. 류드밀라 알렉세예바는 잔뜩 골이 난 채 의자에 앉아 있다. 가리 카스파로프는 행사 전체 얼마나 진저리가 나는지 밝히면서, 결의안 채택 과정에서 나타난 부정들을 속속들이 지적했다.

카스파로프는 회의가 다 끝나기도 전에 자리를 떴다. 그는 민주 진영이 또다시 배를 놓치고 있다고 하소연하면서 한참 동안 행사장 밖 복도에 서 있었다.

떠난 배는 이미 러시아 국민을 다른 목적지로 실어 나르고 있었고, 그곳에서 사람들을 맞으려고 대기하는 오케스트라는 〈민족 시민 의회〉가 아니다.

유일하게 상트페테르부르크에서만 모든 야권 정당과 운동 단체가 〈페테르부르크 시민 저항Petersburg Citizen' Resistance〉이라고 명명된 협의체로 결집했다. 훨씬 더 놀라운 것은 매일 대회가 열린다는 것이다.

상트페테르부르크 시위는 러시아에서 가장 정력적이고 거침없는 시위다. 푸틴은 자기 고향에서 가장 홀대받고 있다. 〈페테르부르크 시민 저항〉은 주지사 직선제 부활, 두마 해산, 122조 법안 폐지, 대통령과 내각의 사임, 연금 인상과 공영방송에 대한 검열 폐지를 요구하고 있다.

1월 27일

상트페테르부르크 시위자들이 성 이삭 광장의 시 의사당 입구에 인간 장벽으로 통로를 만들었다. 두마 의원들은 도착하자마자 이 통로를 지나가며 시위자들의 외침을 들어야 했다. "〈통합 러시아〉는 부끄러움을 알라!", "이 무디고 암울한 두마가 창피하다!", "푸틴은 꺼져라!" 등등. 시위대 중 한 여성은 의회 건물 출입구에서 자신의 〈통합 러시아〉 당원증을 불태웠다.

1월 28일

류드밀라 알렉세예바와 함께 〈민족 시민 의회〉가 어떤 일을 하고 있는지 이야기했다. 알렉세예바는 그 단체에 큰 희망을 갖고 있지 않다고 시인했다.

"그런데 어째서 시간을 허비하는 거죠?"

"누가 알아요, 어쩌면 효과가 있을지도!"

1월 30일

인터넷에 이런 글이 올랐다.

블라디미르 블라디미로비치의 차르 선출을 지지했던 모든 의원 동지들은 지금 당장, 하던 일을 내려놓고 국회를 떠나시오!

작년만 하더라도 이런 우스개 글이 떠돌지 않았다. 그때는 거대한 정치적 침체기였다. 국민은 야권을 궤멸시킨 서슬 퍼런 푸틴을 두려워했다.

어떤 첨예한 위기가 있을 때마다 푸틴은 날개를 접고 숨어 있다가, 먼지가 가라앉을 때가 되어서야 지독하게 우울한 발언을 쏟아 내며 모습을 드러낸다. 지금 푸틴은 단지 농담거리로 간주될 뿐인가? 아니면 국민이 "정체기"[4]로 회귀할 것을 기대하면서 그를 따르기로 체념한 걸까? 브레즈네프 통치기에 그랬던 것처럼, 국민은 부엌에서 혼자 키득거리는 것에 만족하기로 한 걸까? 걸림돌이 생겨 우리의 정치 지도자가 과거의 수법을 더 이상 써먹지 못하게 됐을 때, 우리 러시아 국민이 원하는 것은 위로부터의 혁명인 듯하다.

---

4) 브레즈네프 공산당 서기장의 통치기를 지칭한다. 경제성장 둔화와 관료정치의 고착화가 지속된 시기다. 옮긴이

2월 1일

〈국민의 심판 재단People's Verdict Foundation〉이 위탁하여 〈유리 레바다 분석
센터Yury Levada Analytical Centre〉가 실시한 여론조사에 의하면, 응답자의 70퍼
센트는 사법기관을 신뢰하지 않으며 우려의 시선으로 보고 있다. 응답자의 72
퍼센트는 책임감의 결여를 사법기관의 문제점으로 꼽고 있다. 응답자의 2퍼센
트만이 사법기관의 자의적 태도에 대해 아무 문제가 없다고 대답했다.

2월 2일

두마는 연방군의 국내 작전 수행을 허가했다. 옐친 집권기에는 군대가 러시
아 시민을 향해 총구를 겨누지 못하게 하려고 얼마나 노심초사했던가! 지금 우
리는 구소련 시절로 되돌아가고 있다. 러시아연방의 "방위에 관한 규정" 중 제
10조에 대한 수정 조항의 내용은 이렇다.

　러시아연방의 군은 군사적 자원을 통하여 테러 진압 활동에 활용될 수 있다.
　_"방위에 관한 규정"에 대한 보완 규정

이 내용은 소위 "베슬란 테러 진압 일괄 지침" 속에 포함되어 있다. 이 수정
안이 통과될 경우 군대가 부적절한 목적에 악용될 수 있다고 우려를 표명한 유
일한 단체는 〈공산당〉뿐이었다. 하지만 이런 우려도 간단히 무시됐다.
정부는 복지 혜택의 금전화에 반대하는 시위 물결을 해당 지역에 돈을 쏟아
붓는 것으로 무마했다.

하지만 이슬람 지하 세력의 위력은 점점 더 커져 가고 있다. 비공식적 이슬람 단체가 젊은이들의 마음을 점점 더 끌어당기는 이유는 크렘린 정부의 근시안적 종교 정책 때문이다. 베슬란 사태 이후 크렘린은 이슬람 세력을 억제했던 소련 시대의 수법을 다시 부활시키기로 결정했다. 그 전신인 KGB가 소연방 시절에 그랬던 것처럼 FSB가 이슬람 문제와 관련해서 그 처리 책임을 계승했다. 정보 기관은 '유순한' 무슬림들을 만들어 내고, 나머지는 감옥에 처넣을 것이다. 그로써 공산주의 정권 시절과 똑같은 결과가 초래될 것이다. 지하 종교 단체가 형성될 것이 불 보듯 뻔하다.

오늘 아침, 블라디캅카스[5]에서 〈이슬람 문화 센터Islamic Cultural Centre〉 소장을 맡고 있는 48세의 예르마크 테가예프가 형법 제222조에 의해 투옥됐다. "폭발물 및 관련 장비를 은닉"한 죄목이었다.

테가예프의 아내 알비나가 말한다.

"아침 여섯 시에 군인들이 우리 아파트로 쳐들어왔어요. 남편은 나마즈[6]를 하기 전에 코란을 읽고 있었고, 나는 욕실에 있었어요. 밖이 소란스러워 문을 살짝 여니까 총구가 내 앞으로 겨눠지더군요. 복면과 헬멧을 쓴 자들이 집안에 쫙 깔려 있었어요. 스무 명 가량 돼 보였어요. 그들은 벌거숭이와 다름없는 나를 욕실에서 끌어냈어요. 옷을 입을 시간도 주지 않았어요. 우리한테는 그것조차 허용되지 않았어요. 남편은 바닥에 드러누워 있었고, 세 명의 남자가 그 위에 앉아 있었어요. 나는 강도가 들어온 줄 알고 소리를 질러 이웃들을 불렀어요. 그러나 그 자들은 아무도 안으로 들어오지 못하게 했고 집안을 뒤지기 시작했어요. 남편은 변호사 없이는 수색할 수 없다고 항변했지만, 그

---

5) 베슬란에서 20킬로미터쯤 떨어져 있는 북오세티아의 수도.
6) 합장하고 머리를 약간 숙이는 이슬람식 인사법. 옮긴이

들은 자기들이 데려온 '증인들'을 내세우면서 화장실부터 뒤지기 시작했지요. 그들은 세네 번 연거푸 같은 곳을 뒤적거렸고 난 그 순간 좋지 않은 예감이 들었어요. 우리는 벌써 최근에만도 몇 차례나 수색을 당했던 터라, 두려울 수밖에 없었어요. 난 그 자들이 무슨 꿍꿍이를 벌이지 못하게 하려고 잠시도 그들한테서 눈을 떼지 않았어요. 하지만 그들은 우리 집 차 열쇠를 채 가더니 차를 주차해 놓은 곳으로 달려갔어요. 남편에게 옷을 입으라고 명령하고는 밖으로 나가있으라고 했어요. 우리는 그들이 이미 필요한 무언가를 장치해 놓았다는 것을 알고 있었기 때문에 자동차에 다가가려 하지 않았지요. 그들은 차의 트렁크를 열더니 거기에 폭발물이 있다고 말했고, 어디로 전화를 걸었지요. 이내 비디오카메라를 든 사내가 나타나더니 우리를 찍기 시작했어요. 그런 다음 남편을 데리고 가 버렸어요."

테가예프의 가족과 친구들, 그리고 블라디캅카스 중앙 이슬람 사원의 이맘[7]을 맡고 있는 술레이만 마르니예프는 그 폭발물이 제삼자에 의해 설치된 것이라고 확신한다. 그 존재 자체부터가 탐탁지 않은 이슬람 공동체의 비공식적 지도자를 무력화시키기 위해서 정부는 〈이슬람 문화 센터〉 원장을 아주 오랫동안 구금하려 하고 있다. 원장의 유일한 죄목은 동료 신자들, 특히 청년 신자들 사이에서 명망이 높다는 점, 그리고 그가 공화국 내 FSB 산하 지부에 협력하려 하지 않는다는 사실, 그것이다.

여기서 말하는 협력이란 어떤 것인가? 또 그 지도자가 그토록 커다란 불미스러운 일에 휘말릴 수밖에 없게 만드는 〈이슬람 문화 센터〉란 과연 어떤 곳인가?

공식적으로 〈이슬람 문화 센터(이하, 센터)〉는 북오세티아 공공조합 중 한 곳

---

7) 이슬람 교단의 지도자 또는 학식이 뛰어난 이슬람 학자를 가리키는 명칭. 옮긴이

일 뿐이다. 지위상으로 말하자면 북오세티아의 〈무슬림 종교 위원회Religious Board of Muslims(이하, 위원회)〉와 동일한 종교 단체다. 서류상으로는 〈센터〉와 〈위원회〉가 한 치 오차 없이 동일하지만 실제로는 그렇지 않다. 〈위원회〉는 정부 당국의 재정 지원을 받고 있고, FSB에 협력하고 있음을 공개적으로 시인하고 있다. 반면 〈센터〉는 정부로부터 거리를 두고 있다. 그것이 문제의 발단이었다.

〈센터〉의 부원장인 아르투르 베솔로프가 말한다.

"베슬란 사건 이후, 정부, 좀 더 정확히 말해 오늘날 공화국 안에서 권력을 쥐고 있는 FSB 지부는 무슬림을 완전히 장악하고 싶어해요. FSB는 〈위원회〉를 통해서, 또 공화국의 공식 무프티[8]인 루슬란 발가소프Ruslan Valgasov 회장을 통해서 무슬림들의 생활을 통제하려고 합니다. 우리는 보안기관에 의해서 발가소프가 무프티로 선출됐다는 것을 너무나 잘 알고 있습니다. 이슬람 사회에서 엄격히 금지되는 일이지요. 그런 비슷한 사건이 유일하게 벌어졌던 것은 구소련 때였지요. 북오세티아에 사는 대다수 무슬림들(공화국 전체 인구의 30퍼센트를 차지)은 종교 지도자를 그런 식으로 지명하는 것에 반대해 왔어요. 테가예프는 무프티 자리를 권유받았지만, 정부 측 압력이 두려운 나머지 그 청을 거절했지요. 그럼에도 불구하고 훨씬 권위가 있는 자는 테가예프입니다. 반면에 발가소프는 주변에 늙은이들만 득실대지요. 당국은 이 상황을 해결하려고 테가예프를 투옥하는 결정을 간단히 내린 겁니다."

이슬람계와 어떤 식으로든 화해해야 한다는 것을 모두들 알고 있지만, 러시아에서 그 누구도 협상을 시도하지 않는다. 정부에서는 케케묵은 소련 시대 방법을 밀어붙이고 있다. 그러니까 코란을 없앨 수 없다면, 최소한 너희들의 일거

---

8) 이슬람교의 법학자를 일컫는 말로, 이슬람법의 해석과 적용에 대해 자문한다. 옮긴이

수일투족을 감시하는 수밖에 없다는 식이다. 자마아트[9]도 있어선 안 되고, 만일 국내에 2천만 명의 이슬람교도가 있는 상황에서 무프티와 에미르가 불가피하게 있어야 한다면, 우리 편이 되어야 한다는 것이다.

오늘날 이런 협잡은 반테러 작전에 대한 정부의 접근법, 즉 법을 초월하는 방법에 고스란히 체현돼 있다. 테가예프에게 일어난 일은 겉으로 드러난 것 가운데 하나일 뿐이다. 정부는 테가예프를 투옥하고, 조작된 보고서를 제출하고, 문제가 말끔히 해결됐다고 생각한다. 하지만 실제로는 사태가 더 악화돼 왔을 뿐이다. 러시아 전역에서 행해진 박해의 결과 이슬람계의 반발은 충분히 예측 가능한 것이었다. 우리는 그 증거를 2004년과 2005년 내내 북캅카스 전 지역에서 목격한다.

올해 1월, 보안군은 카바르디노-발카리아의 날치크에 있는 평범한 5층짜리 아파트를 급습했다. 보안군은 테러 단체가 그 안에 숨어있다고 믿었다. 아니, 최소한 이후에 그들이 주장한 바에 따르면 그랬다. 하지만 아파트 안에 있던 사람들은 "우리 편이 아닌" 무슬림들에 불과했다. 그들 중에는 이슬람 지하운동에 가담하고 있는 신혼부부로 무슬림 아타예프와 사키나트 카치예바도 끼어 있었다. 부부와 부부의 친구인 또 다른 이슬람 가정 역시 정부의 통제를 따르지 않는다는 이유로 총살당했다.

무슬림과 사키나트 사이에는 여섯 달 된 딸 레일라가 있었다. 시신들은 총살 후 가족들에게로 돌려보내졌지만 레일라는 없었다. 시신도, 아기도, 정보도 없다. 손녀를 찾으려는 조부모의 노력은 모두 수포로 돌아갔다.

물론 레일라 또한 총살당했을 것이다. 이웃집 주민들은 군인들이 담요로 덮

---

9) 이슬람의 '의회'를 뜻하는 아랍어. 옮긴이

은 조그만 아기를 데리고 나가는 것을 보았다. 하지만 젖먹이 살해가 여론에 몰고 올 큰 파장을 예상한 듯 아기의 사체는 가족에게 돌려보내지 않았다. 레일라의 죽음이 베슬란 초등학교 테러 진압 작전에서 숨진 아이들의 죽음과 어떻게 다를까?

억압이 심하면 심할수록, 비공식적 이슬람 지지자들도 더 열성적으로 변한다. "종교 위원회"와 같은 제도권에 편입되기를 거부하는 이슬람 단체들은 바깥 세상으로부터 점점 더 유리되고 고립돼 가며, 그럼으로써 점점 더 이해할 수 없는 대상으로 변해 가고 있다. 두말할 필요도 없이 정교도나 가톨릭교회 신자 또는 다른 누구라도 이런 똑같은 상황이 닥치면 같은 식으로 행동할 수밖에 없을 것이다. 체첸의 상황도 다르지 않다. 거기서 'FSB의 관리를 받는 무슬림들'은 오래전에 세워진 종교 위원회 또는 소련 시절 불렸던 대로 "종교 문제 담당 부서"를 활용하여, 공식적 인가를 받지 못하는 무슬림들에 맞서서 싸우고 있다. 과거, 이 '담당 부서'는 공산당 중앙위원회 안에, 또 지방과 지역 당 위원회 안에도 자리하고 있었다.

오늘날에도 소련 시절의 관리들 다수가 여전히 같은 업무를 맡고 있다. KGB 국장이자 지금은 FSB 국장인 루드니크 두다예프Rudnik Dudaev가 벌써 몇 년 째 카디로프 아래서 〈체첸 보안 위원회〉 수장을 맡고 있으며, 그 전에도 소련 시절 수년 간 여러 이슬람 종교 위원회에서 한자리를 맡았다.

두다예프는 1970년대에 마드레세[10]에 잠입한 순간부터 아흐메트-하지 카디로프를 '움직였다.' 두다예프는 KGB를 위해 활동하면서 카디로프, 조하르 두다예프, 그리고 마스하도프를 추적해 왔고, 지금은 카디로프 2세를 감시하고

---

10) 이슬람 최고 학교로 이슬람 사회의 신학자, 법학자를 양성하는 기관. 옮긴이

있다. 그것이 무슨 도움이 됐을까? 지금 체첸에는 자마아트의 수가 줄었단 말인가? 완전히 통제력을 잃은 15세에서 17세까지의 에미르는 또 어떤가? 이런 종교 위원회들이 어떤 이익을 가져다주었단 말인가? 과연 체첸의 공식적 무프티의 권위가 높아진 걸까? 아니면, '우리 편이 아닌' 에미르의 권위가 떨어진 걸까?

무프티 발가소프는 체첸의 전임 무프티인 샤마예프, 그리고 그를 대체한 미르자예프와 똑같이 이득이 될 것이다. 정부 당국은 그들의 고분고분함이 마음에 들지 모르지만, 종교 지도자들이 누리는 카리스마와 존경은 FSB와의 돈독한 관계에서 나오지 않는다. 이슬람 억압 정책은 소비에트식 방법을 사용함으로써, 애초에 의도했던 것과 정반대 결과를 낳고 있다. 체첸과 다게스탄, 인구셰티야, 카바르디노-발카리아, 카라차예보-체르케시아에서 이슬람이 지하조직화되고 있는 것이다.

2월 3일

대통령행정실이 행동에 돌입했다. 툴라에서 어릿광대들이 122조 법안을 지지하는 집회를 조직했다. 대통령행정실의 신종 수법이다. '그들'의 심복들로 채워져 있는 집회인 것이다. 노인들에게는 참가 수고비가 쥐어졌다. 그 액수는 상황에 따라 달라지며, 돈은 임자를 바꾸며 돌아다닌다. 러시아 국민은 계속 부패하고 있으며 국민들은 아주 기꺼이 타락할 용의가 있다.

크렘린이 전화로 협조를 구하자 지역 당국들이 집회를 조직하고 나섰다. 푸틴의 '계통 관리'는 살아 있고 훌륭하다. 이런 '시위 무마용 집회'에서, 뇌물 수뢰로 투실투실 살찐 주지사들이 수행원들의 호위를 받으며 뒤뚱뒤뚱 연단으로 나아간다. 사전에 지시 받은 내용을 그대로 외듯이 사회복지 지불금이 곧 오를 것이며, 법안이 통과되기 전과 모든 것이 다시 똑같아질 것이라고 약속하고 있다. 연일 TV 뉴스에서 이 집회는 첫 번째 꼭지로 다뤄진다.

툴라 주에서도 역시 아파라치크[11] 무리를 거느린 채 연단 위에 서 있는 주지사를 보게 된다. 이 집회는 〈통합 러시아〉가 조직한 것이다. 주지사는 연금 수령액이 1,650루블이 안 되는 모든 사람들에게 시내 대중교통 시설에 대한 정기 승차권을 무료로 줄 것이라고 밝혔다. (하지만 대중교통 시설 가운데서 사실상 이용할 수 있는 것은 없다.) 한편, 2월 1일부터 툴라 주의 민자 교통 시설 승차료는 6루블(약 200원)에서 7루블(약 230원)로 인상됐다.

당혹스럽게도, 주민들은 환호하며 무료 승차권을 고마워한다.

2월 10일

지금까지 제국의 변방에 사는 주민들은 굴복하지 않고 있다. 영하 36도의 혹한에도 아랑곳 않고 시베리아 아바칸에서 서른 명 가량의 주민들이 하카시야 공화국 정부 청사 앞에서 피켓 시위를 벌이고 있다. 피켓에는 "여론에 반하는 정책 추진 반대!"라고 적혀 있다. 티바 공화국의 수도 키질 시에서는 영하 45도의 날씨에 56명의 주민들이 푸틴의 정책에 반대하는 시위에 참여했다. 하바롭스크에서는 극동의 폭풍을 맞으면서, 몇 안 되는 주민이 "〈통합 러시아〉는 러시아의 수치다!"라고 쓴 깃발을 든 채 중앙 광장에 서 있었다.

---

11) 소련 시절 정보기관의 공작원을 가리키는 말이다. 옮긴이

2월 12일

유즈노-사할린스크에서 지역 〈인권 협회〉가 "민주주의의 장례식"이라고 칭한 거리극을 공연했다. 신생 민주주의를 상징하는 실물 크기의 인형 위에는 122조 법안과 주지사 선거 폐지 등 최근 정부의 위헌적 행태를 고발하는 15개 내외의 무거운 현수막이 걸려 있었다. 마침내 이런 비통의 무게 아래서 '민주주의'는 무너져 내렸고, 민주주의의 죽음을 선포하는 스티커들로 도배가 된 관 속에 넣어졌다. 시위자들은 장례식 음악에 맞춰 화환을 날랐고, 관 뚜껑에 못질을 한 다음 관대에 얹어 운구했다. 이 퍼포먼스는 지방 행정 청사 옆에서 벌어졌고, 창문에서 관료들이 그 광경을 흥미롭게 지켜보고 있었다.

툴라 주에서 열린, 공산당원들이 조직한 집회에는 약 1천 명의 시위자들이 모여들었다. 아바칸에서도 역시 공산당원들이 집회를 가졌고, 이번에는 3백여 명이 참가했다. 그렇게까지 추운 날씨는 아니었다. 신통치 않은 결과였지만 〈사회 연대〉가 조직한 '전국 공동 행동의 날'은 달랐다. 전국적인 시위는 없었다.

2월 15일

민주주의 진영(〈야블로코〉와 〈우파 연합〉)은 다시 합의에 도달하려고 힘써 왔다. 여태껏 그들의 싸움터는 러시아의 거리가 아니라 모스크바의 사무실이었다. 모두들 민주주의 관료들과 심지어 그들 지지자들까지 지겨워한다.

오늘 그들은 〈2008 위원회〉의 한 집회에서 연합에 용케 성공했지만, 다시 한번 마지막 순간에 모든 계획이 물거품이 됐다. 그들은 논의를 계속하기로 결의했다. 하지만 비슷한 후보들 사이에서 누가 리더가 될 것인가라는 큰 문제가 여전히 남아 있다. 어떻게 야블린스키는 카스파로프와 리시코프가 자기 등을 짚고 뛰어올라 일급 인사가 되는 일은 없으리라고 장담할 수 있단 말인가? 의회 선거 참패의 오명을 뒤집어쓰지 않은 민주주의 정치인으로서 카스파로프와 리시코프는 어느새 신당을 창당해 이끌기로 결정한 것이다.

오늘 아침 나는 세력이 약화된 〈민족 시민 의회〉의 운영 위원회에서 카스파로프를 만났다. 카스파로프는 매우 결연한 심정이었고, 지방이 모스크바 중앙보다 정치적으로 앞서 가는 측면이 있다고 논평했다. 시위 물결을 언급하던 그가 말했다.

"믿을지 모르겠지만, 어떤 집회에서 사람들이 나를 타협에 목마른 사람이라고 비난하더군요. 나, 카스파로프를 말입니다! 불과 두 주밖에 안 됐는데 분위기가 이렇게 달라요!"

카스파로프는 〈2008 위원회〉가 러시아 지방 도시 한 곳에서 신당 대회를 열 것을 촉구하고 있다.

2월 16일

오늘 페테르부르크에 도착한 가리 카스파로프는 몇몇 민주주의 정당과 단체들이 결집해 만든 〈페테르브루크 시민 저항〉이 조직한 복지 혜택 금전화 반대 집회에 참석했다.

맨 먼저 카스파로프는 상트페테르부르크에서 새 정치 조직을 설립하고자 한다고 밝혔다.

"시위의 수도는 이제 상트페테르부르크이며, 이곳은 우리가 현 정권에 도전장을 던질 수 있는 정치 조직체를 세우게 될 곳입니다. 이게 바로 내가 여기에 온 이유입니다."

당시 집회에 모인 수많은 군중은 상트페테르부르크 방송국에 생방송 중계를 요구하며 국회 청사 옆 안토넨토 거리를 막아섰다. 하지만 아무 성과도 얻지 못했다. 정부가 그들에게 결코 내주지 않을 하나가 바로 생방송이다.

모스크바 검찰청은 대통령행정실 내 접견실을 점거한 〈민족 볼셰비키당〉 당원들에 대한 폭력적 권력 강탈 혐의의 기소를 철회했다. 대신에 그들은 "집단적 무질서를 초래한"(제212조) 다른 위법 행위로 기소됐다. 리모노프를 지지하는 서른아홉 명의 시위자들은 모스크바 감옥에 수감됐다.

2월 21일

내무부 차관 세르게이 샤드린Sergey Shchadrin은 12월에 일어난 잔혹한 '청소'로 1천 명의 부상자를 낸 블라고베셴스크를 방문했다. 내무부는 이런 잔학 행위를 '청소'라고 계속해서 부르고 있다. 우파에서 샤드린은 피해자들을 "구도자"로 불렀다가, 이튿날 기자회견에서는 "많은 이들이 과격하다고 생각했지만, 경찰의 행동은 정당했다"고만 말했다. 여과 거점의 배치, 최루 가스의 사용 등 12월에 있었던 물리적 폭력에 대한 그의 평가였다. 샤드린은 그 작전 자체를 "과잉"이라고 불렀지만, "모든 사회마다 그에 어울리는 경찰이 있다"고 덧붙였다.

샤드린의 주장은 옳다. 블라고베셴스크의 주민들, 상트페테르부르크의 주민들, 그리고 다른 모든 이들이 자신의 권리를 위해서만 배타적으로 궐기하는 한 이와 같은 사건은 계속 이어질 것이다.

2월 23일

마스하도프가 인터넷에 등장해서 자신이 선언한 일방적인 휴전 기간을 연장하겠다고 제안한다. 늘 그렇듯이 이에 대한 정부의 공식 답변은 없다.

또한 앞으로도 없을 것이다. 정부는 러시아의 상황을 서방세계에 설명할 수 있는 방법을 찾은 것처럼 보인다. 푸틴은 부시와 브라티슬라바에서 회견하기 전 슬로바키아 기자단과 인터뷰를 가진 자리에서 이렇게 말한다.

"민주주의의 기본 원리, 민주정치 제도는 오늘날 러시아의 현실, 러시아의 전통과 역사에 맞도록 조정되어야 합니다. 우리는 우리 스스로 그 일을 할 것입니다."

'전통적 민주정치'의 이론, 다시 말해, 민족 전통과 부합하는 민주주의는 그렇게 해서 태어난다. 또한 우리의 귀에는 "주권 민주주의sovereign democracy"와 "변형된 민주주의adapted democracy"에 대한 요구도 들려온다. 해석하면 이런 것이다. "우리의 민주주의는 우리가 원하는 식으로 될 것이다. 우리는 그 문제에 대해 누가 잔소리하는 것을 원치 않는다. 그러니 여러분도 조용히 꺼지시라!"

푸틴은 독립국가연합 국가들에서 일어난 민주주의 혁명을 어떻게 생각하는지에 대해 질문받았다.

"이편이든 저편이든 우리는 상관없습니다. 혁명을 일으키든 법에 따라 살든 자신의 삶을 어떻게 꾸려 갈지 결정하는 것은 그 나라 국민들의 몫이니까요."

하지만 푸틴의 표정에서 그가 이 일에 적잖이 신경 쓰고 있다는 것이 역력히 드러났다.

2월 24일

　브라티슬라바에서 푸틴이 부시와 회담 중이다. 러시아 국민은 부시가 푸틴에게 해야 할 말을 듣고 싶어 안달이 나 있다. 어제〈북대서양조약기구NATO〉및〈유럽공동체European Community〉지도자들과 가진 브뤼셀 회담에서 발트해와 동유럽 소속국들로부터 가시적인 압력을 받은 부시는 러시아의 민주정치 후퇴에 대해 푸틴에게 이의를 제기하기로 약속했던 것이다.

　우리는 부시의 발언이 돌파구가 되리라고 생각했지만, 부시는 푸틴에게 도전하는 것에 실패했다. 석유, 석유를 위한 동맹이 다른 문제를 압도했다. 서구의 원조를 희망하던 러시아인들은 국내의 민주주의 자유를 되찾는 것이 당면한 문제라는 것을 마침내 인정하게 됐다. 민주주의 수복은 우리 국민의 자질에 달린 문제이며, 결코 외부의 압력을 통해서 실현될 수 없는 것이다. 민주주의 진영의 몇몇 개인들만이 이런 사정을 인지하고 있다. 민주주의자들의 집회 대부분은 유럽에 하소연하자는 주문으로 끝난다. 불행히도 이제 유럽은 푸틴이 얼마나 악한가를 듣는 데 지쳐 있다. 유럽은 계속 속아 넘어가더라도 푸틴이 얼마나 선한 인물인가를 듣고 싶어한다.

　〈로미르 모니터링Romir Monitoring〉측의 공식 집계에 의하면, 국민의 3분의 1은 푸틴과 부시의 회담을 시간 낭비라고 생각한다.

2월 26일

　바시코르토스탄 공화국의 무르타자 라히모프 대통령에 대한 최후통첩, 즉 복지 혜택을 기존처럼 유지하거나 대통령직을 사퇴하라는 요구의 시한이 만료됐다. 라히모프는 아무것도 이행하지 않았지만, 야당 지도자들은 어디에도 보이지 않는다. 국민들은 라히모프가 야권 인사들에게 바시코르토스탄 석유화학 산업의 지분을 조금 떼어 주며 매수했다고 확신하고 있다. 당분간 바시코르토스탄 혁명은 그렇게 끝날 듯이 보였다. 오랜 세월의 가난은 모든 일에는 대가가 따르고 모두가 배불리 먹기 전까지 사람들은 민주주의 따위는 신경도 쓰지 않을 것이라는 사실을 깨닫게 해 줬다. 민주주의 원리에 근간한 사회제도 없이는 충분히 먹는 것 또한 불가능하다는 사실을 국민은 깨닫지 못하고 있다.

2월27일

2월 한 달 내내 러시아 공식 언론은 키르기스스탄 혁명[12]의 불가능성에 대해 매우 설득력 있게 강조해 왔다. 아카예프Askar Akaev 대통령이 자국민의 이익을 위해 민주주의 도입을 진정으로 바라고 있으며, 국민들이 민주주의와 관련된 안건을 제기해 주기를 오히려 바라고 있다는 것이다. 하지만 그러길 원하는 국민은 거의 없는 듯 보인다면서 말이다. 혁명을 일으키기엔 키르기스스탄 국민의 역량이 부족하고, 설령 혁명이 시작된다 하더라도 아카예프의 과실로 인한 것이라기보다 그를 몰아내기를 원하는 범죄자들의 책동에 의한 것일 수 있다는 것이 전반적인 내용이었다. 〈글라스노스트 수호 재단Foundation for the Defence of Glasnost〉이사장인 알렉세이 시모노프는 "언론은 사회를 속이고 있고, 사회는 언

---

12) 2005년 3월부터 시작될 '튤립 혁명'을 가리킨다. 이날 총선을 통해 아카예프 대통령의 여당은 압승을 거두었지만 부정 선거 논란이 크게 일었고, 14년 동안 장기 집권해 오던 아카예프 정권 퇴진과 총선 전면 무효화, 야당 탄압 반대 등의 구호를 내건 혁명이 시작되었다. 옮긴이

론을 속이고 있다. 둘 모두에게 직업의식과 정직성이 결여돼 있다"고 논평했다.

하지만 오늘 열린 키르기스스탄 총선은 아카예프를 보호하는 장막이 됐다.

***

아카예프는 모스크바로 와서 대통령행정실 소유 별장에서 지내고 있다.[13] 총선과 대선이 끝나자 새로운 사회를 건설하겠다는 키르기스스탄의 노력에 전 세계가 지지를 보냈다. 러시아가 새 통치자들을 비난한 것도 잠시였을 뿐, 이내 그들과 더불어 살기로 마음을 굳혀 버렸다.

3월 8일

1997년 민주적 절차를 통해 이치케리아 체첸 공화국 대통령으로 선출됐고, 후에는 '체첸 저항운동'의 지도자가 된 아슬란 마스하도프가 톨스토이-유르트 마을에서 살해됐다.

근접 촬영으로 찍힌, 벌거숭이가 된 그의 사체가 하루 종일 텔레비전을 통해 방영됐다. 체첸에서 마스하도프를 지지하지 않았던 사람들까지도 이건 모스크바 정부가 할 수 있는 가장 비열한 짓이라고 입을 모았다. 마스하도프의 시대는 끝났지만, 또 누구의 시대가 시작된 걸까?

새로운 '마스하도프'는 바사예프가 될 것이다. 이제는 휴전과 협상이 불가능해졌다는 뜻이다. 체첸은 총 네 명의 대통령을 거쳐 왔고, 지금까지 그 중 세 명

---

13) 툴립 혁명이 일어난 이후의 상황을 기록한 것으로 보인다. 3월 24일 시위대가 대통령 궁을 점거하자 아카예프 대통령은 러시아로 도피했고, 키르기스스탄 대법원은 총선을 전면 무효화했다. 옮긴이

이 폭력적인 죽음을 맞았다. 아직 생존해 있는 네 번째 대통령인 알루 알하노프는 논란의 여지가 많은 인물이다. 체첸처럼 그렇게 군사적, 정치적 혼란 상태와 유혈 사태가 계속 벌어지고 있는 지역은 오늘날 유럽 어디에도 없다.

여러 체첸인에게서 얻은 정보를 하나둘 조합해 본 결과, 마스하도프는 수천 명의 다른 체첸인들과 다를 바 없이 숨졌다고 간주되고 있다. 제1, 2차 체첸 전쟁 동안 고문은 형사사건에 대한 가장 일반적인 조사 및 수사 방법이었다. 그리하여 마스하도프는 자기 국민과 운명을 함께한 것이다. 마스하도프가 과거에 어떤 행동을 했든 간에 그는 체첸에서 위대한 순교자로 기억될 것이다.

마스하도프는 자신이 선포한 일방적 휴전이 진행되는 동안에 살해됐다. 그 휴전의 약속이 제대로 지켜지지 않았다고 해도, 2차 체첸전에서 최초의 의미 있는 행위였다. 그것은 선의의 제스처였다. 즉, 크렘린을 향해 내민 그 손은 협상을 시작할 용의, 총격을 멈추려는 용의, 비무장화와 전범들의 상호 인도를 실천할 용의를 내포했다.

거의 외톨이나 다름없는 신세였던 마스하도프는, 베슬란 테러 사건을 포함하여 모든 수단을 동원해서 러시아에 저항해야 한다고 믿는 과격파들을 나름대로 온 힘을 다해 저지시켜 왔다. 이제 그 극단주의자들을 제지할 수 있는 사람은 아무도 없다. 은밀한 이치케리아 국가방위위원회가 누구를 임명하든 관계없이, 체첸 저항군의 수뇌부는 마스하도프가 펼쳐 온 중도 노선에 반대하는 핵심 인물에게 이양될 것이다. 그는 바로 샤밀 바사예프다. 지금 공식적으로 러시아 FSB 특수작전부대가 모의했다고 주장되고 있는 바, 마스하도프 암살 작전의 최종 결과는 이치케리아 정부의 통솔권을 바사예프에게 넘겨주는 것이 될 것이다. 그러나 바사예프는 정치적 정통성 따위에는 전혀 관심이 없다.

체첸에서 잔인함과 혐오스러움, 야만성에 있어 서로 뒤지지 않는 두 명의 인물이 남았다. 바사예프와 카디로프 2세다. 누구라고 할 것 없이 러시아 전역에 살고 있는 모든 국민은 이 두 사람의 틈바구니에 끼어 있다.

그리하여 과거 공산주의자이자 소련 대령이었고 말년이 돼서야 이슬람으로 전향한 마스하도프의 시대는 그를 개인적으로 끊임없이 배격하는 아둔한 반대 운동과 더불어 온건한 이슬람에 더 이상 관심이 없는 젊은 세대를 탄생시켰다. 이 젊은 세대는 중도파를 분쇄할 극단적 권력을 선호한다.

이런 지하 운동에서 영웅은 단연 바사예프다. 마스하도프가 한동안 걸림돌이 돼 왔지만, 이제 장애물은 깨끗이 치워졌다. 바사예프는 그가 10년은 족히 꿈꿔 왔던 것을 손에 넣었다. 바사예프가 마스하도프로부터 정치적 정통성을 계승했는지 여부는 더 이상 중요하지 않다. 바사예프가 오직 관심이 있는 것은 실질적인 측면으로, 러시아에 대한 테러 활동을 준비하고 최대한 많은 고통을 주는 것이다. 마스하도프의 피살은 이미 공언된 바사예프의 견해, 즉 어떤 협상도 없을 것이며 러시아와의 전쟁에서는 모든 수단이 정당화된다고 말해 온 그의 주장이 옳다는 것을 확실하게 입증해 주고 있다.

오늘 저녁 국영 채널은 미치광이 카디로프 2세를 화면에 띄웠다. 그는 마스하도프의 죽음이 3월 8일 '국제 여성의 날'에 여성들에게 바치는 선물이라고 지껄였다.

3월 15일

FSB는 아슬란 마스하도프의 행방을 알린 제보자에게 1천만 달러를 지급했다고 주장하고 있다.

마스하도프의 유해는 유족들에게 돌아오지 않았다. 이 모든 중세적 만행을 뒤로 한 채 푸틴은 침묵을 지키고 있다. 이 만행이 그의 직접적인 지시에 의해 이루어지고 있다는 뜻이다. 중세 모스크바 공국의 차르가 그랬듯이, 푸틴이 마스하도프의 머리를 자신의 군마에 매달라고 했더라도 크게 놀랍지 않을 것이다. 어떤 이유에서인지 모르지만 마스하도프의 시신은 은밀히 모스크바로 반입됐다. 하지만 누구도 그 이유가 추가적으로 사후 부검이 필요해서라고 생각하지 않았다. 푸틴이 그걸 보고 마음을 놓을 거라고 생각했던 것이다. 러시아에서 권력의 정점에 있다는 사람들의 도덕성은 그 정도다.

또 다시 국경 초소 사병들이 탈영했다. 이번에는 치타 주 스레텐스키의 FSB 소속 국경수비대다. 오전 두 시 탈영병 네 명이 사령관과 부관, 그리고 또 다른 장교 한 명을 쏘았다. 탈영할 당시 군인들은 5백 발의 탄환이 든 칼라시니코프 소총 네 정을 들고 있었다. 국경수비대원의 탈영은 적어도 한 달에 한 번 꼴로 일어나고 있다.

체첸과 가장 가까운 곳이자 체첸인들이 많이 살고 있는 다게스탄의 중심 하사뷰르트 시에서 또 다시 반군 체포 작전이 있었다. 체첸 반군이 숨어 있다고 의심되는 한 주택이 포위된 채 폐허로 주저앉아 버렸지만, 반군들은 이미 무장한 경찰의 삼중 경계선을 뚫고 탈출한 것이 분명했다.

국방부 측은 2005년에도 인플레이션 인상에 맞추어 장교의 급료를 올리는 일은 없을 것이라고 발표했다. 이미 국방부는 2004년에도 급여를 물가 수준에 연동시키는 데 실패한 적이 있다. 2005년 물가 인상률은 약 25퍼센트에 이를 것으로 예상된다.

3월 16일

체첸의 도시 샬리에서, 최근 납치 피해자 가족들이 사흘 연속으로 시청 건물 앞에서 피켓 시위를 벌이고 있다. 시위자들은 희생자 석방 또는 최소한 그들에 대한 정보 제공을 요구하고 있다.

피해자 가족 가운데는 세르젠-유르트 출신의 1급 장애를 가진 스물여덟 살의 티무르 라시도프의 가족도 끼어 있다. 티무르는 러시아 군인들에 의해 집에서 납치됐다. 그의 어머니인 할리파트 라시도바는 군인들이 장갑 수송차를 타고 왔고, 집안으로 들이닥친 다음 아무 설명도 없이 온 집안을 뒤집어 놓았고, "무기를 소지한 흔적이 몸에 남아 있는지" 조사한다면서 열여덟 살 난 딸 폴리나의 옷을 벗겼다고 진술했다. 그런 다음 군인들은 티무르를 끌고 샬리의 변두리로 데려갔다. 내무부 소속 특수작전 2과가 주둔해 있는 곳이다.

노비예 아타기 출신의 루슬란 우사예프의 가족도 마찬가지로 시청 건물 밖에서 있다. 우사예프는 그로즈니 대학 3학년에 재학 중인 스물한 살의 청년이었다. 역시 3월 13일 러시아 군인들에게 납치되어 샬리 인근으로 끌려갔고, 그 후로 어떤 소식도 알 수 없었다.

이번 시위의 결과로 세르젠-유르트 출신 한 명과 아브투리 출신 네 명이 풀려났다. 모두 고문과 심한 구타의 흔적이 있었다. 일련의 사태에 대해 모스크바의 민주주의자들은 침묵으로 일관했다.

2005년 초인 지금, 전쟁은 체첸의 울타리를 벗어나 마침내 인구셰티야, 다게스탄, 북오세티아, 카바르디노-발카리아 등 인접 지역으로까지 번졌다. 각 공화국들마다 주민들 나름의 시위가 벌어지고 있다. 하지만 어느 곳에서도 납치 피해자 가족들을 위한 협회는 존재하지 않는다. 체첸은 분리된 별개의 국가처럼 계속 유지되고 있다. 인구셰티야는 물론이거니와 다른 공화국에서 체첸으로 넘어오는 사람은 없다. 더욱이 베슬란 사건 이후 체첸 주민들에게 동정심을 보이는 사람도 없다.

3월 19일

이른 새벽, 그로즈니에서 아담 카르나카예프가 정체불명의 무장 괴한들에게 납치됐다. 아담은 이슬람 사원으로 가던 중이었다.

**

4월 5일, 대검찰청은 북오세티아의 모즈도크에 위치한 영안실에서 아담의 시신을 찾아갈 것을 유족에게 통보했다. 아주 낯익은 이야기다.

3월 23일

오늘 오전 5시쯤 아치호이-마르탄의 네크라소프 가에 있는 한 주택의 정문을 복면을 쓴 군인들이 부수고 들어갔다. 군인들은 서른한 살의 이스마일 비스하노프와 그의 조카인 스물세 살의 루스탐 비스하노프를 데려갔다. 번호판이 없는 차량을 타고 온 납치범 무리에는 체첸인과 러시아인이 섞여 있었다. 체첸 보안기관 측은 이번 사건과의 관련성을 부인했다. 납치된 두 명은 반군으로 활동한 전력이 전혀 없었다.

오전 5시 23분, 스물다섯 명에서 서른 명 남짓한 똑같은 무장 군인들이 아치호이-마르탄의 나베레즈나야 거리에 있는 또 다른 집을 습격했다. 그 집에는 마사예프 가족이 살고 있었다. 군인들은 서른한 살의 사이드-마호메트 마사예프를 침대에서 깨워 일으켰다. 사이드-마호메트는 그로즈니와 아치호이-마르탄을 정기 운행하는 버스의 운전수였다. 군인들은 옷을 입을 틈도 주지 않고 그를 끌고 갔다. 그 후로 그의 모습을 본 사람은 아무도 없다.

모스크바에서는 모든 일이 옛날 방식대로 돌아가고 있다. 〈민족 시민 의회〉 토론회의 논의 주제로 오른 것은 바로 "국민투표, 가능한가? 어떤 사안으로 열릴 것인가?"이다. 진취성이라곤 조금도 없는 대단히 건조하고 맥 빠진 토론이었다. 아무 역할도 하지 못할 것이 분명한, 몇 안 되는 시시한 민주주의자들이 앉아 있었다. 동행한 기자들이 키들거렸다. 숙청과 납치가 극에 달한 체첸은 말할 것도 없고, 러시아의 수도 모스크바에서조차 민주주의자들은 자기 본연의 일에 대해 더 이상 관심이 없다.

3월 25일

복지 혜택 수정안과 관련한 시위 물결은 점차 잦아드는 추세지만, 러시아에서 가장 외딴 곳 유즈노-사할린스크에서 대규모 시위 집회가 열리고 있다. 유즈노-사할린스크에서 시위자들이 채택한 결의안 중 일부를 여기에 소개한다.

우리 참전 용사, 산업 역군, 여러 기관의 근로자, 장애인, 연금 생활자, 청년들은 온 러시아 국민, 그 가운데서도 특히 러시아 북부와 극동 지역 주민들의 사회적, 정치적 권리를 공권력이 지속적으로 훼손하고 있는 사태에 대해 분노를 표시하러 이 자리에 왔다. 우리는 헌법이 보장한 기본적인 민주적 자유를 축소시키는 것에 대해, 언론 매체의 자유를 정부 당국이 찬탈하는 것에 대해, 사회복지와 법원의 독립, 지방자치, 그리고 투표로써 공권력을 재창출할 수 있는 국민의 권리가 침해되는 것에 대해 반대한다. 우리는 복지 혜택의 수요자와 공급자 모두에게 실질적 비용을 제공하지 못하는 복지 혜택의 금전적 전환 제도에 반대한다. 우리는 국민을 흑백으로 나누는 행태에 대해, 정직한 개인 사업을 가로막는 훼방에 대해, 대학생의 징집 연기 폐지 방안과 조국의 군국화에 대해, 반테러리즘의 정치적 악용에 대해, 조국과 민주주의의 신성한 이상을 속악화하는 것에 대해 반대한다. 우리는 우리의 이익, 우리의 바람, 당국에 대한 우리의 청원, 정부 지도자들과 대화할 수 있는 우리의 권리가 존중되기를 바란다. 정부 당국이 중요한 결정을 내릴 때 반대편에 있는 사람들의 의견을 고려할 수 있게 되길 바란다.

집회에서 통과시킨 대단히 상세하고 포괄적이며 합리적인 제안은 지역 신문인 『소베츠키 사할린Sovetsky Sakhalin』에 실렸다. 정부 당국에 제출된 그 결의문이 우아하고 현실적인 행동 계획임에도 불구하고, 아무런 반향이 없었다. 러시아 국민은 지독한 오지에서 살지라도, 크렘린에 있는 위정자들이 따라했으면 싶은 그런 정치가다운 방식으로 사고할 수 있다. 하지만 또 다시 정부가 발목을 잡고 말았다.

우리는 우리에게 필요한 것이 무엇인지 알지만 그걸 쟁취하기 위해 필요한 끈기는 없다. 우리는 금방 포기하고 만다. 1991년 당시 국가 지도층 내부에서 일어난 쿠데타를 나중에 국민이 지지했던 것처럼, 우리는 우리의 열망이 위로부터 정해져 내려오길 기다리며, 그러는 사이에 시간은 속절없이 흘러가 버린다. 하지만 권력자들은 1991년 경험으로부터 배운 것이 있었고, 더 이상 쿠데타에 휘말려 들기를 원치 않는다. 그들은 사무실에서 조용히 타협하는 편을 선호하며, 그런 합의는 국민의 이익과는 전혀 무관하다.

3월 26일

오전 5시, 체첸의 사마시키 마을에서 러시아어를 쓰는 복면을 한 군인들이 스물한 살의 이브라힘 시시하노프를 납치했다. 이브라힘은 신발도 신지 못하고 양말 바람으로 끌려갔다. 군인들은 이렇게 말했다.

"네가 가는 곳은 신발이 필요 없는 곳이다!"

납치범은 스무 명 가량으로 번호판이 없는 네 대의 차량을 나눠 타고 왔다.

***

24시간 뒤에 피해자 가족은 아치호이-마르탄 경찰서에서 일이 어떻게 돌아가고 있는지 이해했다. 이브라힘은 베슬란 참극 이후 러시아 검찰총장이 적절한 대비책으로 평가해 온 '역인질' 작전을 위해 납치된 것이다. 시시하노프의 가족들은 체첸 반군의 일원이자 이브라힘의 사촌인 사이드-하산 무소스토프의 투항을 요구받았다.

무소스토프는 투항하지 않았고, 이후 이브라힘의 생사는 알려지지 않는다.

***

토요일인 오늘, 항의 집회가 있었다. 하바롭스크에서 "하바롭스크 지역 법원의 독립"을 요구하며 시위가 열렸다. '꼭두각시' 법원 때문에 고통을 받아 온 시위자들은 푸틴에게 공개서한을 보내기로 결정했다.

수년간의 경험에 의하면 하바롭스크 지역 판사들은 헌법에서 명시한 대로 판결을 통해 시민들의 권리를 보호하는 것이 아니라 관료들의 이익에 봉사해 왔습니다. 법원의 많은 결정들은 법과 상식, 기본적인 논리, 어느 것에도 부합하지 않습니다.

재판관들은 공청회에 대한 시민의 기본 권리를 지독하게, 또 냉소적으로 침해해 왔습니다. 공청회에 대한 권리를 보장받지 못하면 다른 여타의 권리를 보호하고 준수해야 한다고 말할 여지조차 없습니다. 기자들은 공개된 재판에서 고의적으로 배제되고, 공판의 기록과 증언은 조작됩니다. '명령만 내리는' 법원의 평결은 하바롭스크 지역에서 규범처럼 굳어졌습니다. 명문화된 판결은 제공되지 않고 불리한 증언은 무시됩니다. 법원 판결과 선고를 반박하는 논증은 사건 자료에서 사라지고 있습니다.

법적 권리 위반에 관하여 〈재판관 자격 심의회〉에 보냈던 소청은 똑같은 법원으로 심의를 위해 되돌려 보내졌고, 본 위반 행위에 책임 있는 당사자들이 심의를 맡았습니다.

아울러 법원은 〈재판관 자격 심의회〉의 판사들이 벌인 불법 행위에 대한 탄원의 건을 검토조차 하지 않았습니다.

'사법기관에 관한 규정"이 요구하는 수준으로 판사의 공적 책임을 정하는 일은 하바롭스크에서는 이미 익살극이 돼 버렸습니다. 〈재판관 자격 심의회〉에서 일반 국민을 대표하는 일곱 명 중의 여섯 명은 당국이나 사법기관에 의해 임명되고 있는 실정입니다.

이런 호소에 대한 반응은 전혀 들려오지 않는다. 푸틴은 하바롭스크 지방법원장 브도벤코프 씨나 그의 보좌관인 볼로신 씨, 어느 누구에게도 사법 정의의 예외 상태를 일으킨 책임을 물어 사임을 요구하지 않는다.

바시코르토스탄 공화국의 수도 우파에서 5천 명에서 1만 명에 이르는 시위대가 레닌 광장에 모였다. 라히모프 대통령의 퇴진을 요구하며 14개 도시에서 몰려든 사람들이다. 그들은 "무르타자 라히모프를 파면하라!", "족벌주의식 내각 인사 반대"와 같은 구호를 외친다. 바시코르토스탄의 연료 에너지 복합체의 기업들은 무르타자의 아들 우랄 라히모프가 지배하고 있다.

시위대는 바시코르토스탄 정유 회사들의 지분을 국고로 환수하는 것과 작년 12월 경찰과 특수부대에 의해 자행된 '청소'로 고통받은 블라고베셴스크 주민들의 도덕적, 물질적 손해 배상을 이행하라고 요구하고 있다. 이번 집회를 조직한 주체는 통합 야당의 조정위원회였다. 여기에는 〈공산당〉, 〈야블로코〉, 〈인민의 의지People's Will〉, 〈러시아 연금 생활자당Russian Pensioners' Party〉, 〈지방정부 발전 재단Foundation for the Development of Local Government〉, 〈타타르 협회 연합〉

과 〈러시아 협회Rus Society〉 등의 지역 지부가 포함되어 있다.

이번 집회에서는 복지 혜택의 금전적 전환에 관한 법안의 폐지를 요구하는 결의안이 채택됐다. 또한 라히모프 대통령과 바시코르토스탄 수석 연방 검사, 내무부 장관 라파일 디바예프, 그리고 그 밖의 고위 간부의 사임을 요구하고 나섰다. 특히 디바예프는 블라고베셴스크에서 경찰의 '청소' 작전이 정당한 조치였다고 주장한 인물이다.

엄청난 시위 인파는 레닌 광장에서 한 시간 동안 집결한 뒤 라히모프 대통령의 집무실이 있는 건물을 향해 9킬로미터를 행진했지만 버스로 둘러쳐진 바리케이드와 바시코르토스탄의 경찰 인원을 총동원한 것으로 보이는 저지선에 막혔다. 라히모프 대통령은 밖으로 나오지 않았다. 그 대신 대통령행정실 실장 라디 하비로프와 보안위원회 위원장 알렉산데르 샤브린이 시위대와 만났다. 이들은 결의안을 건네받았고, 시위 군중은 해산했다.

모스크바에서 〈2008 위원회〉는 통합 민주주의 정당 창설을 다시 한 번 시도했지만 실패했다. 카스파로프는 야권의 지역 대표들을 모스크바로 초청하여 그들에게 민주 야권 후보들을 누가 이끌 것인지 정하게 하자고 제안했다. 모스크바의 민주 진영 지도자들은 지방의 야권 인사들이 결집하는 것을 두려워한다. 자기들이 지도자 자리에 앉지 못할 것이 뻔하기 때문이다. 교착 상태가 아닐 수 없다.

새로이 채택된 "주택시설법"[14]에 반대하기 위해 프스코프에서 3백 명의 인

---

14) 소련 시절 대다수 주택은 국가의 소유였고, 정부가 제공하는 주택의 질이 높다고는 할 수 없었지만 시민들은 상징적인 액수의 요금만 내고 무상으로 주택을 임대받았다. 그러나 시장 경제 도입 후 주택법 역시 개정되기에 이르렀는데, 그 골자는 주택의 사유화였다. 이 글에서 언급하는 새로운 "주택시설법"은 1991년의 "주택사유화법"에 이어 두 번째로 나온, 2005년 3월 1일부터 시행된 주택법을 가리키는 것으로, 많은 임대주택이 사유화되고, 기존의 주택조합이 폐지되면서 민간 기업이 대부분의 주택을 건설하게 됐다. 이로 인해 시민의 세 부담이 늘고 실수요자 공급이 제대로 이뤄지지 못하는 부작용이 생겼다. 옮긴이

파가 레닌 광장에 모여들었다. 이 집회는 프스코프 내 공산당원들과 〈야블로코〉 지부, 그리고 노동조합이 공동으로 연 것이다. 지역 텔레비전 방송국 중 어느한 곳도 집회를 취재하는 데 선뜻 나서려 하지 않았다. 이 집회 참가자들은 3월 1일자로 발효된 새로운 "주택시설법"의 이면에 놓인 구상이 가히 범죄적이라고 선언했기 때문이다. "정부는 최근 몇 년 동안 국민의 주거지를 보수하고 개량화하는 의무를 실행하는 데 실패했고, 그 대신에 국가 자원을 매우 효율적으로 유용해서 권력층 가운데 지주 계급을 만들어 왔다"는 것이다.

그들의 요구 사항은 다음과 같다.

"주택시설법"은 지역 내 연금과 급여 수준이 공동주택조달청이 공급하는 물건의 시가, 그리고 보건, 교육, 문화, 교통, 통신, 식생활 및 기타 필수 비용을 충당하기에 충분할 정도가 될 때까지 유보돼야 한다. 공동주택조달청이 제공하는 용역의 가격과 요금을 책정함에 있어 완전한 투명성이 보장돼야 한다. 개탄스러운 "주택시설법"을 고안해 낸 주체, 이른바 러시아 내각은 전원 사퇴해야 한다. "주택시설법"을 지지한 〈통합 러시아〉와 〈러시아 자유 민주당〉의 당원들로 북적대는, 국민의 이익을 대변하는 데에 실패한 두마는 해산되어야 마땅하다. 아울러 사회 구성원들 간의 긴장을 고조시킨 것에 대한 전적인 책임은 푸틴 대통령이 져야 한다.

3월 27일

일요일인 오늘 지역적으로 국민투표가 있었다.

사라토프에서는 시장의 선출 방식에 대한 국민투표가 치러졌다. 사라토프 주민의 7퍼센트를 조금 웃도는 인원이 투표한 것으로 밝혀졌다. 사라토프 주민들은 시장을 직선제로 뽑든지 아니면 크렘린에서 후보를 지명하든지 신경 쓰지 않는 눈치다. 모든 야당의 지역 연합체인, 〈사라토프 주 인민 전선Popular Front of Saratov Province〉은 참가를 거부했다.

바시코르토스탄 공화국의 도시 및 지방 수장을 선출하는 새 제도가 1998년 러시아가 비준한 "지방정부에 대한 유럽 헌장"에 위배된다는 것을 근거로, 〈지방정부 개혁 협회Society for Local Government Reform〉가 국민투표를 소집했다.

시민 전체에 영향을 끼칠 만큼 중요한 사안임에도 불구하고 이번에도 투표율은 몹시 낮았다. 이 모든 무관심의 근원은 선거가 조작되고 있고 앞으로도 조작될 것이라는 확고한 믿음 때문이다. 그러니 뭣 때문에 투표를 한단 말인가? 어쨌든, 투표자 중 90퍼센트는 시장 직선제에 찬성했다.

모스크바는 점점 더 정치적으로 소극적이 되어 가고 있다. 만일 혁명이 일어난다면 지방에서부터 시작될 것이다.

〈야블로코〉는 모스크바의 대통령 관저 부근에서 공동주택조달청의 개혁에 반대하는 시위를 하면서 달랑 2백 명의 시위자들을 모으는 데 성공했을 뿐이다. 정부는 러시아의 전 지역에서 2005년 말까지 공동 주택 서비스 체제가 완전한 독립채산제로 바뀔 것이라고 말하고 있다. 그런데 러시아처럼 빈곤층이 두터운 국가에서 이것은 대다수 국민이 감당할 수 있는 한계를 넘어서게 될 것이다. 이에 대해 〈야블로코〉는 정부가 공급 가격 인상을 조장할 권리가 전혀 없다는 입장이다. 정부는 해당 부서의 독점적인 운영 방식을 엄히 단속하고, 주택 소유자에 대해 협동조합을 세우도록 독려해야 하며, 경쟁력 있는 서비스를 제공하도록 소기업을 육성해야 한다는 주장이다. 정부는 공급 가격을 올림으로써 1조 루블(약 30조 원)을 모아 그것을 현재 썩을 대로 썩은 주택 공급 제도에 투자하는 방안을 구상하고 있다.

〈야블로코〉의 안은 매우 현명하지만, 저조한 투표율은 그 당을 바라보는 국민의 태도를 방증한다. 정당의 지도자들은 국민의 지지를 호소하지 않으며, 대통령행정실과의 협상을 통해 원내 의석을 차지하는 데에만 혈안이 되어 있다.

3월 28일

인구셰티야에서 무라트 쟈지코프 대통령의 사임을 요구하는 모든 노력이 수포로 돌아갔다. 운동을 조직한 자들은 키르기스스탄의 경험을 떠올리며 도둑질이 벌어지는 곳에서는 혁명을 기대해도 좋다고 생각했던 것이 분명하다. 러시아가 키르기스스탄의 전철을 밟을 것인지에 모두의 관심이 쏠려 있다.

당국은 집회가 시작되기도 전에 진압에 나섰다. 나즈란 외곽에 있는 정치 탄압 희생자 위령비로 가는 길은 장갑차와 군인, 경찰에 의해 아주 멀리서부터 통제됐다. 이번 집회를 조직한 아흐키-유르트의 지도자인 보리스 아르사마코프는 그날 밤까지 구금됐다. 만일의 사태를 대비하여 쟈지코프 대통령은 시위 전야에 인구셰티야를 떠났고, 모든 것이 잠잠해진 뒤에야 돌아왔다. 쟈지코프는 소동이 일 기미만 보여도 결코 현장에 얼씬거리는 법이 없다.

비록 집회 결성이 허락되지는 않았지만 군중들의 시위는 폭력으로 치닫지 않았다. 아르사마코프가 체포되자, 시위대는 경찰 본부로 들이닥쳤지만 야당을 대표하는 명망 높은 지도자 무사 오즈도예프 의원이 시위대를 저지했다. 오즈도예프는 아르사마코프의 석방을 협상하기 위해 건물로 들어갔고, 건물 밖의 시위자들에게 쟈지코프 대통령의 즉각적인 사임을 요구하는 결의안을 채택하도록 요청했다. 거기에 덧붙여 오즈도예프는 "당국이 그렇게 많은 군대를 공화국에 들임으로써 비겁함을 드러낸 마당에 우리는 오늘 이만 해산한 뒤 결의안 실행 여부를 지켜보도록 하자"라고 말했다.

곧 좌중의 분위기가 가라앉았다. (쟈지코프 대통령이 판금시킨) 친야권 신문인 『안구시트*Angusht*』의 신임이 두터운 편집장 무라트 오지예프 역시 군중에게 직접 행동을 자제할 것을 당부했다. 시위대를 찾은 친쟈지코프 성향의 의원 두 명은 야당과의 협상 및 쟈지코프의 사임 문제를 논의하기 위해 왔다고 밝혔다. 그들은 군중에게 해산해 줄 것을 요청했다.

당국의 이런 행동의 배후에는 어떤 의도가 숨겨져 있는가? 한마디로 말해, 키르기스스탄 사태가 되풀이되고 있다는 공포다. 인구셰티야는 가난하지만, 관료들은 부유하다. 그들은 국가 예산을 도둑질하면서 나날이 더 부유해지고 있다. 다음은 남부연방관구 내무부 대표부가 주관해 예산 횡령을 조사한 공식 회계감사 기록의 일부다.

횡령으로 인한 총 연방 예산 손실액은 390만 루블(약 1억 3천만 원)에 이르며, 이 가운데서 280만 루블(약 9,300만 원)이 2003년에, 110만 루블(약 3,600만 원)이 2004년 상반기에 각각 유용됐다. 2003년 한 해와 2004년 상반기에 총 1억 8,140만 루블(약 60억 원)에 달하는 금융 비리가 발견됐다. 이 총액 가운데서 연방 예산 재원과 관련된 부분은 7,250만 루블(약 24억 원)로, 예산액의 40퍼센트에 이른다.

이웃한 체첸보다도 훨씬 작은 영토를 가진 인구셰티야지만 쟈지코프가 통치하는 1년 반 동안만 수백만 루블이 좀도둑질로 사라졌다. 이 수백만 루블은 어디에서 나온 것일까?

인구셰티야는 굵직굵직한 현안들을 여럿 안고 있다. 첫 번째 문제는 난민이다. 연방 정부는 난민들에게 구조 자금을 지원했고, 2002년 수해로 집을 잃은 사람들에게는 새 집을 지어 주었다. 두 번째 문제는 공화국 내에서 부의 주요 원천인 말고베크 유전이다. 지방 고위 관료들 모두가 이 유전을 손에 넣으려고 이전투구를 멈추지 않으며, 유전을 둘러싼 부패가 끊이지 않는다. 마지막 문제는 농업이다. 왜냐하면 공화국은 무엇보다 농업이 주축이기 때문이다.

회계감사 내용을 계속 살펴보자.

필요한 예산을 마련하지 못한 상태에서, 공화국 정부는 〈인구시네프테가즈프롬 Ingushneftegazprom〉에 3천만 루블(약 10억 원)의 융자금을 불법으로 지출했다. 또한 필요한 법안을 수정하지 않아 주택 마련 보조금으로 책정된 예산에서 해당 금액이 삭감됐다.

석유 및 가스 회사 〈인구시네프테가즈프롬〉은 인구셰티야 공화국에서 가장 중요한 기업으로 당국을 재정적으로 뒷받침한다. 불행하게도, 쟈지코프 정권에서 석유 회사의 존재는 인구셰티야에서 살아가는 주민에게 큰 부담으로 작용하고 있다. 공화국 주민들이 겪고 있는 극심한 주택난은 부분적으로는 수천 명의 난민 때문에 생겨난 것이다. 그리고 주택 보조금을 삭감하고 그 돈이 석유 회사로 흘러들어가는, 우리가 상상할 수 있는 가장 끔찍한 일이 벌어졌다.

〈인구시네프테가즈프롬〉 석유 시설물의 안정화 및 개발 프로그램을 시행하기 위해 2003년 당시 2,700만 루블(약 9억 원)을 대출받았다. 이중에서 제때에 상환된 금액은 1,050만 루블(약 3억 5천만 원)에 불과하다. 결국 상환 기간은 연장됐다. 통계에 의하면 정유 추출은 해마다 감소하고 있다. 그러나 2002년 이후 〈인구시네프테가즈프롬〉이 정부의 허가 없이 추출 작업을 계속해 왔으며, 감사 결과 실제 추출량을 숨긴 것으로 드러났다. …… 2003년 8월 15일 〈인구시네프테가즈프롬〉은 인구셰티야 정부의 보증 아래 노르웨이의 ○○회사와 정유 증산을 위한 기술 제공 협약서에 서명했다. 이를 위해 〈인구시네프테가즈프롬〉은 공화국 정부가 제공하는 77만 5천 달러에 이르는 기금을 자사의 계좌로 송금할 예정이었다. 이 자금은 2003년 12월 19일과 2004년 3월 10일 두 차례에 걸쳐 이체됐으나 계약 조건들은 이행되지 않았다.

회계감사 전체의 내용을 개괄하면 이렇다.

〈인구시네프테가즈프롬〉 경영진의 과실로 인하여, 당 회사와 정부는 2,500만 루블(약 8억 원) 이상에 달하는 물질적 손해를 입었다. 현 감사 과정에서 2004년 10월 5일 인구셰티야 공화국 검찰청은 러시아연방 형법 171조 2의 B항, 199조 2의 B항, 201조 1항에 의거하여 형사소송을 시작했다.

나즈란, 순자, 말고베크 지역에서 벌어진 자연재해 복구를 위해 할당된 예산의 사용 내역을 조사한 결과, 2003년에 총 950만 루블(약 3억 3천만 원)에 이르는 돈이 수해 당시 주소지가 불분명한 시민들에게 지급된 사실이 드러났다. 총 310만 루블(약 1억 원)에 이르는 금융상 비리에 대해 네 개의 형사사건이 진행됐다. …… 건설부에서는 말고베크 지역의 하수처리 시설 비용을 부풀려 54만 6,600루블(약 1,800만 원)에 이르는 기금을 유용한 것으로 적발됐다. …… 2003년과 2004년 상반기 동안 '연방 남부 러시아 원조 프로그램' 실행 차원에서 연방 정부가 배정한 예산 2억 5,390만 루블(약 84억 원)에 대한 회계감사 결과, 배정액의 20퍼센트를 차지하는 4,890만 루블(약 16억 원) 상당의 재정 비리가 드러났다. 2003년에서 2004년 사이, 예산액 절도에 대해 185건의 형사 기소가 이루어졌다. 여기에는 위중하거나 매우 위중한 자금 유용과 관련된 38건의 사건이 포함된다. 그 중 다수는 2002년 6월 수해로 인한 피해 복구 비용으로 할당된 자금의 유용과 관련된다. 33개 사건은 총 1,770만 루블(약 6억 원)의 손실액과 관련되어 있다.

횡령에 관한 형사 기소는 실제로 시작됐지만, 곧 종결되고 말았다. 이런 식의 기소는 러시아에서 관료들의 충성심을 보장해 주는 중요한 기술이다. 제일 먼저 그들에 대한 음해용 문건을 확보하고, 그 다음 뒤로 물러앉아서, 그들이 〈통합 러시아〉로 우르르 몰려가는 꼴을 구경하는 것이다.

내가 이런 정보와 수치를 공개하자 쟈지코프는 나를 고소하겠다고 협박했다. 비방이나 명예훼손 따위가 아니라 공문서를 훔쳤다는 명목이었다. 사실 인구셰티아에서 이런 자료를 공개하는 것은 금지돼 있다. 나는 심문을 받기 위해 대검찰청으로 끌려갔으나, 그 다음 풀려났다. 이 문건들은 비밀문서가 아니다. 그러니 무엇 때문에 그것들을 훔친단 말인가? 나의 절도 혐의를 입증하기 위해서는 누군가의 금고 위에 내 지문이 찍혀 있어야 할 것이다. 이 얼마나 황당한 이야기인가?

이런 감사 업무를 맡고 있고, 그 문서에 서명한 내무부 관료인 나팔코프 장군이 해고됐음은 두말할 필요도 없다. 내무부는 대통령행정실로부터 그 밀고의 주범인 장군을 해임하라는 심한 압박을 받았고, 그래서 그를 희생시키는 것이 가장 간단한 방법이라고 결정했던 것이다.

4월 11일

선고가 있기 전에 미하일 호도르콥스키는 마지막으로 이런 말을 했다.

"저는 저의 기소 사유가 된 죄목에 대해 책임이 없으며, 따라서 관대한 처벌을 구할 뜻도 없습니다. 검찰이 직접적이고 공개적으로 법정을 기만하는 것이 더 없이 적법한 것으로 간주되는 상황은 본인과 조국 모두에게 치욕입니다. 법원과 변호사들이 이런 사정을 말했을 때 저는 충격을 받았습니다. 법원이 크렘린이나 대검찰청의 영향 아래 있다는 것을 온 나라 전체가 당연한 사실로 받아들이는 것은 매우 불행한 사태입니다.

사실상 법원은 성공적인 사업의 설립, 경영, 소유가 범죄의 증거와 다르지 않다고 판결 내릴 것을 종용받고 있습니다. 오늘 저에게 남아 있는 재산은 많지 않습니다. 저는 더 이상 사업가가 아닙니다. 더 이상 거부 축에 끼지 못합니다. 제게 남겨진 것은 제가 올바르다는 확신과 자유로운 사람이 되기로 한 결의뿐입니다.”

대부분의 사람들이 호도르콥스키가 관대한 처분을 구할 것이라고 예상했다. 그 누구도 올리가르히가 온갖 대가를 치르면서까지 인간의 품위를 계속 지킬 것이라고 생각하지 않았다. 올리가르히는 신뢰의 대상이 되지 못했다. 그들의 도둑질은 너무나 공적인 것이었고, 그들의 부는 나라 전체의 빈곤화에서 나온 것이기 때문이었다. 국민은 그 점에 대해 용서하지 않을 것이다. 호도르콥스키가 완전히 파멸한다면 일말의 동정심을 느낄지도 모르겠다.

4월 15일

전직 KGB 요원인 미하일 트레파시킨Mikhail Trepashkin에 대한 두 번째 선고가 있었다. 그는 제2차 체첸 전쟁이 발발하기 직전에 벌어진 아파트 폭파 사건을 독자적으로 수사한 것에 대해 처벌을 받았고, 5년의 징역형에 처해졌다. 법정은 검사가 구형한 것보다 훨씬 더 무거운 형량을 선고했다. 공판 내내 트레파시킨은 까닭 모를 삼엄한 구금 상태에 있었다. 〈유럽인권재판소European Court of Human Rights〉가 이 사건을 자세히 조사하고 있지만 여전히 그는 감옥에 갇혀 있다.

4월 17일

가리 카스파로프가 모스크바를 방문하던 중 한번은 체스판에 머리를 맞은 적이 있다. 누군가가 체스판에 사인을 받고자 접근했던 것이다. 한 방 얻어맞은 뒤 카스파로프가 재치 있게 받아쳤다.

"러시아인들이 야구보다 체스를 더 좋아한다는 사실이 기쁩니다."

4월 23일

오늘 푸틴이 크렘린에서 〈알파 그룹Alfa Group〉의 미하일 프리드만을 만났다. 모스크바 재계 인사들은 프리드만을 호도르콥스키의 처리를 맡길 그럴듯한 적임자로 꼽아 왔다. 크렘린에서의 접견은 푸틴의 전형적인 '피아르' 수법이며, 이번에는 TNK-BP[15] 정유 회사의 이익을 위한 것이다. 크렘린의 언어로 말하면, 그들은 프리드만에게 "도덕적인 지지"를 보내 주고 있다.

따라서 프리드만은 당분간 아군이다. 그는 자신의 부를 나눌 '기회'를 부여받았으며, 기꺼이 그 '기회'를 이용할 것이다. 당국이 아첨할 기회조차 주지 않는다는 것은 잘못된 길로 들어섰다는 뜻이다. 영국 〈브리티시 페트롤리엄British Petroleum〉의 최고경영자 로드 브라운Lord Browne 역시 크렘린에 초청됐다. 크렘린 궁의 바구니에 '파베르제의 달걀'을 놓았던 빅토르 벡셀베르크도 와 있었다. 푸틴과의 회견 내내 프리드만과 벡셀베르크는 행복감을 감추지 못했다.

---

15) 러시아와 영국의 〈브리티시 페트롤리엄〉과의 합작으로 세워진 러시아 3대 정유 회사 가운데 하나로, 2013년 3월 러시아 국영 정유 회사 〈로스네프티〉에 인수됐다. 옮긴이

1990년대 초에 러시아 대외경제부 장관을 맡았고 지금은 〈로디나당〉 소속 의원으로 야권에서 활동 중인 세르게이 글라지예프는 이렇게 발언했다.

"그들이 호도르콥스키보다 프리드만을 더 좋아하는 이유는, 프리드만은 야권에 정치자금을 대지 않기 때문이지요."

4월 23~24일

블라디미르 리시코프가 〈러시아 공화당Russian Republican Party〉의 정치 자문 회의에 참석했다. 그는 〈루코일Lukoil〉로부터 재정 지원을 받고 있고, 이번에는 당이 뭔가를 해 줄 차례. 리시코프는 민주주의자들이 2007년 두마 선거에서 기회를 잡으려면 늦어도 이번 여름까지는 연합을 이뤄야 한다고 경고했다.

가리 카스파로프는 지난 겨울에는 리시코프의 협력자였지만, 〈러시아 공화당〉에 가입하지는 않았다. 리시코프와 카스파로프는 현재의 정치 제도는 타협이 아니라 제거의 대상이라는 견해를 공유하고 있다. 만일 카스파로프가 리시코프와 동맹을 이루었다면, 카스파로프는 영리한 정치적 투사인 리시코프를 곁에 둔, 카리스마 넘치는 인물이 되었을 것이다. 리시코프는 아직 문이 열려 있으며, 〈러시아 공화당〉은 여전히 카스파로프를 환영한다고 밝혔다.

4월 25일

연방회의에서 푸틴이 한 연례 연설은 선정적이면서도 희극적이었다. 그것은 진정 자유주의에 대한 선언이었을지는 몰라도, 무릇 열매에서 그들의 진짜 얼굴이 나타나리라!

연설의 주제는 "자유로운 인간의 자유로운 국가"다. 하지만 독립적인 사법부 없이 어떻게 자유로울 수 있단 말인가? 또한 진정한, 민주적인 선거권 없이 어떻게 자유로울 수 있단 말인가? 정치적 성향을 띤 대검찰청과 숨통이 막힌 시민사회만으로 가능하단 말인가?

4월 28일

정부는 "러시아의 영웅"이라든지 "소련의 영웅", "사회주의 노동 영웅" 따위의 칭호를 받은 연금자들에게 기존의 복지 혜택 대신 한 달에 2천 루블(약 6만 5천 원)의 생활 보조금을 지급하기로 결정했다.

***

2005년 여름 대대적인 정치 스캔들은 그렇게 시작됐다. '영웅들'의 단식투쟁은 3주간 계속됐고, 이에 대해 푸틴 정부는 공갈 행위라고 매도했다.

5월 1일

러시아에서 5월 1일은 전통적으로 집회와 행진이 열리는 날이다. 올해 야권은 갈팡질팡하고 있다.

투르게네프 광장에 집결한 야권 세력은 먀스니츠카야 거리를 따라 FSB의 커다랗고 칙칙한 건물을 지나 행진했고, 공산 정권 시절의 희생자를 기리는 루뱐카 광장의 솔로베츠키 스톤 앞에서 집회를 열었다. 플래카드에는 이런 글귀가 씌어 있었다. "자유, 정의, 민주주의를 위해! 러시아 정치계, 사회계, 경제계, 문화계에서 빚어지고 있는 시민의 권리 침해에 반대한다!"

1천 명에 달하는 군중이 모였다. 대단히 나쁘지도 않았고, 재난도 아니었다. 하루 전 민스크에서 우리 동료 시민 14명이 구금 상태에서 풀려났다. 지역 야당이 조직한 행진에 참가하기 위해 벨라루스로 원정을 갔던 사람들이었다. 〈야블로코〉의 청년 그룹 지도자인 일리야 야신은 오늘 아침 모스크바로 되돌아 왔다. 솔로베츠키 스톤 옆의 연단에서 야신은 루카셴코[16] 교도소를 안에서 겪은 소감을 전달했고, 민스크에서 우크라이나인 지지자들이 러시아인 지지자들보다 폭행을 더 심하게 당했다고 말했다.

민주주의자들의 집회가 끝나자마자 루반카 광장의 같은 장소에서 〈우파 연합〉 소속 당원들의 집회가 열렸다. 자유주의자들과 민주주의자들이 휴일에도 다툼을 멈추지 않는 것을 보고 정부 당국은 기쁘기 그지없었을 것이다.

가장 큰 시위는 좌파가 조직했고, 여기에는 약 9천 명의 인파가 몰렸다. 시위자 대부분은 청년들이었다. 〈공산당〉, 〈민족 볼셰비키당〉, 〈로디나당〉, 〈모스크바 노동당Labour in the Capital〉, 〈소비에트 장교 연합Union of Soviet Officers〉 등이 공동 집회를 여는 데 합의했다. 지금 집행유예 기한이 소멸된 에두아르드 리모노프가 무려 4년 만에 〈민족 볼셰비키당〉의 대열을 이끌고 있었다.

예브게니 바라놉스키, 레프 드미트리예프, 알렉산데르 체팔리가가 모스크바에 소재한 〈민족 볼셰비키당〉의 본부에서 단식 농성을 시작했다. 그들은 수감 중인 동료 당원들의 석방을 요구하고 있다.

---

16) 알렉산데르 루카셴코Alexander Lukashenko, 1994년 이후로 벨라루스 대통령을 맡아 온 권위주의적 인물.

노동절 날 러시아 전역에서 거리로 쏟아져 나온 좌파 시위자들은 150만 명이었다.

인구셰티야에서는 5월의 기념행사가 체포로 얼룩졌다. 쟈지코프 대통령 퇴진 시위를 주도했던 무사 오즈도예프가 밤사이 체포됐다. 오즈도예프는 이튿날 예정된 쟈지코프 반대 시위를 위해 광장에 있다가 경찰에게 체포된 것이다. 한밤중에 람잔 투타예프 판사가 나즈란에 있는 경찰 본부로 찾아왔다. 판사는 유치장에서 판결을 내렸고, 그럼으로써 사법부와 법 집행 기관이 단일한 억압적 국가기구로 한층 더 섞이어 가는 것을 상징적으로 증명했다.

투타예프는 "경미한 공공기물파손죄"를 물어 오즈도예프에게 72시간의 구금형을 선고했다. 의자를 부수었다는 거짓된 추정에 근거한 것이었다. 본래 무사는 인구셰티야 공화국의 국회의원이기 때문에 국민의회의 승인 없이는 법정 구속을 할 수 없지만, 야간에 일어난 사건이라는 구실로 그런 절차가 무시됐다.

교도소에서 무사는 항의의 표시로 단식 농성에 바로 돌입했다. 그리고 감방 동료들이 집단 자살이라도 할 상황에 몰려 있다는 것을 두 눈으로 확인했다.

5월 2일

오즈도예프는 예상과 달리 하루 먼저 석방됐다. 나즈란 지방법원의 판사 알리한 야리제프의 결정이었다. 오즈도예프는 이를 모욕적인 것으로 받아들였다.

"야리제프 판사한테 떠나지 않을 거라고 했죠. 그들의 아량이 조금도 필요하지 않았으니까요."

무사가 말했다. 하지만 경찰은 이 반체제 인사를 바깥으로 데리고 나간 다음 등 뒤에서 문을 굳게 닫았다.

석방의 진짜 이유는, 당국이 감추고자 하는 진실의 세계로 그가 들어갔기 때문이다. 감방에서 무사는 고문에 의해 자신이 "무라트 쟈지코프에 대한 테러 행위의 조직자이자 가담자"라고 '자발적으로' 자백을 하지 않을 수 없었던 사람들을 만났던 것이다. 경찰이 이 재소자들에게 가한 고문이 얼마나 심각했던지, FSB 산하 북오세티아 지국이 몇 명의 재소자에 대해서는 더 이상 취조하는 것을 거부했을 정도라는 사실도 알게 됐다. 아울러 무사는 내무부가 "테러범들의 배후에 있는 주모자"로 지목했던 베크한 기레예프를 만났다. 그는 무릎뼈가 박살이 난 데다가 손가락에는 손톱이 하나도 남아 있지 않았다. 심문 과정에서 모두 뽑힌 것이다.

"내 눈으로 참상을 목격하지 않았다면 절대 믿지 못했을 그런 사실들을 알게 됐습니다. 이런 일들을 겪은 사람들과 그 가족들은 반정부 활동에 합류할 수밖에 없을 겁니다."

무사가 말했다. 이 국회의원은 자신이 겪은 사소한 불행이란 대수롭지도 않다고 생각한다.

5월3일

이스라엘에서 레오니트 네브즐린이 〈유코스〉가 보유한 〈메나텝 그룹〉의 지분을 매각하는 대가로 호도르콥스키와 레베데프를 석방하는 안을 대통령행정실 측에 전해 왔다.

마트로스카야 티시나 감옥에 구금된 호도르콥스키는 자기 측 변호사들을 통해 자신의 친구이자 지금까지의 사업 동료였던 네브즐린의 제안을 거절했다는 뜻을 밝혔다. 호도르콥스키는 조금도 자신을 범죄자라고 생각하지 않으며, 따라서 몸값을 주고 풀려날 생각이 전혀 없다고 밝혔다. 그는 법적인 수단을 통해서 자유를 위해 싸울 것이라고 말했다.

"러시아에 시민사회를 건설하는 데 전력하기 위해" 호도르콥스키가 회사 지분의 59.5퍼센트를 네브즐린에게 넘긴 뒤 네브즐린은 〈메나텝〉의 지배주주가 됐다. 호도르콥스키가 모든 역량을 여기에 집중시킨 결과 본격적인 수난이 시작됐다. 크렘린이 호도르콥스키를 가장 위험한 적으로 점찍었기 때문이다. 만약 크렘린 측에 고분고분하게 지분을 바쳤다면, 어떤 험한 꼴도 당하지 않았을 것이다.

〈유코스〉 주주들은 회사를 구하려고 계속 바둥거려 봤자 아무 소용도 없다는 것을 깨달았다.

정부 당국은 실제로 스탈린이 나중에 알려진 것처럼 그렇게 나쁜 사람은 아니었다고 텔레비전을 통해서나 고위급 인사의 발언을 통해 점점 더 빈번하게 암시했다. 제2차 세계대전 승리에 크게 공헌한 것을 인정하여 세워진 스탈린의 새로운 기념비 제막식이 뉴스에 대문짝만 하게 보도됐다. 〈인권 협회〉는 '스탈린 원수'에 대한 공식적인 숭배를 은근히 강요하는 이런 움직임에 대해 반발했다. 〈인권 협회〉는 이런 성명을 냈다.

우리 국민이 스탈린이 얼마나 비인간적으로 잔혹했으며 혐오스러웠는지 낱낱이 알고 있는 이상, 그의 도덕적, 정치적 복권은 우리나라에서 온갖 정치적 패덕이 가능하며, 공권력에 의해 자행되는 어떤 범죄라도 이성을 마비시키리만치 거대한 수준에서 일어난다면 어떻게든 정당화될 수 있다는 것을 의미할 뿐이다. 우리는 스탈린주의의 가장 큰 희생자가 러시아 국민이라는 점을 잊어서는 안 될 것이다.

민주주의 진영은 또 한 번 배를 놓쳤다. 스탈린주의의 부활이 현실인 것이다.

5월 4일

모스크바의 자모스크보레치예 지방법원에 소속된 이리나 바시나 판사가 스베틀라나 구바료바의 상소를 기각했다. 스베틀라나는 '노르트-오스트' 사건 당시 인질로 붙들려 있었고, 그 참극 때문에 열세 살 난 딸과 자신의 남편이자 미국 시민권자인 샌디 부커를 잃었다.

스베틀라나는 자신의 가족이 언제 어디서 사망했는지 알려 달라는 요청을 검찰이 거부한 것은 불법이라고 판결하는 것이 옳다고 주장했다. 또한 '노르트-오스트' 봉쇄 작전 당시 검찰이 지시를 내려 의료 지원 상황을 검토하지 못하게 한 것 역시 불법이며, 당시 수사 팀장 블라디미르 칼추크가 공격 작전을 수행한 특수부대 요원들을 형사 기소하지 못하게 한 것 역시 불법이라고 주장했다.

스베틀라나는 검찰에 대한 탄원서를 떨리는 목소리로 읽었다. 자신의 가족은 물론 인질을 죽인 자들이 포상을 받았고, 두브롭카 강당을 가스실로 만들었다는 비난을 모면하기 위해 온갖 음모가 획책되고 있다는 것을 지적했다. 죄과에 대한 책임감 결여는 베슬란에서 훨씬 더 큰 비극을 초래했다.

이 5분가량의 원고측 진술이 끝나자마자 판사는 돌연 심리를 마쳤다. 스베틀라나는 법원이 현 수사 방식의 법적 근거를 해명하게 함으로써 선례를 만들기를 바랐다.

5월 9일

세계 각국 지도자들이 모스크바를 방문했다. 2차 대전 당시 러시아의 승리를 경축하기 위해서가 아니라 푸틴에게 경의를 표하기 위해서였다. 좌파, 우파, 중도 진영 모두 지금의 상황을 그렇게 보고 있다.

푸틴은 세계 주요 지도자 중 한 사람으로 자리매김하고 싶어서 이 중요한 애국 행사를 사적인 목적으로 이용했다. 재계 전체가 〈전승 기념 재단Victory Fund〉에 전승 기금 납부를 강요받았다. 모든 공무원에게 추가 세액이 징수됐다. 최하위 말단 공무원마저도 '푸틴의 승리'를 축하하기 위해 주머니를 터는 수밖에는 달리 도리가 없었다.

아내가 집배원으로 일하는 파벨 페트로비치 스몰랴니노프라는 이름의 노인이 푸시카르노예 마을에서 편지를 보내 왔다. 아내는 달마다 고작 2천 루블(약 6만 5,500원)을 받을 뿐이지만, 그런데도 헌금을 하지 않을 수 없다는 것이다. 아내는 퇴직까지 불과 석 달만을 남겨 두었고 연금을 위태롭게 하고 싶지 않아서 그런 부당한 착취를 거절할 수 없었다는 것이다.

5월 11일

"시민사회에서 가장 양질의 알곡"을 추려 〈사회원Social Chamber〉이 꾸려질 예정이다. 〈사회원〉 사람들은 푸틴이 선출하며 정부 당국의 결정뿐만 아니라 푸틴의 결정까지 심의할 수 있다.

이를 두고 〈민족 시민 의회〉의 운영진은 "권력자들의 기득권을 위해 시민사회를 조종하려는 시도"로 묘사해 왔다. 그러면서도 그들은 "정부 당국에 영향력을 행사할 수 있는 기회가 있다면 그것이 무엇이 됐든지 이용해 볼 만하다고 생각하는 것은 변함이 없다"고 덧붙였다. "또한 우리는 〈민족 시민 의회〉 의원들이 〈사회원〉에 개별적으로 참여하는 것이 그런 영향력을 행사할 수 있는 실질적 기회라는 것을 믿어 의심치 않는다"고 말했다.

정말로 그들은 스스로를 이런 식으로 매수하도록 계속 방관할 것인가?
틀림없이 그들은 그럴 것이다.

5월 12일

노보시비르스크에서 FSB 요원들이 〈민족 볼셰비키당〉 당원인 니콜라이 발루예프와 뱌체슬라프 루사코프를 체포했다. 발루예프의 아파트가 수색을 당하고, 〈민족 볼셰비키당〉의 기관지인 『게네랄나야 리니야*Generalnaya liniya*』의 인쇄물을 비롯하여 비디오테이프 20개, 니콜라이의 모친 예브도키야가 시골집에서 비료로 쓰는 질산칼륨 단지를 압수당했다. 두 당원은 형법 제222조 2항 "불법무기 소지죄"와 205조 2항 "테러행위"의 죄목으로 기소됐다.

5월 14일

반테러 추모제. '노르트-오스트' 진압 작전의 피해자가 "테러는 그만!"이라는 제목이 붙은 장장 네 시간짜리 연극을 상연했다. 피해자들은 자력으로 계속 싸우고 있지만, 아무 지원도 받지 못한다. 모스크바에 있는 코스모스 호텔의 대형 연주회장은 절반만이 찼을 뿐이다.
1등석과 원형 관람석에는 '노르트-오스트' 참극의 생존자 및 희생자 유가족들만이 있고, 홀의 한쪽 옆에는 베슬란 사건의 유족 대표가 모여 있다. 이 행사를 연 사람은 타탸나 카르포바 여사다. '노르트-오스트'에서 숨진 알렉산데르 카르포프의 어머니다. 알렉산데르 카르포프는 이 사건과 관련된 사람들의 이익을 대변하면서 단체의 배후 추진력이 되고 있다. 이날 저녁의 주제는 이것이다. "테러 유족에 대한 정부의 관심은 과연 어디에 있나?", "테러에 대한 독자적인 조사는 과연 어디서 이루어지고 있나?", "독립적인 사법부와 정직한 검찰은 과연 어디에 있나?", "대통령 나리, 당신은 이 원성이 들리십니까?"

대통령에게 보내는 공개서한이 배포됐다. 이 편지는 네덜란드 시민권자인 올레크 지로프가 쓴 것으로 그의 아내는 두브롭카 극장에 갇힌 아들을 구하려다 숨졌다.

제가 이 편지를 쓰는 가장 큰 이유는 러시아에서 테러 희생자가 계속 증가하고 있기 때문입니다. 대법원과 헌법재판소를 비롯한 사법기관과 관료 집단이 테러 희생자에 대한 도덕적, 물질적 보상에 대한 문제 인식과 그에 따르는 권리를 완전히 망각하고 있기 때문입니다. 당국의 견해로 판단해 보건대, 반테러 작전을 벌였던 지난 5년간 러시아에서 벌어졌던 모든 일은 '헌법'을 따르는 것이었고, 희생자들의 소송은 법적 정당성이 없다는 것이지요. 이따금씩 이 전쟁에는 단 두 명의 당사자만 있는 것처럼 보입니다. 한쪽에는 특수작전부대라는 영웅이 있고 다른 한쪽에는 테러범들과 분리주의자들이 있지요.

대기실에서 나는 극장 봉쇄 작전 당시 딸 사샤와 미국인 남편을 잃은 스베틀라나 구바료바와 함께 올레크 지로프의 편지를 읽었다. 스베틀라나의 두 눈은 가눌 길 없는 슬픔을 참느라 눈물이 글썽글썽 했다. 그녀는 언제나 인질이 가장 큰 피해를 입도록 만드는 정책의 주모자가 푸틴이지만, 푸틴에게 공개편지를 쓴다고 해서, 러시아 정부가 오늘날 '테러와의 전쟁'을 벌이고 있는 방식에 어떤 변화가 올 것이라고 믿지는 않는다고 말했다.

무대 위 단상은 테러 희생자들을 굳건히 지지하고 있는 친숙한 얼굴들로 꾸며졌다. 지금 〈우리의 선택Our Choice〉을 이끌고 있는 이리나 하카마다, 세계 체스 챔피언이자 정치적 변화를 더 잘 이끌어 내고자 올 봄 선수 생활을 마감한 가리 카스파로프, 그리고 2년 넘도록 법정에서 '노르트-오스트' 희생자들의 권익을 대변해 온 변호사 류드밀라 아이바르다.

'새로운 얼굴들'을 많이 초대했으나 참석한 사람은 없었다. 이를 테면, 베슬란 사건 조사를 위한 국회 위원회를 이끌고 있는 알렉산데르 토르신Alexander Torshin이 그렇다. 베슬란 희생자 유가족들이 듣고 싶어하는 것은 바로 토르신의 견해다. 유가족들은 토르신이 베슬란 학교 공격에 대해 아주 속속들이 알고 있지만, 당분간 진실을 폭로하지 못할 것이며, 그가 충분히 용기를 낸 뒤라야 완전한 진실을 말할 것이라고 생각한다. 이번 행사에 그가 불참했다는 사실은 아직 충분한 용기를 모으지 못했다는 뜻이라는 것이다.

푸틴은 반테러 작전에서 러시아 국민을 같은 편으로 보지 못한다. 푸틴은 그런 식으로 국민이 참견하는 것을 싫어한다. 명령을 수행하는 하인들은 대통령을 흉내 내기만 할 뿐이다.

2005년 추모제는 벌써 두 돌을 맞았고, 이미 전통이 돼 가고 있다. 무정한 정부에게 인질로 붙들려 있는 우리가 할 수 있는 일이라곤 2006년에 얼마나 더 많은 테러가 벌어질 것인가 하고 추측해 보는 것뿐이다. 물론 그런 일이 벌어지지 않기만 바란다.

5월 16일

메샨스키 법원에서는 호도르콥스키와 레베데프의 재판이 막바지를 향해 가고 있다. 법원 밖에서 OMON 특수부대원들이 보였던 거친 행동은 공권력이 민주주의에 대해 품고 있는 태도를 뚜렷이 드러낸다. 그들은 피의자를 지지하는 무리를 해산시켰지만, 어디에서인가 모여든 〈유코스〉에 반대하는 시위자들에 대해서는 못 본 척했다. 모두 합쳐 28명이 체포됐다. 시위가 끝나지미지 경찰은 이제 막 피의자가 나타났다는 듯이 마구잡이로 시위 군중 몇을 뽑아 낸 다음 버스 안으로 쑤셔 넣었다. 시위자들은 경찰서로 옮겨졌고, 거기서 일곱 시간 동안 붙들려 있었다. 그 무리 속에 카스파로프도 끼어 있었다.

5월 21일

1990년 이후로 매년, 〈안드레이 사하로프 재단〉과 〈모스크바 국립 필하모닉 오케스트라〉는 모스크바 음악원의 그랜드 홀에서 음악의 밤 행사를 열어 사하로프의 탄생을 축하해 왔다. 지난 14년 동안 행사 프로그램은 하나의 전통처럼 정형화됐다. 사하로프와 가까웠던 지도적인 자리에 있는 유명 인사들과 인권 변호사들이 러시아 국민들에게 닥친 현안에 대해 짧게 연설하고 클래식 연주를 듣는 순서였다.

정부에서 두려워하는 것이 연설이라는 것은 틀림없다. 올해 개최되는 열다섯 번째 행사를 앞두고 오케스트라단이 재단 측에 갑작스럽게 참석 불가를 통보해 왔기 때문이다. 아무 이유도, 어떤 해명도 없었다.

사하로프 숭배자들은 명맥을 끊지 않기 위해, '관리형 민주주의'의 예기치 못한 등장에 놀란 가슴을 진정시키면서 사하로프 박물관과 사회 센터 옆 조그만 광장에서 야외 콘서트를 열었다. 그날 저녁의 주제는 "그래도 정직한 삶을 위한 심장은 여전히 뛴다"였다.

꽤 많은 인파가 참석했고, 그 날 저녁은 익숙한 모스크바 방식대로 흘러갔다. 가수들이 노래를 부르고 시인들이 시를 낭송했다. 체첸 출신 가수 리자 우마로바의 공연은 숨이 멎을 만큼 황홀했고, 그 자리에 참석할 수 없었던 작가 블라디미르 보이노비치Vladimir Voinovich의 편지가 대독됐다. 러시아 인권 옴부즈맨을 맡았던 그리고리 야블린스키와 블라디미르 루킨에 이어 세르게이 코발료프가 연설을 했다. 이번 연주회의 사회는 나텔라 볼탄스카야가 보았다. 나텔라는 작곡가이자 가수이면서 거의 마지막으로 남은 자유 라디오 방송인 〈모스크바의 메아리〉의 진행자였다.

음악원에서의 행사가 취소되면서 생긴, 한바탕 전쟁을 치른 듯한 부산한 느낌은 노래 첫 마디가 울려 퍼지자마자 사라져 버렸고, 어떤 위대한 연대의 감정, 사하로프의 유산과 하나가 됐다는 느낌으로 바뀌었다.

하지만 속임수는 아직 끝난 것이 아니었다. 정부는 인권 운동 단체를 모욕하는 데에 실패했다는 것을 자각한 뒤 태도를 백팔십도로 바꿨고, 〈필하모닉 오케스트라〉는 음악원의 그랜드 홀에서 열리는 '사하로프 연주회'를 광고하기 시작했다. 당연히 그것은 사하로프의 친구도, 과거 굴락의 재소자도, 인권 단체 위원도, 사하로프의 가족도 초대되지 않았던 가짜 연주회였다.

'그들'은 사하로프에 대한 기억마저도 사유화하기로 작당한 듯 보인다. 십중팔구 그런 행위의 목적은 서유럽 국가의 눈에 모래를 뿌리기 위함이다.

5월 22일

일요일, "검열, 폭력, 허위 방송에 맞서 언론의 자유를 지지하기 위하여" 전국적으로 시위행진이 펼쳐지고 있다.

나는 대다수 시위자들이 언론 단체의 구성원일 것이며, 그들이 퍼레이드를 주도할 거라고 생각했다. 사실 거기에는 그 사건을 취재하는 기자들 외에도 두 명의 언론 대표가 있었다. 언론계를 떠나 교육계로 자리를 옮긴 예브게냐 알바 츠와 니였디.

이번 집회는 〈야블로코〉, 〈공산당〉, 〈우파 연합〉, 〈러시아 언론인 연합Russian Union of Journalists〉, 〈모스크바 헬싱키 그룹〉, 〈시민 의회〉, 〈2008 위원회〉, 〈모스 크바 시민 방호 위원회Committee for the Defence of Muscovites〉, 〈인권 협회〉, 〈연대 운동Solidarity Movement〉과 〈민족 볼셰비키당〉이 공동으로 조직한 것이었다. 리 모노프가 연설을 했다.

우주 비행사 거리에 세워진 학술원 회원 코롤료프Sergei Korolyov의 기념비 아 래 모두가 모여들었다. 도로를 막고 〈오스탄키노〉의 보도국까지 행진했다.

5월 23일

지난 해 12월 14일 대통령행정실 건물 안 집무실 한 곳을 점거한 혐의로 페 차트니키 여자 교도소에 구금된 〈민족 볼셰비키당〉 소속 당원들이 단식 농성을 계속 이어가고 있다.

5월 24일

〈유코스〉는 더 이상 없다. 예전의 그 회사는 이제 사라져 버렸다. 핵심 자산 이었던 〈유간스크네프테가즈Yuganskneftegaz〉가 독일 자본의 보조를 받아 떨어 져 나갔다. 지주 회사인 〈유코스-모스크바〉는 결국 청산되고 말았다.

5월 28일

〈우파 연합〉의 전당대회. 니키타 벨리흐Nikita Belykh가 정치 위원회 의장 겸 당수로 선출됐다. 니키타는 페름 주 부주지사인 정부 관료이고, 따라서 대통령 행정실은 〈우파 연합〉마저 인수한 셈이다. 그 여파로 주지사 직선제 폐지 반대 시위는 즉각 중단됐다.

대통령행정실의 요청을 받아, 봄 회기 내내 국회는 선거법에서 민주주의의 마지막 흔적을 닦아 내는 데 주력했다. 유권자가 어떻게 생각하든지 대통령의 미움을 산 자는 권력에 조금도 발붙일 수 없게 법이 개정됐다. 개정된 주요 내용을 살펴보자.

첫째, 정당이 내야 하는 선거 공탁금은 2백만 달러로 증액됐다.

둘째, 선거 유효를 위한 정족수가 대폭 줄었다. 지금까지는 최소 투표율 20퍼센트 요건이었으나, 앞으로는 지역 선거에서 최소 투표율 요건이 사라질 것이다. 완전한 코미디다. 시장 선거에서 불과 2퍼센트만 득표한다고 해도 당선될 수 있는 것이다.

셋째, 투표소에서 원거리 투표함이나 이동식 투표함의 개수는 더 이상 규제 대상이 되지 않는다. 원거리 투표와 관련된 교묘한 속임수는 의회 선거든, 대통령 선거든 과거 선거 조작에 있어 가장 핵심적인 기술이었다. 투표함이 투표소 밖으로 반출되어 참관인의 시야에서 멀어진 다음에는 투표용지가 얼마든지 필요한 만큼 채워지기 일쑤였다. 실제로, 상트페테르부르크 지방자치 선거에서 이런 관행의 위력이 유감없이 발휘됐다. 원거리 투표함에 든 투표용지의 개수가 투표소에 갔던 유권자의 수를 훌쩍 뛰어넘은 것이다.

넷째, "위의 누구도 해당 없음(NOTA)"은 투표용지의 선택란에서 사라질 것이다. 얼마 전까지 "위의 누구도 해당 없음"에 기표된 투표용지는 전체의 20퍼센트에 달했고, 대통령행정실은 몹시 속이 탔다. 이제부터는 선거에서 공식적인 반대표를 행사할 수 있는 방법이 완전히 사라졌다.

다섯째, 이제부터는 공공단체에 소속된 자가 더 이상 참관인을 맡을 수 없다. 어떤 독립적인 참관인도 불허되며, 정당에서 지목한 참관인만이 허용된다. 정부 당국이 초청하는 경우에 한해 국제 참관인이 입장할 수 있다. 대통령행정실은 어떤 참관인을 초청하고 어떤 이를 배제할 것인가를 결정할 것이다.

최근의 선거가 보여 주듯, 선거가 '관리' 되고 있음에도 불구하고 어째서 대통령행정실은 선거를 끔찍하게 두려워하는 걸까? 대통령행정실은 속임수로 난관을 타개하는 방법을 고민하는 데 지쳐서 훨씬 더 자기에게 유리한 조건을 강요하고 싶은 걸까?

대통령행정실장 드미트리 메드베데프Dmitry Medvedev는 두마가 채택한 이 대통령령의 개정안만으로 성이 차지 않는다. 그는 지역 선거관리위원회 대표들에게 선거는 러시아의 "안정을 해치는 위협"이라고 발언한 바 있다. 푸틴은 행정실장을 문책하지 않았다.

모스크바에서 〈공산당〉, 〈민족 볼셰비키당〉, 〈야블로코〉와 〈로디나당〉은 정치범 석방을 지지하는 공동 시위 집회를 혁명 광장에서 가졌다. 단식 농성 중인 수감된 여성 피의자들과의 연대를 선언했고, 지난 해 12월 14일에는 사건이 계류 중인 만큼 정치범들을 풀어줄 것을 요구했다. 아울러, 정치판에서 야권에 대한 계속적인 탄압은 멈춰야 한다고도 주장했다. 또한 사소한 법규 위반 혐의로 구속된 피의자들에 대한 폭넓은 사면을 요구했다.

당국의 걱정거리는 한두 가지가 아니다.

5월 30일

오전 10시, 〈민족 볼셰비키당〉 당사에서 단식 농성에 참가했던 리모노프 지지자들 세 명이 거리로 나와 붉은광장으로 들어가는 입구를 가로막았다. 그들은 역사박물관 옆의 아치형 대문 정중앙에 버티고 서 있었다. 이 시위자들은 전설적인 "단식 농성 29일"이 그려진 티셔츠를 입고 있었고, 〈민족 볼셰비키당〉 소속 피의자들의 사진을 들고 있었다. 시위대는 페차트니키 여자 교도소 안에서 단식 농성을 벌이고 있는 이들 피의자들을 석방할 것과 이에 대한 정부의 대답을 듣고자 했다.

다음과 같은 전단이 배포됐다.

자유가 아니면 죽음을 달라! 〈민족 볼셰비키당〉 당사에서 4주차 단식 농성이 끝난 지금, 우리는 러시아 정부가 자기 시민의 생명과 안위 따위는 안중에도 없다는 것을 다시 한 번 확인했다. 당국은 이번 단식 농성에 대해 어떤 반응도 내비치지 않았다. '노르트-오스트'에서 망설임 없이 자기 나라의 시민을 가스로 중독시키고, 베슬란에서 어린 인질들을 향해 발포하고, 노령자에게서 복지 혜택을 빼앗으며, 무고한 자를 감옥에 가두고, 피비린내 나는 우즈베키스탄의 독재자 카리모프Islam Karimov를 받들거나, 2차 세계대전 승리 60주년을 기념한답시고 달랑 2백 명의 재소자를 사면하는 모욕적인 작태를 벌인 인간들에게 무엇을 더 기대할 수 있을까? 러시아 시민에 대한 그런 살인적인 작태에 저항하기 위해 우리 단식 농성자들은 길거리로 쏟아져 나올 수밖에 없었다. 우리는 동정심 없는 관리와 경찰국가 도살자들의 권력을 거부한다! 자유 러시아 만세!

시위는 30분을 살짝 넘겼다. 10시 35분, 〈민족 볼셰비키당〉 당원들이 FSB 요원들에게 체포됐고, "대통령 관저 근처에서 허가되지 않은 피켓 시위를 한 죄목"으로 5백 루블(약 1만 5천 원)의 벌금을 물었다.

6월 7일

북오세티아의 권력이 갑작스럽게 이양됐다. 국민을 더 이상 견딜 수 없게 만든 알렉산데르 자소호프 대통령은 상원 의원, 즉 북오세티아를 대표하는 연방회의 의원의 지위로 강등됐다. 베슬란에서 수백 명의 아이와 어른을 죽게 한 책임이 있는 그는 재판을 받아야 하지만 푸틴은 자기 동료를 법정에 세우려 하지 않는다. 푸틴은 자소호프를 대신해 테이무라즈 맘수로프Teimuraz Mamsurov에게 '반테러 작전'의 총괄을 맡겼다. 과거 맘수로프는 북오세티아 국회의장을 지냈던 인물이다. 그의 두 자녀 역시 베슬란 사건 당시 인질로 잡혀 있었지만, 다행히 살아남았다. 그럼에도 불구하고, 그 후 맘수로프가 했던 일은 고작해야 당국의 실책을 대충 얼버무리는 것이었다.

맘수로프는 권좌에서 국회의원들에게 선언했다. "나는 대통령으로부터 큰 신임을 받으려고 노력할 것이오." 그런데 임명을 받은 자들은 더 이상 국민의 신임을 얻으려 하지 않는다.

6월 16일

좌파와 우파 양쪽의 야권 대표들이 대중 노출이 뜸해진 야블린스키의 야로슬라블 방문을 추진하면서 동맹 헌장에 서명했다. 야블린스키는 지치고 우울해 보였다. 그가 지역 언론사의 기자들에게 이렇게 말했다.

"저는 단지 여론에 제가 아직도 건재하다는 것을 보여 주려고 주기적으로 방송사 출연 요청을 받아들이고 있습니다. 사람들은 제가 살아있다는 것을 알고 기뻐할 테지요. 그것도 어디까지나 관심이 있을 때의 이야기입니다. 그런 상황에서 무엇을 할 수 있겠습니까? 고작해야 선거에서 득표를 많이 할 수 있게 해 달라고 당국에게 부탁하는 것뿐이죠. 그건 마치 시합 결과가 시합 내용과 어긋나는 승부 조작과 같은 것입니다."

요새 야블린스키는 모스크바 고등 경제학부에서 강의하고 있다. 대학원생을 지도하면서 책도 쓰고 해외 강연도 다닌다.

〈우파 연합〉의 새 지도자 니키타 벨리흐가 나타나 크렘린 측에 촉구하길, 자기들을 박해하지 말고 유용한 협력자로 봐 달라고 했다.

"우리는 야당, 건설적인 야당입니다. 우리는 당국에 충성을 바치겠다고 말한 적은 없지만 그렇다고 야당 그 자체를 위한 야당을 신뢰하는 것도 아닙니다."

완전히 맥이 빠지는 말이다. 러시아 국민들은 단지 이 과거의 민주주의자들이 친숙하다는 이유 하나로 그들을 소생시키려고 애쓸 필요가 있을까? 그들이 민주 진영의 지도자로서 조국을 위해 과연 어떤 일을 할 수 있을까? 아니면 지금의 정치판을 그냥 그대로 받아들여야 하는 걸까? 러시아 국민이 현실주의자라면, 민주 진영의 모든 단체와 정당은, 자신의 양심과 타협하기를 꺼려 하는 정직한 시민의 지지표를 단 한 표도 받지 못할 것이다.

성숙한 정치가 부재하는 가운데, 청년 정치가 점점 더 비중 있는 역할을 맡고 있다. 이들은 자신의 역할이 무엇이고, 자신이 누구를 지지해야 하는가를 고민하지 않는다. 야블린스키가 무엇을 생각하든 개의치 않는다. 게다가 니키타 벨리흐라는 이름은 들어본 적도 없다.

6월 20일

지난 2004년 12월 10일부터 14일까지 바시코르토스탄 공화국의 블라고베셴스크와 인근 마을에서 경찰의 잔악 행위가 일어난 뒤 여섯 달이 지났다. 또한 러시아 내무부가 발표한 위헌적인 비밀 지침이 공개된 이후 거의 두 달이 흘렀다. 명시적으로 러시아 시민에 대한 폭력적인 진압을 허용하는 그 지침의 내용은 블라고베셴스크 폭력 사태와 굉장한 관련성이 있다. 그리고 마침내 지금, 인권 옴부즈맨의 후원 아래 우리 사회가 지금 어디로 흘러가고 있는가를 논의하기 위해 모스크바에서 위원회가 소집됐다.

이 위원회의 소집은 블라고베셴스크에서 일어난 만행과 유사한 일련의 '청소', 즉 베제츠크, 네프테유간스크, 트베리 주의 로즈데스트베노 마을, 스타브로폴 지방의 이바놉스코예 마을을 포함한 많은 곳에서 자행되었으며 여전히 자행되고 있는 만행에 대해 정부 당국이 내놓은 유일한 공식 반응이다.

지난 여섯 달 동안 러시아 내 보안기관이 보여 준 극도의 잔인성은 전국적인 대중 시위는 물론 어떤 사회적 불만도 터져 나오지 못하도록 막았다. '청소를 당하고', 부상을 입고, 구타당한 수백 명의 피해자들에 대해서, 그들을 보호하지 못한 것에 대해서 대통령은 단 한 차례도 사과한 적이 없다. 그에겐 헌법의 수호보다 자신의 안위가 더 우선이다. 국회는 대통령에게 휘둘린 나머지, 블라고베셴스크와 그 후 벌어진 기이한 사태에 대해 단 한 번의 회기조차 할애하지 않았다. 검찰총장은 위헌적인 내무부 훈령의 즉각적인 폐지를 공개적으로 요구하는 것을 포기했다.

그러다가 오늘 6월 20일, 옴부즈맨 블라디미르 루킨이 위원회의 첫 번째 회의를 연 것이다. 검찰총장 대행으로 볼가연방관구의 검찰부총장인 세르게이 게라시모프가 참석했다. 내무부 측 대표로는 조직감찰국 부국장인 겐나디 블리노프Gennadii Blinov(그가 참석자들 대부분의 발언을 도맡았다), 연방약물관리청 지부 책임자 블라디미르 블라디미로프가 포함되어 있었다. 게라시모프는 거기에 참석한 다른 경찰들과 마찬가지로 좀처럼 입을 열지 않았다.

회의는 일사천리로 진행됐다. 비공식 단체인 〈블라고베셴스크 사태 규명을 위한 시민 위원회〉 위원을 맡고 있는 〈인권 협회〉 소속 레프 포노마료프Lev Ponomaryov가 질문했다.

포노마료프: 블라고베셴스크 사태 관련자들에 대한 형사 고발은 지금 어떻게 돼 가고 있나요?

게라시모프: 조사는 종료됐고, 피의자들 전원에게 조사 결과를 통고했습니다. 블라고베셴스크 내무국장인 라마자노프는 지금까지 총 50권의 자료 중 22권의 자료를 검토했고요. 이런 속도로 검토하면 한 달쯤 더 소요될 것이라는 게 저희의 관측입니다. 그 다음에 사건은 법원으로 넘어갈 겁니다.

라마자노프가 증거 자료를 더 오래 붙들고 있을수록, 시민들의 감시의 눈길에서 진실은 그만큼 더 멀어질 것이다. 검찰청은 라마자노프를 압박하지 않을 것이다.

포노마료프: 바시코르토스탄 내무부 관리들 중 일부는 처음에는 정직 처분을 받았다가, 지금은 다시 복직됐지요. 어째서 이렇게 된 건가요?

게라시모프: 그들은 정직 처분이 부당하다고 항소했고, 법원은 정직 처분 확정을 거부한 겁니다. 본인은 바시코르토스탄 내무부가 부적절하게 처신했다고 생각합니다. 만일 검찰청 직원이 이와 유사한 사건에 휘말렸다면, 그의 공직 생명은 끝났을 겁니다.

베로니카 샤호바(지난 12월 사태를 사실대로 보도했다는 이유로 파면된 블라고베셴스크의 일간지『제르칼로Zerkalo』의 전편집장): 하지만 이즈마길로프 검사는 피해자들의 진술을 받아들이는 것조차 거부했단 말입니다! 이즈마길로프는 처벌도 받지 않은 채 시아에서 사라져 버렸지요.

게라시모프: 그 사건이 있고 며칠 뒤에 이즈마길로프는 진술서를 썼고, 직위 해제됐습니다.

샤호바: 처벌이 그 정도에서 끝난 건가요?

게라시모프: 그렇습니다.

샤호바: 좋아요. 하지만 그는 지금 다시 판사직에 지원한 상태지요. 검찰청은 〈재판관 자격 심의회〉 측에 그의 과실을 보고했던가요?

게라시모프: (당황한 나머지 어떻게 답해야 할지 안절부절하면서) 본인은 모릅니다. 아마도 뭔가를 보고했겠지요.

세르게이 코발료프(초대 러시아 옴부즈맨이자 전 두마 의원, 투철한 민주주의자이고 소련 시절 반체제 인사이자 안드레이 사하로프의 전우): 하지만 답변해 주시죠. 이즈마길로의 직무 수행 중 발생한 비위 사실에 대해 누구 하나 이의조차 제기하는 사람이 없지 않습니까?

게라시모프: 파면은 가장 심한 징계죠. 어떤 범죄 행위의 증거도 드러나지 않은 마당에.

블라디미르 루킨(옴부즈맨): 그렇지만 이번 사건으로 적지 않은 파문이 일고 있고, 문제는 계속되고 있습니다. 블라고베셴스키 사건 이후 똑같은 형태의 만행이 트베리 주에서 저질러졌고, 6월 11일과 12일 밤사이 스타브로폴 지방에서도 비슷한 사건이 일어났다는 의혹이 실제로 일고 있지요. 이런 유의 사건이 더 이상 없을 거라고 어떻게 확신할 수 있을까요? 죄를 지어도 전혀 처벌받지 않는다는 사실이 이런 사건을 잇달아 만들어 낸 건 아닐까요?

게라시모프: 현재 내무부는 자체적으로 부서의 기강을 잡지 못하고 있습니다. 내무부 장관이 자기 집에서 제대로 주인 노릇을 해야 합니다. 다시 말해 제대로 본때를 보여 줘야 하지요. 어떤 검사라도 경찰에게 집안 정리를 명령할 수는 없는 거니까요.

류드밀라 알렉세예바(〈모스크바 헬싱키 그룹〉 의장이자 〈시민사회와 인권 증진을 위한 대통령 위원회〉 위원): 처음에 우리가 이 사건을 맡았을 때 우리는 이 사건이 지역 내무부가 단독으로 저지른 단순한 과실이라고 생각했어요. 하지만 우리는 DSP 870호 명령에 관해 알게 됐지요. 경찰은 이 명령을 그대로 수행한 겁니다. 우리는 지금 870호 명령의 폐지를 위한 캠페인을 벌이고 있어요. 그런데 다른 부서에도 이 '여과 거점'과 비슷한 지침이 있나요?

그 당시 내무부 국장이었던 보리스 그리즐로프가 서명한 2002년 9월 10일의 DSP 174호와 DSP 870호 명령, 그리고 DSP 870호 명령에 대한 부록 12호("비상사태 시 병력과 자원의 배치 계획 및 준비에 관한 지침")는, "비상사태", "계엄 상황", "긴급 사태" 발생 시 내무군 장교들의 대응 수칙을 명시하고 있다. 그들은 "여과 거점"과 "여과 대상 집단"이라는 개념을 도입하고 있다. 이 문서에 의하면, 경찰이나 OMON 요원이 타당하다고 판단하는 경우, 러시아 시민은 얼굴을 얻어맞을 수 있을 뿐 아니라, 임의대로 구금되거나 "여과 거점"으로 보내질 수 있다. 또 저항한다면, "범죄자들을 박멸"할 수 있는 권리도 부여받는다. 이 문서들은 그 누구라도 범죄자로 간주할 수 있는 권리를 경찰에게 부여하는 것으로 보인다. 사실상, 무죄 추정 원칙의 폐지에 해당하는 이런 명령은 모든 경찰서에서 찾아볼 수 있다.

블리노프: 블라고베셴스크에서 벌어진 소위 "여과 거점"의 발동은 단순히 해

당 지역의 책임을 맡은 개인의 단순 무능력에서 기인한 것뿐입니다. 870호 명령은 긴급 사태 시 주민과 우리의 영토를 보호하기 위해서만 승인됐습니다. 그 명령은 그런 상황에서만 가동될 뿐입니다.

올레크 오를로프(⟨인권 기념 센터⟩ 공동의장): 하지만 870호 명령에서는 긴급 사태만이 아니라 비상사태와 계엄 상황까지도 언급하고 있어요. 긴급 사태 시 "여과 거점"의 발동은 어떻게 통제되나요? 또 "비상사태"라는 게 뭔가요? 이런 개념은 우리나라의 법조문 어디에서도 찾을 수 없어요.

블리노프: 내무부가 대답할 수 있는 시한은 일주일이 더 남았습니다. 너무 서두르지 맙시다. 유능한 법률가 팀이 작업하고 있어요. 기다려 봅시다.

이건 또 무슨 궤변인가? 블라고베셴스크 경찰서의 비위 사건 수사를 지휘하고 있는 세르게이 게라시모프는 870호 명령에 대해 전달받지 못한 것은 그것이 극비 사항이기 때문이었다고 복도에서 솔직히 시인했다. 하지만 시민들을 "여과 거점"으로 몰아넣고, 구타하고, 고문하고 독가스로 살해할 수 있도록 허용하는 이 명령은 사실상, ⟨인권 기념 센터⟩, ⟨국민의 심판People's Verdict⟩, ⟨인권 협회⟩ 등 모든 인권 단체의 웹사이트에서 찾아 읽을 수 있다. 이 명령은 국제 인권 단체가 볼 수 있도록 영문으로 번역되어 있기까지 하다. 달리 어떻게 검찰부총장이 그 내용을 인지할 수 있게 한단 말인가?

마라 폴랴코바(870호 명령의 적법성을 조사한 ⟨독립 법무 위원회⟩ 의장): 대검찰청은 870호 명령과 같은 부수적인 규칙과 그것에 대한 지침을 불법으로 간주하고 그에 불복할 의지를 갖고 있나요?

블리노프: 870호 명령은 이미 사법부가 조사하고 승인한 바 있습니다. 적법한 것입니다.

세르게이 시모볼로스(니즈니 노브고로드 출신의 인권 운동가): '청소' 임무를 수행했던 OMON 요원들의 복면 착용 때문에 그들을 재판에 회부시키는 것이 불가능합니다. 블라고베셴스크 사건에서 복면을 쓰지 않은 자들만이 기소됐지요. 이 일을 앞으로 어떻게 처리해야 하나요?

게라시모프: 복면을 쓰지 않고 임무를 수행하는 것은 불가능합니다. 대단히 위험한 범죄자들을 다루거나, 게릴라전을 치르며 무장 강도를 체포할 때 복면은 꼭 필요합니다. 틀림없이 복면의 착용은 통제돼야 하지만, 아직까지 그렇게 하지 않고 있습니다. 현재, 바시코르토스탄의 OMON 요원들은 면책을 받았습니다. 요원들이 복면을 착용하는 경우, 번호가 매겨진 배지를 의무적으로 착용해야 한다는 것이 대검찰청의 입장입니다. 블라고베셴스키 사건 후 조사한 바로는, 바시코르토스탄 경찰은 단 한 개의 배지도 보유해 두고 있지 않았고, 다른 많은 지역도 사정은 마찬가지라는 것이 밝혀졌지요.

이리나 베르시니나(칼리닌그라드 주 인권 옴부즈맨): 복면 착용과 관련해서 어떤 법적 조치가 취해지고 있는지 정리해 주실래요? 끊임없이 논란만 있었을 뿐, 아무것도 이루어진 게 없어서요.

이 질문에 대해서는 아무 대답이 없었다.

코발료프: 우리는 블라고베셴스키 사태와 관련해서 기소된 열 명의 장교에 대해서나, 혹은 심지어 바시코르토스탄 내무부에 대해서 논하고 있는 게 아닙니다. 그건 중요한 문제가 아닙니다. 상황은 훨씬 더 심각합니다. 이 "여과 거점"이 어디에서 유래된 것일까요? 바로 체첸입니다. 체첸에서 이런 유의 문제를 10년이 넘도록 끌어 왔지요. 체첸 주민들은, 공식적으로는 어떤 비상사태도 선포된 적은 없지만, 비상사태 아래서 "여과 거점"과 혹독한 정권 때

문에 고통을 겪었죠. 그야말로 잔혹한 일들이 일어날 조건이 형성되는 겁니다. 우리는 최고위급 위정자들에 대해 논하고 있습니다. 실제로 우리는 이것이 정부의 방침인가를 물어야 합니다. 의혹이 사실로 드러날까 두렵습니다.

***

루킨이 "외부인"으로 지칭한 자들은 그 이후에 열린 위원회 회의에서 참석이 금지됐다. 여기에는 블라고베센스크 '청소' 작전의 희생자들, 그리고 달갑지 않은 다수의 인권 운동가와 기자들이 포함되었다. 이튿날 회의에서는 르고프에 있는 유형지에서 재소자들이 일으킨 집단 자살 시도에 대해서도 논의됐다. 무려 1천 명에 가까운 재소자들이 교도관들의 고문에 항의하여 한꺼번에 동맥을 끊었던 것이다. 하지만 이 사건에 대한 논의는 '내부자'에게만 허용됐다. 러시아의 공식적인 인권 운동가들에게 '내부자'라 함은 러시아의 교도소와 유형지를 관리하는 사법부 고위 관료를 말한다.

6월 29일

다게스탄에서 게이다르 제말이 체포됐다. 오늘날 가장 권위 있는 이슬람 철학자들 중 한 명으로, 〈러시아 이슬람 위원회Islamic Committee of Russia〉 위원장을 맡고 있는 인물이다. 제말은 모스크바에 살고 있지만 공식 기관인 〈다게스탄 무슬림 종교 위원회〉의 초대를 받아 마하치칼라를 방문했던 것이다. 제말은 전쟁이 한창 벌어지고 있는 공화국에 평화를 가져올 방법을 논의하기 위해 온 또 다른 열두 명의 주민과 함께, FSB 산하 마하치칼라 지부 요원들에게 체포됐다.

무장 요원에 의한 민간인 체포는 대단히 폭력적으로 이루어졌다. 제말은 모욕과 구타를 당했으며, 다게스탄 테러 진압 본부로 끌려갔다. 결국, 아바스 케베도프를 제외한 나른 이들은 풀려났지만, 도지히 있을 수 없는 일이었다. 제말은 이렇게 취급받아서는 안 될, 이슬람 사회에서 너무도 중요한 인물이다.

공식적으로는 제말이 와하비즘을 지지하고 있다는 의혹 때문이었지만, 사실 제말은 와하비즘과 전혀 무관했다. 오늘날 우리가 와하비즘이라고 일컫는 것은 사실상 바사예프 숭배에 다름 아닌 것이다.

6월 30일

2004년 12월 14일 대통령행정실의 집무실 한 곳을 점거했던 〈민족 볼셰비키당〉 당원들에 대한 공판이 모스크바 니쿨린 지방법원에서 시작됐다. 피고인들은 노예처럼 서로 수갑으로 묶인 채 법정으로 들어섰다. 고대사를 다루는 교과서에나 나올 법한 모습이었다.

두 가지 점에서 이번 공판은 유례가 없는 것이었다. 첫째, 39명이 기소됐고 그런 까닭에 그들 모두를 가둘 수 있을 만큼 충분히 큰 철창이 설치된 법정을 구하는 것은 거의 불가능한 일이었다. 철창은 오늘날 러시아의 재판장에서 빠질 수 없는 부분이다. 둘째로, 정부 당국은 이것이 정치적 공판이라는 점을 강조하기 위해 안간힘을 쓰고 있다.

처음에 당원들을 기소한 죄목은 "러시아연방 내 권력에 대한 폭력적 탈취"였고(형법 제278조), 나중에는 징역 3년에서 8년의 형기에 해당하는 "집단 소란 행위 조직"(형법 제212조 2항)으로 축소됐다. 현재 이 사건은 러시아연방 검찰총장인 블라디미르 우스티노프가 전담하고 있고, 모스크바 검찰청의 한 부서가 수사에 착수하고 있다. (이 부서의 책임자인 예브게니 알리모프는 또 다른 위법적 수사 때문에 7월에 파면될 예정이었다.) 6개월이 넘도록 〈민족 볼셰비키당〉 당원들 40명 중 39명이 구치소에 수감되어 재판을 기다리고 있다. 풀려난 한 명은 열다섯 살의 트베리 출신 소년 이반 페트로프였다.

공판이 시작되는 정오 무렵, 미추린 대로에 있는 법원 건물은 저지선이 동심원으로 둘러싸고 있었다. OMON 요원들이 도처에 깔려 있었다. 경찰과 경찰견, 위장복과 사복 차림의 요원들이 곳곳에 배치돼 있었다. 법원에 모인 인파를 아예 대놓고 비디오로 촬영했고, 심지어는 기자들의 어깨너머로 적고 있는 것을 읽기도 했다. 호도르콥스키의 재판에서 그랬던 것처럼 여기에서는 자유가 조금도 없었다. 〈민족 볼셰비키당〉 당원들은 법원으로 들어올 때 색유리를 단 우아한 오프로더 차량을 타지 않았고, 부모는 자기 자녀들이 어떤 행색을 하고 있는지 볼 기회가 전혀 없었다.

피의자들은 창문 없는 죄수 호송차로 옮겨졌고, 차는 지하 주차장으로 곧장 들어갔다. 그리고 건물 내부 계단을 통해서 2층으로 인도됐다. 오늘날 그곳은 재판과 직접적으로 관련 없는 사람들에게는 완전히 폐쇄되어 있다. 이런 비상 조치의 마무리로서, 푸틴이라도 나타날 것처럼 외부 저지선에서 10미터마다 경찰이 배치됐다. 정작 그 자리에 나타난 사람은 〈민족 볼셰비키당〉 당수인 에두아르드 리모노프였다. 피의자의 부모와 일반인들이 건물 안으로 들어오지 못하는 것은 물론이고 심지어 그 근처에도 얼씬하지 못하도록 돼 있었는데 그가 나타난 것이다.

"여러분들의 마음은 이해하지만, 이건 판사가 결정한 거라서요."

비상경계를 맡은 대령이 다소곳한 목소리로 설명했다. 판사는 알렉세이 시하노프로, 트베리 지방법원에서 이곳으로 청빙돼 왔다. 위법 행위가 벌어진 것으로 추정되는 현지에서 공판이 열려야 하지만, 그곳 법정에는 피의자들을 수용할 공간이 없었다.

미결수에게 사슬을 채우고 철창에 넣는 것은 일종의 과민 반응이라고 해야 할 것이다. 테러범이나 연쇄 강간범도 법정으로 들어올 때 사슬을 차지는 않는다. 우리 눈으로 확인할 수 있듯이, 오늘날 당국이 진짜로 두려워하는 자들은 반체제 인사들이다.

첫째 날인 오늘, 비공개 재판에서 피고측 변호인단은 나이 어린 피의자들, 즉 세 명의 미성년자 소년과 아홉 명의 소녀들만이라도 보석으로 풀려날 수 있게 애쓰고 있다. 그들이 끼쳤다는 손해(찢어진 소파, 부서진 자물쇠와 문)가 아주 경미하다는 점을 고려한다면, 무리한 요구라고 볼 수 없다. 설사 그들의 죄목에 승인되지 않은 집회 행위를 추가한다고 해도, 그것은 범죄가 아니라 행정상의 위법 행위인 것이다.

하지만 시하노프 판사는 이 모든 행위가 얼마나 심각한 범죄이며, 사회에 얼마나 큰 우려를 불러일으켰는가를 강조했다. 판사는 해당 피의자들이 또 다시 소동을 부릴 경우를 대비해서 다른 공판 참가자들 모두가 법정을 떠나는 오후 7시에야 보석 여부를 결정할 예정이었다. 결론이 부정적일 수도 있다는 매우 분명한 암시였다.

판사는 폭동이 일어날까 봐 그렇게 노심초사할 필요가 없었다. 저녁 무렵, 비가 대지 위를 얇게 덮었을 때, 가장 투철한 시위자만이 자리에 남았다. 유일한 무기라고 해야 눈물밖에 없는, 슬픔에 잠긴 채 말이 없는 피의자 부모들이 우산을 받쳐 든 채 모여들었다. 같은 당의 동료들은 차를 마시러 갔고, 리모노프 역시 가고 없었다. 정치 지도자들이 비를 맞으며 서 있는 것은 어울리지 않는다. 판사의 결정이 내려졌다. 계속 수감할 것.

이 여론 조작용 재판의 모든 과시적 요소는, 푸틴에게 맞서는 것이 정당하다고 믿는 열성적인 정치적 반대파를 공권력이 얼마나 무서워하는지 보여 준다.

정부는 또 다른 여론 조작용 재판이 필요하다. 처음에는 그 대상이 〈유코스〉

였고, 지금은 반체제 인사들을 끝장내려고 한다. 이들 반체제 인사들은 오늘날 〈민족 볼셰비키당〉에서 담당하고 있다. 이들의 구호는 이것이다. "체첸에서 전쟁을 끝내라!", "반사회적인 현 정부 타도!", "푸틴 퇴진!" 정부의 입장에서 더 골치 아픈 것은 이 반체제 인사들이 거리에서 다른 사람을 공격하는 짓거리는 하지 않는다는 사실이다. 그들은 책을 읽고 사색을 한다! 당국이 그들을 궤멸시킬 수 없기 때문에, 보안기관이 사람을 가둬 놓고 잘 쓰곤 하는 온갖 역겨운 고문 수법들을 동원해도 역부족이기 때문에, 그들의 위법 행위를 한층 더 극악한 것으로 만드는 것이다. 당국은 아무 성과도 보지 못했다. 누구도 선처를 바란 적이 없으며, 누구도 스스로의 죄를 인정한 적이 없으니 말이다.

지금 가리 카스파로프는 〈통합 민주 전선United Democratic Front〉의 지도자다. 하지만 불행하게도 이 단체는, 〈우파 연합〉을 위해 일하거나 지지했던, 비슷한 생각을 가진 소수의 사람들을 제외하고 다수의 민주주의자들을 결집시키는 데에 성공하지 못했다. 카스파로프는 러시아 남부를 돌며 유세를 계속하고 있다. 가는 곳마다 카스파로프 일행은 호텔 투숙을 거부당하며, 식당에서 음식을 먹지도 못하고, 회의를 열 수 있는 공간도 제공받지 못한다. 주인들은 남부연방관구 당국이 구두로 엄포한 것을 놓고 말한다. "당신은 모스크바로 돌아가면 그만이지만, 우린 여기에서 계속 살아야 한다. 만일 우리가 당신을 맞아들인다면, 당국에서는 우리 호텔과 레스토랑을 폐쇄하고 말 것이다."

무엇 때문에 카스파로프를 그렇게 염려하는가? 카스파로프는 단지 사람들과 대화하고, 몇몇 사람들의 마음속에 '선한 푸틴'에 대한 의혹의 씨앗을 뿌렸을 뿐이다. 그게 전부다. 카스파로프에 대한 박해는, 민주주의자로 소문난 푸틴의 러시아 남부 지역 전권대사인 '선한' 드미트리 코자크의 작품이다. 심지어 민주주의 진영에서조차 많은 사람들은 코자크를 푸틴 이후 민주주의의 최대 희망으로 꼽고 있지만, 사실은 마땅한 대안이 없기 때문에 그가 좋게 보이는 것뿐이다. 대부분의 정부 각료들은 동작이 굼뜨고 비열하다. 코자크가 러시아 남부에서 대통령 전권대사로 임명됐을 때 국민은 그를 안쓰럽게 여겼다. 사람들은 코자크가 한직으로 밀려났다고 생각했지만, 코자크는 자신이 겁쟁이가 아니라는 것을 보여 줬다. 여론에 모습을 드러내 국민과 그들의 고충에 대해 대화하기 시작했다. 국민이 울분을 터뜨리도록 도와줬다.

점차 코자크는 러시아 남부의 도시들을 돌며 하나의 시민 불복종 행위에서 다른 불복종 행위로 옮겨 다니면서 러시아의 다른 지방에서도 인기를 얻기 시작했다. 하지만 그의 정치적 본색은 카스파로프에 대한 이런 자잘한 핍박을 통해 마침내 드러날 참이었다. 코자크는 완전히 푸틴의 사람이기 때문이다.

7월 1일

다게스탄의 마하치칼라에서 내무부 특수부대의 102여단 소속 징집병 60여 명이 이슬람 금요일에 방문한 목욕탕 주변에서 폭탄 테러를 당해 열 명이 즉사하고 두 명이 병원에서 숨졌다. 사제 폭탄은 TNT 7킬로그램에 맞먹는 폭발력을 발휘했다. 이번 사고는 지난 달 다게스탄에서 일어난 여섯 번째 테러였다.

7월 6일

모스크바에서 러시아의 '영웅들'이 단식 농성을 이어갔다. 어떤 정권이 크렘린 궁을 차지하든 전통적으로 권력의 지지대로 간주돼 온 이들에게 이것은 완전히 부당한 처우다. 그들은 국가의 위정자들에게 영웅으로 받아들여져야 하지만, 무언가가 잘못돼 버렸다.

"소련의 영웅"이나 "사회주의 노동 영웅", 그리고 "러시아의 영웅"에 이르기까지 총 204명을 대표해 나선 다섯 명의 영웅들은 공적으로 고행에 투신하는 것 말고는 러시아 국민과 공권력의 관계를 향상시키는 데 기여할 다른 방법이 없다고 결론을 내렸다. 그들은 모스크바 외곽 스몰니 거리의 옛 연구소 자리에서 단식 농성을 벌이고 있다.

단식 농성자 한 명 한 명이 '영웅들' 집단을 하나씩 대변했다. 한 명은 "소련의 영웅" 칭호를 두 번 받은 유공자 집단을, 다른 한 명은 스타 시티의 우주비행사 집단을, 세 번째는 "사회주의 노동 영웅들"과 "명예 노동단의 수호자들 Cavaliers of the Order of Glorious Labour" 전원을, 네 번째는 "소련의 영웅"이자 "러시아연방의 영웅" 모두를 대변했다.

그 영웅들이 인내심을 잃게 된 것은 왜일까? 6월 13일 두마는 제1독회에서 복지 혜택을 폐지하는 새 개정안, 이번에는 특히 '영웅들'과 관련된 법안을 채택했다. 새 법안은 소득이 감소된다는 것을 의미하는 것이 아니라, 국가를 각별히 섬겼던 이들에 대해 정부가 가지고 있던 존경심이 축소됐다는 것을 나타낸다. 이를테면, '영웅들'의 장례는 국가의 예우를 받으며 치러지지 않을 것이다. 군 급양부에서 의장대를 지원하지도 않을 것이며, 유족들이 사재를 털어 값을 치르지 않는 이상, 조총을 쏘지도 않을 것이다.

국가 최고위층의 관료주의적 정신이상이다. '영웅들'은 언제나 국가가 자신들을 기리는 일에 관심이 있다고 생각해 왔던 터라 더더욱 격분했다. 지난 4월, 이 개정안이 정부 부서를 표류하고 있었을 때, '영웅들'은 푸틴, 프랏코프, 그리즐로프에게 편지를 썼다. 204명의 영웅들은 당국이 대표자들을 만나 이야기를 듣고 이 개정안이 얼마나 모욕적이며 받아들이기 힘든지 이해해 줄 것을 요청했다.

하지만 정부로부터는 어떤 반응도 없었다. 이해하는 기미가 조금도 보이지 않았다. 대통령행정실과 두마, 정부가 그들의 얼굴에 침을 뱉은 셈이다. 그러자 '영웅들'은 자신들이 이런 답변을 받을 정도라면 나라의 다른 이들은 어떤 대우를 받을 것인가 하고 생각하면서 충격을 받았다. 그들은 "정부와 사회 간 소통 부재를 문제 삼기 위해" 단식 농성을 계속하기로 결정했다.

"우리는 시위를 시작하고 '등불을 점화'시켜야 할 때가 됐다고 생각합니다." 발레리 부르코프가 말한다.

"시민사회가 우리의 본보기를 따르도록, 또 국가기관이 법안을 만들 때 시민의 목소리를 들을 수 있도록 보장하는 법이 통과되도록 하기 위해서 말입니다. 우리가 벌이는 단식 농성의 목적은 정치적 결정이 내려지고 있는 방식, 시민이 자신의 견해를 주장할 수 있는 권리, 그리고 국가를 통치하는 방법 등에 대해 폭넓은 공청회를 촉발시키는 것입니다. 러시아 헌법은 이상적인 인권 선언의 또 다른 일례입니다. 지금 인텔리겐치아는 어디에 있습니까? 작가들은 어디에 있나요? 대통령 위원회 위원들은 어디에 있나요? 이렇게 우리가 나서지 않을 수 없게 만든 문제에 대해 그들이 어떻게 말할지 들어 봅시다."

7월 7일

영국 글래스고 인근 글렌이글스에서 G8 정상회의가 열리고 있는 동안 런던에서는 테러 사건이 발생했다. 푸틴도 거기에 있었다. 러시아 텔레비전 화면에도 사상자와 피가 보였다. 하지만 그에 대한 논평은 듣지 않는 편이 차라리 더 낫다. 동정심은 거의 없고 악의적인 만족감만 내비친다. 마치 영국이 우리와 똑같은 고통을 겪고 있다는 것을 기뻐하고 있는 것 같다. 특히 방송에서는 영국이 아흐메트 자카예프를 러시아에 인도할 준비가 되어 있다고, 영국 측이 그런 말을 한 적이 전혀 없음에도 불구하고, 조심스럽게 암시하고 있다.

그 속셈은 무엇인가? 우리는 언제나 타인의 고통에 대해 크게 즐거워하면서도 친절을 베풀 준비는 돼 있지 않다. 러시아인들은 세계에서 선하고 공정한 사람들로 취급받지만, 현재 나는 그런 평가를 이해할 수 없다.

모스크바에서 '영웅들'은 단식 농성을 계속하고 있지만, 단 한 개의 TV 채널도 그 사실을 보도하지 않는다.

미하일 호도르콥스키의 모친인 마리나 호도르콥스카야는 우주비행사 게오르기 그레치코Georgii Grechko에게 보내는 공개서한을 『노바야 가제타』에 전달했다. 그레치코는 배우, 작가, 프로듀서, 우주비행사 등 러시아 전역의 명사 50명이 서명한 악명 높은 공개서한에 서명했다. 편지의 논조는 호도르콥스키를 비난하면서 그가 [9년의] 중형을 받아서 기쁘다는 것이었다. 편지는 대중이 지도자에게 실제 적이든 가상의 적이든 정적을 제거하는 일을 계속하라고 황홀경의 격려 편지를 써 보냈던 스탈린 시대의 논조로 쓰여 있었다.

호도르콥스키의 모친은 편지에서 이렇게 썼다.

나는 상처를 입었고 당신이 부끄럽습니다. 무정한 인사도 못 될 뿐더러 소식통인 당신이 러시아연방의 여러 지역에서 내 아들과 회사가 청년과 교사를 위한 교육 프로그램에 투자한 막대한 자금에 대해 아무것도 알지 못한다는 것이 믿기지 않는군요. 당신이 이런 사실을 알고 있다면, 대체 양심이 있기나 한 건가요? 혹여 그런 사실을 몰랐고, 상부의 지시에 따라 이미 심판받은 사람을 또 한 번 걷어차는 것이라면, 당신의 명예나 남자다움은 어디로 갔나요? 나는 당신에게 내 아들 호도르콥스키를 변호해 달라고, 또 소위 우리나라 사법제도를 비판해 달라고 부탁하고 있는 게 아닙니다. 모든 사람은 자신의 견해를 말할 수 있는 권리가 있으니까요. 하지만 누구를 공개적으로 비난하기 전에는 사실

관계를 완전히 파악하고 있어야 합니다. 그렇지 않고는 이 사회에서 아주 기본적인 정의도 가능하지 않을 테니까요.

우리는 이 편지를 신문에 실었지만 우주비행사 그레치코한테서는 아무 답장도 오지 않았다. 뿐만 아니라 그레치코는 자기 동료들의 단식 농성에 대해서도 반대하고 있다. 그것이 그의 선택이다.

7월 8일

39명의 〈민족 볼셰비키당〉 당원들에 대한 사건 공판이 계속되고 있다. 그들이 모스크바 내 여러 감옥에 나뉘어 구금된 지도 일곱 달째다. 법정 천정까지 닿는 새 철창이 설치됐다. 두 개는 남성용이고 하나는 여성용이다. 세 개의 철창이 빡빡하게 들어차 있었다. 저명한 〈공산당〉 소속 두마 의원이자 〈유럽 평의회 의원 연맹Parliamentary Assembly of the Council of Europe〉 소속 의원이기도 한 이반 멜니코프Ivan Melnikov는 자기 눈을 믿을 수 없었다. 정치범 재판에 이 우스꽝스러운 구조물까지 동원하다니! 두마 안에서는 있을 수 없는 일이다. 두마에서 공권력은 합의와 협상, 협정을 통해 작동하는 것처럼 보이기 때문이다. 하지만 법정에서는 "제국의 적들enemies of the Reich"을 향한 가차 없는 태도가 지배하고 있다. 멜니코프 의원 역시 모스크바 대학에서 교편을 잡고 있다. 〈민족 볼셰비키당〉 당원들 대다수는 대학생이고, 일부는 모스크바 대학에 다니고 있다. 멜니코프는 학생들에 대한 성격 증인 자격으로 출석했다. 하지만 판사는 이 점을 고려하지 않는다.

이들 피고의 기소 이유는 47만 2,700루블(약 1천 6백만 원)의 재산 피해를 초래한 것 때문이다. 그 손실액을 피고 39명의 숫자로 나누면, 검찰총장이 피고 한 명에게 1만 2천 루블(약 40만 원)이 약간 넘는 손해에 대해 최고 8년의 징역형을 요구하고 있다는 결론이 나온다. 어째서 그렇게 가혹한가? 푸틴의 공무를 처리하는 건물 로비에서 "푸틴이여, 퇴진하라!"를 비롯해서, 다른 유사한 구호들을 외쳤기 때문이다.

당원들은 대통령에 대한 견해를 밝혔다는 죄목으로, 개 사육장의 강아지들처럼 철창에 갇혀 있다. 그 안에서 보는 이의 마음을 찢어 놓을 만큼 그렇게 심각한 눈으로 우리를 보고 있다. 감옥에서 얻은 북슬북슬한 검은 턱수염과 삭발한 머리를 한 사람이 보인다. 유치장에 갇히기 전에 찍은 사진과 비교하면 전혀 다른 사람이다. 또 다른 이는 턱수염을 기르기에는 아직 너무 어려 보인다. 하지만 그는 산 채로 빈대의 먹이가 돼 있다. 온통 울긋불긋한 상처투성이다. 세 번째 사람은 계속 긁기만 한다. 그는 감옥의 이 때문에 생긴 단독丹毒으로 고생하고 있다. 모두들 이 나라 삶에 대해 나름의 관점을 가지고 있다는 이유로 사회에 위험한 존재가 되어 있다.

판사는 모든 일이 계획대로, 그가 받은 지시에 따라 진행돼 가고 있음을 분명하게 느낀다. 그는 자신이 지금 어느 편에 속해 있는지를 잘 알고 있다.

호도르콥스키와 레베데프의 공판에는 현재와 과거의 자유주의자들과 민주주의자들 대부분이 모습을 드러냈다. 하지만 이번 재판에는 아무도 나타나지 않았다. 피켓도, 시위도, 집회도, 연호되는 구호도 없다. 이번 재판이 〈유코스〉 건과 마찬가지로 여론 조작용 재판이라는 것이 이제 명백히 드러난 마당에 이는 아주 기이한 노릇이다. 물론 이번 재판은 다른 연령대, 다른 소득 계층을 위협하기 위한 것이다. 〈유코스〉는 초부유층을 법정의 피고석에 앉힐 예정이지만, 여기서는 낮은 수입의 청년들, 대부분 대학생들이 피고로 와 있다. 하지만 사건이 주는 교훈은 똑같다. 우리를 거역할 때 무슨 일이 일어날지 명심하라. 감옥,

빈대, 단독, 정치범 수용소, 불량배들과 같은 방에 투옥될 것이다.

여러 해 동안 우리는 배심원 재판이 법원의 실질적 독립을 가져다줄 것이라고 굳게 믿어 왔다. 공권력은 그 점을 양보하지 않을 수 없었다. 왜냐하면 그렇게 하지 않으면, 〈유럽 평의회Council of Europe〉에 가입할 가망은 영원히 없기 때문이었다. 2003년 이후 배심원들은 점차 형사사건을 맡기 시작했고, 종전의 법정에서 피고의 1퍼센트 미만이 무죄를 선고받은 데 비해, 배심원 재판에선 최소한 15퍼센트가 무죄로 판결됐다.

하지만 무혐의로 풀려난 사람들 중에는 암흑가 두목들과 체첸의 전쟁 영웅들, 거기서 잔혹 행위를 벌인 연방군인들, 대체로 정상을 참작할 여지가 없는 살인범들이 끼어 있는 경우도 드물지 않았다. 유명한 범죄자 두목인 야폰치크의 석방 이후, 배심원 재판에 대한 신뢰도는 차츰 밑바닥으로 떨어졌다. 배심원 재판은 또 하나의 헛된 기대에 불과했다.

7월 12일

블라고베셴스크에서 나쁜 소식이 들려온다. 기소된 경찰관들 중 남은 한 명마저 석방됐다. 인권 운동가들이 모스크바에서 파란을 일으키는 사이를 틈타, 바시코르토스탄 당국은 이 사건 전체에서 가장 잔혹한 인물 중 한 명이자, 두바네이 마을의 청년들을 두들겨 팬 혐의로 기소된 경찰 간부 길바노프를 슬그머니 풀어 주었다. 이제 모든 짐승들이 또 다시 활개치고 있다. 우파의 관할 법원은 길바노프가 다리 보호대를 착용한 소년을 보고 그가 다리의 복합골절로 인해 완전히 무기력한 상태인 것을 알면서도 공격한 사실을 무시한 채 길바노프가 반사회적인 위험 분자가 아니라고 결론지었다. 그보다 더 역겨운 사실은 바시코르토스탄 내무부가 길바노프를 경찰관으로 복직시켰다는 점이다.

이제 당국은 그런 잔학 행위 후 일어난 모든 분란에 대해 보복하려는 계획을 세워 놓고 있다.

그 형사사건 문건은 완전히 극비리에 부쳐진 채 공화국 검찰청의 중범죄 수사과에 제출됐다. 하지만, 소위 "여과 거점"에서 일어난 불법 구금과 관련해 변호사 측이 제기한 주요 혐의는 증발해 버린 것으로 드러났다. 현재 기소된 항목은 단지 "월권"에 대한 것뿐이다.

동시에, '청소'의 희생자들은 전례 없는 행정적 괴롭힘에 시달려야 했다. 그들은 진술을 철회하지 않은 것 때문에 직장을 잃었다. 이런 괴롭힘은 가장 심한 학대를 당한 사람들과 지역 경찰, 그리고 OMON의 극단적 폭력에 대해 모스크바에 지부를 둔 언론인들과 인권 운동가들에게 하소연했던 부모들에게 일어나고 있다. 희생자들의 권익을 대변하는 데 동의한 변호사들 역시 곤란을 겪긴 마찬가지였다. 모스크바에서 온 스타니슬라프 마르켈로프와 블라디미르에서 온 바실리 시즈가노프는 모스크바 인권 단체들의 요청을 받아 블라고베셴스크에서 의뢰인들과 만날 기회가 있었는데 그때 칼을 들고 집안으로 난입한 한 술 취한 훌리건과 맞닥뜨렸다. 변호사들이 목숨을 건질 수 있었던 것은 아파트 주인인 비탈리 코자코프가 그 모든 공격을 한 몸에 받았기 때문이다. 아파트와 계단 위가 전부 코자코프의 피로 얼룩졌다. 하지만 신고를 받고 출동한 경찰은 그 칼잡이를 체포하는 것조차 외면한 채 등을 돌리고 현장을 떠났다. 그 순간 괴한의 입에서 무심코 비밀이 흘러나왔다. 술에 취해 난동을 벌이라고 교사한 장본인이 바로 경찰이라는 것이었다. 경찰은 과거 폭력 사건의 희생자들을 보호하고 있는 변호사들을 체포할 구실을 찾고 있었던 것이다.

블라고베셴스크의 희생자들은 비슷한 경험을 가진 시민들에게 호소하면서 〈여과 거점 및 청소, 경찰 폭력 희생자 협회〉를 구성했다.

우리는 여러분과 다를 바 없이 아무 권리도 없습니다. 그 어두웠던 12월의 며칠 동안 우리는 체첸 시민이 겪은 고통을 알게 됐습니다. 몸소 똑같은 것을 경험했으니까요. 우리 도시에서 일어난 경찰 폭력을 시초로 러시아 여러 지역에서 가혹한 조치들이 취해졌습니다. 시작은 작은 마을들이었지만, '여과 거섬'은 일어나 안 있어 대도시에서도 목격될 것입니다. 우리는 더 이상 공권력이나 정부를 신뢰하지 않습니다. 우리는 오직 우리 자신과, 우리와 같은 상황에 놓인 사람들과 상호적인 도움에 의지할 뿐이지요. 당신이 누구든지, 당신이 어디에 살든지, 당신의 국적이 무엇이든지 우리에게 연락을 주십사 부탁드립니다. 우리는 이제 이 악몽을 멈춰야 합니다. 우리 모두가 멸절하기 전에 말입니다.

7월 6일에 시작된 '영웅들'의 단식 농성은 계속되고 있다. 단식 농성자 중 몇 명이 벌써 교체됐어야 할 시점인 7월 12일, 관료 집단은 마침내 옴부즈맨 블라디미르 루킨을 앞세워 모습을 드러냈다. 립킨의 첫 번째 조치는 기자들을 해산한 것이다. 우리는 우르르 밖으로 나갔다. 루킨이 방문한 시각은 영웅들의 미망인 대표단이 연대를 표출하기 위해 온 시각과 일치했다.

라리사 골루베바의 남편 드미트리 골루베프는 1등 잠수함 항해사이자 "소련의 영웅"이었다. 골루베프는 소련에서 두 번째로 건조된 핵 잠수함의 사령관이었다.

"남편이 죽어 가면서 계속 말을 걸었죠. '왜 우는 거야? 당신은 모든 것을 갖게 될 거야. 당신은 훌륭한 보살핌을 받을 거야. 당신은 '영웅'의 아내잖아.' 물론, 내가 울었던 건 그것 때문은 아니었어요. 하지만 남편은 일이 이렇게 엉망이 되리라곤 상상조차 못했을 거예요."

러시아에서 두 번째 건조된 핵 잠수함을 지휘하는 것은 건강에 좋을 리가 없었다. 그간 핵 잠수함 지휘관들은 실험 대상이 되어 왔기 때문이다. 라리사는 캄차트카, 세베로모르스크, 세바스토폴 등 남편의 주둔지에서 일생을 보냈다. 남편이 시련을 끝마치고 살아 돌아오기를 희망하면서 보낸 인고의 세월이었다.

지금 '영웅'의 칭호를 받게 된 남편과 동고동락했던 라리사, 그녀에게 과연 어떤 권리가 주어진 걸까? 그렇다. 아무것도 없다. 새로운 법에 따르면, 영웅의 미망인은 자신의 연금에 더해 어떤 추가적 보상금도 받을 수 없다. 어마어마한 부패에 빠진 정부는 마찬가지로 어마어마한 부를 고급 관료들에게 진상하면서 예산을 삭감하고 있다. '영웅'의 미망인이 받을 수 있는 혜택은 너무 형편없어서, 차라리 보상금을 포기하고 보통의 노령연금을 받고 만족하는 편이 더 나을 정도다. 두 가지 혜택을 모두 받을 수는 없기 때문이다. 이게 바로 라리사가 일생을 바친 대가다. 그녀는 노령연금과 함께 대통령령으로 레닌그라드 봉쇄 사건의 생존자에게 지급되는 매달 500루블(약 1만 5천 원)을 받고 있다. 모두 합쳐 한 달에 3,200루블(약 10만 5천 원)이다. '영웅'이 남긴 유산은 그게 전부다.

단식 농성자들은 과거를 후회하지 않는다. 대신에 현재를 한탄하며, 미래를 두려워한다. 그들은 자신들의 시위가 러시아 시민과 행정 당국 간의 진정한 대화 창구가 열리면서 끝날 것이라고 확신하고 있다.

겐나디 쿠치킨은 쉰한 살의 사마라 주 키넬 출신 "소련의 영웅"이다. 겐나디는 상위上尉 계급으로 전차 대대를 이끌고 아프가니스탄에 참전했다. 147번의 전투에 나가 1983년에 "소련의 영웅" 칭호를 받았다. 그는 자기 동료의 농성에 동참하고자 어제서야 사마라에서 비행기를 타고 왔다.

"내가 이해하고 있는 한, 이번 시위의 목적은 우리 정부로 하여금 명예를 지키도록 하는 것입니다."

147차례의 전투에 나갔음에도 불구하고, 그는 여전히 순진하다. 겐나디는 자신의 조국이 자신의 영웅주의에 침을 뱉을 때조차, 스스로를 '영웅'으로 생각할 만큼 낭만주의자다.

겐나디는 "소련의 영웅" 칭호를 받은 후 10년을 기다리고 나서야 아파트를 장만할 수 있었다. 그 전까지는 부상당한 몸으로 가족을 데리고 남의 집을 전전해야 했다. 전화기를 놓는 데에만 12년이 걸렸다. 겐나디는 이렇게 말한다.

"거짓은 냉소주의를 낳지요. 학교에서 강연을 할 때가 있습니다. 요새 아이들은 무엇에 관심이 있는 줄 알아요? 대개는 돈이지요. 아이들은 내가 반군 병사는 아니었는지 알고 싶어합니다. 보통은 두 가지를 묻지요. 내가 얼마나 많은 사람을 죽였고, 그 대가로 얼마나 많은 돈을 받는지를요. 아이들은 내가 얼마만큼 받는지를 안 뒤에는 더 이상 나를 영웅으로 보지 않지요. 흥미를 잃어요. 물론, 요즈음 러시아의 엘리트가 누구인가 하는 것은 중요한 질문입니다. 우리 같은 골목대장에서부터 1등 시민에 이르기까지 엘리트는 돈과 권력을 가진 사람들이라고 말하지요."

나는 개인적으로 〈우파 연합〉의 보리스 넴초프에게 단식 농성자들을 만나보라고 청한 적이 있다.

"거기로 가서 그들에게 정신적 지지를 보내 주세요!"

넴초프는 나의 제안을 그다지 달가워하지 않았고, 좀 이상하게 말했다.

"저들은 내가 무엇이라도 가져다주기를 바랄 거요. 빈손으로 갈 순 없죠."

넴초프는 영웅들이 정권으로부터 어떤 좋은 소식을 가져다주기를 바랄 거라고 생각했다. 하지만 넴초프가 직접 거길 간다면 그 자체로 그들은 행복해할 것이다. 그가 그곳에 가길 원한다는 이유만으로.

우리 사회는 더 이상 사람이 사는 사회가 아니다. 창문 없이 고립된 콘크리트 감옥의 집합체다. 한쪽 방에는 '영웅들'이 갇혀 있다. 다른 쪽 방에는 〈야블로코〉의 정치인들이 있다. 세 번째 방에는 〈공산당〉 당수인 주가노프Gennady Zyuganov가 있다. 계속 이런 식이다. 그 하나하나를 합치면 러시아 국민 전체가 될 수천 명의 사람들이 있다. 하지만 이들 감옥의 벽은 철옹성처럼 단단하다. 그 속에서 고통 받고 있는 누군가는 아무도 자기에게 관심을 가지지 않는다며 화를 낸다. 실제로 같은 시간에 다른 감옥에 있으면서 그 사람에 대해 생각하는 사람들이 있다고 해도 행동으로 이어지지 않는다. 각자가 처한 상황이 정말 참을 수 없기에 사람들은 단순히 그 사람이 문제를 겪고 있다는 사실만 기억할 뿐이다.

당국은 감옥을 점점 더 철옹성처럼 만들기 위해 할 수 있는 모든 조치를 취하고 있다. 불화의 씨를 뿌리고, 이 사람과 저 사람을 이간질하고, 사이를 벌려 놓고, 지배한다. 그리고 국민은 그런 농간에 속아 넘어간다. 이것이 진짜 문제인 것이다. 또 그런 까닭에 러시아에서 혁명이 일어나는 경우 항상 극단적일 수밖에 없는 것이다. 감옥과 감옥을 나누는 장벽은 사람들 내부의 부정적인 감정이 도저히 통제될 수 없는 단계에 이르렀을 경우에만 무너져 내릴 것이다.

7월 13일

'영웅들'이 돌연 연방회의 회의장으로 초대됐다. 관련 법안이 심의되고 있는 중에 말이다. 영웅들은 오랫동안 기다렸던 자전거를 얻게 된 아이들처럼 기뻐했다. 부르코프가 말했다.

"얼음이 녹고 있습니다. 제가 여러분들한테 말했듯이, 당국이 우리와 대화하기 시작한 겁니다. 훌륭합니다!"

대표단은 연방회의장에 몇 시간 동안 앉아 있으면서 점차 뭔가 잘못되어 가고 있다는 것을 깨달았다. 법안이 표결에 부쳐졌다. 부르코프가 벌떡 일어나서 회의장 전체가 울리도록 소리쳤다.

"우리 의견은 묻지 않는 겁니까? 우리의 주장을 아무도 귀담아 듣지 않을 겁니까?"

마지못한 의원들이 발언 기회를 내줬다. 실제로 대표단의 말을 꼭 들어야 한다고 생각했던 사람도 없는 것 같았다. 연방회의는 단순히 단식 농성을 끝내기 위해 그들을 초청한 것이었다.

부르코프가 발언을 시작했지만, 무례하게 제지당했다. 연방회의 의장 세르게이 미로노프는 짜증을 내며 법안을 표결에 부쳤고, 상원 의원들은 법안을 통과시켰다. 미로노프는 '영웅들'을 자신의 사무실로 초대한 다음, 연방회의는 그들의 근심을 충분히 이해할 수 있지만 상부의 사람들은 다른 견해를 가지고 있다고 안심시켰고 끊임없이 단식 농성을 철회하라고 회유했다. 그렇게 하면 "정부와의 대화를 시작할 수 있다"는 것이었다. 대표단은 모욕감을 느끼며 자리를 떴고, 자신들의 조그만 감방으로 되돌아 왔다.

7월14일

검사가 기소장을 읽었다. 〈민족 볼셰비키당〉 당원들의 재판이 계속되고 있다. 정부는 집단적 죄과의 기본 개념을 확립하기 위해 그 사건을 이용하기로 결정했다. 집단적 죄과는 스탈린의 여론 조작용 재판 이후 들어 보지 못한 말이다. 그 후 몇 년 동안 소련과 러시아의 검사들과 판사들은 전체주의적 관행으로부터 거리를 두면서 최대한 죄를 개인화하려고 애써 왔지만, 2005년 전체주의는 다시 우리에게 찾아왔다. 스미르노프 검사는 기소된 〈민족 볼셰비키당〉 당원들의 이름을 빠르게 호명하면서 다음과 같이 주장했다.

"이들 전원이 폭력 행위를 수반하는 집단 소동에 가담했으며…… 청사에 잠입할 범죄 계획을 꾸미고…… FSB 요원들의 활동을 방해하고…… 반대통령 정서를 담은 전단지들과…… 사회에 대한 분명한 반감을 표출하면서…… 정권 퇴진에 대한 불법적인 구호를 외치는 등……."

피고 측 변호사 드미트리 아그라놉스키는 휴정 시간 동안 이렇게 논평했다.

"꽤 많은 재판에 참여했지만, 언제나 죄는 특정한 개인과 관련됐습니다. 하지만 이번 사건의 경우, 법원에서는 반정부 혐의에 대한 집단적 죄과에 근거한 판결, 그것도 선례를 남기는 판결을 내리고자 하는 의도가 분명히 있어요. 이것이 상부의 정치적 명령입니다."

때때로 러시아 사회는 수백만 명의 노예와 한 줌의 주인이 지배하는 사회라고 불리며, 그런 현실은 장차 수 세기동안 계속될 것이라는, 다시 말해 농노제가 계속될 것이라는 주장이 들려온다. 우리는 스스로에 대해서도 자주 그런 식으로 말한다. 하지만 나는 결코 그렇게 말하지 않겠다.

소련 정권 당시 반체제 인사들의 용기가 소비에트 정권의 붕괴를 앞당겼다. 군중이 "우리는 푸틴을 사랑한다!"고 연호하는 오늘날에도, 러시아 내에서 벌어지고 있는 일들에 대해 자율적으로 성찰하고 자신의 견해를 표현할 기회를 이용하는 인사들이 있다. 이런 시도가 무익해 보이는 경우에도 말이다.

튜멘의 〈인권 협회〉 활동가 한 명이 보여 준 항의는 지적이고 상세하며 분명한 이의 제기의 보기 드문 모범을 보여 준다. 블라디미르 그리시케비치는 "지역 기관장 임명법"의 위헌적 성격에 대한 자신의 소원을 뒷받침하는 녹취록 자료를 헌법재판소에 보냈다. 그는 〈2008 위원회〉, 〈야블로코〉 그리고 국회 무소속 의원단이 보낸 소원과 함께 자신의 자료를 검토해 줄 것을 요청했다. 그리시케비치의 진술은 러시아 역사상 매우 중요한 의미를 띤다. 비록 혁명이 일어나지는 않았지만 2005년에 모두 입을 다물고 있지는 않았다는 것을 보여 줄 것이다. 뿐만 아니라, 목청을 돋운 자들은 모스크바에서만 나타난 것이 아니다. 푸틴의 주지사 임명 건의 불법성에 대해 장황하고 상세하게 분석한 후 그리시케비치는 이렇게 결론짓고 있다.

위의 내용을 근거로 하여, 앞서 언급한 연방법이 채택되고 확정됐던 상황을 러시아연방 헌법재판소 측에 공식적으로 평가해 달라고 요청하는 바입니다. 나는 "'러시아연방 구성 영토 내 공권력의 입법 및 행정기관의 일반적인 조직 원리에 관한 법률'과 '러시아연방 시민의 선거권과 참정권 기본 보장에 관한 법률'에 대한 개정 및 보완 도입에 관한 법률"을 언급하고 있는 것입니다.

헌법재판소는 답변하지 않았고, 사회도 항의하지 않았다.

7월 15일

러시아 국민들은 아픈 곳을 찔려야만, 자기 호주머니가 털려야만 잠에서 깨어나는 듯하다. 혁명의 열정은 돈과 연결될 때에만 고조된다.

랴잔에서 힘볼로크노 공장 노조가 주 정부 청사 밖에서 피켓 시위를 벌였다. 노조원들은 자신들이 일하던 회사가 문을 닫기를 바라지 않는다. 노조는 자신들이 일하는 합성섬유 공장을 누군가 헐값에 매각하고자 고의로 파산시킨 것으로 보고 있다. 처음에는 석 달간 생산 중지 명령이 내려오더니 그 다음에는 공장이 손실을 내고 있다면서 생산을 완전히 중단하라는 지시가 내려왔다.

여기서 노동자들의 의식이 깨어났다. 시내에서 얻을 수 있는 일자리가 거의 없는 상황에서, 공장의 경영진은 노조원이 포함된 25명의 노동자들에게 한 달 800루블(약 2만 5천 원)의 최저임금만을 받게 될 것이라고 통고했다. 그러나 힘볼로크노 공장의 노동자들은 랴잔 내에서조차 아무런 지지도 받지 못했다. 과거에 이 노동자들은 어떤 이도 지원해 준 적이 없기 때문이다. 청사 앞에서 피켓을 들고 서 있었지만, 그 누구도 눈길 한 번 주지 않았다.

울랴놉스크는 좀 더 전투적인 도시다. 스티커 시위도 거기서부터 시작됐다.

"관료주의는 이제 그만! 푸틴도 이제 그만!" 이번 시위는 〈방어Defense〉라는 이름의 전국 청년 단체가 지역의 환경 단체 및 청년 단체들과 연합해 조직한 것이었다. "더 이상 거짓말은 그만!", "지금 당장 '아니오'라고 말하고 저항하라!"고 써진 작은 딱지가 온 시내를 뒤덮었다. 시위자들은 그 지역 일대와 나라를 파멸로 이끌고 가는 관료주의에 반대하는 비폭력 시민 집회를 요구했다. 그들은 자신의 급여 봉투를 지키는 데에 연연하지 않는다. 이 시위는 혁명의 서막이다.

어째서 울랴놉스크인가? 울랴놉스크 주는 러시아에서 가장 가난한 지역 중 하나로, 다른 지역에 세워진 대기업에 원료를 대는 단순 공급원이자 더 나쁘게 말하자면 폐기물을 수용하는 쓰레기장으로 변모해 버렸기 때문이다. 이 모든 것은 블라디미르 샤마노프Vladimir Shamanov 주지사 탓이다. 샤마노프 장군은 대통령행정실이 효과적으로 개입한 선거에서 유권자들의 선택을 받은, 체첸의 위대한 영웅이다. 샤마노프 임기 동안 지하에 있던 울랴놉스크 범죄 조직의 우두머리들이 밖으로 나왔다. 샤마노프는 공공연히 그들에게 의존했고, 러시아 군소 지하 단체의 폭력배로 재교육된 퇴역 군인들에게 둘러싸였다. 샤마노프 본인은 철저히 어리석었고 시민을 다루기에 무능력했다.

샤마노프가 대통령행정실로 옮겨 간 지금에도 여전히 민주적 구호로 몸을 휘감고 푸틴의 지지를 과시하는 이들은 이른바 국가의 정부情婦들로서 울랴놉스크를 공공연히 약탈하고 계속 늑탈하고 있다.

울랴놉스크의 〈방어〉 운동은 우크라이나 시위를 일부 옮겨 놓은 듯하다. 〈방어〉의 구성원들은 법의 테두리 안에서 비폭력 시위를 할 수 있고, 집회를 열어 피켓을 들고 전단을 배포하며 지금처럼 스티커도 붙일 수 있다고 생각한다. 울랴놉스크의 〈방어〉는 〈야블로코〉와 〈우파 연합〉, 환경 단체인 〈녹색 야블로코 Green Yabloko〉의 지역 청년 집단을 결집시켰다.

모스크바에서 법 집행 기관의 잔혹성에 항의하는 시위가 내무부 건물 밖에서 열렸다. 무려 20명의 주민이 나와 있었다. 깃발에는 "비밀 지령은 이제 그만! 블라고베셴스크와 다른 도시, 마을 등에서 벌어지는 폭력 행위를 규탄한다"고 적혀 있었다. 시위자들은 러시아 내무부 장관 라시트 누르갈리예프의 사임을 요구했다. 또한 바시코르토스탄 내무부 장관 라파일 디바예프, 그리고 폭력 혐의가 있는 모든 법 집행 기관의 장교들과 관료들을 형사 기소할 것을 요구했다.

이번 시위는 러시아 국민을 위협하려는 경찰의 술책에 반대하는 것이다. 하지만 러시아 국민들은 이번에도 나타나지 않았다. 시위는 두 시간 동안 이어졌다. 내무부의 직원 누구도 시위대와 대화하기 위해 나오지 않았다. 그들은 대규모 시위만을 두려워할 뿐이다. 모인 이들의 숫자가 미미하면 그들은 국민을 비웃고 자기 볼 일에만 신경 쓸 것이다.

7월 16일

단식 농성이 열하룻날로 접어들었다. 참가자들은 아주 쇠잔한 상태다. 앞으로 어떻게 될 것인가? 정권은 침묵하고 있다. 이 사람들 중 몇 명이 죽기를 바라는 것인가? 단식 농성자들의 대부분은 노인이거나, 장애인이거나, 병자다. 하지만 아직까지 단 한 명의 정치인도 그들에게 말을 걸러 온 적이 없다.

7월 18일

단식 농성 '영웅들'이 교착 상태에 빠졌다. 당국은 그들의 모든 제안을 경멸하듯 무시하고 있다.

"그러니까 요점이 뭔가요?"

나는 어리둥절한 상태로 스베틀라나 간누시키나에게 묻는다. 조금 전 우리는 〈시민사회와 인권 증진을 위한 대통령 위원회〉라는 어줍지 않은 이름의 단체에서 열린 푸틴이 참석한 회의에 대해 논하고 있었다. 스베틀라나는 그 단체의 일원이다.

"어째서 그들은 귀를 막고 있는 거죠? 어째서 그들은 항상 모든 일을 성성할 수 있는 최악의 방식대로 하려고 고집을 피우는 거죠? 어째서 그들은 하나의 막다른 수 다음에 다른 막다른 수를 강요하는 거죠?"

"왜냐고요? 그들은 그 안에서 사는 것이 불가능한 나라를 만들고 싶어하기 때문이죠."

간누시키나가 슬픈 표정으로 말한다. 그녀는 유일하게 인권 위원회 내부에서 이 '영웅들'의 탄원을 푸틴에게 선뜻 전달할 수 있을 만큼 용감한 인물이다. 어쩌면 그 '바린'은 착한 사람일 수도 있지 않나?

오후에 모스크바 시 법원의 배심원은 뱌체슬라프 이반코프Vyacheslav Ivankov에게 무죄를 선고했다. 야폰치크라고도 알려진 이 인물은 1992년 모스크바의 한 식당에서 두 명의 터키인을 총을 쏴 죽인 혐의가 있었다. 모든 텔레비전 방송국은 법원을 생중계하며 이 사건을 머리기사로 다뤘다. 보도에 따르면 이반코프 씨는 향후에 책을 쓸 계획이란다. 단식 농성에 대해서는 일언반구도 없으며, 〈민족 볼셰비키당〉 당원들의 재판에 대해서는 간간이 한두 마디의 논평만이 들릴 뿐이다. 그들이 출소 후 어떤 활동 계획을 갖고 있는가에 대해서도 전혀 들리는 바가 없다.

어떻게 우리가 그런 거짓된 삶을 계속 살아갈 수 있을까? 우리는 야폰치크 사건에서 이미 정의가 행해진 것처럼 행동한다. 우리는 호도르콥스키 사건에서 정의가 행해지지 않은 것에 대해 크게 기뻐한다. 우리는 이 '공정한' 두 결과에 대해 박수갈채를 보낸다. 이를 두고 불가사의한 러시아의 혼 운운할 수 없다. 오래 전에 솔제니친이 글로 써서 고발했던 바, 거짓된 삶을 살아가는 유구한 전통, 남이 따뜻한 부엌을 빼앗기 전까지 따뜻한 부엌의 의자에서 엉덩이 떼기를 거부하는 나태한 습성과 뒤섞인 그 오랜 전통일 뿐이다. 사태가 그 지경일 때나 우리는 혁명에 가담할 수 있을 뿐, 그 전에는 결코 어림도 없다.

7월 19일

단식 농성이 14일째 계속되고 있다. 푸틴의 수석 전략가 수르코프는 농성자들을 공갈범으로 매도한다. "누가 우리 팔을 비틀도록 수수방관하지 않을 것이다."

사실, 수르코프가 해야 할 일이 뭐가 있을까? 내세울 만한 것이라고는 〈통합 러시아〉의 사실상의 업적들과 '체첸화' 정책을 통해 체첸에 피바람을 일으킨 것뿐인(바로 이런 일을 통해 수르코프는 감히 자기에게 정치적 무게감이 생길 거라고 생각한다) 이런 정치 모사꾼이 어째서 모든 것을 쥐락펴락하는 것인가? 어째서 204명의 국가 영웅들에게 발언권을 주고 말고가 그의 손에 달려 있는 것일까?

***

시위자들은 단식 농성을 벌이면서 많은 편지를 썼고 팩스나 전자우편 심지어는 인편을 통해 유력 인사들의 사무실로 보냈다. 비록 방송된 것은 얼마 안 되지만, 이 편지와 관련된 인터뷰도 여러 번 했다.

이런 정황 속에서 국내의 많은 유력 인사들은 물론이고 두마 안팎의 정당 대표 및 부대표, 각종 운동과 연합 들의 대표 및 부대표, 심지어 연방회의 의장 세르게이 미로노프까지 모두가 이번 단식 농성과 요구 사항, 농성자의 심정, 조국에 봉사하고자 하는 그들의 열의에 공감하고 있음을 볼 수 있다. 하지만 그들은 단지 사적인 자리에서만 동정할 뿐이다. 공개적으로 방송 카메라나 정보기관, 혹은 대통령 앞에 서면 그들은 시위에 반대 입장을 표하는 데 합의한 듯한 모습을 보인다. 그들은 대화로 해결될 기미가 전혀 보이지 않는 이런 총체적인 저항을 촉발시킨 굴욕적인 법안 개정에 찬성했다.

어째서 러시아의 정계 지도자들 중 독립적인 성향을 가졌다는 인사들조차 그렇게 표리부동한 모습을 보이는 것일까? 그것이 바로 문제다. "우리가 요구한 대로 말하지 않으면 네가 누리는 특전을 빼앗을 거다!" 이 같은 식의 정부의 노골적인 협박이 문제는 아니지 않은가?

오늘날 특전을 빼앗긴 채 살고 싶어하는 사람은 아무도 없다. 러시아의 정치 '엘리트'는 비겁함에 깊이 물들어 있고, 권력을 잃을까 봐 바짝 질려 있다. 국민의 존경심을 잃는 것이 두려운 게 아니라, 자리를 잃을까 봐 겁을 내고 있다. 지금 그들에게 자리를 보전하는 것보다 더 중요한 것은 없다.

***

체첸의 즈나멘스코예 마을에서 테러가 있었다. 중앙 교차로에 차량 한 대가 놓여 있었고, 승객용 앞 좌석에서 시신 한 구가 발견됐다. 경찰이 출동했지만, 차량에 접근하는 순간 폭발을 일으켜 14명이 한꺼번에 목숨을 잃었다. 아이 한 명이 숨졌고, 어린 소년들을 포함해서 많은 부상자가 속출했다.

7월 13일 초저녁, 스물세 살의 알렉세이 세메넨코가 노보셰드린스카야 산촌에서 납치됐다. 세메넨코는 여동생들이 보고 있는 가운데 납치됐다. 최근 몇 달전부터 그와 젊은 아내는 체첸을 벗어나기 위해 돈을 모으고 있었다. 노보셰드린스카야 마을에 정착한 세메넨코 일가는 백 년 동안 여러 일가붙이들이 모인 큰 가문을 이뤄 근면하게 살아왔다. 하지만 그런들 무슨 도리가 있었을까? 카디로프의 입지가 확고해질수록 무법은 판치고, 삶이 나아질 것이라는 희망은 그만큼 더 멀어질 것이다. 알렉세이가 내린 결론은 바로 그것이었다.

알렉세이는 단시간에 많은 돈을 모을 수 있는, 농작물을 수확하는 계절노동을 하기로 결심했다. 7월 13일 들일을 마치고 집으로 돌아온 그는 전투복을 입은 네 명의 무장한 사내가 자기를 기다리고 있는 것을 보았다. 그들은 체첸인들이었고, 두 대의 은색 우아즈 지프 차량을 타고 와 있었다. 노보세드린스카야 주민들은 대부분 이들이 카디로프의 부대원들일 거라 확신한다. 체첸에 사는 사람들은 누구나 군인들이 몰고 다니는 차량과 주로 가지고 다니는 무기를 통해서 카디로프 부대와 야마다예프 부대를 식별하고, 바이사로프 부대와 코키예프 부대 사이에서 OMON 대원들을 구분해 낼 수 있다.(바이사로프 부대와 코키예프 부대는 모두 소위 "체첸 연방 보안 부대"로 불리는 준군사조직에 속한다.) 이들 무장 군인들은 알렉세이에게 몇 마디 하더니 그를 차량 한 대에 밀어 넣은 뒤 현장을 떠났다. 이웃 사람들은 자동차 번호판을 외워 두었지만, 나중에 그 번호판은 가짜로 밝혀졌다.

이튿날 아침, 희생자 가족은 당국에 납치 사실을 신고했고, 어린 시절부터 알렉세이를 알고 지냈던 체첸의 지역 경찰은 이틀 간 모든 보안 부대를 돌며 알렉세이를 찾아다녔다. 하지만 찾아낼 수 없었다. 현지 검찰이 위험을 감지한 것은 바로 이 시점이며, 이때부터 그들은 평상시의 뻣뻣한 태도로 돌아갔다.

7월 19일, 차량에 최초로 접근한 사람은 현지 경찰관이었다. 차문을 연 그는 승객석에서 시체 한 구를 발견했다. 시신의 냄새나 부패 상태를 볼 때 오래 전에 숨진 것 같았다. 시신의 얼굴에는 총상도 있었다.

시신을 발견한 경찰관은 지원 병력을 요청하러 갔고, 그럼으로써 목숨을 건질 수 있었다. 함께 있던 동료 경찰관들이 차량을 조사하기 위해 다가간 순간 차가 폭발한 것이다. 동태를 살피고 있다가 가능한 한 많은 경찰을 죽이려고 누군가가 작정을 하고 폭발 장치의 버튼을 눌렀다. 그 폭발 사건 후, 모스크바에서 임명한 체첸 총리 세르게이 아브라모프는 바사예프와 우마로프의 소행일 것이라고 의뭉스럽게 운을 뗐으나, 정작 그 자신은 현장 근처에 가본 적도 없었다. 정부의 주도로 애도의 날이 선포됐다.

그러는 동안에도, 세메넨코 가족은 알렉세이를 찾느라 체첸의 구석구석을 계속 뒤지고 다녔다. 이틀이 지나자 집에 경찰이 찾아왔고, 경찰은 인접국인 북오세티아의 모즈도크로 가서 시신 한 구를 확인해 줄 것을 요청했다. 체첸에는 법의학 센터가 없기 때문에, 살해된 피해자 시신들은 모두 그곳 법의학 센터로 옮겨졌다.

알렉세이의 어머니인 타탸나 세메넨코는 즈나멘스코예에서 벌어진 폭탄 테러와 아들의 죽음이 관련되어 있다고는 미처 생각하지 못했다. 그녀는 영안실 냉장고마다 들어찬 폭탄 테러 희생자들의 시신을 살폈다. 그 가운데 유해가 든 자루 한 개는 물웅덩이를 이루며 땅바닥에 놓여 있었다.

테러리스트의 시신이 담긴 듯 마구 취급됐던 그 자루 속에서 타탸나가 아들을 발견했다. 팔에 새겨진 L자 문신으로 그녀는 아들을 알아볼 수 있었다. 말을 걸 얼굴조차 없었다. 그 후 유족은 알렉세이의 팔과 머리를 매장했다. 차량이 폭발하기 전 현장에 가장 먼저 다가갔고, 알렉세이의 몸이 아직 온전히 붙어 있는 상태에서 그를 보았던 경관은 알렉세이에게 전투복이 입혀져 있었다고 진술했다. 알렉세이를 납치한 범인들은 폭탄이 설치된 차 안으로 그를 떠밀기 전에 이런 식으로 옷을 입혀 놓은 것이 분명했다.

이것이 이 비극적인 이야기의 끝이다. 세메넨코 가족은 지금 하소연할 곳이 어디에도 없다. 여론은 반응하지 않았다. 카디로프, 알하노프, 코자크를 비롯해서 그 누구도 유족에게 위로의 말 한마디 건네지 않았다. 아들의 죽음에 대해 보상해 주겠다고 나서는 사람도 없었다. 유족에게 돈을 쥐어 주며 입막음하려는 사람도 없었다. 알렉세이 세메넨코의 납치에 대한 형사사건은 시작되고 종결됐지만, 그의 피살 사건에 대한 수사는 개시조차 되지 않았다. 오히려 세메넨코는 경찰관들을 죽게 만든 장본인이기 때문에, 공식적으로는 테러범으로 분류돼 있다. 공식적으로 그는 경관들을 죽이고 자살한 것으로 되어 있다.

지금까지 일어난 정황으로 미뤄 볼 때 두 가지 가능성이 실제로 존재한다. 알렉세이를 납치한 자가 모든 마을 주민들이 믿고 있는 것처럼, 정말로 카디로프의 부대가 맞다고 한다면, 카디로프의 부하들이 직접 이 테러 행위까지도 벌였을 가능성이 높다. 그들은 테러가 계속 벌어져야 자기들과 같은 불법 무장 단체가 존속할 수 있다는 점을 잘 알고 있다. 평화가 다시 찾아오면 모두 감옥행이다.

두 번째는 이들 무장 단체가 알렉세이의 신병을 바사예프와 같은 체첸 반군에게 팔아 넘겼을 가능성이다. 이 경우 역시 개연성이 크다. 왜냐하면 카디로프 2세는 바사예프를 죽이고 싶어 안달 난 듯한 신소리를 쉬지 않고 지껄여 대지만 카디로프 부대와 바사예프 부대를 나누는 경계선은 점점 더 희미해져 가고 있기 때문이다. 푸틴 정권이 신뢰하는 세력은 러시아 땅에서 가장 교활하고 부정적이며 범죄적인 분자들이다.

오늘날 체첸에서 알렉세이 세메넨코 사건에 대해 이의를 제기하는 자는 누구인가? 아무도 없다. 세메넨코의 유족은 카디로프가 이끄는 무장 단체를 두려워하고 있다. 세메넨코의 어린 두 여동생이 납치범들의 얼굴을 보았기 때문이다. 괜한 파문을 일으켜 위험을 감수하기보다는 아들을 하루 빨리 잊는 것이 상책이다. 이것이 바로 푸틴이 일으킨 전쟁이 오늘날 체첸 주민들의 사고방식에 끼친 영향이며, 이런 사고방식은 러시아의 다른 지역에까지 급속도로 확산되고 있다. 북캅카스 전역에서, 체첸 스타일의 집단 '청소'가 일어나고 있는 그 모든 마을과 도시에서, 납치 희생자의 유족을 옥죄고 있는 이와 비슷한 맹목적인 공포감을 발견할 수 있다.

보안기관이 잔혹한 난행을 벌일수록 푸틴의 지지도는 그만큼 더 높이 올라간다. 단순하다. 자기 목숨을 걸고 팔다리까지 잃어 가면서 푸틴에게 저항할 사람은 없기 때문이다.

오늘날 러시아의 일상생활은 바로 그렇다. 범죄 행위, 정직한 수사의 부재, 아니 그런 시도조차 부재하는 것. 결과는 비극과 테러의 끊임없는 반복이다.

근 몇 년 동안 처음으로 내가 일하는 신문에서 알렉세이 세메넨코에 대한 기사를 퇴짜 놓았다. 『노바야 가제타』는 소동을 피하고 싶어한다. 대통령의 총애를 받고 있는 한 카디로프를 너무 괴롭히지 않는 것이 최선이다.

7월 20일

푸틴은 오늘 인권 운동가들과 〈대통령 인권 위원회〉 위원들을 크렘린 궁에 초청했다. 발언권을 얻지 못한 스베틀라나 간누시키나는 단식 농성 중인 '영웅들' 로부터 받은 편지를 푸틴에게 전달했다. 그 자리에 참석한 또 다른 활동가인 알렉산데르 아우잔이 그 문제를 직접적으로 거론했다. 푸틴은 달갑지 않은 표정이었다.

"지금 그와 관련된 모든 일들이 해결되고 있습니다. 나는 계속 보고를 받고 있어요."

하지만 아우잔은 완강했다. 그 문제에 있어 대통령이 알아야 한다고 생각하는 말을 계속 반복했다. 위원회 의장인 엘라 팜필로바는 더 이상 참지 못하고 그 문제로 더 이상 시간을 끌지 말아 줄 것을 요청했다. 논쟁은 끝났고, 푸틴은 '영웅들' 을 여전히 야권 편에 선 정적으로 취급했다.

토론은 환경문제로 옮겨 갔다. 인권 운동가들은 대통령에게 직언할 수 있는 또 한 번의 기회를 놓쳤다. 다수의 운동가들이 다시는 초청을 받지 못할까 봐 몹시 두려워했다.

〈사회 환경 연합Socio Ecological Alliance〉의 공동 의장인 스뱌토슬라프 자벨린의 말을 들어 보면 이렇다. 푸틴은 세 가지 문제를 거론했다. 첫째, 시행되고 있는 개혁을 어떻게 해야 시민들에게 가장 잘 홍보할 수 있을까? 둘째, 여론 영향력을 높여 줄 수 있는 채널로서 〈사회원〉을 어떻게 활용할 수 있을까? 셋째, 서구 자원에 덜 의존하면서 러시아 내의 비영리 부문을 어떻게 개발할 수 있을까?

이 가운데서 두 번째 문제인 〈사회원〉에 관한 사안에서 인권 운동가들은 침묵을 지켰다. 세 번째 문제에 대해서 푸틴은 돌연 국유 자원과 민간 자원을 유치함으로써 비영리 단체에 권한을 부여하는 방법을 찾도록 정부에 개인적으로 압력을 행사할 준비가 되어 있다고 입을 열었다. 자벨린의 눈에 대통령은 이런 지원이 시민사회와 공익단체를 매수하려는 시도로 비쳐질까 봐 진심으로 걱정하는 것처럼 보였다. 푸틴은 매우 현실적이었다.

환경문제에 대해 자벨린이 푸틴에게 말했다.

"우리에게는 공적인 환경적 책임과 공적인 환경 감시가 필요합니다. 현재로선 이런 것들을 갖추고 있지 못합니다. 결국, 공공 부문에서 아주 예외적인 일들이 벌어지고 있어요. 2002년 공공 부문에서는 지구당 네 명의 환경 감시원이 배정됐지만, 2005년에는 감시원 한 명당 네 개 지구가 맡겨졌어요. 공공 부문의 참여 없이 환경 지침을 준수하는 것이 어떻게 가능할까요?

환경 감시에 특별한 재량권이 부여돼야 한다고 생각합니다. 여기서 문제는 산업 프로젝트가 공공적으로 논의될 수 있게 산업계가 적절한 조치를 마련하도록 법으로써 강제하는 것입니다. 그래서 사회의 이익과 국가 전체의 이익이 적절히 고려돼야 합니다. 하지만 이런 일은 지금 전혀 실현되지 않고 있습니다. 가장 골치 아픈 일은 최악의 환경 범죄자가 다름 아닌 정부가 가장 큰 재정 지분을 가지고 있는 기업들이라는 사실입니다.

동시베리아에서부터 태평양까지 이르는 가스관 건설에 참여하고 있는 한 유명 기업이 철저히 기만적인 수법을 쓰고 있다는 소식이 들려옵니다. 그 기업은 공적인 환경 감시 요구에 부응하기 위해 자체적으로 '공적' 협의체를 세우고 그것을 모스크바에 등록해 놓았지요. 이 협의체가 해안 지대와 이르쿠츠크에 사는 주민들, 부랴티아 공화국 국민들에게 각각 무엇을 해 줄 것인지, 가스관이 어디를 통과해야 주민들에게 가장 큰 이득이 될 것인가를 결정해 왔습니다. 러시아 내에서 이런 형태의 계획이 추진되면 국제적으로도 영향을 미칩니다. 이런 기업들의 행태는 일반 상식이 됐습니다. 잡음도 많고요. 그건 다만 우리에게 불이익이 될 뿐입니다. 정부가 상당한 영향력을 가지고 있는 이 기업들이 이런 식으로 처신하는 것은 결코 옳지 않다는 점을 정중하게 말씀드립니다.

우리에게는 환경 비용을 평가할 수 있는 제도가 있습니다. 우리가 접촉한 사기업의 85퍼센트는 대중이 기업의 생태 회계에 접근할 수 있도록 허용해 주었습니다. 하지만 국영기업은 단 한 곳도 그렇게 해 주지 않을 겁니다."

푸틴은 이에 이렇게 답변했다.

"환경 감시에 대해 국영기업이 처해 있는 상황 논리를 이해해 주기 바랍니다. 당신은 방금 중요도에 있어 바이칼-아무르 고속도로에 버금가며 짓는 데 수십 년이 걸리는 우리의 가장 중요한 사업 중 하나를 언급했어요. 나는 이것이 그렇게 거대한 프로젝트가 되기를 바라지 않지만, 국가 차원에서 그 사업이 갖는 가치는 이미 수요를 맞추려고 안간힘을 쓰는 바이칼-아무르 고속도로의 가치보다 결국에는 더 클 것입니다. 이 파이프라인은 급속히 성장 중인 아시아 태평양 지역 개발도상국 시장이나 우리가 매도인이자 매수인인 중국 시장을 비롯하여 남아시아나 일본 등등의 시장을 겨냥한, 우리나라 에너지 자원의 창구가 되어 줄 겁니다.

소련 붕괴 후 우리나라가 서유럽 주요 항구 다섯 곳을 잃어버렸다는 사실에 주목하십시오. 결국 우리는 우리의 에너지 자원이 거쳐 가지 않을 수 없는 나라들에 의존하게 됐고, 그 나라들은 자신의 지리적 이점을 남용하고 있어요. 시종일관 우리를 괴롭힌 문제입니다. 따라서 우리 러시아가 다른 시장에 대한 직접적인 출구를 확보하는 일이 매우 중요하지요. 우리는 바이칼 호수의 북단을 따라 동시베리아로부터 중국의 다친까지 곧장 이어지는 파이프라인 건설을 논하면서 환경 단체나 생태학자, 조사관 들의 의견을 수렴했고 노선을 수정하기로 결정했습니다. 때문에 비용이 수억 달러나 상승했죠. 결국 그래서 바이칼 호수의 북안을 에둘러 동진을 계속하기로 결정이 난 거예요.

환경 감시가 조국과 경제의 발전을 가로막도록 놔둬서는 안 됩니다. 당신이 말한 것에 대해서는 조금도 이의를 달 생각이 없어요. 틀림없이 우리는 환경 문제를 예의 주시해야 하지만, 우리를 공격하는 수법 중 하나가 환경문제를 제기하는 것이라는 점에는 변함이 없습니다. 우리가 핀란드와 인접한 곳에 항구를 짓기 시작했을 때 믿을 만한 소식통이 전해 준 바에 따르면, 우리의 이웃나라 조력자들은 순전히 그 건설 계획을 무력화시키려고 환경 단체에 돈 줄을 대기 시작했습니다. 그래야지 발트해에서 그들에게 경쟁력이 생길 테니까. 핀란드를 포함해서 우리 협력자들은 열 번이나 와서 조사를 했지만, 결국에는 반박할 만한 것을 전혀 발견하지 못했답니다. 이제 '환경문제'는 덴마크 해협으로 옮겨 갔고, 우리가 쓰고 있는 선박에 대한 항의만 약간 일고 있죠. 심지어 이 배가 러시아 배가 아니라 해외 기업에서 빌린 것인데도 말이죠. 터키의 보스포러스 해협에서도 역시 '환경문제'가 발생하고 있어요.

내가 이런 말을 왜 한다고 생각합니까? 내가 이 문제를 굳이 짚고 넘어가는 까닭은, 만일 우리가 소통하길 원하는 상대가 우리나라의 경제발전을 막으려고 경쟁자들이 사주한 정보원들이 아니라 우리나라 국익을 위해 일하는 국내 환경 단체라면, 좀 더 많은 접촉과 신뢰가 필요하다는 겁니다. 바로 이런 이유 때문에 이런 유의 환경 활동이 해외에서 자금 지원을 받을 때 의혹이 일어나고, 결국에는 온갖 자원봉사 단체들을 더럽히는 것으로 끝난다고 말하는 것입니다. 내 말의 요점이 그겁니다. 우리는 중요한 결정을 가장 적합하게 내리기 위해 문제 해결에 도움을 줄 수 있는 단체가 필요합니다. 물론 그러기 위해서는 환경 단체들이 국가 조직과 더 많이 접촉하도록 할 필요가 있겠죠."

자벨린이 다시 말했다.

"필시 가장 중요한 것은 대화 창구를 만들고 우리의 국익을 찾는 일일 겁니다. 그 대규모 파이프라인 공사에서 급선무는 파이프를 부설하는 것이고요. 이름 있는 환경 단체 중에 이 공사가 쓸모없다고 말하는 곳은 단 한 곳도 없습니다. 지금 우리가 논하고 있는 것은 파이프가 어디를 통과할 것이며, 그 종착점을 어디에 둘 것인가라는 세부적인 문제입니다. 환경적인 손실을 최소화하는 측면에서 보면 지금 내린 결정은 최악의 선택이라고 볼 수 있습니다. 많은 선택지가 있기 때문에, 저는 경제적, 사회적, 환경적 측면에서 훨씬 유익한 다른 방법이 있다고 주장하는 극동 지역 과학자들의 분석 자료를 지금 대통령께 건네 드릴 용의가 있습니다. 저희는 공적 환경 감시에서뿐만 아니라 이 사안에 있어서도 조력자입니다. 환경 감시에 있어 국민은 법을 지켜야 합니다. 우리에게는 1995년에 발효된, 환경 감시에 관한 훌륭한 법률이 있습니다. 그 법은 지켜져야 합니다."

푸틴이 다시 말을 받았다.

"향후 이 문제를 다시 한 번 짚고 싶군요. 우리는 실수를 허용할 형편이 못될 뿐 아니라, 이미 일전에 밝힌 대로, 우리의 경쟁자들이 이 문제를 유리한 수단으로 악용하도록 해서는 안 되기 때문에 국내 환경 단체들과 좀 더 원활한 소통을 위한 효율적인 기구를 설치하는 것이 옳다고 생각합니다. 지금 카스피해에서 일어나고 있는 일만 해도 그래요. 〈루코일〉이 굴착기를 내리기만 하면 환경 단체가 반대 목소리를 내지 않습니까? 다른 기업 어디도 우리만큼 깨끗한 기술을 갖고 있는 곳이 없어요. 비용은 더 들더라도 우리는 그 점을 충분히 감안했습니다. 지금 발트해에서도 똑같은 일이 벌어지고 있어요."

7월 21일

러시아 다른 지역들처럼 아스트라한 주에서도 당국은 국민을 상대로 돈과 재산을 빼앗기 위한 전쟁을 치르고 있다. 여기서 주요 무기는 방화다. 사람이 죽고, 약탈자들이 잔해 사이를 뒤지며, 멀쩡한 시민이 집 없는 난민이 되는 판국이다.

오스트로우모프 가족은 막사코바 거리 화재에서 유일하게 목숨을 건졌다. 막사코바 거리는 오래된 부촌 안에 새로 고급 주택을 짓는 공사가 한창이었다. 물론 러시아의 어느 도시 어디에서든지 건설 현장을 목격할 수 있다. 보통 이런 경우에는 지방정부가 건설업자에게 토지를 불하하고, 누가 그 위에 살고 있으면 새 집을 마련해 주게끔 되어 있다. 그런 다음에야 공사 부지에는 울타리가 쳐지고 건축이 시작된다.

아스트라한에서 벌어지고 있는 일은 이와 딴판이다. 〈아스치르프롬Astsyrprom〉이라는 기업이 막사코바 거리 개발권을 획득했다. 불행하게도 그 거리를 가득 메운 건물마다 최근에 아파트를 구입한 거주민들이 살고 있었다. 〈아스치르프롬〉 측은 하도급 업체 〈누르스트로이Nurstroy〉를 고용해 새 집을 짓는 동시에 현재의 소유주들을 내보내려고 했다. 처음에 〈누르스트로이〉는 거주민 몇 명과 협상해 집을 사들였지만, 갑자기 방침을 바꿨다. 아파트 교환권을 주기 시작한 것이다. 전적으로 받아들일 수 없는 조치였다. 오스트로우모프 일가는 식구가 다섯 명임에도 방 한 칸짜리 아파트를 받았던 것이다.

주민들이 완강하게 버티며 요구 사항을 제시하자 최후통첩이 날아왔고, 군대식 조치가 뒤따랐다. 〈누르스트로이〉의 티모페예프 이사는 알렉산데르 메르주예프의 면전에 대고 "네 놈을 태워 버릴 테다!" 하는 협박을 서슴지 않았다. 얼마 후 메르주예프의 집은 진짜 불길에 휩싸였다. 소방서 조사팀은 인화 물질을 사용한 방화로 결론을 내렸지만, 기소하기에는 증거가 불충분했다. 〈누르스트로이〉 건축 부지의 좌측에 놓여 있었던 골칫덩어리가 이제 말끔히 해결된 것이다. 오스트로우모프 일가의 집은 그 부지의 우측에 자리하고 있었다.

아스트라한 크렘린과 가까이 있는 코사 지구에는 볼가 강이 내려다보이는 유서 깊은 저택들이 줄줄이 늘어서 있다. 17세기에 그 지역에 사는 도적 스텐카 라진Stenka Razin이 재난을 안겨 준 자신의 신부를 빠뜨려 죽였다는 바로 그 볼가 강이다. 막심 고리키 가 53번지는 상공인을 위한 고급 주택이 들어서 있고, 지난 3월의 화재 사건 이후 오늘도 여전히 휘황찬란한 자태를 뽐내고 있다.

지난 겨울, 소위 투자자라는 사람들이 이곳을 찾기 시작했다. 그들은 "당신들을 새 집으로 이사시켜 주겠다"고 했지만 주민들은 "고맙지만, 여기에 계속 머물길 원하며 여기 사는 게 익숙하다"고 말했다.

3월 20일, '투자자들'이 가장 마지막으로 찾은 사람은 일흔여덟 살의 류드밀라 로지나 여사였다. 지금은 더 이상 존재하지 않지만, 당시 7호 연립주택에 살았던 연금 생활자 알렉세이 글라주노프가 말했다.

"그 노파는 우리를 비난했어요. 자기는 바로 옆, 새로 짓는 이 고급 주택단지가 아니면 이사하지 않을 거라고 했죠."

그날 밤 그 집은 사면에서 불길이 치솟았다. 이삼 분이 지나자 그곳은 용광로

처럼 맹렬하게 타올랐다. 할머니들 몇 명이 팔다리가 부러지면서까지 창문에서 뛰어내렸지만, 남은 사람들은 그럴 엄두조차 내지 못했다. 사후 화재 원인 조사에서 밝혀진 바로는 주택의 사면이 온통 인화 물질로 범벅이 돼 있었고, 류드밀라는 침대에 누운 채로 불탔다.

류드밀라의 아들인 쉰다섯 살의 알렉산데르 로진은 중화상을 입고 병원으로 후송됐다. 사흘 뒤, 누군가 로진이 입원한 병원에 찾아와 시청에서 주는 구호물자라면서 음식을 주고 갔다. 4월 12일 로진은 숨을 거뒀다. 이후 조사에서 신원 불명의 그 용의자가 가져온 음식에 독이 들어 있었던 것으로 밝혀졌다. 불타는 건물 밖으로 구조되는 동안 아직 살아있었던 여든여섯 살의 안나 쿠랴노바는 스트레스로 쓰려져 얼마 지나지 않아 숨을 거두었다.

이것이 바로 아스트라한의 참혹한 진실이다. 최근 몇 달 동안 여섯 명이 화마로 목숨을 잃고, 열일곱 채의 가옥이 방화로 확인된 공격을 받고 파괴됐다. 모두 합쳐 43건의 화재가 일어났지만, 형사 기소를 할 수 있을 만큼 철저한 조사 결과를 얻어내기가 쉽지 않았다. 화재와 관련된 대부분의 사건은 즉시 종결되거나, 수상하지만 전적인 증거 불충분으로 결론이 났다. 말하자면 두 번 다시 수사가 재개되지는 않는다는 뜻이다. 그러는 사이에 화재로 말끔해진 부지 위에 고급 주택, 카지노, 레스토랑, 사무실 건설이 속도를 내고 있다.

빅토르 시멧코프는 키로프 지구 경찰국장을 맡고 있고, 아스트라한에서 "영리적 방화"로 알려져 있는 사건 대부분이 그의 관할 지역에서 일어나고 있다.

"그 문제가 대단히 심각하다고는 말할 수 없습니다."

잠옷 바람으로 길거리로 쫓겨났던 나이 지긋한 여성의 눈을 똑바로 쳐다보면서 시멧코프가 중얼거렸다.

"키로프 지구 내무부는 다섯 건의 방화와 관련된 사건을 계속 수사하고 있습니다. 경찰은 나름 최선을 다하고 있습니다. 원인은 계속 조사 중에 있고, 모든 가능성을 고려하고 있지요……."

돌연 경찰국장의 눈이 휘둥그레지더니 목소리를 낮춘다.

"가장 극단적인 가정은……."

그 "극단적인 가정"이란 보제노프 시장의 측근이 방화 사건과 연관이 있다는 것이다. 그들은 도시를 청소하고, 시장의 보좌관과 그들을 지원하는 상업 단체 간에 부동산을 균등하게 배분하고, 그렇게 '선거 부채'를 청산하면서 상업적 이윤을 챙긴다. 결국, 시장의 선거운동에 대해 누군가는 대가를 지불해야 하는 것이다. 일종의 투자다. 이제는 투자자들이 수익금을 거둬들일 때가 된 것이다.

경찰 간부들은 시청과 근친상간적 관계를 누리는 아스트라한의 배부른 도적들에 대해서 자기들이 할 수 있는 일이 아무것도 없음을 시인하고 있다. 경찰은 정부 수뇌부의 총체적 범죄화를 직면하면서 무기력함을 드러냈다. 법은 작동하지 않는다. 경찰이 도적을 잡아들이고 그것이 자신의 본분임을 깨달았던 시절이 있었다. 하지만 오늘날은 법의 효율적인 작동을 보장하기 위해 임명된 인사가 바로 도적인 것이다. 방화는 반년 동안 계속되고 있지만, 우발적인 방화와는 거리가 먼 이런 사건에 대한 조사는 아직까지 시작된 적이 없다. 누구 하나 선뜻 나서서 영리적 계산이 숨어 있는 연쇄 방화에 대한 음모 전체를 밝혀내려 하지 않는다.

"우리가 화재를 당한 뒤에 어떤 일이 벌어졌는지 아세요?"

알렉세이 글라주노프가 묻는다. 그는 〈아스트라한 화재 희생자 협회〉의 일원이다.

"사건 일지는 이렇습니다. 새벽 3시 반에 막심 고리키 53번가에서 불길이 치솟았어요. 오전 아홉시 경 대형 해머를 든 인부들이 도착해서, 경찰이 보는 앞에서 화마가 미처 부수지 못한 잔해들을 전부 허물기 시작했어요. 낮 동안 병원 신세를 면한 피해자들은 건설과 건축 업무를 주관하는 부시장이자 아스트라한의 막강한 주택 여왕인 스베틀라나 쿠드랴브체바 여사를 만나러 갔지요. 그 여자는 그 집이 해체돼서 기쁘다고 똑 부러지게 말했어요. 시 당국이 이런 오래된 건물을 없애야 마땅하며, 피해자들의 거처는 호텔로 옮겨질 것이라고 말했습니다."

이 사건이 주는 교훈은 무엇일까? 사회 지도층은 돈과 부를 거머쥐는 것에만 관심이 있다. 그런데 돈과 부란 제일 먼저 정치권력을 손에 넣을 때 얻어지는 것이다. 그들은 기회를 노린다. 하지만 시민들은 그런 사실을 알려고 하지 않는다. 시민들이 걸림돌이 된다면 그들은 시민들을 불태울 수 있다. 그래도 죽지 않는다면 빈민가 '호텔'에 처넣을 수도 있다. 오늘날 러시아 정치 체계의 핵심에는 도덕적 공백이 존재하며, 아스트라한에서 그것은 최악으로 치달았다.

7월 27일

〈민족 볼셰비키당〉 당원들에 대한 또 한 차례의 공판과 증인 심문이 시작됐다. 판사는 나탈리아 쿠즈네초바를 불러 12월 14일 〈민족 볼셰비키당〉 당원들이 어떻게 행동했는지 증언하도록 했다. 쿠즈네초바는 대통령행정실과 가까이 있는 키타이-고로드 내무부 건물에서 일하고 있었고, 그곳에서 사건의 전말을 보았다고 했다. 나탈리아는 정직하게 진술했다. 그녀는 그 '난동'을 실제로 텔레비전에서 봤다고 시인했지만 금속 탐지기와 관련해서는 직접적인 목격담을 진술했다. 금속 탐지기를 시위자들이 망가뜨렸다는 것이 기소 내용의 핵심이었고, 대통령행정실 측에서 내건 손해배상 청구 중 가장 중요한 항목이었다. 나탈리아는 어쨌든 이 금속 탐지기가 12월 15일 오전에 수리됐고, 그 뒤로 잘 작동했다고 증언했다. 시하노프 판사가 그 주장을 받아들였을까? 그래서 주요 기소 내용이 자연스레 취하됐을까? 기소된 사람들 전원이 풀려났을까? 천만의 말씀. 공권력의 정당성을 의심하는 모험을 감행한 러시아의 청년들로부터 감옥에 갈 수 있는 권리를 빼앗는 것은 부당하며, 그 문제에 관한 한 확실하게 보장을 해 줘야 한다! 더군다나 그들이 정치에 대해 사고하기 시작한 이상.

7월 28일

모두들 경찰에 대해 정당한 불만을 가지고 있다. 하지만 실제로 경찰 역시 일 년 넘게 추적해 토글리아티 마피아 우두머리의 오른팔이자 협잡꾼인 세르게이 멜니코프Sergey Melnikov를 체포하는 데 성공했다. 득의만면한 경관들이 모스크바 대검찰청으로부터 멜니코프를 구금할 영장을 요청하러 갔으나, 모스크바의 검찰부총장인 블라디미르 유딘Vladimir Yudin이 꺼지라고 했다. 영장 발부를 거절한 유딘은 강탈자 멜니코프가 사회에 위험인물이 아니라고 판단한 것이었다. "죄를 입증할 만한 명백한 증거가 없다"는 것이 거부 사유였다.

그 폭력배는 예상대로 풀려났다. 이렇게 손을 쓴 장본인은 〈민족 볼셰비키당〉 당원들의 혐의를 날조해 냈고, 몇 달이고 당원들을 감방에서 썩게 해야 하며, 그들이 사회에 굉장히 위험한 인물이기 때문에 법정에서도 수갑을 채워야 한다고 핏대를 올렸던 바로 그 유딘이다. 이것이 바로 선택적 정의다. 정치범은 족 쇄를 채워 감옥에 처넣고 철창에 가두며 흉악범들은 풀어 준다. 정부 당국이 공 권력 체제를 유지하기 위해 흉악범들에게 의존하는 형국이다.

실제로 정부의 원칙이 이렇다는 것이 최근에 다시 한 번 확인된 순간은, 대통 령행정실이 〈민족 볼셰비키당〉을 저지하기 위해 하나의 짝퉁을 창조한 순간이 었다. 그 짝퉁의 이름은 〈나시Nashi〉(우리 편 사람들)이며, 이 단체는 올 해 2월,

앞서 만들어진 또 다른 짝퉁인 〈함께 행진Marching Together〉의 지도자인 바실리 야케멘코Vasilii Yakemenko가 블라디슬라프 수르코프와 가진 회견에서 급조한 작품이었다. 야케멘코는 혁명을 예방하기 위한 일종의 보험이자 대통령행정실이 주도하는 가두 운동인 〈나시〉의 '연방 인민위원'이다. 청년 운동 단체 〈나시〉의 돌격대원들은 격투용 너클더스터와 쇠사슬로 무장한 축구 홀리건들이었다. 지금까지 그들은 〈민족 볼셰비키당〉 당원들을 공격하는 임무에만 국한되어 있었고 당국은 수사기관이 돌격대원들을 형사 기소하지 못하도록 막았다. 〈나시〉는 두 개의 부대로 나뉘어 있다. 하나는 국군 축구단의 〈중앙 스포츠 클럽〉을 지지하는 폭력배들이고, 다른 하나는 〈스파르타크〉 팀을 응원하는 불량배들이다. 모두 길거리 싸움에는 도가 트였다. "청부 살인자" 바샤와 "깐깐쟁이" 로마의 지휘 아래, 〈스파르타크〉의 불량배 팬들과 〈나시〉는 〈흰 방패〉라는 이름의 사설 경비업체를 만들었다. "청부 살인자" 바샤는 러시아에서 가장 거친 축구 홀리건 중 한 명이며, 〈민족 볼셰비키당〉 당원들을 습격한 것도 바로 그의 추종자들이다. 그들은 두 번이나 〈민족 볼셰비키당〉 당원들의 은신처를 강점했고, 한 번은 바샤가 그 자리에서 기자회견을 열기도 했다. (신분증에는 바실리 스테파노프라고 되어 있는) 바샤와 로마는 여러 건의 형사사건으로 기소된 상태지만, 그것들은 처음에는 보류 상태에 있다가 그 다음 아예 법원의 검토 대상에서 빠져 버렸다.

로마는 푸틴과 〈나시〉 추종자들이 갖는 유명한 샤실리크[17] 모임에서 목격됐다. 그 자리에서 우리의 대통령은 청년들이 오늘날 러시아 시민사회의 주축이라는 식의 강연을 했다. 수르코프가 꾸며낸 이 기분 나쁘기 짝이 없는 회합이 텔레비전에서 보도됐을 때, 신원 미상의 사람들에게 두들겨 맞은 한 〈민족 볼셰

---

17) 양념한 고기 조각이나 야채를 꼬치에 끼워 석쇠에 구운 러시아 전통 요리. 옮긴이

비키당〉 당원은 자기를 때린 자가 바로 "깐깐쟁이 로마", 세간에 로만 베르비츠키로 알려진 자라는 것을 알았다.

어째서 호도르콥스키는 비극적인 지경에 빠진 것일까? 그는 단시간에 어마어마한 재산을 모은 다른 사람들과 똑같았다. 돈을 벌 수 있는 기회와 의지를 갖고 있었던 다른 사람들과 전혀 다르지 않았다. 하지만 억만장자였을 때, 그는 이렇게 말했다. "이제 그만! 〈유코스〉는 서유럽 비즈니스 기술을 도입해서 러시아에서 가장 투명하고 범죄와 거리가 먼 기업이 될 것이다." 호도르콥스키는 새로운 〈유코스〉를 조직하기 시작했지만, 투명성에 대해 전혀 관심이 없는 사람들, 빛에서 떠나 그림자에 머물면서 작업하는 것을 본성으로 여기는 사람들이 주위에 계속 남아 있었다. 어둠의 한복판에서 빛은 달갑지 않은 존재이기 때문에 그들은 〈유코스〉를 집어삼키기 시작했다.

'선한' 흉악범을 위해 '나쁜' 정치범을 타박하는 일은 러시아의 치안과 정치에 있어 그 역사적 뿌리가 깊다. 그런 고질적 전통을 뿌리 뽑기란 쉽지 않지만, 그렇다고 감수하고만 있는 것은 수치가 될 것이다. 문제는 이것이다. "누가 시위할 것인가?" 니쿨린 법원 밖에서는 어떤 집회도 열리지 않고 있다. 많은 경찰과 경찰견이 있지만, 불법으로 억류된 이 정치범들과 연대를 보이는 사람은 아무도 없다. 한 줌의 〈민족 볼셰비키당〉 당원들과, 가끔씩 리모노프만 보일 뿐이다. 무관심의 축제가 한바탕 벌어지고 있었다.

호도르콥스키는 이 나라 최고의 변호사들을 거느렸고, 변호사들은 박해받는 올리가르히를 향한 지지자들을 끌어모으는 데 성공했다. 하지만 가난한 자들에게는 어떤 지지자도 따르지 않는다. 〈민족 볼셰비키당〉 소속 당원들은 저소득층에 속하며, 연구원이나 기술자, 빈곤한 러시아 인텔리겐치아 일반의 자녀들이다. 게다가 고등학생, 대학생들이다. 가끔씩 고독한 인권 운동가가 나타나기도 하지만, 그 정도가 그들이 받는 지지의 전부다.

8월 3일

오늘 새벽 4시에 코미 공화국 북부에 위치한 수도 시크티프카르에서 민주 야당 신문 『코우리에르 플루스*Courier Plus*』의 편집실이 불타 없어졌다. 이 건물에는 또한 두 개의 야당 텔레비전 프로그램인 〈텔레-코우리에르〉와 〈중용〉의 사무실이 있었다. 이 프로그램은 〈야블로코〉 지역 위원이자 시의회 의원인 니콜라이 모이세예프Nikolai Moiseyev가 만든 것이다.

모이세예프는 시크티프카르 시장 세르게이 카투닌Sergey Katunin을 몹시 비난했고, 7월 14일 그와 다른 의원들은 시장의 권한을 박탈하려고 했지만, 카투닌을 당해 내지 못했다. 검찰청은 방화를 확신하고 있다. 최근에 모이세예프의 아파트 문과 자동차 역시 방화 피해를 당했다. 과거에 있었던 시크티프카르 야당 일간지 『스테파노프 보울레바르트*Stefanov Boulevard*』 역시 2002년 8월에 일어난 방화로 폐간되어 버렸다.

8월 4일

러시아에서 다시 지하드가 선포됐다. 9월 초면 체첸 내 "테러 진압 작전"이 시작된 지 6주기가 되는 날이다. 크렘린 궁의 발표에 따르면, 이미 오래 전에 체첸의 마을과 소도시마다 평화로운 삶이 돌아왔으며, 잡아들이고자 했던 반군도 모두 친연방계 군부에 의해 무력화됐다는 것이다. 그런데 이게 무슨 일이란 말인가? 지하드라니? 누구를 상대로 하는 성전이란 말인가? 또한 이것이 1차 체첸전이 개시된 후 지난 11년 동안 체첸에서 선포된 최초의 지하드냐 하면 그것도 아니다. 지하드는 선포되고 철회되기를 밥 먹듯 했기 때문이다.

이번에는 와하비스와 테러범을 향해 선포된 지하드다. 또한 공식 보도에 의하면 공화국 내 친모스크바 성향의 무슬림 지도자인 무프티 술탄 미르자예프에 의해 선포된 것이다. 미르자예프는 격려 연설을 위해 체첸 내 모든 보안 부대들의 사령관들(야마다예프, 카디로프, 알하노프, 루슬란 등)이 참석한 자리에서 모든 관할 지역의 물라[18]들을 불러 지령을 읽었다. 말하자면, 야마다예프, 카디로프, 코키예프 등의 부대와 체첸 경찰이 체첸 동족은 물론 비체첸인들을, 테러 혐의나 와하비즘의 혐의가 보이기만 하면, 아무 거리낌 없이 살해할 수 있다는 뜻이다. 법정 절차나 수사 따위도 필요 없을 것이다. 더욱이 그들은 무슬림으로서 자신들이 정의로운 일을 하고 있다는 확신도 얻을 수 있다. 미르자예프는 무기를 들 준비가 됐다고 선언하기까지 했다.

이 모든 체첸 내 준군사조직과 그 지휘관들이 사실상 지하드를 인정하지 않는 러시아 법에 지배를 받는 연방군이라는 점을 고려한다면, 이번 사태는 전쟁을 '체첸화' 하는 과정에서 하나의 이정표가 될 것이다.

그렇다면 어째서 오늘 지하드가 선포된 것일까? 체첸과 다게스탄의 국경 지대에 있는 보로즈디놉스카야 산촌에서 벌어진 사건(야마다예프 부대가 11명의 주민을 납치하고 집단 강탈과 살인, 방화를 저질렀던 6월 4일의 잔혹한 '청소') 이후, 수백 명의 주민이 다게스탄으로 도주했다. 하지만 연방 정부가 고용한 그 청부 살인자들은 크게 실망했다. 러시아가 체첸에 강제한, 사법 체계 바깥의 가혹한 재판 및 처형의 관행이 흔들리는 듯했기 때문이다.

오랫동안 모종의 합의가 있었다. "너희가 말한 사람들을 죽여 줄 테니 우리 뒤를 봐 달라." 여기서 '우리' 는 살인 청부업자들을 가리킨다. '너희' 는 일차적

---

18) 이슬람교의 율법학자. 옮긴이

으로 야마다예프 부대와 람잔 카디로프를 가리킨다. 이들은 '체첸화'를 주도하는 야선 시위관들로, 체첸인끼리 서로 반목하게 만든 내전의 주역들이다. 그 성공의 대가로 그들은 연방 정부로부터 계급장과 무기와 면책특권을 받아 왔다.

보로즈디놉스카야 만행 후 '체첸화'에 가담한 일반 사병들은 살인 청부업자로 일하는 것에 대한 추가적인 대가를 요구했다. 람잔 카디로프는 지하드를 선포하기로 무프티와 합의를 봤다. 러시아 정부가 고용한 몇몇 체첸인 암살자들에게 지하드 여부는 매우 중요하다. 그들은 지하드의 후원을 받아야 더 좋다고 생각한다. 더 좋다는 것은 자신들을 제약하는 것들이 없어진다는 뜻이다.

이를 확인하는 것은 그리 오래 걸리지 않았다. 그날 저녁 지하드가 선포됐고, 야마다예프의 관할 지역인 셀콥스카야의 산촌에서 청부 살인자들이 살인을 벌여 경축했다. 더 없이 뻔뻔스럽고 무자비한 살인이었다.

밤 10시 경, 인근 학교에서 아랍어와 이슬람 원리를 가르치는 교사이자 대가족의 가장인 마흔 살의 바함비 사티하노프의 집에 은색 니바 승합차 몇 대가 당도했다. 위장복을 입은 무장한 체첸인들이 사티하노프를 집에서 1백 미터쯤 떨어진 곳으로 끌어다 놓더니 니바를 타고 조그만 원을 그리면서 빙빙 돌았다. 이웃과 마을 주민들이 나서서 말리려고 하자 군인들은 총을 쏘겠다고 위협했다. 그 밤에 주민들은 원을 돌던 차량들이 떠난 자리에 다른 차들이 어둠을 뚫고 나오는 광경을 지켜보았다. 비명과 총소리가 들려 왔지만, 새벽이 돼서야 살육자들은 봉쇄를 풀고 자리를 떠났다. 원이 그려져 있던 자리에서 칼로 수십 군데가 찔리고 손가락이 부러지고 손톱이 뽑힌 바함비의 시체가 발견됐다.

이웃들은 바함비가 GRU 소속 보스토크 대 부대원들에 의해 살해됐다고 확신하고 있다. 부대 지휘관인 술림 야마다예프는 보로즈디놉스카야에서 잔학 행위를 벌인 후 푸틴에게 러시아 무공훈장을 수여받았고, 그렇게 야마다예프의 무장 단체가 벌인 악행이 최고 수준으로 승인됐다.

지하드의 선언은 체첸 공화국이 관습법에 의해 운영되고 있으며 러시아 법을 무시하고 목숨을 빼앗아도 된다는 것을 추가로 증명한다. 그렇다면 마스하도프 집권기의 무자비한 처형과 다를 것이 무엇인가?

시정 조치를 취할 수 없고 그에 대해 침묵한다는 것은 지하드가 바로 푸틴의 암묵적인 승인을 얻었다는 가장 확실한 신호이기도 하다. 푸틴이 걷고 있는 '체첸화'의 막다른 길을 또 한 걸음 따라가는 것이기도 하다. 한때 러시아정교회가 스탈린과 흐루셰프 시대의 범죄를 정당화하는 일에 공모했던 것처럼, 지금은 체첸의 무프티야트[19] 전체가 범죄에 연루돼 있다.

삶은 지금 몹시 사나워졌다. 과거 소련 시절보다도 훨씬 더 사납다. 하지만 러시아 국민은 별로 신경 쓰지 않는 듯 보인다. 아무도 검찰총장에게 지하드 선포를 무효화하라고 요구하지 않는다.

8월 9일

정부 당국과 매우 가까운 인사가 연달아 불가사의한 죽음을 맞고 있다. 소치에서 표트르 세메넨코Pyotr Semenenko가 백야 호텔의 15층 창문에서 떨어졌다. 지난 18년 동안 세메넨코는 러시아의 가장 큰 기계 제작 공장이자 변기부터 핵 잠수함 터빈에 이르기까지 모든 것을 생산해 온 〈키로프Kirov〉의 최고경영자였다.

세메넨코는 중요한 산업 역군이었다. 게다가 상트페테르부르크 출신이었다.[20] 대다수 국민은 그가 피살된 가장 큰 이유는 푸틴의 국가 자본주의 체제

---

19) 이슬람 사회의 법관 무프티가 관할, 감독하고 있는 행정 구역. 옮긴이
20) 세메넨코가 푸틴과 같은 고향 출신이라는 점을 지적하는 대목이다. 옮긴이

아래 주요 산업 자산을 배분하는 문제에 있어서 정부와 마찰을 빚었기 때문이라고 추측하고 있다. 그가 15층 높이에서 추락한 것 역시 타살이라고 생각한다.

한편 마트로스카야 티시나 감옥에서 미하일 호도르콥스키는 네 명의 재소자와 함께 구금되어 있던 4호실 유치장에서 열한 명이 구금되어 있는 1호실 유치장으로 옮겨졌다. 이제 더 이상 신문을 받아보거나 TV를 보는 일이 허용되지 않는다. 그가 옥중에서 써서 『베도모스티*vedomosti*』 신문에 발표한 "좌회전"이라는 제목의 기고문 때문이다. 그 주된 내용은 다음과 같다.

공권력의 기만적 술수에도 불구하고 결국에는 좌파 진영이 승리할 것이다. 더욱이, 좌파는 유권자 다수의 뚜렷한 의지에 전적으로 힘입어 민주적인 방법으로 승리할 것이다. 좌파로의 전환이 일어날 것이며, 오늘날 당국의 정책을 계속해서 추진하는 자들은 정통성을 잃게 될 것이다⋯⋯.

우리의 동포들이 10년 전보다 더 영리해졌다는 사실을 간과해서는 안 된다. 한 번 이상속아 본 국민은 아무리 기발하고 그럴싸하게 포장돼 있다고 해도 또 다른 엄포에 넘어가지 않을 것이다. '2008 후계 프로젝트'를 성사시키는 일은 그리 만만하지 않을 것이다. 소연방 이후 권위주의 프로젝트의 동력은 이미 러시아에서 고갈돼 버렸기 때문이다.

나는 그 동력이 완전히 고갈된 것이 아닐까 봐 두렵다.

『노바야 가제타』는 독자들에게 호도르콥스키에게 보낼 질문을 전자우편으로 달라고 요청했고, 호도르콥스키가 옥중에서 보낸 답변을 함께 공개했다.

세르게이 판텔레예프(모스크바 거주, 대학생): 관료들은 국가에 의해 고용된 하인이 되길 거부하고 국가를 소유하기로 결정했어요. 〈유코스〉를 압수한 실질적인 이유가 거기 있다고 보는데 어떻게 생각하세요?

호도르콥스키: 친애하는 세르게이 씨, 그들이 장악하길 원하는 것은 국가가 아니라, 유형의 자산, 특히 우리나라에서 가장 성공한 기업인 〈유코스〉지요. 좀 더 정확하게 말하자면, 그들은 〈유코스〉의 수입을 손에 넣으려고 하고 있습니다. 〈유코스〉를 몰수하고 약탈하는 것이 국익 담론의 연막 뒤에서 자행되고 있다고 본 귀하의 관점은 옳습니다. 그들의 주장이 사실이 아님은 물론이고요. 〈유코스〉의 해체는 러시아의 국익에 막대한 손실을 초래할 겁니다. 이 관료들은 자신의 사적인 이익을 국가의 이익이라고 포장하면서 사회를 속이려 하고 있습니다.

고블린(가명으로 추정): 당신 친구들이 모든 위험을 무릅쓰고 당신과 플라톤 레베데프에게 돌아와 동참하지 않고 해외로 도피한 사실로 마음의 상처를 입지는 않았나요?

호도르콥스키: 친애하는 고블린 씨, 내 친구들은 말할 것도 없고, 내 최악의 적이라고 해도 같이 투옥되는 것은 내가 바라는 바가 아닙니다. 내 친구들이 체포를 피할 수 있었던 것에 행복해하고 있습니다. 내가 가장 유감스럽게 생각하는 것도 몇몇 내 지인과 동료가 〈유코스〉 사태 때문에 체포된 것입니다. 특히 두 명의 어린 자녀를 둔 스베틀라나 바흐미나가 그렇죠.

베라(톰스크): 당신은 인생을 새로 시작해야 할 판입니다. 그런 힘이 당신 안에 있습니까? 아니면 당신은 인생의 전성기가 이미 끝났다고 봅니까?

호도르콥스키: 친애하는 베라 씨, 수감돼 있는 동안 나는 아주 단순하지만 어려운 진실한 가지를 깨달았지요. 중요한 것은 소유하는 것이 아니라 존재하는 것이라는 사실을요. 중요한 것은 인간이지, 그를 둘러싼 환경이 아닙니다. 내게 사업이란 과거의 일입니다. 하지만 내 새로운 삶이 밑바닥에서부터 시작되는 것은 아니예요. 내겐 막대한 경험이 있기 때문이죠. 나는 두 삶을 살 독특한 기회를 허락해 준 운명에 감사합니다. 비록 이를 위해 엄청난 대가를 치러야 하지만요.

같은 날 8월 9일, 호도르콥스키와 레베데프의 변호인들은 법정 심리 기록의 조사 마감 기한이 확정된 명령서를 받았다. 호도르콥스키 측은 7월 27일부터 메샨스키 지역 법원에서 법정 심리 기록을 열람할 수 있는 허가를 받았으나, 온 갖 종류의 난관이 닥쳐 왔다. 7월 28일, 변호사 크라스노프는 조사하기로 돼 있 었던 기록을 "기술적인 이유로" 열람하지 못했다. 같은 날 변호사 립체르 역시 조사 요청을 거부당했다. 왜냐하면 기록 중 일부가 "주 검사에 의해 현재 검토 중에 있다"는 이유 때문이었다.

7월 29일과 8월 8일 사이에 변호사들은 2004년의 기록만을 열람할 수 있었 다. 2005년 기록은 정부 측 검사가 갖고 있다고 했기 때문이다. 변호사들은 우 편을 통해, 8월 5일 법정에 출석해 "법정 심리 기록의 사본"을 받으라고 지시하 는 '2차' 통보를 8월 5일 당일에야 받았다.('1차' 통보는 받지 못했다.) 변호사들 은 사본을 읽으면서 그것이 원본뿐 아니라 법정 심리의 음성 기록과도 다르다 는 점을 발견했다. 나아가 복사본으로 추정되는 그 문건은 공증이 돼 있지도 않 았고, 권수 표시도, 책 안의 쪽수 표시도, 목차도 없었다. 변호사들은 분개했고 원본과 부합하지 않는 '복사본'을 수령하는 것에 대해 공식적인 거부와 이의를 표명했다. 이를 묵살하듯, 법원은 변호사실을 통해 만족스럽지 못한 '복사본'을 그들에게 넘겼다.

8월 9일, 원본 기록 열람에 대한 요청이 단도직입적으로 거부됐다. 대법원장 권한대행인 쿠르듀코프는 변호사들이 스트라스부르에 문제 제기를 할 수 없도 록, 공식적인 법정 심리 기록을 입수할 수 없었고 '복사본'으로 작업할 수밖에 없다는 내용을 서면으로 확인해 주지 않았다. 재판 기록에 대한 논평 마감 시한 은 8월 25일이었다.

신문에 실린 호도르콥스키의 답변에서 언급된 스베틀라나 바흐미나는 어째 서 감옥에 있는 것일까?

〈유코스〉의 직원들은 자기 동료의 구속을 일종의 경고로 보았다. 실질적으로 회사 내 모든 사람들은 〈유코스〉를 비방하려는 목적의 일환으로 검찰총장이 평사원을 타깃으로 삼고 있었다는 것을 알았다. 실제로 호도르콥스키가 러시아 주요 재계 인사 대다수에게 해당될 문제로 기소당했다고 한다면, 바흐미나는 평범한 시민이라면 거의 누구나 해당될 문제로 기소당한 것이다.

스베틀라나 바흐미나는 〈유코스〉에서 근무한 근 7년 동안 급여를 받았다. 검찰총장이 날조한 기소 내용에 따르면, 이 시기의 대부분이 제198조 2항("개인 사업자에 의한 거액의 세금 탈루")에 저촉된다. 〈유코스〉가 소위 "보험 설계"를 통해서 바흐미나에게 급여를 지불했던 것이 위법이 아닌 것처럼, 사실상 그녀가 어떤 위법 행위를 하지 않았음에도 불구하고, 이 조항에 따라서 바흐미나는 3년의 징역형을 선고받았다.

이런 "보험 설계" 수법은 소득세가 징벌적 수준인 35퍼센트로, 또 사회복지세가 그보다 더 징벌적 수준으로 책정됐던 시기에 러시아에서 보편화됐던 제도다. 이 수법의 요체는, 회사의 피고용인이 회사의 돈을 통해 생명보험에 든 다음, 적정한 급료에 해당하는 약정된 보험 지불금을 받는 것이다. 보험 지불금은 소득세를 적용받지 않고 해당 시점에 시행되는 조세법의 보호를 받기 때문에 조세부를 비롯해서 많은 사기업들, 국가기관 및 정부 부처들까지 이 제도를 이용했다.

하지만 이제는 이것 때문에 투옥될 수도 있다는 것이 밝혀졌다. 똑같은 죄목에 대해 성인 노동인구의 압도적 다수를 감옥에 가둘 수 있는 것이다. 만일 법원이 바흐미나를 유죄로 판결한다면, 국내의 모든 노동자들은 심각한 위기에 처할 것이다. 정부 당국은 국민의 대다수를 마음대로 형사 기소할 수 있게 된다. 아무리 법을 잘 지킨다고 해도, 우리가 전혀 알지 못하는 고용주의 세금 정책 때문에 수감될 수도 있는 것이다.

오늘까지 푸틴은 자기가 원하는 〈사회원〉 지도자 42명을 뽑기로 했다. 지금까지 인선을 미뤄 왔던 이유는, 그가 뽑고 싶어하는 인물들, 그러니까 독립적인 성향이 두드러진 인물들은 〈사회원〉에 개입되기를 꺼리는 반면, 참여를 원하는 인물들은 자신의 민주적 공신력을 증명하기에 너무 왜소하거나 〈사회원〉이 우스꽝스러운 집단처럼 보일 수 있을 만큼 몹시 비굴한 치였기 때문이다.

8월 11일

우루스-마르탄에서 신원 미상의 비정규 군인 여섯 명이 체첸 반군의 야전 사령관 도쿠 우마로프Doku Umarov의 누이인 마흔다섯 살의 나타샤 후마도바를 납치했다. 우마로프는 바사예프 다음으로 가장 계급이 높은 야전 사령관이다. 후마도바가 어떻게 됐는지는 아무도 모른다. 우루스-마르탄에서 이번 사건은 카디로프 부대의 소행이라고 여겨지고 있다.

역인질의 체포는 점점 더 비일비재해지고 있다. 우마로프를 연방군에 항복시키기 위한 책동임이 분명하다. 일부 체첸 주민은 역인질 수법은 대단히 공정하며, 합법적인 수단보다는 원시적인 방법이 더 낫다고 생각하고 있다. 다른 체첸 주민은 러시아에 보복할 적당한 순간을 기다리고 있다.

8월 12일

시베리아 크라스노야르스크에서 〈공산주의 청년 연합Union of Communist Youth〉 소속 45명의 단원들이 자유와 민주주의를 위한 시위행진을 펼쳤다. 이들은 푸틴에 반대한다는 구호를 외치며 도심을 행진했다. "이제 그만! 푸틴이랑 지옥에나 떨어져라!" 시민들은 그들을 따라 연호했지만 대열에 합류하지는 않았다. 모두가 〈공산주의 청년 연합〉을 좋아하는 건 아니다. 시민들은 체 게바라와 동료들의 초상화를 손에 든 그들을 두려워하기까지 한다. 나 같으면 결코 그런 초상화를 들고 행진하지 않을 것이다. 이 청년들은 혁명의 결과에 대해 아무 경험도 없고, "정체기"의 가장 끝, 다시 말해 고르바셰프 시기나 옐친 통치 초기에 태어난 세대다. 공산주의의 이념이 그들을 사로잡았던 것이다.

카스파로프의 〈시민 연합 전선United Citizens' Front〉은 만인의 결속을 목표로 하고 있다. 청년 공산당원, 〈로디나당〉 지역 지지자, 민주 우파의 잔당, 야블린스키에게 정나미가 떨어진 지역의 〈야블로코〉 지지자와 〈민족 볼셰비키당〉 지지자, 그리고 무정부주의자가 그들이다. 정권 타도를 위해 모두 결집하라! 우리가 승리한 뒤에야 무엇을 할 것인가를 결정할 수 있다. 그것이 민주주의자들이 수행할 수 있는 최상의 계획이다.

오늘 자모스크보레치예 법원에서 한 건의 재판이 열렸다. 엘레나 포타포바 판사가 주재한 이번 판결은 7월 22일 검찰부총장 유딘이 '단순한 러시아 사업가'인 세르게이 멜니코프의 영장 발부를 거부한 것에 대한 이의 제기였다.

검찰청 조치에 도전하는 것은 불가능하지는 않으나 매우 드문 현상이다. 마찬가지로 러시아 국민들이 마피아에게 불리한 증언을 하겠다고 동의하는 경우 또한 매우 드문데, 잔인한 보복이 뒤따르고 공권력이 아무 뒷받침도 해 주지 않기 때문이다. 과거 어느 때보다 더 만연한 부패는 돈을 건넬 형편이 안 되는 사람은 아무 지원도 받지 못하도록 해 놓았다. 따라서 검찰부총장 유딘이 증인들의 이익보다는 자신의 고문가에게 유리하도록 권력을 사용하기로 결정하면서 멜니코프의 구속 영장 청구를 거부하자, 증언을 맡았던 희생자들은 진퇴양난에 빠졌다.

포타포바 판사가 신경질을 부리고 짜증을 냈지만, 변호사 알렉세이 자브고로드니는 지금까지 멜니코프로부터 보호비 명목으로 돈을 갈취당해 온 희생자들의 입장이 돼서 생각해 달라고 호소했다. 물론 멜니코프는 그 자리에 없었고, 멜니코프의 변호사이자 막역한 친구인 나탈리야 다비도바만이 있었다.

다비도바는 빈정대는 투로 말하는 부산스러운 여자로, 수년간 토글리아티 마피아 단원 40명의 변호와 자문을 맡아 왔다. 모스크바 시 검찰청은 이런 의뢰인을 둔 변호사에게 빈틈을 보여서는 안 되는 것이었지만, 오늘 법정에서 검사로 나온 이는 엘레나 레프시나다. 레프시나는 다비도바가 이미 한 말을 법정에서 똑같이 되뇌었다. 우리는 놀랄 만큼 잘 연습된 듀엣의 목소리를 듣고 있는 듯하다. 이 두 여자는 판사를 향해 검찰총장이 틀렸다고 비쳐질 수 있는 그 어떤 선례를 남기는 것은 불가능하다고 주장하고 있다. '검찰총장은 언제나 옳다!' 이는 검찰이 법원으로부터 독립돼야 한다는 원칙을 불합리하게 밀어붙인 결과다.

다비도바는 분위기를 격앙시켰고, 준법심이 강하고 품위 있는 갱단에 대한 감동적인 풍경화를 그렸다. 멜니코프는 경찰에 자수한 것이었다. 경찰관들은 멜니코프의 자백을 들었고, 온정적으로 대했으며 그를 풀어 주었다. 이에 따라 멜니코프는 연방 정부의 수색영장을 사실상 무효화했고, 7월 22일자 그의 구류는 불법으로 판정됐다. 유딘 검찰부총장은 지금까지 늘 위반돼 온 법규를 단순히 지켰을 뿐이다. 물론 이것은 순전히 허튼소리에 지나지 않는다. 멜니코프 수사 일지에는 그가 누구에게 자수했다는 언급은 전혀 찾아볼 수 없다.

포타포바 판사는 판결문을 작성하기 위해 물러갔고, 이내 자리로 돌아와서는 검찰총장의 결정이 항상 옳으며, 이번 사건에서도 마찬가지로 옳다고 판결했다. 즉, 멜니코프를 찾기 위해 전국적인 규모의 수색이 이루어졌지만, 그의 체포를 승인하지 않기로 한 결정이 옳다는 것이다. 포타포바 판사는 소송을 기각했고, 검찰부총장의 조치는 멜니코프에게 피해를 입은 당사자들의 기본 인권을 침해하지 않았다고 주장했다. 그 소리는 물론, 가장 중요한 생명권을 제외하고 다른 권리는 침해하지 않았다는 뜻이다.

블라디미르 리시코프는 사람들을 만날 때마다 말한다. "러시아의 사회적, 정치적 제도는 대단히 부당하다." 리시코프는 민주정치의 부활을 알리는 희망 주자 중 한 명으로 젊은 데다가 지방 출신이다. 그 점이 대중에게 호소력을 갖는다.

그러나 사회의 무관심을 증폭시키고 국민들이 모험을 극도로 꺼리도록 만드는 요인은 바로 이런 '부당한 제도'다. 스스로를 '소시민'으로 간주하는 국민들의 태도는 마치 대통령의 핵 가방에 달린 붉은 버튼과 같아서, 한번 누르기만 하면 온 나라를 장악할 수 있는 것이다. 나는 푸틴과 측근들이 오로지 '정치 피아르'를 위해 부패와의 전쟁을 벌이고 있다고 확신한다. 현실적으로 부패는 그들의 이익과 맞아떨어지며, 국민의 입을 다물게 하는 중요한 역할을 한다. 법정이 범죄자들과 정치인들의 손에 이리저리 끌려다니는 한, 푸틴은 아무것도 두려워할 것이 없다.

모스크바에서 폴란드인들이 집단 구타를 당했다. 오늘로 세 번째다. 이 사건은 결코 우연의 일치일 수 없다. 이 일이 있기 바로 며칠 전에 폴란드 대사관 직원과 폴란드 기자가 피습됐던 것이다.

바르샤바에서 러시아 외교관 자녀가 디스코텍을 나서다 폭행당한 일이 있었고 이번 사건은, 이에 대한 〈나시〉의 보복이다. 말하자면, 정치적 배경이 깔려 있는 슬라브적 외국인 혐오가 분출된 사건이며, 푸틴의 러시아에서는 아주 흔한 일이다. 아주 점잖고 교양 있는 사람들마저도 "요새 폴란드 놈들이 우쭐대고 있다"고 말하기 시작했다. 푸틴이 앓고 있는 병은 레닌이 말한 바 "저속한 제국주의적 쇼비니즘"이고 이것이 오늘날 러시아 사회에 다시 유행하고 있다. 너희가 우리 셋을 때린다면, 우리도 너희 셋을 두들겨 패겠다는 뜻이다. 이번 사태에 대한 정부의 공식적 반응이 느리고 형식적이라는 사실은 정부가 암묵적으로 이번 일을 승인한다는 것을 말해 준다.

〈야블로코〉는 푸틴이 이번 사건에 직접 개입할 것과 폴란드 대사관에 특별 보호를 제공해 줄 것을 요구했다. 문제는 오늘날 모든 자유주의계, 민주주의계 인사들이 할 수 있는 일이 고작 푸틴에게 호소하는 것이라는 점이다. 푸틴의 퇴진을 요구하면서 동시에 청원하는 일은 결코 사리에 맞지 않다.

〈우파 연합〉의 지도자 니키타 벨리흐는 "대다수 러시아인들의 마음속에는 좀 더 나은 사람이 되려는 충동이 있다. 우리는 사람들에게 이 점을 분명히 각인시키려는 것이다"라고 주장했다.

불행하게도 대다수 러시아인의 마음속에는 튀지 않으려는 욕망 또한 있고, 이 점은 오늘날 특히 두드러진다. 우리는 억압적인 기관의 사악한 눈초리에 걸리지 않으려고 한다. 우리는 그림자 속에 파묻혀 있고자 한다. 그렇게 그림자 속에서 어디로 향하는가 하는 것은 우리의 인격에 달려 있다. 대다수 사람들은 어떤 상황이 되더라도 앞에 나서려 하지 않는다. 물론 스스로를 개선시키고자 하는 의지가 아예 없는 것은 아니지만 그림자 속에 숨길 바라는 태도가 모든 러시아인의 마음속에 깊이 깔려 있다. 20세기 러시아에서 일어났던 일만 보더라도 그런 상황은 결코 놀랍지 않다.

한 공식 조사에 의하면 러시아는 인간 잠재력 활용 지수가 세계 70위다.

8월 13일

최근 푸틴에게 3선을 허용하자는 대중적 발의는 사실 연해주 지방 두마 의원이자 유명한 아첨꾼 정치인인 아담 이마다예프Adam Imadaev의 작품이다. 이마다예프는 푸틴에게 3선을 허락할 수 있는 법률상의 허점을 발견했다고 공표했다. 연해주 지방의회 법률 위원회는 즉각 9월에 그 문제를 검토하기로 결의했다.

8월 16일

대법원이 〈민족 볼셰비키당〉에 대한 모스크바 지방법원의 활동 금지 처분을 무효화함으로써 파문을 일으켰다. 이 당을 이끄는 늙수그레한 리모노프는 너무 감격한 나머지 법원 청사 밖에서 러시아의 부활에 대한 희망을 품게 됐다고 말할 정도였다. 검찰총장은 대단히 당황해하면서, 대법원 수뇌부의 결정에 항소하겠다고 공언했다.

〈민족 볼셰비키당〉 당원들은 푸틴의 자부심이자 기쁨인, 유명한 2005년 모스크바 에어쇼 개막일에 슬쩍 잠입함으로써 대법원의 결정을 자축했다. 인도의 군산복합체 대표들 외에도 온갖 아랍계 지도자들과 마호메트의 자손이자 요르단 국왕 압둘라 2세가 참석한 자리였다. 가공할 만한 보안 조치에도 불구하고 푸틴이 개막 연설을 시작하자마자, 〈민족 볼셰비키당〉 당원들은 그로부터 불과 30미터 떨어진 곳에서 "푸틴 타도!"를 외치고 베슬란 사태에 대한 책임을 추궁하기 시작했다. 현장에서 즉각 체포된 그들은 인근 주콥스코예 마을에 있는 경찰서로 한꺼번에 압송됐다.

세 시간 후 그들은 벌금형도 받지 않고 풀려났다. 투옥되리라 생각했던 그들은 대단히 놀랐다. 주콥스코예의 경찰관이 푸틴을 싫어했는지도 모른다. 이상한 일들이 벌어지고 있다.

푸틴은 에어쇼 인근 비행장에 세워져 있던 폭격기에 올라탄 뒤 아주 침착하게 무르만스크 주로 날아갔다. 군 장성들은 조용히 이를 갈고 있었다. 푸틴한테는 더 없이 좋은 '정치 피아르'일지 몰라도 그들에게는 경호에 애를 먹이는 골칫거리밖에 되지 않을 테니까. 하지만 우리 러시아의 장군들은 대단히 잘 훈련되어 있어서 말대꾸를 해서는 안 될 때를 잘 안다. 규정에 명백히 위배됨에도 그들은 푸틴을 조종석에 태우라고 지시했다. 푸틴은 순항하고 있는 동안에 비행기의 조종간을 잡았다. 국영 언론 매체는 기쁜 나머지 눈물을 흘렸다. "푸틴 대통령이 우리 공군을 직접 시찰하고 계신다!" 하지만 왜? 인기를 올려 보겠다는 심산 아니겠는가?

그날 저녁 〈나시〉 회원들이 〈민족 볼셰비키당〉 당원들을 또 다시 폭행했다. 〈나시〉와 대화를 시도하는 것은 아무 소용이 없다. 그들 중 단 한 사람도 왜 자신이 그 단체에 가입했는지 조리 있게 설명하지 못한다. 〈민족 볼셰비키당〉 당원들과 다른 좌파 청년들과는 정반대다. 가난한 좌파는 잠재적 측면에서 볼 때, 러시아에서 가장 역동적인 혁명 세력이다. 중산층의 움직임은 아주 더디다. 중산층은 단지 부르주아적 삶을 원할 뿐이다. 자신의 높은 소비 수준을 뒷받침할 수단을 가지지 못한 것을 한탄하면서 말이다.

적극적인 좌파 단체에는 〈방어〉의 핵심이 된 〈야블로코〉 청년 그룹이 포함된다. 이들은 우크라이나 오렌지 혁명의 성공에 크게 기여했던 〈포라Pora〉[21] 운동의 러시아판이다. 국방부는 또한 〈우파 연합〉, 〈푸틴 없는 행진Marching without Putin〉, 〈단체 행동Collective Action〉, 〈우리의 선택〉 등등의 청년 지지층을 빼앗아 갔다. 이런 청년 지지층의 대표 조정자는 일리야 야신이라는 인물로, 〈야블로코〉 청년 그룹 대표로서, 약 2천 명의 회원을 거느리고 있다. 〈방어〉는 점차 좌파 성향을 띠어 가고, 시위는 점점 더 〈민족 볼셰비키당〉 당원들의 시위와 비슷해져 간다. 나아가 〈민족 볼셰비키당〉 당원들은 주류 민주주의 정책에 다가서고 있다.

---

21) 우크라이나 혁명을 체계적으로 조직해 낸 학생 조직. 우크라이나어로 '때가 왔다'는 뜻이다. 옮긴이

이 가운데서 가장 핵심적인 세력은 비록 계속되는 체포로 간부가 없어지고 있다고 하더라도 〈민족 볼셰비키당〉 당원들이다. 그 외에도 〈붉은 청년 전위대 Avant-Garde of Red Youth〉와 〈공산주의 청년 연합〉도 언급할 수 있다. 이들은 집회를 요구하면서 스스로 손에 수갑을 차고 대검찰청의 철창 안으로 들어갔다. 하지만 집회를 얻어내지는 못했다.

〈나시〉의 이데올로기를 고안해 낸 장본인은 세르게이 마르코프Sergey Markov와 같은 공식적인 정치 홍보 전문가다. 마르코프는 "〈나시〉처럼 러시아의 주권 이데올로기를 표방하는 청년 단체들이 오렌지 혁명이라는 질병에 만병통치약이 될 것"이라고 밝혔다. 여기서 흥미로운 점은 단 한 번도 반오렌지 혁명이 자생적으로 일어나지 않았다는 사실이다. 많은 이들이 〈나시〉를 두려워한다. 하지만 나는 그들이 머지않아 해체될 거라고 생각한다.

8월 18일

과연 무엇이 이 정권을 종식시킬 것인가라는 문제는 아직도 판가름이 나지 않았다. 이 정권은 어떻게 무너질 것인가? 현재의 야당은 너무 약하며, 정권을 무너뜨리고자 하는 목표 의식도 결여돼 있다. 러시아 국민들의 자발적인 시위가 일어날 가능성은 훨씬 더 낮아 보인다.

한 가지 가능성은, 만일 푸틴이 신소비에트 체제를 구성한다고 해도, 그것은 과거와 마찬가지로 경제적 비효율성 때문에 붕괴를 면할 수 없다는 것이다. 푸틴 행정부의 두드러진 특징은 국가자본주의 건설이다. 말하자면, 국가의 수입원 전체를 지배함으로써 충직한 관료 올리가르히(대개 이들은 대통령행정실 내 간부로 발탁되곤 했다)를 양성하는 것이다. 이를 위해서 성공적으로 운영되는 기업을 재국유화하고, 그것을 금융 산업 복합체나 지주회사로 바꿀 것이다.

이런 조치가 빠르게 진행되고 있다. 〈브네셰코놈반크Vneshekonombank〉, 〈브네시토르크반크Vneshtorgbank〉, 〈메시프롬반크Mezhprombank〉와 같은 금융 산업 복합체(〈알파 그룹〉 같은 좀 더 서유럽적 성향의 기업들을 견제하는 소위 '러시아적'인 금융 지주회사)들은 소련 붕괴 후 자기들 밑에서 성장한 방계 혈통의 알짜 기업들을 점점 더 많이 집어삼키고 있다.

이 일을 행정실이 지원하고 있음은 두말할 필요가 없다. 이들 금융 산업 복합체에는 고도로 숙련된 경영자가 없기 때문에, 작은 기업을 집어삼킬 수는 있어도, 소화하지는 못한다. 이들은 이미 집어삼킨 먹이를 제대로 처리하지 못하며, 따라서 인수된 기업들은 도산하기 시작한다. 결과적으로 지난 반년간 경제성장률은 5.3퍼센트로 둔화됐고, 자본수출은 9천억 루블(약 30조 60억 원)을 웃돌았고, 흑자 총액은 반토막이 됐다. 이 통계치는 현 정권의 대안으로 구성된 〈인민정부people's government〉의 무소속 두마 의원 겐나디 세미긴Gennadii Semigin이 제공한 것이다.

올레크 슐랴콥스키가 사직했다. 1991년 이후 러시아 북서부의 가장 중요한 육상 조선소인 〈발트해 공장Baltic Factory〉을 운영하던 사람이다. 슐랴콥스키는 1990년대 초 공장이 민영화된 후에 여러 소유자들을 거쳐 오면서도 계속 유임됐을 만큼 대단히 중요한 인물이었다. 이제와 그가 공장을 그만둘 수밖에 없는 이유는 2005년 탈사유화 지침이 강제됐기 때문이다. 그 후 공장은 〈메시프롬반크〉 소유의 〈통합 산업사United Industrial Corporation〉에 팔렸다. 이 공장은 눈에 띌 만큼 낮은 효율성을 드러내면서, 세 개의 설계국 및 다른 기업들과 합병되는 과정에 있다. 슐랴콥스키라는 조타수가 사라진 공장에 대해 대통령행정실이 무슨 일을 할지는 지켜볼 일이다. 〈메시프롬반크〉가 무려 150년이나 된 이 회사를 집어삼킬 수 있었던 것 또한 대통령행정실의 입김 때문이다.

슐라콥스키는 그 조선 회사의 대들보였지만, 〈메시프롬반크〉가 해군 전함을 건조하는 국가 자본의 지주회사를 설립하는 중이었기 때문에 회사를 포기할 수밖에 없었다. 최근 방위산업체 〈알마즈-안테이Almaz-Antei〉와 〈밀랴 헬리콥터스 Milya Helicopters〉 역시 비슷한 방식으로 탈민영화됐다. 〈메시프롬반크〉를 조종하고 있는 인물은 세르게이 푸가체프다. 상원 의원인 그는 은행을 경영할 수 없게 되어 있지만 사실상 경영자 노릇을 하고 있다. 소위 "정통 올리가르히" 중 한 명인 푸가체프는 국가 올리가르히를 창설하는 일에 전우처럼 푸틴을 도왔다.

푸틴의 정치 시스템이 안고 있는 유일한 문제는 아주 천천히 전개되는 경기 침체를 통해 수십 년 뒤에는 푸틴식 통치 체계가 붕괴할 것이라는 사실이다. 설령 푸틴이 외국인과 다른 민족들이 러시아 땅에 한 발자국도 들여놓지 못하게 막는 데 성공한다고 해도 이런 운명이 〈발트해 공장〉을 기다리고 있다는 것을 의심하는 사람은 아무도 없다. 자신들의 통치 체계를 보존하기 위해서, 그들은 한 무능한 계승자로부터 다음 순번의 계승자에게로 대통령직을 물려주기 시작할 것이다. 익명성이 그들의 중심적인 특성이 될 것이며, 소련식으로 조작된 선거를 통해 크렘린 궁에 입성할 것이다.

핵심 문제는 정권 붕괴가 불가피하다지만 그걸 우리 생애에 목격하긴 힘들다는 사실이다. 정권 붕괴를 바라고 있는 입장으로서는 유감일 수밖에 없다.

8월 19일

오늘 열린 〈민족 볼셰비키당〉의 공판은 익살극으로 변해 가고 있다.

"12월 14일 저는 소동이 일어날 것을 예감하고 있었습니다. 저는 14호실 옆에 서 있었고 모든 것을 봤죠. 저는 줄곧 거기에 서 있었습니다. 그래서 저는 금속 탐지기 본체가 수평으로 납작 누워 있는 것을 봤습니다……."

증인석에서 예브게니 포사드네프가 시골뜨기 탐정 같은 꽉 막힌 성실함을 드러내면서 이 유죄를 증명하는 증거물을 전달한다. 과거에 그는 소련의 어느 노동 교정소 책임자를 지냈고, 지금은 민원 담당으로 대통령행정실에서 일하고 있다. 다시 말해 그는 푸틴과 그의 고통 받는 국민 사이를 중재하고 있다. 포사드네프는 더 없이 심각한 표정을 짓고 있다. 그는 적들을 비난하고 있다.

"이 청년들이 뒤집어엎은 다음 그 금속 탐지기는 어떤 상태가 되었나요?"

정부 측 검사가 물었다.

"L자처럼 뉘어져 있었습니다. 원래는 H자처럼 세워져 있어야 합니다만."

포사드네프가 설명했다. 시하노프 판사조차 웃음을 참지 못했다. 마치 "바샤가 또 내 사과를 훔쳐갔어요" 하고 선생님에게 고자질하는 아이처럼 증인은 계속 말을 이었다.

"이들 무리들이 행정실 청사 전체로 흩어지지 못하게 하려고 우리 경호부대 소속 요원들이 이 금속 탐지기로 앞을 막아섰습니다. 우리 요원들이 이 L자 탐지기를 가지고 복도를 막았고, 그럼으로써 폭도를 14호실 쪽으로 가도록 만들었습니다!"

검찰 측은 오싹한 느낌을 감추지 못하면서 눈을 굴렸다. 저 증인이란 자가 도대체 무슨 말을 하고 있는 건가? 틈을 놓치지 않고 변호인 측에서 끼어들었다.

"그러니까 시위 인파가 14호실로 향하도록 유도했다는 말이죠? 그러니까 시위자들이 그 방에 자발적으로 난입한 것이 아니란 말이죠?"

포사드네프의 증언으로 뒷받침되리라 예상됐던 원래 기소장에는, 39명의 피고인이 벌인 중대한 위법 행위는 다름 아니라 14호실을 점거한 것이라고 분명하게 표시돼 있다. 이런 무례함이 그들을 거의 아홉 달에 걸쳐 구금시킨 공식적인 이유였다.

"네. 자발적으로 들어간 게 아닙니다."

증인은 FSB가 얼마나 의연하게 대처했는지를 설명하려 애쓰면서, 자신이 그 '침입자들'이 저지른 범법 행위의 위법성을 더 없이 역력하게 밝히고 있다고 착각하고 있었다.

"그들은 행정실 건물을 온통 헤집고 다니려고 했지만, L자 금속 탐지기 때문에 그 방으로 어쩔 수 없이 들어간 겁니다."

"방문은 잠겨 있었나요?"

변호인 측에서 물었다.

"아니오. 열려 있었습니다."

"하지만 그들이 들어간 다음에 안에서 문을 잠갔나요?"

"아니오. 첫 번째 문, 외부로 통하는 문은 계속 열려 있었습니다."

"그렇다면 어째서 그 문이 부서진 거죠?"

그 첫 번째 문의 완전한 파괴가 물질적 피해와 관련해 피고인들을 고소하게 된 두 번째로 가장 위중한 죄목이었다.

"제가 봤어요. 모든 걸 봤어요. 시위대가 금고로 두 번째 문을 막아 바리케이드를 치는 걸 봤어요. 그들이 방어벽을 쳤어요."

"하지만 바깥문은 열려 있었다면서요? 어째서 시위대가 그 문을 부순 걸까요? 도대체 그 문은 지금 어디에 있습니까?"

"문은 수리됐습니다. 깨끗하게 흔적을 지웠죠."

그렇다면 누가 그 흔적을 없앤 거냐고 물을 수 있을 것이다. 정부 측 검사들은 이 점을 너무나 잘 알고 있다. 그들은 입술을 씰룩거리면서 '자기편' 증인을 매섭게 쏘아보고 있다. 혹시 저주를 퍼붓고 있는 것은 아닐까? 그들이 내세운 증인들의 수준은 너무 형편없어서 웃음이 날 정도였다.

"하지만 어쨌거나 당신은 여기 피고인들 중 누군가가 폭동을 일으키는 것을 직접 본 적이 있나요?"

변호인 측이 엄히 물었다. 기소의 핵심이기 때문이다.

"아니오."

증인이 풀이 죽은 채 중얼거린다.

"폭동은 없었습니다."

그가 낙심한 사람처럼 고개를 떨구었다. 아무튼, 그가 어떤 역할을 해 주기를 그들이 얼마나 기대하고 있을까?

이번 공판은 법적 근거가 없다. 그 대신, '우리 편'과 '우리 편이 아닌 사람'을 구분하라는 이데올로기적인 명령이 있다. 이것 역시 전국적으로 펼쳐지고 있는 '편 가르기' 과정의 일부에 지나지 않는다. 〈민족 볼셰비키당〉 지지자들은 법적인 근거가 있든 없든 상관없이 (대통령이 잘 쓰는 이런 험한 말을 해서 미안하지만) '끝장나 버렸다.'

물론 니쿨린 법원에서 드러난 수법은 우스꽝스럽기 짝이 없지만, 그런 작태를 누가 보고 들을 수 있단 말인가? 오직 한 줌의 방청객밖에는 없다. 나머지 국민은 공권력이 진지한 목소리로 네가 우리 편이 아니라면 감옥에 가야 한다고 전하는 메시지를 받아들일 것이다. 이렇게 국민에게 본때를 보여 줘라. 국민한테 어떤 자비도 베풀지 마라. 그러면 승승장구할 것이다.

한편, 호도르콥스키의 친구이자 같이 피소를 당한 플라톤 레베데프는 체력 단련 시간에 밖으로 나가길 거부했다는 이유로 처벌실로 보내졌다. 일주일 전, 간 경변을 앓고 있던 레베데프가 교도소 병원에서 일반 공용 감방으로 옮겨진 이후로 그의 건강은 눈에 띄게 나빠졌다. 레베데프는 체력이 바닥난 상태였기 때문에 체력 단련 시간을 거부했다. 당국은 이것을 물고 늘어졌다. 처벌실은 더 없이 혹독한 곳이다. 침대 시트나 베갯잇도 없고, 난방도 없으며, 식사는 물과 빵뿐이다. 레베데프가 처벌실로 간 또 다른 이유는 미추린 법원이 8월 25일 전까지 〈유코스〉 청문회 기록을 읽도록 지시한 데서 찾을 수 있다. 레베데프는 8월 26일까지 처벌실에 갇혀 있어야 하며, 그곳에서는 어떤 문서나 책도 반입할 수 없기 때문에 그는 판결에 대한 항소를 준비할 수 없게 된다.

물론 레베데프의 곁에는 여전히 호도르콥스키가 있고, 호도르콥스키는 자신의 변론을 또박또박 적고 있다. 효율성을 위해 두 사람은 판결문을 나누어 맡기로 했고, 일급의 변호사를 선임했다. 하지만 유죄를 인정하지 않은 것이 유일한 죄목인 자에 대한 복수심은 거의 가공할 만한 수준이다.

이 나라가 걱정되는 충분한 이유가 있다. 오늘날 세계 지도자들은 푸틴을 비난하기는커녕 다리 사이로 꼬리를 말아 넣은 채 그와 입맞춤을 하고 있다.

8월 21일

1991년 고르바셰프 체제의 전복과 공산주의로부터의 해방을 알리는 또 다른 기념일이 찾아왔다. 〈자유 러시아당Free Russia Party〉이 조직한 축하 행사에 약 8백 명의 인파가 모인 것이다. 나는 집회 장소를 지나가면서 발길을 멈추고 싶은 마음은 전혀 들지 않았다. 자유가 전혀 없는데, 축하할 일이 뭐가 있단 말인가? 소련 붕괴 후의 세월은 그 전에 우리가 경험했던 것을 되돌리는 데에, 그것도 훨씬 더 왜곡된 형태로 만드는 데 허비됐다.

공식적으로 설문 조사 대상자들 중 58퍼센트는 "러시아는 러시아 민족의 것!"이라는 슬로건에 찬성했다. 상당량의 급여를 받게 된다면 무엇을 하겠냐는 질문에 그 즉시 해외에 땅을 사서 이민을 가겠다고 대답한 응답자도 58퍼센트였다. 이것이야말로 '자유 러시아'에게 내리는 사형선고가 아닐까? 또한 최근 러시아에 혁명이 일어나지 않았던 까닭을 설명해 주는 것이기도 하다. 우리는 다른 누가 우리를 위해 우리 일을 대신해 주기를 바라고 있다.

8월 23일

베슬란에서 숨진 아이들의 엄마들이 북오세티아 블라디캅카스의 법원 청사에 모여들었다. 이곳에서 누르파샤 쿨라예프에 대한 공판이 열리고 있었다. 공식적으로 학교를 점거한 테러범 중 유일하게 생존해 있는 자다.

그 참극이 벌어진 뒤에 엄마들은 푸틴만을 신뢰했고, 객관적인 조사를 벌이겠다는 약속을 철석같이 믿었다고 말했다. 푸틴은 정말로 그렇게 약속했고, 일 년이 흘렀다. 하지만 조사 결과 수많은 아이들과 어른들의 목숨을 앗아간 작전을 계획하고 실행한 관료들과 보안기관 요원들은 하나같이 무혐의 판결을 받았다. 지금 엄마들은 자신들을 체포하라고 요구하고 있다. 자기 아이들을 죽게 한 책임은 푸틴을 뽑은 자신들에게 있다고 말이다. 엄마들의 연좌 농성은 절망의 몸부림이다.

마트로스카야 티시나 교도소에 있는 호도르콥스키는 건강이 몹시 위중한 자신의 친구 플라톤 레베데프와의 연대 표시로 물마저 거부하면서 전면적인 단식 농성에 돌입했다. 호도르콥스키는 변호사를 통해, 레베데프가 처벌실로 이감된 것은 일종의 보복 조치로서, 판결 후 자신이 신문지상에 논설을 발표했기 때문이라고 밝혔다.

호도르콥스키 만세! 나는 그가 그럴 만한 역량이 있는 줄 몰랐다. 나는 내 생각이 틀렸다는 것이 기쁘다. 지금 그는 '우리' 편이다. 올리가르히는 결코 단식 농성을 벌이지 않기 때문이다. 그런 일을 벌이는 것은 우리 서민들밖에는 없다.

지난 여섯 달 동안 언론 자유의 권리, 헌법으로 보장하고 있는 그 권리를 주장하기 위한 유일한 수단이 단식 농성이었다. 더 이상 말할 수 없는 것들이 많은 상황에서 여전히 우리는 침묵당했다는 것을 알리기 위해 단식 농성을 할 수 있다. 시위 집회에서 떠들어 대는 것은 사실상 무용지물이 돼 버렸다. 개종한 사람한테 설교를 늘어놓는 것이나 마찬가지다. 우리의 견해에 동의하는 사람들은 벌써 무슨 상황인지 알고 있다. 그러니 계속 떠벌리고 있을 이유가 무엇인가? 피켓라인에 서 있는 것은 우리의 양심을 달래 줄 수 있을지는 몰라도 별 의미가 없다. 최소한 부엌에서 울분을 터뜨리는 것보다는 더 많은 일을 했다고 손녀에게 얘기해 줄 수 있을지 모른다. 책을 쓰는 것조차 큰 영향력을 발휘하지 못한다. 정부의 노선에서 벗어난 책은 러시아에서 출판될 수 없다. 그런 책들은 해외에 거주하는 사람들만 읽는다.

때문에 2005년의 단식 농성은 우리의 반대 의사를 전달하는 몇 안 되는 방법 중 하나였다. 또한 단식은 누구나 다 할 수 있다. 우리는 모두 뭔가를 먹고 살지만, 먹지 않을 수도 있다. 더군다나 투쟁을 시작하기 전에 정부로부터 허가를 받아내야 할 필요도 없다.

또 다른 중요한 이점이 있다. 러시아에서는 만인이 만인에 대한 위선적인 '정치 피아르'를 의심한다. 하지만 단식 농성은 과연 어떤 종류의 '정치 피아르'란 말인가? 절망에 빠진 어떤 이가 그것을 벌이고 있다는 사실 만큼은 분명하다.

따라서 우리가 이 인디언 서머를 보내고 있는 동안 단식 농성이라는 새로운 전략을 통해 성취된 것은 무엇인가? 7월 삼 주 동안 "러시아의 영웅", "소련의 영웅", "사회주의 노동 영웅" 들은 단식 농성을 이어갔다. 그러는 사이에 푸틴은 '영웅들'을 보란듯이 모욕하기 위해 트베리의 숲속에서 신극우주의자 불한 당들과 함께 샤실리크를 먹으면서 그들에게 지지를 보냈다. 그럼에도 불구하고, '영웅들'의 단식 농성은 매우 효과적이었다.

르고프 유형지의 재소자들 역시 자신들이 당하고 있는 고문에 세간의 이목을 집중시키기 위해 단식 농성을 벌였다. 비록 결과는 암울했지만, 고문은 전보다는 약해졌다. 어쨌든 〈유럽인권재판소〉의 평정을 뒤흔들어 놓기에 충분히 큰 소동이었던 것만은 분명하다. 정부는 반응할 수밖에 없었다. 누가 알겠는가? 러시아에서 다른 교도소를 다스리는 짐승들이 차후에는 좀 더 신중해질지.

탐보프 주 라스카조보 소속 경찰에게 폭행당한 희생자들은 "우리는 법 집행 기관의 학대와 모욕, 물리적 폭력을 더 이상 용인하지 않을 것"이라고 경고하면서 단식 농성을 계속했고, 고문한 경찰관들이 해고됐다. 단식 농성을 한 번 더 하면 고문자들을 창살에 가둘 수 있을지도 모른다.

마지막으로 12월 14일 사건에서 〈민족 볼셰비키당〉 당원들은 정치범 전원 석방을 요구하며 모스크바 유치장 안에서 단식 농성을 이어갔다. 지금 과연 〈민족 볼셰비키당〉 당원들이야말로 정치범이라는 사실을 모르는 사람이 누가 있을까?

오늘 소치에서 공무원들은 국민과 일정한 거리를 두어야 한다고 밝힌 것처럼, 정부 당국은 비록 이 한 여름에 벌어지고 있는 단식 농성에 대해 간접적으로만 언급하고 있지만, 그럼에도 단식 농성을 조용히 주시하고 있다. 하지만 정부는 국민이 장난하고 있는 게 아니라는 사실까지 잘 알고 있다. 우리 국민은 어떤 상황에서도 공권력과 타협하지 않을 사람들이다. 단식 농성은 공권력과의 대화가 아니라 동료 시민과의 대화인 것이다.

결코 프랏코프 총리나 수르코프, 또는 푸틴이 단식 농성을 벌이는 모습을 상상할 수 없으리라는 생각을 해 본다. 단식 농성은 그들의 스타일이 아니니까. 폭격기 또는 낡아 빠진 볼가 자동차에 경호원 없이 탑승하는 것은 괜찮지만, 호도르콥스키가 오늘날 국민과 연대하게 된 그런 종류의 시위는 단연코 용납될 수 없는 것이다.

8월 24일

어머니들이 다시 베슬란으로 돌아갔다. 마리나 박이 말한다.

"우리 베슬란의 엄마들은 자신을 필요로 하지 않는 나라에서 살 수밖에 없는 운명인 아이들을 낳은 것에 죄책감을 느끼고 있습니다. 또한 우리는 아이들을 소모품 정도로 생각하는 대통령을 뽑은 것에 대해서도 잘못이 있지요. 또한 쿨라예프 같은 폭도들을 양산한 체첸의 내전에 대해 지난 10년간 침묵을 지킨 것에 대해서도 책임이 있어요."

아이를 잃은 또 다른 엄마 옐라 케사예바가 대화에 끼어든다.

"이번 사건의 주범은 푸틴입니다. 푸틴은 대통령이라는 직위 뒤에 숨어 있어요. 우리를 만나서 사과하지 않기로 작정한 겁니다. 어떤 일도 책임지기를 거부하는 그런 대통령 아래서 살고 있는 것이 우리의 비극이지요."

얼마 지나지 않아, 푸틴이 〈베슬란 어머니회Committee of Mothers of Beslan〉 대표자들을 9월 2일 모스크바로 초청했다는 소식이 전해졌다. 처음에 어머니들은 분개했다. 9월 2일은 숨진 아이들의 기일이기 때문이다. 도저히 갈 수 없었다. 그러자 대통령행정실 측은 푸틴과 베슬란 주민 간의 회견이 어머니들의 출석 유무에 상관없이 진행될 것이라고 퉁명스럽게 전해 왔다. 정부 측에서 필요한 것은 카메라 앞에서 푸틴에게 베슬란 주민 모두가 그를 얼마나 사랑하는지 말해 줄 누군가였다. 러시아에서는 항상 그런 들러리를 찾을 수 있다.

어머니들이 어떻게 결정했어야 옳을까? 푸틴은 베슬란 참사 직후 모든 진실을 밝히겠다고 약속했고, 자녀를 잃은 검은 상복의 어머니들을 비롯하여 많은 이들이 그 말을 철석같이 믿었다. 대통령의 직접적인 요청에 따라 베슬란 사건의 원인과 정황을 조사하기 위한 국회 위원회가 발족했다. 알렉산데르 토르신이 위원회의 의장을 맡았고, 토르신은 위원회가 늦어도 2004년 3월까지는 상세하고도 성실한 보고서를 제출할 것이라고 약속했다.

어떤 일도 벌어지지 않았다. 오늘날까지 어떤 보고서도 나온 것이 없다. 수사는 웃음거리로 변해 버렸다. 학교에 인질로 억류돼 있었던 많은 사람들은 울분을 참지 못한 나머지 쿨라예프에 대한 부조리한 면피용 공판에서 증언하는 것을 거절했다.

"모두가 무죄일 수밖에요. 그렇지 않았으면 그들 모두가 메달을 받지 못했을 테니까요."

마리나 박이 비꼬았다. 베슬란의 주민들은 여전히 슬픔을 혼자서 끌어안고 있다. 사람들은 동물원의 동물이라도 되는 양 사진 촬영을 위해 주민들에게 몰려들었다가 떠났다. 주민들은 돈이 필요하냐는 질문을 받았고, 그들은 그에 대해 유일하게 필요한 것은 진실이라고 대답했다.

8월 27일

〈베슬란 사건에 대한 국회 조사 위원회〉 의장이자 연방회의 부의장인 알렉산데르 토르신은 베슬란 주민들이 오랫동안 학수고대해 온 보고서는 사실상 존재하지 않는다고 시인했다. "낱장으로 된 몇 쪽 분량밖에는 없다."

러시아 전체가 어깨를 으쓱거렸다.

8월 29일

이번 여름 내내 니쿨린 법원에서 26명의 증인 가운데 불과 13명만이 기소와 관련한 심문을 받았다. 반면에 피고 측 누구도 소환되지 않았다.

당국은 〈민족 볼셰비키당〉 당원들을 감방에 계속 가둬 놓은 채 공판을 일부러 질질 끌고 있다. 당국은 그럼으로써 다른 이들이 생각을 고쳐먹을 것이라고 판단하는 듯하다. 사실 그런 조치는 반대자들의 신념을 강화시켜 줄 뿐이다. 날조된 것이 분명한 증거 때문에 자녀를 교도소에 보내야 했던 39명의 부모들은 자녀가 간 길을 따르기 시작했다. 그들은 시위 집회를 조직하고, 피켓라인에 서서 구호를 외치고, 반대 운동에 가담하고 있다.

지금 공산당원들은 자신들의 당사에서 〈민족 볼셰비키당〉 당원들이 주간 회의를 열 수 있게 주선해 주었고, 좌파 세력의 동맹은 매우 단단해져 가고 있다. 그러나 오늘 저녁 〈민족 볼셰비키당〉 당원들이 회의장에 도착했을 때, 전투복을 입고 야구방망이를 휘두르는 복면을 쓴 괴한들이 당원들을 향해 잔인한 폭력을 퍼부었다.

피습 후 폭행범들은 미리 대기하고 있던 버스에 조용히 올라 탄 다음 떠나 버렸다. 경찰이 호출되고 추격전이 시작됐다. 경찰은 버스를 잡아 세웠다. 그러나 버스에 올라탄 경찰은 '우리 편'만 있다고 말하면서 돌아와 버렸다. 무슨 일이 있었던 걸까? 아주 간단하게 말하면, '우리 편'은 '우리 편'이 아닌 자들을 마음껏 구타할 수 있는 면허다. 1월 초부터 〈나시〉 사람들은 〈민족 볼셰비키당〉 당원들을 야구방망이로 공격해 왔다. 1월 29일과 3월 5일에는 〈민족 볼셰비키당〉 당사를 표적으로 한 〈나시〉 행동 대원들의 대규모 공격이 있었다. 당사는 모조리 뒤집혔다. 그때도 지금처럼 정치색을 띤 훌리건들이 야구방망이를 들고 소형 버스를 타고 왔다가 떠났다. 심지어 톱으로 문을 절단 낼 때 쓸 이동식 발전기까지 있었다.

훌리건들은 경찰에게 훈방 조처돼 풀려났다. 2월 12일 모스크바 순환선에서 이 불량배들은 〈민족 볼셰비키당〉 당원들만을 습격하고 폭행한 것이 아니라, 수감돼 있는 39명의 당원들 중 한 명의 아버지에게까지도 손찌검을 했다. 또 다시 경찰은 이들을 훈방 조처했다. 매번 경찰은 조서를 꾸미고 범죄 사실을 추궁했으나 곧 사건을 포기해 버리고 미해결 상태로 두기 일쑤였다.

"이해하셔야 합니다. 이건 정치입니다……"

수사관들은 한숨을 쉰다.

"수사관들 입장에서는 서두를 이유가 전혀 없지요."

피습당한 아버지의 변호사인 드미트리 아그라놉스키가 말한다.

"푸틴의 집무실 로비로 침입한 〈민족 볼셰비키당〉 당원들보다 더 죄가 무겁고, 훨씬 더 심각한 폭력을 저질렀는데도, 취조 자료가 한 번도 법원으로 넘어간 적이 없더군요. 많은 피해자들이 중상을 입었습니다. 우리는 당국이 사건을 완전히 종결시키지 못하게 하려고 노력 중입니다. 사건은 조금도 진척되지 않고 있는 것이 분명합니다."

그리고 지금 또 새로운 습격이 벌어진 것이다. '스파르타쿠스의 검투사들'에게는 법의 보호가 필요했을 것이다. 그들은 그런 보호를 제공할 사람을 발견했고, 대통령행정실이 보내 준 신뢰에 보답하기 위해 지금 주먹을 사용하고 있는 것이다.

체첸에서도 사정은 똑같다. 정권은 미제로 남겨져 있는 몇몇 형사사건의 용의자들을 비호한다. "우리와 함께 있는 한, 아무도 너희에게 손을 댈 수 없다. 너희는 우리가 지목하는 자를 두들겨 패기만 하면 된다."(체첸에서는 이렇게 말한다. "우리가 시키는 대로 죽여라!") 이렇게 보증해 주기 때문에 기소는 기각된다.

정말로 우리는 대통령의 훈령에 의해 "깐깐쟁이" 로마가 "정신병자" 람잔의 발자취를 따라 러시아 정부로부터 훈장을 받게 되는 그날을 보게 될 것인가?

또한 더 없이 분명한 것은, 정부가 어떤 청년 단체를 다른 청년 단체와 싸움 붙이기를 바란다는 사실이다. 그래서 두 진영 사이의 충돌을 통해 균형을 잡고,

그 결과 증오가 사회 밖으로 완전히 빠져나가지 못하도록 하는 것이다. 두려움과 대립이 한층 더 쓸모 있는 것이다. 사회적 조화를 추구하는 것은 이 정권이 바라는 바가 아니다. 이들은 다양한 사회단체를 서로 앙숙 관계에 놓아두는 전략이 요술 양탄자가 되어 차후 4년 동안 권력과 나라의 수익원을 장악하게 되리라 기대한다. 그 동안 나머지 국민 대다수는 계속 서로 치고받을 것이다. 야구방망이를 휘두르는 잘 조직된 폭력배들이 〈민족 볼셰비키당〉 당원들을 습격한 사건의 배후에는 이런 동기가 숨어 있다고 본다.

8월 30일

대법원 산하 군사협의회는 북캅카스 군사법원이 한 특수작전부대에게 선고한 무죄판결에 이의를 제기한 항소를 검토해 왔다. GRU에 소속된 이 부대는 2002년 1월 체첸의 샤토이 지역에서 여섯 명을 총으로 살해하고 시신을 불태웠다. 이들에 대한 판결은 적법하지 못한 것으로 여겨졌고, 사건은 재심을 위해 다시 송치됐다.

지극히 드문 일이다. 앞선 판결에 대한 상소의 골자는 배심원을 선정함에 있어 중대한 절차상의 과실이 있었으며, 또 배심원들이 판결을 다시 검토해 보기 전에 판사가 정치적 지침을 주는 등 문제가 있었다는 것이었다.

에두아르드 울만의 부대원들은 실제로 살인을 저지르고 시신을 불태웠지만, 상관의 명령을 따랐을 뿐이며 항명할 자유가 없었다는 점이 참작되어 무죄를 선고받았다. 법원은 그 명령이 문서화된 것이 아닐 뿐더러 무전기를 통해 들리는 베일에 싸인 지휘관의 은근함 암시에 불과했다는 사실을 철저히 간과했다. 대법원 역시 마찬가지로 대단히 중요한 이 사실을 무시했다.

그 다음 무슨 일이 벌어지고 있는가? 그 사건이 재심에 붙여지는 것은 이번이 세 번째가 될 것이다. 그러나 불행하게도 이 사건이 다시 재판에 붙여지는 장소는 로스토프-나-도누다. 만약 군사협의회가 유죄 평결을 진지하게 고려하고 있었다면, 울만과 부대원들은 다시 구금됐을 것이고, 사건이 다시 로스토프-나-도누로 환송되는 일도 없었을 것이다. 로스토프-나-도누의 법원에서는 앞선 재판 때와 완전히 다른 배심원단을 구성하는 것이 전적으로 불가능하다. 로스토프 법원의 배심원들은 울만의 행위가 전적으로 정당하다는 견해를 필사적으로 고수했다. 울만은 조국을 위한 작전을 수행 중이었으며, 어쨌든지 모든 체첸인들은 선천적인 범죄자라는 것이었다. 체첸에 대한 강한 혐오가 러시아 남부 지역의 현실이었다.

이 사건은 어째서 평결이 유보된 것일까? 결국 대법원은 오랫동안 이 불편한 사안을 눈감아 왔던 것이다. 그들은 푸틴에게 아첨하고 있다. 대통령은 올 여름 초 인권 운동가들을 만난 자리에서 울만과 그의 공동 피고인들이 무죄 선고를 받은 것에 대해 충격을 받았다고 밝힌 바 있다. 대법원은 이런 발언에 부응하도록 서둘러 사건을 파기환송함으로써 대통령이 그 충격을 극복할 수 있도록 조치했지만, 그 후에 어떻게 되느냐는 그들의 소관이 아닌 것이다.

그럼에도 불구하고 GRU는 잠시 주춤할 수밖에 없었다. 이 살상 단체의 특수 작전과는 체첸에 대한 "위생 처리" 임무를 계속 수행했다. 여기에는 울만과 그의 부대가 가담해 있었다. 이와 유사한 주요 사건에 대해 우리가 모르고 있는 것은 단순히 보고되지 않기 때문이다. 6월 4일 보로즈디놉스카야 산촌에서 벌어진 만행의 주범도 역시 GRU 소속 부대였다. 7월 4일 줌소이 마을 읍장인 압둘-아짐 얀굴바예프의 암살 역시 그렇다.

얀굴바예프 사건이 일어나게 된 데에는 올 1월 헬리콥터에서 낙하산을 타고 내려온 일단의 군인들이 줌소이 마을 주민 네 명을 납치한 것과 무관하지 않다.

그 후로 그 네 명의 신상은 알 수 없었다. 그 뒤 군인들은 광포해져서 마을 주민들을 마구 두들겨 팼고, 파괴된 가옥에 대한 보상금으로 한 가구가 받은 25만 루블(약 840만 원)을 가로채기도 했다. 읍장인 압둘-아짐 얀굴바예프는 납치된 주민을 찾기 위해 갖은 노력을 기울였다. 인권 단체에 호소했고, 군인들의 잔학 행위를 강력하게 비난했다. 이런 항의는 오늘날 체첸에서는 드문 일이다. 아니, 체첸뿐만이 아니다.

올 봄, 얀굴바예프는 지난 1월의 작전에 가담한 병사 중 한 명이 작성한 보고서 초안을 〈인권 기념 센터〉와 검찰청으로 보냈다. 그 문건에는 납치 명령을 수행한 군인들의 이름이 들어 있고, 가옥의 폭격과 마을 주민 한 명을 살해한 기록이 적혀 있다.

7월 4일, 복면을 쓴 세 명의 무장 괴한이 산길을 달리던 얀굴바예프의 우아즈 차량을 막아 세웠다. 이들은 GRU 신분증을 제시했고, 얀굴바예프에게도 차에서 내려 신분증을 제시하라고 지시했다. 그들의 지시를 따라 트렁크를 조사할 수 있게 문을 열러 갔을 때, 얀굴바예프는 소음기가 장착된 총이 정조준된 상태에서 세 발의 총알을 맞았다.

8월 31일

베슬란에서 내분이 일고 있다. 9월 2일 베슬란의 어머니들은 푸틴을 만나러 모스크바로 갈 것인가, 아니면 가지 않을 것인가?

푸틴은 어머니들이 찾아오기를 간절히 바라고 있는 듯하다. 어머니들을 불러 모으기 위해 특별기를 보낼 참이다. 이런 배려는 유례없는 일이지만 문제는 베슬란이 아닌가? 많은 베슬란의 어머니들은 가기를 꺼리고 있다. 오늘, 크렘린을 방문할 대표단에는 자신의 하나뿐인 자녀를 잃어버리고 자신의 심중에 있는 모든 말을 푸틴에게 쏟아 내기를 오래 전부터 바랐던 어머니들만 있는 것이 아니다. 물론, 여기에는 그 학교에서 목숨을 건졌고, 테러 행위가 벌어지는 동안 북오세티아 공화국 의회의 당수를 지냈던 두 아이의 아버지 테이무라즈 맘수로프도 끼어 있다.

지금 맘수로프는 북오세티아의 '국장' 이다. 공화국에는 더 이상 대통령이 없다. 하지만 만일 그가 '국장' 급이라면, 푸틴의 신뢰를 확실히 얻을 수 있다. 맘수로프는 테러범들의 잔학성에 대한 진실을 밝힌답시고 푸틴의 면전에서 소란을 피우지 않을 것이다. 정치적 자살극을 자초하지 않을 것이다.

베슬란 유족 대표단의 또 다른 임원은 〈인도적 원조 분배 공공 위원회〉 위원장인 마예르베크 투아예프다. 상급생이었던 마예르베크의 딸도 살해됐지만, 참극이 일어난 뒤 전 세계에서 인도적 원조 물결이 그 조그만 마을로 쇄도했을 때, 그가 구호물자의 지급을 맡게 됐다. 대표단에는 베슬란 제1학교의 전임 교장이었던 타타르칸 사바노프의 아들 아자마트 사바노프도 끼어 있었다. 타타르칸 사바노프는 매년 그렇게 해 왔듯이, 9월 1일에도 퍼레이드 행사를 참관하러 갔다가 공격 작전 당시 숨졌다. 아자마트는 구호물자 배분을 맡은 마예르베크 투아예프의 부관이다. 대부분의 시간을 묘지에서 보내는 인물로 시내의 마약중독자처럼 보였다.

내가 마리나 박에게 전화를 걸었을 때 그녀는 묘지에 있다고 말했다. 수화기 너머에서 많은 목소리들이 섞여 들려왔다. 마리나 박은 〈베슬란 어머니회〉에서 가장 활동적인 임원이다. 〈베슬란 어머니회〉는 베슬란 참극의 조사를 맡은 관련 기관에 많은 서한을 보냈고, 마리나는 거기에 서명했던 주요 인사들 중 한 명이었다. 하지만 그녀는 9월 2일 푸틴과의 회견에 참석하는 것을 거절했다.

"고작 위로의 말이나 듣자고 천 킬로미터나 날아갈 필요가 있을까요?"

묘지에 서 있는 마리나의 모습은 결연하다.

"푸틴이 우리를 만나려는 목적은 조사를 진작시키려는 게 아니라 우리와 같이 사진을 찍으려는 거예요."

열두 살 난 딸 아자를 잃은 알렉산데르 구메초프 역시 푸틴을 더 이상 만나고 싶어하지 않았다.

내가 알렉산데르를 알게 된 것도 꼬박 일 년이 됐다. 그때나 지금이나 그는 큰 비탄에 잠겨 있다. 아자는 유일한 피붙이였기 때문이다. 예전에 그는 유전자 검사를 통해서 겨우 신원을 확인한 딸의 유해를 마침내 돌려받기까지 가족들이 겪어야 했던 온갖 일들을 들려주고 싶어 안달이었다. 하지만 지금 그는 대다수 주민들처럼 정부에 대한 신뢰를 회복하는 것이 완전히 불가능하다고 생각할 만큼 지난 한 해 동안 수없이 속았다고 여기고 있다. 설령 푸틴이 9월 2일 하루를 꼬박 베슬란의 주민들과 보낸다고 한들, 진정성 있는 조사의 필요성만을 언급할 뿐 보상금에 대한 언급이 없다면, 또 푸틴이 검찰총장, FSB 국장, 내무장관, 그리고 훈장을 목에 건 '베슬란의 영웅들' 전원에게 대통령인 자기 앞에서 유족회 어머니들에게 진실을 말하라고 명령한다고 한들, 또 자신이 영원히 죄책감을 지게 될 이 여성들의 손에 돌연 입맞춤하고 뉘우치면서 보안 당국이 숨기고 있는 진실을 밝혀 주겠다고 호언장담을 한들, 주민들은 푸틴을 믿지 않을 것이다. 어쨌든 그렇게 초대받은 스무 명 가운데 두세 명의 어머니들은 크렘린 궁으로 갈 것이다. 그들은 〈베슬란 어머니회〉와 푸틴이 만나는 자리에 초대된, 정치적으로 한층 더 믿을 만한 인사들을 고무시키는 데에 동원될 것이다.

아자의 엄마인 림마 토르치노바도 크렘린으로 가는 명단에 속해 있었다. 림마는 푸틴의 눈을 응시하면서 아직 답을 듣지 못한 중요한 문제에 대해 묻고자 했다. 림마는 만남에 대해 그 어떤 기대나 환상을 품지는 않았지만, 딸에 대한 자신의 의무라고 생각했던 것이다. 그녀는 기필코 모스크바에 가겠다고 다짐했다. 작전을 지시한 지휘 본부에 대해, 기습 작전과 유탄 발사기 사용에 대해, 연방군 헬리콥터의 역할에 대해 조목조목 따져 물을 참이었다.

우리는 9월 2일에 대통령과 만나기로 한 다른 어머니들과 마찬가지로 림마의 이런 계획이 얼마나 실현되기 어려운 것인가를 상상할 수 있다. 이 순간 사회는 그 여성들에게 어떻게 공조할 수 있을까? 크렘린 궁의 한기와 마주하는 동안 어머니들이 자신의 고통뿐 아니라 조국의 지원을 느낄 수 있도록 최소한 우리는 손을 내밀어야 한다. 그렇게 되면 아마도 우리 대통령은 모든 일을 냉소적으로 '처리' 하는 것에 더욱 곤란을 느낄 것이고, 어머니들의 질문에 정직하게 대답하도록 압박을 받을 것이다.

하지만 사회적 연대의 증거는 좀처럼 찾기 힘들다. 우리는 텔레비전에서 베슬란 어머니들을 다룬 드라마를 본다. 블라디캅카스의 법정에서 훌쩍거리거나, 시위에 돌입하거나, 집회를 열거나, 고속도로를 점거하는 어머니들을, 또는 끝없이 거짓말을 쏟아 내야 하는 자신의 처지 때문에 풀이 죽은 검찰부총장 셰펠과 접견을 요구하는 어머니들의 애처로운 모습을 본다. "그들은 슬픔으로 제정신이 아니다." 또는 결국 시간이 그들을 치료해 줄 것이며, 아무것도 할 일이 없다고 속삭거릴 뿐인 이런 신파극에 온 나라 전체가 푹 빠져 있다.

우리 국민들은 〈브레먀Vremya〉 저녁 뉴스를 시청한 다음, '베슬란의 어머니들' 의 다음 회가 방송되기 전까지 검은 스카프를 쓰고 있는 여자들을 까맣게 잊은 채 잠을 청할 것이다. 베슬란의 남자들은 모든 일에 대해 자책하면서 계속 미쳐 갈 것이며, 여자들은 마을에 새로 생긴 묘지를 계속 떠나지 못할 것이다.

내일은 9월 1일이다. 한 해가 지나갔지만, 실수투성이 관리, 장군, 정보기관장, 작전 본부 책임자 또는 심지어 경찰 간부 중 누구도 견책을 당하지 않았다. 누구도 실제로 그런 책임 추궁을 요구하지 않는다. 도대체 여론에 무슨 일이 일어나고 있는 것인가?

2005년 9월 1일이 되자 민주주의 운동이 붕괴됐다는 것이 분명하게 드러났다. 하나의 통합 전선을 갖추는 것은 지금 현재로서는 어려워 보인다. 11월에 치러질 체첸 의회 선거나 12월에 있을 모스크바 두마 선거에서도 상황은 지금과 마찬가지일 것이고, 2007년의 두마 선거도 정말 그럴 것이다. 〈2008 위원회〉는 이미 죽었고, 〈시민 의회〉는 혼수상태에 빠져 있다. 러시아 인텔리겐치아는 현실적 목표에 매진하고 정부의 통치에 영향을 끼칠 수 있는 단 한 개의 토론의 장도 갖고 있지 못하다.

그렇다. 가리 카스파로프는 현재 많은 회원을 모으지는 못하고 있지만 〈시민 연합 전선〉을 창단했다. 이 단체는 자신의 임무를 이렇게 정식화했다.

머지않아 푸틴 집권기의 침체는 민주주의자들이 아니라 공권력이 스스로 초래한 심각한 정치적 위기로 바뀔 것이다. 이 위기가 닥치기 전 우리가 당면해 있는 과제는, 이 정권이 마침내 분별력을 잃었을 때 정권에 대항하여 모든 책임감 있는 시민들을 통합할 수 있는 조직을 창설하는 것이다. 우리는 저항을 조직하는 법을 배워야 한다.

매우 진심 어린 말이다. 그러나 그 모든 좋은 말들을 억누르는 문제는 카스파로프 본인은 예외지만 〈시민 연합 전선〉의 모든 임원들이 선거 패배의 경험을 갖고 있다는 점이다. 과거 옐친 이전의 정권에서 민주주의 진영에 속해 있었던 이런 인사들 중에는 옐친 집권 말년에 형편없이 처신하여 푸틴 시대를 도래하게 한 작자들이 끼어 있다.

솔직히 말해, 나는 저들의 민주주의적 신념이 대단히 깊다고 생각하지 않는다. 나는 카스파로프를 제외하고 그들 중 어느 누구도 믿지 않는다. 나는 카스파로프가 자력으로 저 산들을 옮길 수 있을지도 의심스럽다. 다른 러시아인 수백만 명도 그들을 신뢰하지 않기는 마찬가지다.

블라디미르 리시코프는 여전히 〈러시아 공화당〉을 운영하고 있지만, 국민은 점점 더 회의적인 시각으로 그 당을 보고 있다. 〈러시아 공화당〉이 생긴 지 거의 15년이 흘렀다. 이 당은 옐친 집권기에 생긴 〈소련공산당 민주주의 연단Democratic Platform of the Communist Party of the Soviet Union〉이라는 별난 집단에서 태어났다. 당시에는 이 단체를 거물급으로 취급했고, 대단히 진보적이라고 봤다. 국민은 리시코프 역시 지지하지 않는다.

야블린스키는 〈우파 연합〉의 새 지도자인 니키타 벨리흐와 대화 자체를 거부할 만큼 공개적으로 〈우파 연합〉과 싸웠다. 이로 인해 〈우파 연합〉과 〈야블로코〉의 결합에 대한 희망도 사라졌다. 〈야블로코〉 내에서 가장 적극적인 이들은 일리야 야신이 지휘하는 청년 그룹이다. 그들의 시위는 리모노프의 〈민족 볼셰비키당〉이 벌이는 시위와 점점 더 비슷해져 가고 있다. 〈야블로코〉 청년 당원들은 야블린스키 자체를 그리 크게 생각하지 않는다. 아마도 고리타분한 민주주의자들보다, 그 전형으로서 야블린스키보다 이 청년 당원들이 훨씬 더 순수하고 정직하며 또 중요하고 열정적이기 때문일 것이다. 옛 민주주의자들은 한물갔다는 견해가 지금 대단히 널리 퍼져 있다.

〈우파 연합〉은 '푸틴에 전혀 반대하지 않는다' 는 것을 강조함으로써 대통령 행정실의 환심을 사려고 바쁘다. 지난 여름 내내 벨리흐는 우파 인사들을 모으기 위해 전국 45개 지역을 돌아다니며 유세를 했지만 결국 실패하고 말았다.

지금 러시아에서 가치 있는 일을 하려는 사람은 누구나 좌파 진영으로 쏠린다. 비록 모든 민주주의자들이 호도르콥스키가 감옥에서 보내오는 정견을 비판하고 있지만, 호도르콥스키의 견해는 옳다. 러시아의 '좌파 행진' 은 기정사실이며, 이것 역시 '러시아의 오렌지 혁명' 을 원천적으로 막고 있다. 러시아에서 오렌지와 튤립, 또는 장미로 어떤 훌륭한 혁명적 약진을 이루기는 힘들 것이다.

만일 혁명이 일어난다면, 우리의 혁명은 붉은 색이 될 것이다. 왜냐하면 러시아에서 가장 민주적인 세력이 공산주의자들인 까닭이고, 또한 그들이 일으킬 혁명은 피로 물들어 붉을 것이기 때문이다. 우크라이나의 오렌지 혁명은 러시아의 모든 민주주의자들과 자유주의자들을 결집시켰지만, 그것도 잠시, 결국에는 그들 모두를 훨씬 더 깊게 분열시키고 말았다. 대통령행정실의 '민주적인' 〈나시〉 운동이 그를 대신하여 염증처럼 찾아왔다.

오늘날 유혈 혁명의 위협은 공권력 자체로부터 나오거나, 그게 아니라면 〈나시〉와 대면한 후 냉정함을 잃어버린 듯한 야권으로부터 나오고 있다. 지금의 상태가 계속된다면 러시아에서 벌어지는 모든 혁명은 붉은 색이 될 것이며, 수르코프가 부리는 싸움 패인 〈나시〉 당원들이 너클더스터와 쇠사슬을 자신들이 섬기는 정계의 나리들에게로 돌리지 않을 것이라고 누구도 장담하지 못할 것이다.

나는 무엇을 두려워하는가?

사람들은 종종 나를 두고 염세주의자라고 한다. 내가 러시아 국민의 저력을 믿지 않는다고, 강박적이리만치 푸틴에 대해 반대만 하고 아무것도 알지 못한다고 말이다.

나는 모든 것을 알고 있다. 그것이 바로 문제다. 나는 무엇이 나쁘고 무엇이 좋은지를 알고 있다. 나는 사람들이 삶을 좋은 방향으로 바꾸기를 원하지만 그것을 실현시킬 만한 능력이 없다는 것과, 이런 진실을 감추려고 긍정적인 면만 보려 하고 부정적인 것은 아예 존재하지 않는 척 군다는 것도 알고 있다.

큰 이파리 밑에서 자라는 버섯은 그 한계에서 영원히 벗어날 수 없다고 생각한다. 필시 누군가가 버섯을 발견하고 잘라 먹어 치울 것이다. 인간으로 태어난 이상 버섯처럼 살아서는 안 된다.

2016년까지 포함하는 국가통계청의 공식적인 인구 전망에 나는 동의할 수 없다. 2016년 나와 같은 세대의 많은 사람들은 더 이상 살아 있지 못할 테지만, 우리 자녀들, 또 우리 손자들은 살아가고 있을 것이다. 그 아이들이 어떤 삶을 살 것인지, 아니 심지어 그들이 생존이나 할 것인지에 대해 과연 우리는 아무 관심도 없단 말인가?

관심을 갖는 사람은 많지 않아 보인다. 만일 우리가 지금과 똑같은 정치, 경제 정책 아래서 계속 살아간다면, 러시아 인구는 640만 명이 줄어들 것이다. 이도 낙관적으로 예상한 것이다. 즉, 2016년에 러시아 인구는 1억 3,880만 명이 될 것이다.

염세주의적 전망을 접하기란 쉽지 않다. 하지만 당신이 어느 정도 끈기를 갖는다면 포착할 수 있으며 그로써 당신은 러시아의 상황을 지금 당장 바꿀 수 있는 어떤 일을 시작할 마음이 들 것이다. 염세주의적 전망이란 우리나라 인구가 1억 2,870만 명으로 줄어들 것이라는 예측이다. 수백만 명에 이르는 빈곤층은 사유화된 의료 서비스를 감당할 수 없어서 죽게 될 것이다. 청년들도 군대에서 계속 무더기로 죽어 나갈 것이다. 전장이든 아니든 상관없이 '우리 편이 아닌' 모든 이들은 사형을 당하거나 감옥에서 썩다가 죽을 것이다.

모든 것이 지금 이대로 유지된다면 바로 그렇게 될 것이다. 만일 우리가 빈곤을 근본적으로 막지 못한다면, 의료 서비스와 보건 환경이 부끄럽게 계속 방치된다면, 알코올중독과 마약중독에 대해 국가적 차원에서 특단의 조치가 시행되지 않는다면, 북캅카스에서 전쟁이 끝나지 않는다면, 저 형편없는 사회복지 제도가 바뀌지 않는다면, 품위 있고 충만한 삶을 살며 잘 먹고 제대로 쉬며 스포츠를 즐길 수 있다는 가망 없이 그저 근근히 살아가게 하는 그런 복지 제도가 바뀌지 않는다면 말이다.

여태껏 변화의 조짐은 전혀 없다. 정부는 국민의 모든 경고에 여전히 귀를 닫고 있다. 당국자들은 자기 몫을 챙기기에 바쁘다. 그들은 다른 누가 자기들이 더 부유해지는 것을 막지나 않을까 하는 염려와 탐욕으로 늘 일그러진 얼굴이다. 아예 그런 가능성을 차단하고자 그들이 최우선으로 생각하는 것은 시민사회를 불구로 만드는 것이다. 날마다 그들은 시민사회와 야권이 미 중앙정보부나 영국, 이스라엘 등등 누구나 알 만한 그런 곳, 또는 알카에다가 운영하는 월드와이드웹의 지원을 받는다고 러시아 국민을 설득하려고 애쓴다.

오늘날 우리나라 정부는 돈을 버는 일에만 관심이 있다. 그게 그들 관심사의 전부다.

누군가 '낙관주의적' 전망에 기대 자위하고 싶다면, 그렇게 하라고 내버려 두자. 그건 확실히 쉬운 길이다. 하지만 그렇게 우리는 우리의 손자, 손녀들에게 사형선고를 내리는 것이나 다름없다.

옮긴이의 글

타인의 고통과 저널리즘의 사명

이 책에서 독자들은 러시아 기자 안나 폴릿콥스카야(1958-2006)의 펜을 통해 인간 존엄성과 자유의 가치에 대해 그녀가 품고 있었던 커다란 확신을 십분 느낄 수 있다. 그녀의 눈길은 단순히 러시아 정부가 벌인 인권유린의 현장에만 머무르지 않는다. 시민사회의 자율적 성장을 저해하는 정권의 압력을 비판하면서 민주주의 세력의 약화와 이를 기화로 증가하는 보수적 관료정치 및 민족주의 등 편향된 이데올로기가 득세하는 사회를 그녀는 슬프고도 아프게 주시한다.

안나 폴릿콥스카야는 2000년 초 푸틴 정권의 언론 통제가 강화됐을 때 인권 보호를 위해 가장 용감하게 활동했던 언론인 중 한 명이었다. 그녀는 꾸준히 신문 칼럼을 연재하면서 권위주의 정부의 인권 남용과 2차 체첸전 동안 체첸 시민들에게 가해진 폭력에 주의를 환기시켰고, 반시민적 정부와 어용 언론의 수구적 태도에 도전장을 내걸었으며, 점점 더 수동적으로 변해 가는 대중을 향해 적극적 정치 참여를 촉구했다. 2005년 러시아는 세계에서 언론 활동을 하기에 가장 위험한 다섯 나라 중 하나였다. 엄혹한 언론 상황 속에서 정권에 대한 날선 비판은 그녀의 생명을 위협하기에 충분했다. 그러나 그녀는 이에 굴복하지 않았고 2001년과 2005년 사이에 '입헌민주당원'이라는 암호명으로 활동하면서 자신의 입을 막으려 했던 OMON 특수부대원 세르게이 라핀을 법정에 세우는 데 성공하기도 했다. 안나는 살해당하기 전까지 푸틴 정권의 위법성과 공권력의 횡포를 가장 솔직하게 비판했으며 부당한 폭력 앞에 두려움 없이 맞섰다.

이 책에서 안나 폴릿콥스카야는 시민의 인권과 자유에 대해서 대단히 무감각한 정부를 비판하고 있다. 정권의 비호 아래 체첸에서 횡행하고 있는 납치와 고문, '역인질' 작전을 소름끼치게 증언하면서 안나는 이러한 무법 상태가 체첸을 넘어 인근 공화국으로, 또 러시아연방 전체로 뻗어 나가고 있다고 말한다. 군부와 비밀경찰의 무법성을 지적하는 한편으로 자신의 시민을 경시하는 정부의 태도를 보여 주는 단적인 예로서 부대 내 신병에 대한 학대와 사병들의 열악한 처우에 대해서도 통렬한 비판을 가한다. 그녀의 지적은 단순히 체첸 내 인권 상황을 고발하는 차원으로 그치지 않는다. 모두가 법의 테두리 내에서 인격적인 존중을 받을 자격이 있으며, 체첸 내 인권의 침해는 단지 체첸인들의 불행으로만 그치지 않는다는 보편주의적인 관점을 드러내기 때문이다. 단순히 체첸에서 태어났다는 죄 때문에 삶의 공동체로부터 격리되어 열등한 취급을 받는 사람들은 역으로 미래에 불행의 씨앗이 될 것이다.

안나의 다큐멘터리 저널리즘은 연방 정부와 체첸 반군 사이에 끼인 양민들, 어린이, 청소년, 노약자 등 평범한 시민들의 운명에 초점이 맞춰져 있다. 2004년 12월 대통령행정실 청사 로비에 진입하여 푸틴 대통령의 퇴진을 요구했던 〈민족볼셰비키당〉 소속 청년들의 공판 보도에서 나타나듯이, 그녀는 나라의 건강한 젊은이들이 정치에 대해 자기 의견을 표명했다는 이유로 감옥에 갇히고 중형을 받는 상황을 개탄한다. 또 평생 국가를 위해 일한 사람들을 배신하고 모멸감마저 안겨 주는 연금 정책을 비판하고 '노르트-오스트' 폭탄 테러와 베슬란 학교 인질극의 희생자 유족들의 아픔을 보듬어 주지 않는 정권의 인면수심을 고발한다.

안나는 타인의 고통에 대한 둔감함이 사회악의 근원임을 여러 대목에서 꼬집고 있다. 시 외곽의 방치된 고아원에서부터 산간 오지의 유족을 찾아 나서는 일까지 기자로서 그녀의 발걸음은 더없이 분주하다. 아울러 그녀는 정치 권력의 견제와 균형에 대한 무관심, 경제적 정의 실현과 실질적 복지 정책에 대한 시민들의 낮은 기대가 현실에서 어떤 모습으로 나타나고 있는지 살펴보며, 그러한 중에서도 왜 시민들의 불복종이나 저항을 찾아볼 수 없는지 개탄한다. 안나의 펜 끝은 무뎌진 의식과 타협과 체념의 굴레를 벗어 던지라고 촉구한다.

안나 폴릿콥스카야의 글은 저널리즘은 무엇 때문에 필요한가를 새삼 환기시키면서 독자들에게 커다란 울림을 준다.

2014년 3월

조준래

찾아보기

러시안 다이어리

러시아 민주주의의 실패와 냉소, 무기력에 관한 보고

지은이 _ 안나 폴릿콥스카야
옮긴이 _ 조준래
펴낸이 _ 이명회
펴낸곳 _ 도서출판 이후
편집 _ 김은주, 신원제, 유정언
표지 디자인 _ 공중정원

첫 번째 찍은 날 2014년 4월 10일

등록 1998. 2. 18(제13-828호)
주소 _ 서울시 마포구 동교동 165-8 엘지팰리스 1229호
전화 _ 대표 02-3141-9640 편집 02-3141-9643 팩스 02-3141-9641
www.ewho.co.kr

ISBN 978-89-6157-074-9 03300

이 도서의 국립중앙도서관 출판시도서목록(CIP)은 e-CIP 홈페이지
(http://www.ni.go.kr/cip.php)에서 이용하실 수 있습니다.
(CIP 제어번호: CIP 2014009288)